统计学原理与应用

TONG JI XUE
YUAN LI YU YING YONG

张 瑜 牟晓云 等·编著

东南大学出版社
SOUTHEAST UNIVERSITY PRESS
·南京·

图书在版编目(CIP)数据

统计学原理与应用 / 张瑜等编著. —南京：东南大学出版社，2014.4 (2019.3 重印)
 ISBN 978-7-5641-4815-7

Ⅰ. ①统… Ⅱ. ①张… Ⅲ. ①统计学—高等学校—教材 Ⅳ. ①C8

中国版本图书馆 CIP 数据核字(2014)第 059704 号

统计学原理与应用

出版发行	东南大学出版社
出 版 人	江建中
社　　址	南京市四牌楼 2 号(邮编：210096)
网　　址	http://www.seupress.com
责任编辑	孙松茜(E-mail:ssq19972002@aliyun.com)
经　　销	全国各地新华书店
印　　刷	虎彩印艺股份有限公司
开　　本	787mm×1092mm　1/16
印　　张	21
字　　数	560 千字
版　　次	2014 年 4 月第 1 版
印　　次	2019 年 3 月第 2 次印刷
书　　号	ISBN 978-7-5641-4815-7
定　　价	45.00 元

(本社图书若有印装质量问题，请直接与营销部联系。电话：025-83791830)

目 录

第一章 总论 1
　第一节 统计的产生和发展 1
　第二节 统计学的研究对象、性质和方法 4
　第三节 统计基本要素 8
　第四节 统计职能 14
　第五节 统计活动的基本环节 14
　第六节 统计学在经济学和经济管理中的应用 16
　本章小结 17
　思考与习题 18
第二章 统计调查 21
　第一节 统计调查的基本理论 21
　第二节 统计调查方案 25
　第三节 问卷设计 27
　第四节 统计调查的组织形式 31
　本章小结 38
　附录 设计调查问卷 39
　思考与习题 42
第三章 统计数据的整理 44
　第一节 统计整理的基本理论 44
　第二节 统计分组 45
　第三节 次数分布 51
　第四节 统计表 56
　第五节 统计图 58
　本章小结 60
　附录 利用 Excel 进行数列分布实验 61
　思考与习题 64
第四章 总量指标和相对指标的计算 67
　第一节 总量指标 67
　第二节 相对指标 70
　第三节 相对指标的运用 77
　本章小结 79
　思考与习题 80
第五章 统计数据的描述 86
　第一节 集中趋势 86
　第二节 离散程度 98
　第三节 偏态与峰度 101
　本章小结 104
　附录 利用 Excel 和 SPSS 进行描述性统计 104
　思考与习题 107
第六章 参数估计 110
　第一节 参数估计的基本方法 110
　第二节 总体均值的区间估计 113

第三节　总体比例的区间估计……………………………………………………119
　　第四节　样本容量的确定……………………………………………………………121
　　本章小结………………………………………………………………………………123
　　附录　利用 Excel 和 SPSS 进行参数估计…………………………………………124
　　思考与习题……………………………………………………………………………129
第七章　假设检验………………………………………………………………………132
　　第一节　假设检验的一般问题………………………………………………………132
　　第二节　总体均值的假设检验………………………………………………………138
　　第三节　总体比例的假设检验………………………………………………………144
　　第四节　总体方差的假设检验………………………………………………………145
　　第五节　配对样本的假设检验………………………………………………………148
　　本章小结………………………………………………………………………………150
　　附录　利用 Excel 和 SPSS 进行假设检验…………………………………………151
　　思考与习题……………………………………………………………………………156
第八章　方差分析………………………………………………………………………160
　　第一节　方差分析概述………………………………………………………………160
　　第二节　单因素方差分析……………………………………………………………163
　　第三节　双因素方差分析……………………………………………………………168
　　本章小结………………………………………………………………………………176
　　附录　利用 Excel 和 SPSS 进行方差分析…………………………………………176
　　思考与习题……………………………………………………………………………185
第九章　相关与回归分析………………………………………………………………188
　　第一节　相关分析……………………………………………………………………188
　　第二节　一元线性回归分析…………………………………………………………193
　　第三节　多元线性回归分析…………………………………………………………204
　　本章小结………………………………………………………………………………212
　　附录　利用 Excel 和 SPSS 进行相关与回归分析…………………………………212
　　思考与习题……………………………………………………………………………224
第十章　统计指数………………………………………………………………………227
　　第一节　统计指数概述………………………………………………………………227
　　第二节　总指数的计算………………………………………………………………230
　　第三节　指标体系与因素分析………………………………………………………240
　　第四节　指数的应用…………………………………………………………………246
　　本章小结………………………………………………………………………………250
　　附录　利用 Excel 计算统计指数……………………………………………………251
　　思考与习题……………………………………………………………………………254
第十一章　时间序列分析………………………………………………………………257
　　第一节　时间序列概述………………………………………………………………257
　　第二节　时间序列水平指标分析……………………………………………………259
　　第三节　时间序列速度指标分析……………………………………………………265
　　第四节　时间序列因素构成分析……………………………………………………268
　　第五节　时间序列分析与预测………………………………………………………281
　　本章小结………………………………………………………………………………284
　　附录……………………………………………………………………………………285
　　思考与习题……………………………………………………………………………304
参考答案…………………………………………………………………………………308
附表………………………………………………………………………………………326
参考文献…………………………………………………………………………………331
后记………………………………………………………………………………………332

第一章 总论

第一节 统计的产生和发展

一、统计的概念

在日常生活中,人们对于"统计"这一术语常常有不同的理解。例如,企业每年要"统计"产品的产量和产值;了解股票的交易状况要看有关成交额和股票指数"统计";解说球赛时解说员要不断统计竞赛双方的进攻次数和成功率;报刊上定期或不定期地公布诸如物价指数、人口增长率、国内生产总值等统计数据。"统计"一词,在不同的场合,人们赋予它不同的含义。

那么究竟何为"统计",这里有必要给出一个准确的科学定义。在中国,"统计"一词是由英语"statistics"一词翻译过来的,具体有统计工作、统计资料和统计学三种含义。

(一)统计工作

统计工作是搜集、整理、分析和研究统计数据资料的工作过程,如银行的计划统计科每月编制项目报表,这个过程就是统计工作。又如,我国进行人口普查时要经过方案设计、入户登记、数据汇总、分析总结和资料公布等一系列过程,这就是统计工作。

(二)统计资料

统计资料是统计工作所取得的各项数据资料及有关情况的总称,如统计表、统计图、统计分析报告和各种统计资料汇编等。

(三)统计学

统计学是对统计工作及统计规律进行的科学总结和理论概括。

统计的三种含义具有密切联系:统计工作是统计的基础;统计资料是统计的成果;统计学是统计工作的经验总结与理论概括。反过来,统计学又是指导统计工作的基本原理、原则与方法,并使统计资料更加准确、更加及时和更加全面;统计工作是先于统计科学发展起来的。

二、统计学的产生和发展

统计活动已经有了几千年的历史,但在学术上作为一门学科的统计学的历史却没有这么长。一般认为,统计学产生于17世纪中叶的欧洲,距今已有300多年。其发展主要可分为三个阶段:

(一) 古典统计学时代

这个时代大致是从17世纪中叶至19世纪初叶,其代表学派是"政治算术派"和"国势学派"。

"政治算术派"产生于英国,后人称其为统计学中的政治算术学派。其主要代表人物是英国的威廉·配第(W. Patty)和约翰·格朗特(J. Graunt)。

配第于1676年出版了《政治算术》一书,以一系列分析和大量计算手段清晰地描述了英格兰、荷兰、法兰西和爱尔兰等地的经济、军事、政治等方面的情况,为英国称霸世界提供了各种有说服力的实证分析资料。

《政治算术》的意义主要表现在研究问题的方法方面。配第在该书的"序言"里写道:"我进行这种工作所使用的方法在目前还不是常见的,因为我不采用比较级或最高级的词语进行思辨式的议论,相反地采用了这样的方法(作为我很久以来就想建立的政治算术的一个范例):即用数字、重量和尺度来表达自己想说的问题,只进行诉诸人们的感觉的议论,借以考察在自然中有可见的根据的原因。"

配第用"数字、重量和尺度"研究现象的方法为统计学的产生奠定了基础。自配第之后的200年间,以用数量方法研究社会经济问题为基本特征的"政治算术"模式成为统计学发展的主流。《政治算术》的出版,标志着统计学的诞生。马克思对威廉·配第和他的《政治算术》评价很高,他说"配第创造'政治算术',即一般所说的统计",①还称配第是"政治经济学之父,在某种程度上也可以说是统计学的创始人"。②

英国人约翰·格朗特于1662年出版了《关于死亡表的自然观察与政治观察》。他根据伦敦市发表的人口自然变动公报,通过大量观察的方法,对人口的出生和死亡率作了许多分类、计算和研究,发现了人口与社会现象中重要的数量规律性。如新生儿的性别比例稳定在14∶13;男性在各年龄组中死亡率高于女性;新生儿的死亡率较高,一般疾病与事故的死亡率较稳定,而传染病的死亡率波动较大;等等。在研究中,格朗特不但探索了人口变化和发展的一些数量规律,而且还对伦敦市总人口数量做出了较科学的估计。如果说配第是政府统计的创始人,则格朗特可被认为是人口统计的创始人。

国势学派又称记述学派或国情学派,产生于17世纪封建制的德国,其主要代表人物是海尔曼·康令(H. Gonring)和高特弗里德·阿亨瓦尔(G. Achenwall)。这一学说最早提出了"统计学"的名称。在康令之前,欧洲各国已出版有记述各国情况的著作。从1660年开始,康令在西尔姆斯特大学以"国势学"为题讲述一门课程,内容是各个国家的显著事项,方法则是文字叙述,目的是为了满足政治家所必需的知识。阿亨瓦尔是国势学的主要继承人和最有名的代表人物,一生在大学任教。他在1749年出版的《近代欧洲各国国势学论》中,首次使用"统计学"(Statistik)这个名称代替了国势学(阿亨瓦尔说过,Statistik的语源是拉丁语status和意大利语state,前者是"现状"或"现势"的意思,后者是"国家的"意思)。阿亨瓦尔对统计学的性质作了解释。他认为统计学是关于各国基本制度的学问,其研究对象是一个国家显著事项的整体。这里的"国家显著事项"是指一个国家的领土、人口、财政、军事、

---

① 《马克思恩格斯选集》第3卷.北京:人民出版社,1972:273.
② 《马克思恩格斯选集》第3卷.北京:人民出版社,1972:302.

政治和法律制度等等，用这些来说明和比较国家的形势，因此称为国势学。

（二）近代统计学时代

这个时代大致是从18世纪末到19世纪末。著名的大数法则、最小平方法、相关与回归分析、指数分析法、时间数列分析法以及正态分布等理论都是在这个时期建立和发展起来的。其代表学派主要有数理统计学派和社会经济统计学派。

数理统计学派产生于19世纪中叶，创始人是比利时学者阿道夫·凯特勒（A. Quetelet）。他在统计理论上的主要贡献是把概率论引入了统计学，从而提出了关于统计学的新概念。凯特勒根据大数定律的原理提出了大量观察法，利用统计观察资料计算和研究社会现象和自然现象的数量规律性，并用于预测未来的情况。他创立大数法则，认为统计学就是数理统计学。

凯特勒开创了统计理论和实际应用的一个新领域，即应用概率论认识随机现象数量规律性的理论和方法。这个新领域起初没有确定的名称，1867年德国数学家威特斯坦（T. Wittstein）发表了题为《数理统计学及其在经济学和保险学中的应用》的论文，因而定名为数理统计学。数理统计学产生较晚，但发展很快。后来经过葛尔顿、皮尔逊、鲍莱、友尔、戈塞特、费雪等人的研究和实践，发展成为一门完整系统的新学科。

社会统计学派产生于19世纪末期，首创者是德国人克尼斯（Knies），主要代表人物有梅尔、恩格尔，认为统计学的研究对象是社会现象，研究方法是大量观察法，提出统计学是一门实质性的社会科学。

（三）现代统计学时代

20世纪初，大工业的发展对产品质量检验问题提出了新的要求，即只抽取少量产品作为样本对全部产品的质量好坏做推断。因为大量产品要做全面的检验，既费时、费钱，又费人力，加之有些产品质量的检验要做破坏性检验，全部检验已不可能。1907年，"学生"（W. S. Gosset 戈塞特的笔名）发表 t 分布的论文，创立了小样本代替大样本理论，利用 t 统计量就可以从大量的产品中只抽取较小的样本完成对全部产品质量的检验和推断。费雪（R. A. Fisher）又对小样本理论进一步研究，给出了 F 统计量、最大似然估计、方差分析等方法和思想，标志着现代统计学的开端。1930年，尼曼（J. Neyman）与小皮尔逊（E. S. Pearson）共同对假设检验理论作了系统的研究，创立了"尼曼—皮尔逊"理论，同时尼曼又创立了区间估计理论。美国统计学家瓦尔德把统计学中的估计和假设理论予以归纳，创立了"决策理论"。这些研究和发现大大充实了现代统计学的内容。

从20世纪50年代以来，统计理论、方法和应用进入了一个全面发展的新阶段。一方面，统计学受计算机科学、信息论、混沌理论、人工智能等现代科学技术的影响，新的研究领域层出不穷，如多元统计分析、现代时间序列分析、贝叶斯统计、非参数统计、线性统计模型、探索性数据分析、数据挖掘等。另一方面，统计方法的应用领域不断扩展，几乎所有的科学研究都离不开统计方法。因为不论是自然科学、工程技术、农学、医学、军事科学，还是社会科学都离不开数据。只要对数据进行研究和分析就必然要用到统计方法，现在文科领域的法律、历史、语言、新闻等都越来越重视对统计数据的分析，国外的人文与社会学科普遍开设统计学的课程，因而可以说统计方法与数学、哲学一样成为所有学科的基础。

三、现代统计学的发展趋势

在最近半个世纪统计活动的发展中,国民经济账户体系的建立,概率论和其他数学方法的广泛应用,统计机构的进一步完善,信息处理手段的自动化,被称为"现代统计"的四大标志。随着信息社会的到来,依据建立社会主义市场经济和现代管理科学发展的需要,统计面向决策部门、面向社会、面向基层、面向世界的服务领域和内容逐渐扩展,统计信息涉及的范围不断扩宽,统计在国家管理、企业预测与决策、市场营销调查、家庭投资决策以及人类的一般认识活动和科学研究等各个领域将被广泛地应用。从学科发展趋势看,统计学必将由描述统计向管理统计的方向发展,必将与信息科学紧密结合。

第二节 统计学的研究对象、性质和方法

一、统计学的研究对象

统计学的研究对象是指统计所要认识的客体,是大量社会现象(主要是经济现象)总体的数量表现,即社会经济现象总体的数量特征、数量关系及其规律性表现。具体地说就是采用科学的方法,搜集、整理、分析实际数据,并通过统计指标和指标体系来表明现象的规模、水平、速度、比例和效益等。

统计学和数学都是研究数量关系的,但两个学科有着不同的性质特点。数学撇开具体的对象,以最一般的形式研究数量的关系和空间形式,数学的分析方法主要是逻辑和演绎论证的方法;而统计分析的方法,本质上是归纳的方法,根据试验和调查,观察到大量的个别情况,加以归纳以判断总体的情况。

二、统计学研究对象的特点

统计学研究对象的特点主要有:数量性、总体性、具体性、社会性、广泛性、差异性。

(一)数量性

统计学研究的是大量社会经济现象总体的数量方面的特征,包括:①社会经济现象的数量多少;②各种现象之间的数量关系;③事物质与量互变的界限和规律性。数量性是统计学区别于其他经济科学(如政治经济学)最根本的特点,可以说"数字是统计的语言"。但必须注意,它所研究的事物的量是从社会现象的定性认识开始,以质的规定性为基础的。

例如,我们观察一定时期人们的物质消费水平,就要统计一定范围一定时期的"社会商品零售额",并与相应的人口数进行比较。统计"社会商品零售额",首先要明确这个指标的含义,然后再去统计它的"量"。而确定"社会商品零售额"的含义,需要以政治经济学的理论为指导,与实践相联系,并解决什么是商品流转、什么是零售、社会商品零售额的统计范围以及怎样搜集、整理和汇总社会商品零售额统计资料等问题。在确定这一统计指标含义的同时,还必须考虑指标的可操作性。当我们统计了"社会商品零售额"以后,把它与相应的人口联系起来对比分析,就可以观察到相应的物质消费水平。我们还可以把"社会商品零售额"

与"社会商品购买力"进行对比,观察购买力的实现程度,分析两者之间的比例关系。至于这两者之间应该维持一个什么样的比例关系,才能稳定市场、满足人民的物质文化需要,还应进一步分析它们之间的数量界限。由此可见,统计虽然是研究社会经济现象数量方面的问题,但任何时候都不能离开社会经济现象的质。

(二) 总体性

统计学研究社会现象数量方面的问题不是指个别现象的数量特征,而是指由许多个别现象所构成的总体的数量特征,是通过对许多性质相同的个别现象所组成的总体进行大量观察和综合分析,来反映现象总体的数量特征,揭示社会经济现象的一般状况。

统计学研究对象的总体性特点,是由社会经济现象的特点和统计学研究的目的来决定的。由于社会经济现象错综复杂,个别现象所处的时间、地点和条件不同,表现出明显的偶然性和不确定性,难以说明社会经济现象总体的本质和规律。只有以社会经济现象的总体为研究对象,即以构成总体的全部或足够多的单位作为研究对象时,才能消除偶然性因素的影响,防止"只见树木,不见森林"的片面性,从而正确地揭示出社会经济现象的本质和规律性。当然,任何一个总体都是由个体所构成的,要认识社会经济现象总体的数量特征,必须从调查个体的表现入手,从个体到总体。

例如,研究中国农民的生活水平,就需要把全国各省、市、自治区的所有农民组成一个总体来统计,不论是哪一个地区、哪一个民族,也不论是高收入还是低收入,只要是农民都要包括在内。这样就可以消除地理环境、民族特征、收入高低等方面的差异,反映出中国农民生活水平的一般情况。当然,为了深入分析农民的生活水平,还可以就高收入、中收入、低收入农民的典型进行调查分析,探究不同典型的差异和形成原因,从而全面客观地说明被研究对象的情况。

(三) 具体性

统计学研究的对象是社会经济现象中具体事物数量方面的问题,而不是抽象的数量及其相互关系,这是统计学和数学的重要区别。这是由于社会经济现象中的事物都是具体的,都是在一定的地点、时间、条件下发生的,所以其量的表现就必然带有特定场合和特定历史的痕迹,离开具体地点、时间和条件,是无法说明社会经济现象的本质及其运行规律的。

例如,中国农民的生活水平,既存在地区上的差异,也存在时间上的不同。因此,在研究时,除考虑地区因素以外,还必须明确是哪一年的生活水平,并联系我国农业的生产条件、科学技术在农业生产中的作用,联系农村消费品价格等因素进行分析,来说明中国农民的生活水平是高还是低,是好还是差。单凭一个孤立的统计数字是难以说明问题的。

(四) 社会性

统计学属于社会科学,这一点与自然科学不同。社会科学研究的是社会经济问题,而自然科学研究的是自然现象。除了研究对象不同以外,社会科学由于认识主体所站立场、所持观点、所用方法的不同,会得出差别很大、甚至完全不同的结论。

统计学通过社会经济现象总体数量的调查研究,来认识人类社会活动的条件、过程和结果,反映物质资料的占有关系、分配关系、交换关系以及其他的社会关系。统计学研究的社会经济现象与各种利益关系是密切联系的。其定量研究是以定性分析为前提的,而定性分析使统计学在客观上就有了社会关系的内涵。所以,统计学在研究社会经济现象时,就必须注意正确处理好这些涉及人与人之间关系的社会矛盾。

例如,在研究劳动者的收入时,可以根据劳动者在社会再生产过程中的地位和作用,将劳动者分为经营者、管理者、技术员、普通工人等,然后再统计不同类型劳动者的收入,分析他们之间的相互关系,研究社会分配的合理性,从而制定或修改劳动报酬分配政策,以调整不同类型劳动者之间的相互关系,达到稳定社会秩序、调动广大劳动者积极性的目的。如果不加区别地把经营者、管理者、技术员和一般工人的收入混为一谈,势必得出错误的结论,以致制定出错误的政策,从而引起不必要的各种矛盾和社会问题。所以说,社会性是统计学区别于其他自然科学的主要特征之一。

(五)广泛性

统计学研究的数量方面的问题非常广泛,包含全部社会现象的数量方面的问题。这个特点,是统计学区别于研究某一领域的其他社会科学(如政治学、经济学、社会学、法学等)的特征之一。

统计学研究的领域涵盖整个社会,它既研究生产关系,也研究生产力以及生产关系和生产力之间的关系;它既研究经济基础,也研究上层建筑以及经济基础和上层建筑之间的关系。此外,还研究生产、流通、分配、消费等社会再生产的全过程以及社会、政治、经济、军事、法律、文化、教育等全部社会现象数量方面的问题。

(六)差异性

统计研究对象的差异性,是指总体各单位的特征表现存在着差异。统计学研究同类对象总体的数量特征,它的前提就在于这个特征在总体各单位的具体表现各不相同,而且这种差异并不是由固定的原因事先给定的。例如,研究一个地区居民家庭的收入水平,就是因为各家庭的收入有高有低,参差不齐,这样才有必要研究该地区的人均收入水平及其分布状况。

三、统计学的性质

统计学究竟是属于方法论科学,还是属于实质性科学?这个问题在理论界至今没有一个统一的明确说法,回答这个问题对于全面认识这门学科和为以后的论述铺平道路具有重要意义。国内有三种观点:

第一种,规律派。这一派认为统计学是研究社会经济现象发展规律的,即统计学是通过研究在一定时间地点条件下的社会经济现象的数量表现,来揭示社会经济发展规律的独立的社会科学,是一门实质性科学。

第二种,数理统计学派。这一派认为统计学的研究对象是随机现象,是以概率论为基础的应用数学,是一门通用的数理方法学科。这一派认为并不存在独立的社会经济统计学,它只不过是数理统计方法在研究社会经济现象时的应用。

第三种,方法论派。这一派认为统计工作和统计科学是不同的。统计工作研究的是大量的社会经济现象数量方面的问题以及社会经济现象与自然技术因素相互影响的数量变化。而统计学研究的则是社会经济统计活动的规律和方法,即社会经济统计工作的方法论。

本书的观点与第三种观点是一致的。我们认为，统计学属于认识社会经济总体现象数量方面的问题的方法论科学，或者说是对一定社会经济总体现象的定量认识方法论。从研究领域来讲它属于社会科学，从研究对总体现象数量方面的认识方法来讲它属于认识方法论科学。因此它有两方面的基本特性：一方面是包括阶级性在内的社会性；另一方面是与社会性结合的数量方法性。

四、统计学的研究方法

统计学研究的基础工作是收集数据，目的是探索大量数据的数量特征与规律性，而贯穿于这一过程的统计研究方法主要有大量观察法、描述统计法和推断统计法。

（一）大量观察法

大量观察法的数学依据是大数定律。大数定律是随机现象的基本规律。大数定律的一般概念是：在观察过程中，每次取得的结果不同，这是由偶然性所导致的，但大量、重复观察结果的平均值却几乎接近确定的数值。大量观察的本质意义，在于通过大量观察，把个别的、偶然的差异性相互抵消，而必然的、集体的规律性便显示出来。例如，随机地投掷一枚硬币或骰子出现正面、反面或某个点数是不确定的，完全是偶然的。但我们进行多次的重复投掷，就会发现投一枚均匀硬币出现正面和反面的次数大体相同，即比值接近于 1/2。投掷的次数越多，就越接近于 1/2 这一稳定的数值。同样，在投掷骰子时，出现 1 至 6 点任一点数的比例随着投掷次数的增加也逐渐接近于 1/6。这里的 1/2 和 1/6 就是掷硬币和掷骰子出现某一特定结果的概率，也就是投掷硬币或骰子时所呈现的数量规律性。这个例子说明，通过多次观察或试验得到大量的统计数据，利用统计方法是可以探索出其内在的数量规律性的。

（二）描述统计法

描述统计法，就是运用各种表格、图形和数字来概括总体数量特征的方法。在对观察到的大量原始数据进行整理汇总后，可以绘制统计表和统计图来显示总体数量的分布特征，也可以计算得出平均数、变异指标等一系列统计测度值，这些测度值均可以揭示现象在一定条件下的集中趋势和离散趋势等。

近年来，随着计算机技术的普及和发展，描述统计法的各种方法都可以借助计算机来实现。

（三）推断统计法

推断统计法，就是在人们可以控制的范围内，根据样本资料的特征，对总体的特征做出估计和观测的方法。当面对的总体范围很大甚至是无限总体时，或者由于经费、时间或破坏性检验等因素，我们只能在客观上根据局部观察的结果来推断总体的特征。例如，要观察一批灯泡的平均使用寿命，只能从该批灯泡中抽取一小部分进行检验，推断这一批灯泡的平均使用寿命。在研究对象的总体数量关系中，推断统计法是现代统计学的基本方法，它既可以用于对总体参数的估计，也可以用于对总体某些假设的检验，因而它被广泛地应用于统计研究的许多领域。

上述统计研究方法在统计研究过程中的关系可以通过图 1-1 得到反映。

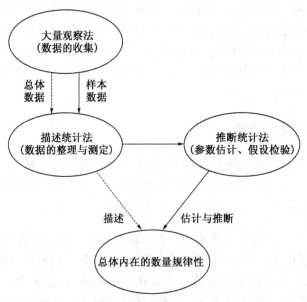

图 1-1 统计方法在统计研究过程中的关系

由图1-1可以看出：统计研究过程的起点是个体数据，终点是客观现象总体的数量规律性。如果我们收集到的是总体数据（如普查），则经过描述统计之后就可以达到统计研究的目的了；如果我们获得的是样本数据，经过大量观察以及对样本数据特征进行描述后，还要用概率论的理论并结合样本统计量的信息对总体做出科学的推断，显然推断统计法是在描述统计法的基础上得以进行的。

尽管描述统计法可以在获得总体数据时直接探索出总体的数量规律性来，但这种情况在实际工作中很少见到。大量的管理和研究工作不可能组织普查，例如城市居民每月的家庭收入支出调查、某种商品的市场调查、某个事件的民意测验等都只能是先进行抽样调查，然后再对总体的数量规律性进行科学的推断。另外在实践中总体单位很多，加之要考虑时间、费用和人力的投入，实际上难以一一进行调查，所以推断统计法被广泛应用于管理活动的各个领域。

第三节 统计基本要素

一、统计总体和总体单位

（一）统计总体

如前所述，统计学是从总体上研究大量社会经济现象数量特征的，这就产生了统计总体的概念。凡是客观存在的、在至少有某一性质相同的基础上结合起来的许多个别事物（单位）组成的整体，都称为统计总体（简称总体）。

总体是统计研究的具体对象。例如，要研究A市民营企业的生产经营情况，那么该市的所有的民营企业就构成了一个总体，统计设计、统计调查、统计整理和统计分析则都要围绕这一对象来进行。再如，要研究我国的人口状况，则全国人口就构成一个总体，从设计普查方案、普查登记、资料汇总到最后公布普查数据等等，也都要围绕这一对象来进行。

总体可分为有限总体和无限总体。有限总体是指总体中的总体单位数可以计数或穷尽的总体。例如一个企业的全体职工、一个国家的全部人口等都是有限总体。如果总体中的单位数是一个无穷大量，或准确地度量它的单位数是不经济或没有必要的，这样的总体称为无限总体。例如在连续生产的生产线上产出的全部零件数，一片树林中生长的林木数，江河湖海中生长的鱼的尾数等。对于有限总体既可以进行全面调查，也可以进行非全面调查。但对于无限总体则只能抽取一部分单位进行非全面调查，据以推断总体。

总体具有三个特点：

（1）同质性。所谓同质性是指构成统计总体的各个单位必须在某些方面而且至少在某一个方面具备共同的性质。同质性是构成总体的前提。

（2）大量性。大量性是指总体是由许多总体单位组成的，只有一个单位的总体是不存在的。当然，研究目的不同，统计总体就不一样，总体中所包含的总体单位的数量也就不同，一个总体究竟包含多少总体单位，最终取决于统计研究的目的。

（3）变异性。简言之，变异就是事物之间的差异或不同。从统计研究的角度来说，变异性是指构成总体的各个单位之间存在的差别。例如，学生的性别具体表现为男、女，学生的成绩表现为 78 分、85 分、92 分等。

在此，有三个问题需要特别说明：首先，变异是客观的，没有变异的事物是不存在的；其次，变异对于统计非常重要，没有变异就没有统计，这是因为如果总体单位之间不存在变异，我们只需要了解一个总体单位的资料就可以推断总体情况了；第三，变异性和同质性之间相互联系、相互补充，是辩证统一的关系。用同质性否定变异性或用变异性否定同质性都是错误的。

（二）总体单位

构成统计总体的个别单位称为总体单位，或称个体。例如，全部 A 市民营企业中的每一家民营企业、该市所有人口中的每个人都是总体单位。

（三）总体与总体单位的相互关系

总体和总体单位的关系是整体与个体、集合与元素的关系，如果说总体是集合的概念，那么总体单位就是集合的元素。两者相互依存、相互联系，不存在没有总体的总体单位，也不存在没有总体单位的总体。

总体和总体单位的具体形式随着统计研究目的的不同而不同，可以是人，也可以是物，还可以是组织（企业或家庭）或时间、空间、行为等。

总体和总体单位的关系不是一成不变的，随着研究目的的变动，两者可以相互转化。在一定研究目的下，一个事物可以作为总体而存在，然而当研究目的发生变化后，这个事物可能就成为总体单位了。例如，当研究 A 市民营企业的生产经营情况时，全部该市的民营企业就是一个总体，其中的每一家民营企业就是一个总体单位；如果要研究一家民营企业的生产经营情况，那么这家民营企业就成为总体了；而如果要研究全国的民营企业的生产经营情况，全国的民营企业组成总体，而其中 A 市的民营企业又变成了总体单位了。

二、样本

统计研究的目的是要确定总体的数量特征,但是当总体单位数量很多甚至无限时,不必要也不可能对构成总体的所有单位都进行调查。这时,需要采用一定的方式,从总体(又称母体)中抽取一部分单位,作为总体的代表加以研究。这种由总体的部分单位组成的集合称为样本(又称子样)。样本也是由一定数量的单位构成的,样本所包含的总体单位数称为样本容量。

三、标志和指标

(一)标志

统计是从对个体的观察开始,逐步过渡到对总体数量特征的认识的。标志是指说明总体单位特征或属性的名称。例如,A市一家民营企业作为总体单位,其"企业性质"、"企业类型"、"生产能力"、"年产值"、"销售收入"、"职工人数"、"工资总额"等都是标志。

标志按是否可以用数值表示来看,可分为品质标志和数量标志两种类型。品质标志是说明总体单位属性特征的名称,如"企业性质"、"企业类型"等,品质标志只能用文字而不能用数值表示。数量标志是说明总体单位数量特征的名称,如:"生产能力"、"年产值"、"销售收入"、"职工人数"等,数量标志既可以用文字也可以用数值表示。

由于数量标志的具体表现为一个数值,因此又称为标志值。在同一总体内,对于名称相同的标志,无论总体单位数有多少个,只能算是一个标志,而标志的具体表现则与总体单位数相同。如所有的A市民营企业为总体时,共有1.2万家企业,对于每家企业(总体单位)而言,产值是数量标志,且对该总体内的所有总体单位而言,也只能算是一个数量标志,但其具体表现(标志值)则有1.2万个。

如果按总体单位在标志上的具体表现是否存在差异来看,标志可分为不变标志和可变标志。不变标志体现为总体的同质性。组成一个总体的各个总体单位必须有一个或几个不变标志,不变标志是使许多个别单位组合成一个总体的前提。例如,以A市所有的中小民营企业为一总体,这里的各民营企业均有所有制、企业规模这两个不变标志。一家A市的中小民营企业如果不具备这两者中任何一个方面特征的话,就不能成为这个总体的一个单位。

可变标志是指具体表现在总体各个单位上不相同或不完全相同的那些标志。一般来说,组成总体的各个总体单位具有许多可变标志。例如,把A市所有的中小型民营企业作为一个统计总体,那么厂址、隶属关系、职工人数、资金额、生产能力、工业增加值、工业总产值、劳动生产率、平均工资、利税额等就是这个总体各单位的可变标志。

和标志相联系的另外一个概念是标志表现。所谓标志表现,是指总体单位特征在某一标志上的具体表现。如一个人的性别是"男"、年龄"50岁"、民族"汉族";某企业是"股份制公司"、年产值"1亿元"。和标志一样,标志表现也分为品质标志表现和数量标志表现两种类型。

(二)统计指标

统计指标(简称指标)是反映社会经济现象总体数量特征的概念和具体数值。例如,要表明 A 市全部民营企业这个总体的数量特征,其数量表现可以有:该市 2005 年底有民营企业3.9万家,全年总产值 870 亿元,职工人数 52.04 万人,人均产值 3.6 万元,总产值比上年增长 14%。

单就指标本身而言,其构成主要有两部分:指标名称,指标内容和所包括的范围,即指标质的规定性。指标数值,指数量的特征,是指标量的规定性。统计指标离不开数值。

然而,由于社会经济现象中的事物都是具体的,都是在一定的地点、时间、条件下发生的,其量的表现就必然带有特定场合和特定历史的痕迹。所以,一个完整的统计指标除了包括指标名称、指标数值外,还应包括计量单位、指标的时间范围、指标的空间范围及指标的计算方法等方面的要素。例如,"按可比价格计算,2005 年 A 市实现财政收入总额 182 亿元人民币"。在这个例子中,财政收入总额是指标名称,182 是指标数值,亿元人民币是指标的计量单位,2005 年是指标的时间范围,A 市是指标的空间范围,按可比价格计算是指标的计算方法。显然,上述六个要素在说明总体数量特征方面都是不可缺少的,否则就失去了作为一个统计指标的意义,也就不称其为指标了。

标志和指标,两者既有区别又有联系。区别有以下四点:

第一,标志是说明总体单位(个体)特征的;而指标是说明总体特征的。

第二,标志中的数量标志是可以用数值表示,品质标志不能用数值表示;而所有的指标都是用数值表示的,不存在不能用数值表示的指标。

第三,标志中的数量标志不一定经过汇总,可以直接取得;而指标是由数量标志汇总得来的。

第四,标志一般不具备时间、地点等条件;而作为一个完整的统计指标,一定要有时间、地点、范围。

另外,指标和数量标志之间存在着一定的变换关系。由于研究目的的不同,当原来的总体变成为总体单位时,相应的统计指标也就变成数量标志了(这时,指标名称变成数量标志名称,指标数值变成标志值);反之亦然。例如,在研究 A 市某一民营企业时,该民营企业为总体,其产值为指标,每一个车间为总体单位,车间的产值为数量标志;而当研究 A 市的民营企业时,所有的该市的民营企业则构成一个总体,该市的总产值为指标,而此企业则变成一个总体单位,其产值则变为数量标志了。

(三) 统计指标的分类

(1) 按其反映的事物性质不同,统计指标可分为实体指标和行为指标两类。实体指标是指它所反映的是具有实物形态、客观存在的具体事物数量特征,如产品产量指标、职工人数指标、固定资产价值指标等;行为指标是指它所反映的是某种行为的数量特征,如工伤事故指标、犯罪行为指标等。

(2) 按其数据的依据不同,统计指标可分为客观指标和主观指标两类。客观指标是指其取值依据是对统计对象的实际度量或计数的指标,又称为显性指标,如产品产量、职工人数等都是客观指标;主观指标是指不可能或难以直接度量或计数取值而只能凭人们的感受、评价确定其量的指标,又称为隐性指标,如民意测验、对事物综合评价等指标就属于主观指标。

(3) 按其反映社会经济的功能不同,统计指标可分为描述指标、评价指标和预警指标。

描述指标是反映社会经济现象的现实状况、变化过程和运行结果的统计指标,如反映生产经营条件的物质技术设备、职工人数、生产总值、总销售收入、利润总额等。评价指标是用于考核、评估、比较社会经济活动质量及其效果的统计指标,如设备利用率、资金周转率、职工劳动效率等。预警指标是对社会经济活动过程中的关键点进行监测,通过与正常值的比较而发出警示的统计指标,如宏观经济中的通货膨胀率、失业率、物价指数、社会积累率,微观经济中的资金利用率、成本利润率、工资利润率等。

(4) 按其反映总体内容的不同,统计指标可分为数量指标和质量指标。数量指标是反映总体范围、总体规模、总体水平的统计指标,也称为外延指标,其表现形式一般为绝对数。如 A 市民营企业数、投资总额、固定资产总值、总销售收入等。质量指标是反映总体内部结构、比例以及相互数量关系或发展变化的指标,也称为内涵指标,一般表现为相对数或平均数等,如该市民营企业生产效率、流通费用率、销售收入的增长率等。

(5) 按其数量对比关系的不同,统计指标可分为总量指标、相对指标和平均指标三类。这是统计学上常用的指标,也是最重要的分类。总量指标,又称绝对指标或绝对数,是反映总体的规模和现象发展结果的指标,其表现形式为绝对数,一般用以反映总体的总规模、总水平和工作总量。相对指标,又称相对数,是两个有联系的统计指标的对比形成的比率。其表现形式为相对数,一般用来反映总体的内部结构、现象间的数量对比关系和相对水平等。平均指标,又称平均数,是指总体中某一数量标志的一般水平。其表现形式为平均数,一般用来反映总体内某一数量标志的集中趋势等。

此外,统计指标还可以按其他标志进行分类。这些分类可以结合统计工作的实践进行,主要是为了便于在实际工作中有效运用。

四、变异和变量

(一) 变异

变异是指统计中的标志或指标间的差别,也就是标志和指标的具体表现各不相同。如人的性别有男女之别,各时期、各地区、各部门的产值不同,耕地面积不同等,这些差别被称为变异或变差。变异有属性的变异和数值的变异。变异是普遍存在的,是统计的前提条件。有变异才有统计,没有变异就用不着统计了。

(二) 变量

变量是可变的数量标志和统计指标。变量的数值表现就是变量值,也就是可变的数量标志和统计指标的不同取值。变量与变量值不能误用。例如,有工资 2 250 元、2 500 元、2 750 元、3 000 元四个数值,要求计算其平均工资,不能说求这四个"变量"的平均数,因为这里只有"工资"这一个变量,并没有四个变量,所以平均的是"工资"这个变量的四个数值,即四个变量值。

(三) 变量的分类

1. 变量按其取值是否连续,可分为离散变量和连续变量

离散变量:变量值只能表现为整数。如工人数、工厂数、机器台数等。

连续变量:指其数值连续不断,在相邻的两值之间可无穷分割,表现为无穷小数。如粮

食产量、身高、体重、总产值、资金、利润等。

2. 变量按其所受因素影响的不同,可分为确定性变量和随机性变量

确定性变量:能在事先确定下来的变量,如中奖人数等。

随机性变量:由各种因素引起,数值随机生成,有多种可能性,事先无法确定,如中奖号码等。

五、统计指标体系

社会经济现象是一个复杂的总体,各类现象之间存在着相互依存、相互影响的关系。一个统计指标往往只能反映复杂现象总体某一方面的特征,要了解客观现象在各个方面及其发展变化的全过程,仅靠单个的统计指标是不行的,必须要建立和运用统计指标体系。

所谓统计指标体系,就是指若干个反映社会经济现象数量特征的相对独立又相互联系的统计指标所组成的整体。例如,一家民营企业把产品产量、净产值、劳动生产率、产品质量、消耗、成本、销售收入等统计指标联系起来就组成了指标体系。这便于人们全面、准确地评价该企业的生产经营情况。

由于社会经济现象内在联系的不同特点,统计指标体系的形成一般有两种类型:一是数学式联系的指标体系,如"商品销售额=商品销售量×商品销售价格","期初库存量+本期购进量=本期销售量+期末库存量"等。二是框架式联系的指标体系,如国家统计局与原国家计委于1995年联合制定的"全国人民小康生活水平"的指标体系就包括经济水平、物质生活、人口素质、精神生活和生活环境五大方面,其指标包括人均国内生产总值、人均收入水平、人均居住水平、人均蛋白质摄入量、城乡交通状况、恩格尔系数、成人识字率、人均预期寿命、婴儿死亡率、教育娱乐支出比重、电视机普及率、森林覆盖率和农村初级卫生保健基本合格以上县的百分比率。

由于社会经济现象相互联系的多样性和人们认识问题的多视角性,反映现象总体的统计指标体系也可以从不同的角度进行分类。

指标体系按其反映内容的不同,可分为社会统计指标体系、经济统计指标体系和科学技术统计指标体系。它们分别从人口社会、国民经济运行和科学技术发展三个方面,反映一定时期、一定范围内国民经济和社会科技发展的总体状况。

指标体系按其考核的范围不同,可分为宏观指标体系、中观指标体系和微观指标体系。宏观指标体系反映整个社会、经济和科技情况;中观指标体系反映各个地区和各个部门、行业的社会、经济和科技情况;微观指标体系反映各企、事业单位的生产经营或工作运行情况。

指标体系按其作用不同,可分为描述性指标体系、评价性指标体系和决策性指标体系。描述性指标体系主要是反映社会经济现象的现状、运行过程和结果;评价性指标体系主要是比较、判断社会经济现象的运行过程、结果是否正常;决策性指标体系是为了保证社会、经济、科技等方面有序、协调地发展。

第四节　统计职能

一、信息职能

统计的信息职能是指根据科学的统计指标体系和统计调查方法,灵敏、系统地搜集、处理、传递、存储和提供大量的以数量描述为基本特征的社会经济信息。因而,要不断拓展统计信息的内容,保证统计信息的可靠性,完善统计信息的自动化建设,实现统计信息生产和使用的社会化程度。

二、咨询职能

统计的咨询职能是指利用已掌握的丰富的统计信息资料,运用科学的分析方法和先进的技术手段,深入开展综合分析和专题分析研究,为科学决策和管理提供各种可供选择的咨询建议和对策方案。

三、监督职能

统计的监督职能是指根据统计调查和统计分析的结果,及时、准确地从总体上反映经济、社会和科技等的运行状况,并对其全面、系统地定期检查、监测和预警,以便促进国民经济按照客观规律的要求,持续稳定协调地发展。

以上三种职能是相互联系、相辅相成的。首先,采集和提供信息是国家统计系统最基本的职能,统计的信息职能是保证统计的咨询和监督职能的基础和前提;统计的咨询只能是信息职能的延续和深化,它使采集的信息得以在科学决策、经营管理以及社会实践中发挥作用;统计的监督职能则是对信息和咨询职能的进一步拓展,统计监督职能的强化,又必然要对信息与咨询职能提出更高的要求,从而促进统计的信息与咨询职能的优化。总之,统计的信息、咨询和监督职能彼此依存、相互联系,共同构成了一个完整的有机整体。在社会主义市场经济的发展过程中,统计应充分发挥所具有的信息、咨询、监督三大职能,为社会主义现代化建设服务。

第五节　统计活动的基本环节

一、确定统计的任务和目的

统计的任务是根据各个时期国民经济和社会发展提出的问题或社会经济管理和科学研究的要求而确定的。

二、统计设计

根据所要研究问题的性质，在有关科学理论的指导下，制定统计指标、指标体系和统计分类，并给出统一的定义、标准，同时提出收集、整理和分析数据的方案和工作进度等。统计设计是整个统计研究的前期工程，其完成质量直接关系到整个设计研究的质量。搞好统计设计不仅要以统计学的一般理论和方法为指导，而且还要求设计者对所要研究的问题本身具有深刻的认识和相关的学科知识。例如，要设计一套较好的评价企业经营状况的统计体系与方案，仅有一般的统计方法知识是不够的，设计者还必须具备企业经营管理知识和理论素养。

三、收集数据

经过统计设计形成方案之后，就可以开始收集统计数据。统计数据的收集有两种基本方法：一是通过统计调查获取第一手资料，即原始资料的搜集；二是利用其他统计工作者公布的数据，即次级资料的搜集。对于大多数自然科学和工程技术研究来说，有可能通过有控制的科学实验去取得数据，这时可以采用实验法。统计学中有一个专门分支——实验设计，就是研究如何科学设计实验方案，从而使得通过实验采集的数据能够符合分析的目的和要求。对于社会经济现象来说，有些是无法进行调查观察并加以研究综合的。如何科学地进行调查是统计学研究的重要内容。

四、整理与分析

原始的统计数据收集后还必须经过整理、加工和分析，才能真正发挥其作用。在统计研究阶段运用的方法包括两大类：描述统计和推断统计。

描述统计是指对采集的数据进行登记、审核、整理、归类，在此基础上进一步计算出各种能反映总体数量特征的综合指标，并用图表的形式表示通过归纳分析得到的各种有用统计信息。描述统计是统计研究的基础，它为统计推断、统计咨询、统计决策提供必要的事实依据。描述统计也是对客观事物认识的不断深化过程，通过对分散无序的原始资料的整理和归纳，运用分组法和综合指标法得到现象总体的数量特征，揭示客观事物内在数量规律性，达到认识的目的。

推断统计是在对样本数据进行描述的基础上，利用一定的方法根据样本数据去估计或检验总体的数量特征。在进行统计研究时，常常存在这种情况：由于各种原因，我们所掌握的数据只是部分单位的数据或有限单位的数据，而我们所关心的却是整个总体的数量特征。例如，民意测验中某一候选人是否能够当选，全国婴儿的性别比例如何，某种电子元件的寿命多长，这些问题就必须利用统计推断的方法来解决。统计推断是现代统计学的主要内容。

五、统计资料的积累、开发与应用

通过统计整理和分析可以得到有关的统计资料，但统计资料的提供并不意味着统计研究的终结，统计目的在于认识客观世界的规律。对于已经公布的统计资料需要加以积累，同时还可以进行进一步的加工，结合相关的实质性学科的理论知识进行分析和利用。如何更好地将统计数据和统计方法应用于各自的研究领域是统计学研究的一个重要方面。

以上所述的统计研究的全过程可以用图 1-2 表示：

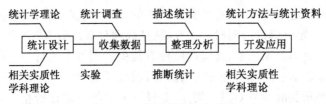

图 1-2 统计研究的全过程

第六节 统计学在经济学和经济管理中的应用

自古以来,统计就服务于经济或经济管理,在现代经济管理和经济学研究中,统计学发挥的作用更不容忽视。

一、统计学与经济学

经济学家的职责是要告诉人们怎样利用有限的资源最大限度地满足人类的需要,由此引起对资源配置、市场供求、经济增长等许许多多问题的研究。对这些问题,不能只做定性的理论分析,还需要有经验性的定量方法。例如,经济学研究有效需求不足的问题,显然研究消费与需求的数量关系将有助于对问题的深入了解和认识。而这样做既要有经济统计数据,还要有适当的统计方法。一般而言,构造一个复杂的模型并不太难,但要想出一个良好的方法去获取数据来适当地估计模型,则是比较困难的事。数据获取的困难在于:①某些变量无法直接测得,如消费者偏好、企业信心、技术进步等,所以只好用"替代变量",但如何替代,则很难有完美的方法。还有些变量的数值属于保密范围,如有关个人财富的数据,财富持有人往往不愿透露实情,只好测算,要测算准确就需要完善的方法。②数据缺失或不足。③数据不准确。要克服数据获取的困难,需要统计方法的突破。代入数据的问题已经解决,还有如何估计模型的参数问题。如凯恩斯在 20 世纪 30 年代曾提出总量消费函数的概念。为了测定凯恩斯的这一消费函数,人们花了大量的精力估计一个看来十分简单的边际消费倾向。虽说根据凯恩斯的理论,边际消费倾向平均而言在一个大致不变的水平上,但并不排除每次估计都会有波动,如何考虑这个问题?既然是估计,就会有误差。如何考虑这个误差,又如何使误差保持在可以接受的范围内,这都需要统计学提供科学的统计方法。

二、统计学与经济管理

统计学无论在政府宏观经济管理还是在工商企业微观管理中的应用都是极其普遍的。

在宏观经济管理中,政府总是关注着当前的经济形势和未来的经济形势。为此,政府进行大量的统计调查和统计分析预测:目前工农业的生产、销售数量,未来 12 个月的情况;每月的消费价格指数及由此反映出的通货膨胀情况、货币回笼速度等。这些只是许许多多统计指标中的几个而已。政府依据统计数据决定货币的投放、中央银行的利率等宏观经济政策,并利用统计数据评价、检查施政的绩效。

在工商企业管理中,管理人员经常需要在未来条件不确定的情况下做出牵涉资金数额巨大、甚至是有关企业生死存亡的重大经营决策问题,如企业的扩张、新项目的上马、新产品的研制与投产等。而在日常的经营管理中,更时时面临着各种各样的决策问题。利用统计决策模型,可降低决策的不确定风险,做出明智的选择。市场管理人员运用统计方法可以进行市场调查和预测,生产管理人员运用统计方法可以进行产品的抽样检验和质量控制,仓管人员应用统计方法可以确定库存量,会计人员应用统计方法可以进行财务预测、损益分析、投资分析和内部稽核等。统计方法的应用使得企业管理富于效率,增强了企业的竞争能力。

统计方法在经济生活和经济管理中的作用还可以无穷无尽地列举下去,它的事半功倍之效令无数人为之神往,要有效地从事经济研究和管理,统计学不可不学。

本章小结

统计一般是泛指统计工作、统计资料和统计学。统计学是阐述统计工作的理论和方法的方法论科学。统计的实践已有四五千年的历史,它是适应人类社会实践活动的需要而产生和发展的,我国是世界上最早开始统计活动的国家之一。统计学却只有三百多年的历史。统计学的历史可分为古典统计学时代、近代统计学时代和现代统计学时代。曾经产生过记述学派、政治算术学派、数理统计学派和社会经济统计学派等流派。

正确地确定统计学的研究对象,是一切统计研究的起点。统计学的研究对象是现象总体数量方面的问题,其特点有数量性、总体性、具体性、社会性、广泛性和差异性。

统计学的基本方法有大量观察法、描述统计法和推断统计法。

统计总体和总体单位、标志和指标、变异和变量是统计的基本要素,也是统计学中最常用的基本概念,应该对它们的准确含义有一个明确的理解。统计总体是具有共同性质的许多单位组成的整体,是指统计研究所确定的客观对象,它的基本特征是同质性、大量性和差异性。注意标志和指标的区别和联系。一个完整的统计指标包括指标名称、指标数值、计量单位、时间限制、空间限制和计算方法;其特点是数量性、综合性和具体性;统计指标从不同的角度,可以分为不同的种类,它们的作用也不尽相同。统计指标体系是由一系列相互联系的统计指标组成的有机整体。变量与变量值不能误用。统计数据即变量值,是统计实践活动所取得的成果,也是开展统计分析的基础,它是总体单位标志或统计指标的具体数量表现。

统计具有信息、咨询和监督三大职能,它们共同构成了统计的整体功能。

社会经济统计学的理论和方法论基础是马克思主义哲学和政治经济学。统计活动过程主要包括统计设计,收集数据,整理与分析,统计资料的积累、开发与应用。

思考与习题

一、单项选择题

1. "统计"一词的基本含义是 （ ）
   A. 统计调查、统计整理、统计分析　　B. 统计设计、统计分组、统计计算
   C. 统计方法、统计分析、统计预测　　D. 统计科学、统计工作、统计资料

2. 要了解某市国有工业企业生产设备情况,则统计总体是 （ ）
   A. 该市全部国有工业企业　　　　　　B. 该市每一个国有工业企业
   C. 该市国有企业某一台设备　　　　　D. 该市国有工业企业全部生产设备

3. 下列总体中,属于无限总体的是 （ ）
   A. 全国的人口总数　　　　　　　　　B. 水塘中所养的鱼
   C. 城市年流动人口数　　　　　　　　D. 工业中连续大量生产的产品产量

4. 总体与总体单位不是固定不变的,是指 （ ）
   A. 随着客观情况的变化发展,各个总体所包含的总体单位数也在变动
   B. 随着人们对客观认识的不同,对总体与总体单位的认识也是有差异的
   C. 随着统计研究目的与任务的不同,总体和总体单位可以变换位置
   D. 客观上存在的不同总体和总体单位之间,总是存在着差异

5. 标志是指 （ ）
   A. 总体单位的特征或属性的名称　　　B. 总体单位数量特征
   C. 标志名称之后所表现的属性或数值　D. 总体单位所具有的特征

6. 标志与指标的区别之一是 （ ）
   A. 标志是说明总体特征的,指标是说明总体单位的特征的
   B. 指标是说明总体特征的,标志是说明总体单位的特征的
   C. 指标是说明有限总体特征的,标志是说明无限总体特征的
   D. 指标是说明无限总体特征的,标志是说明有限总体特征的

7. 下列变量中,属于连续变量的是 （ ）
   A. 大中型企业个数　　　　　　　　　B. 大中型企业的职工人数
   C. 大中型企业的利润额　　　　　　　D. 大中型企业拥有的设备台数

8. 统计学的基本方法包括 （ ）
   A. 调查方法、整理方法、分析方法　　B. 调查方法、汇总方法、预测方法
   C. 相对数法、平均数法、指数法　　　D. 大量观察法、分组法、综合指标法

9. 统计最基本的职能是 （ ）
   A. 信息职能　　　B. 咨询职能　　　C. 反映职能　　　D. 监督职能

二、多项选择题

1. "统计"一词的三种不同含义是 （ ）
   A. 统计活动　　B. 统计资料　　C. 统计学　　D. 统计分析
   E. 统计预测

2. 某企业是总体单位,数量标志有 （   ）
   A. 所有制　　　B. 职工人数　　　C. 月平均工资　　　D. 年工资总额
   E. 产品合格率

3. 统计指标构成要素包括 （   ）
   A. 指标名称　　B. 计量单位　　　C. 计算方法　　　　D. 时空限制
   E. 指标数值

4. 对某市工业生产进行调查,得到以下资料,其中的统计指标是 （   ）
   A. 某企业为亏损企业　　　　　B. 实际产值为1.1亿元
   C. 职工人数为10万人　　　　　D. 某企业资金利率为30%
   E. 机器台数为750台

5. 统计总体的基本特征表现为 （   ）
   A. 大量性　　　B. 数量性　　　　C. 同质性　　　　　D. 变异性
   E. 客观性

6. 变量按其是否连续可分为 （   ）
   A. 确定性变量　B. 随机性变量　　C. 连续变量　　　　D. 离散变量
   E. 常数

7. 连续变量的数值 （   ）
   A. 是连续不断的　　　　　　　B. 是以整数断开的
   C. 相邻两值之间可取无限数值　D. 要用测量或计算的方法取得
   E. 只能用计数方法取得

8. 离散变量的数值 （   ）
   A. 是连续不断的　　　　　　　B. 是以整数断开的
   C. 相邻两值之间不可能有小数　D. 要用测量或计算的方法取得
   E. 只能用计数方法取得

9. 下列变量中,属于离散变量的有 （   ）
   A. 商业企业单位数　　　　　　B. 商品总销售额
   C. 职工人数　　　　　　　　　D. 商品库存额
   E. 商店经营商品品种数

10. 假设某地区五家企业的工业总产值分别为25万元、20万元、40万元、33万元和65万元,则 （   ）
    A. "国有企业"是企业的品质标志
    B. "工业总产值"是企业的数量标志
    C. "工业总产值"是企业的统计指标
    D. "工业总产值"是个变量
    E. 25、20、40、33和65这几个数字是变量值

11. 有一统计报告如下:某市工业企业1 000个,职工人数30万人,工业总产值9亿元,平均劳动生产率为3 000元/人。其中,某一企业的总产值为542.6万元,职工人数2 000人。上述统计报告中出现有 （   ）
    A. 总体　　　　B. 变量值　　　　C. 标志　　　　　　D. 指标
    E. 变量

三、判断题(在下列命题中,正确的在括号内打"√",错误的在括号内打"×")

1. 总体的同质性是指总体中的各个单位在所有标志上都相同。（　）
2. 数量指标是由数量标志汇总来的,质量指标是由品质标志汇总来的。（　）
3. 统计所研究的对象必须是可度量的现象。（　）
4. 统计指标是客观事实的具体反映,不具有抽象性。（　）
5. 三位工人的工资不同,因此存在三个变量。（　）
6. 商品的价格在标志分类上属于数量标志。（　）
7. 大量观察法要求对社会经济现象的全部单位进行调查。（　）
8. 总体单位是标志的承担者,标志是依附于总体单位的。（　）
9. 统计学是一门研究现象总体数量特征的方法论科学,所以它不关心、也不考虑个别现象的数量特征。（　）
10. 统计学是从质与量的对立统一中研究客观现象总体数量特征的。（　）

四、填空题

1. 凡是客观存在的,具有_____的许多个别事物构成的整体,称为_____。
2. 按总体单位数量是否可以计数(或总体单位数的有限性)进行区分,总体有_____总体和_____总体。
3. 为了了解国有企业职工的年龄构成进行的统计调查,其统计总体是_____,总体单位是_____。
4. 总体的_____实际上是指总体各单位至少在一个标志上其具体表现是相同的。
5. 标志是说明_____特征的,而指标是说明_____特征的。
6. 标志按其表现形式不同,有_____标志和_____标志。
7. 统计指标反映的是_____的数量特征,数量标志反映的是_____的数量特征。
8. 按变量值的连续性分,可把变量分为_____变量和_____变量。
9. 一个完整的统计工作过程应包括_____、_____、_____和_____。
10. 统计工作的职能包括：_____、_____、_____。其中以_____为主。

第二章
统计调查

第一节 统计调查的基本理论

一、统计调查的概念

统计调查是根据统计任务的要求,运用科学的调查方法,有计划、有组织地向社会搜集统计资料的过程。统计调查是统计工作的基础环节,是认识事物的起点。

统计调查搜集来的资料有两种:一种是对调查单位未做任何加工整理的原始资料,又称为初级资料;另一种是次级资料,即已经经过某个部门或地区加工整理过的综合说明某个部门或地区综合情况的统计资料。

二、统计调查的基本任务

统计调查的基本任务就是为管理和决策部门提供相关的、准确的、可靠的、有效的和当前的信息。正确的决策不是靠直觉和猜测得到的。缺乏充分依据的信息,可能导致错误的决策。例如美国的约翰逊公司由于靠直觉为其产品命名而导致失败就是一个例子。约翰逊公司用公司名来命名阿司匹林,约翰逊产品以温和著称,但"温和"并不是人们对婴儿阿司匹林所需要的性能。婴儿阿司匹林应该是"安全"的,而且"温和"的阿司匹林会使一些人误认为它不够有效。因此,从直觉上似乎是很自然的东西却导致了错误的决策。

统计调查的基本任务是按照所确定的指标体系,通过具体的调查,取得反映社会经济总体现象的全部数字资料的信息。这些信息是总体各单位有关标志的表现,是尚待整理、进行系统化的原始资料。所谓原始资料,是指向调查单位搜集的,需要由个体过渡到总体的统计资料。另外,在统计调查中,也必然会用到对次级资料的收集。所谓次级资料是指经过加工,由个体过渡到总体,能够在一定程度上说明总体现象的统计资料。

三、统计调查的意义

当今的社会是信息社会。哪个企业信息掌握得迅速、准确、可靠,生产计划安排得当,产品更新换代快、适销对路,哪个企业经济效益就高。人们常说"信息就是金钱,就是生命"。信息从哪里来?只能从统计调查中来。

世界上许多国家和企业都很重视调查和研究工作,还成立了不少专门的组织和机构。我国不少企业也越来越重视调查和研究,有的也有专门的组织和机构。如某电视机厂,在市场竞争非常强烈、商品供大于求、销售越来越困难的情况下,通过调查,了解到农村消费者对电视机灵敏度要求比较高,而且有冬季购买集中的特点,便提高电视机的灵敏度,而且派推销员到较富裕的农村现场介绍,指导安装,并提供维修服务,使产品销售量迅速增加。但是,也有一些企业至今还不太重视调查,甚至盲目生产,产品不是步人后尘,就是偏离市场,缺乏竞争能力,使企业陷入困境。

全球500强的公司,无一例外地把调研作为公司最重要的事情来做。所以,企业要在这个全球化的、残酷的战争中保全自己、发展自己就不能不做调研。要做到知己知彼,百战不殆!这样就要把所有可能发生的错误扼杀在摇篮中!那么怎样把所有可能的错误扼杀在摇篮中?充分的调查工作是最基础的,尽管"调研不一定能使公司成为伟大的公司,但是伟大的公司一定是做好调研的公司"。

统计过程的第一阶段是统计设计。统计设计的统计指标和指标体系需要赋予它国民经济的具体数值。这就需要到社会经济现象中搜集实际资料,然后对原始资料加以整理、分析判断和推理。统计调查是关键环节。只有搞好统计调查,才能保证统计工作达到对于客观事物规律性的认识,从而预测未来。社会主义市场经济体制的建立,使得统计调查工作尤为重要。以企业来讲,计划经济体制下是"产供销",以产定销。市场经济则要倒过来,"销供产",以销定产,以市场为龙头,指导企业的生产经营活动。统计调查是为了掌握第一手资料,进而分析、研究经济发展的态势和市场变化。

四、统计调查的种类

1. 按调查对象包括的范围不同,可分为全面调查和非全面调查

(1) 全面调查是对被调查对象中所有的单位全部进行调查,其主要目的是要取得总体的全面、系统、完整的总量资料。如普查。全面调查要耗费大量的人力、物力、财力和时间。

(2) 非全面调查是对被调查对象中一部分单位进行调查。如重点调查、典型调查、抽样调查和非全面统计报表等。

全面调查和非全面调查是以调查对象所包括的单位范围不同来区分的,而不是以最后取得的结果是否反映总体特征的全面资料而言的。

2. 按登记时间是否连续,可分为经常性调查和一次性调查

(1) 经常性调查是随着调查对象在时间上的发展变化,而随时对变化的情况进行连续不断的登记。其主要目的是获得事物全部发展过程及其结果的统计资料。

(2) 一次性调查是不连续登记的调查,它是对事物每隔一段时期后在一定时点上的状态进行登记。其主要目的是获得事物在某一时点上的水平、状况的资料。一次性调查又分为定期和不定期两种。定期调查是每隔一段固定时期进行一次调查,不定期调查是时间间隔不完全相等,而且间隔很久才调查一次。

3. 按调查的组织方式不同,可分为统计报表制度和专门调查

(1) 统计报表制度是按照国家统一规定的调查要求与文件(指标、表格形式、计算方法等)自下而上地提供统计资料的一种报表制度。

(2) 专门调查是为了某一特定目的而专门组织的统计调查,包括:普查、抽样调查、重点调查、典型调查等。

① 普查。普查是专门组织一次性的全面调查,用来调查属于一定时点或时期内的社会经济现象的总量。普查要遵循以下几点:

a. 确定普查的标准时间。

b. 普查的登记工作应在整个普查范围内同时进行,以保证普查资料的实效性、准确性,避免资料的搜集工作拖得太久。

c. 同类普查的内容和时间在历次普查中应尽可能保持连贯性。普查的组织形式有两种:一种是组织专门的普查机构,派专门的调查人员对被调查单位直接进行登记;另一种是利用一定的组织系统,由被调查单位根据本单位的原始记录和实际情况,填写调查表,然后上报。

②抽样调查。抽样调查是按随机原则,从总体中抽取一部分单位作为样本来进行观察,并根据其观察的结果来推断总体数量特征的一种非全面调查方法。

随机抽样一般是指每个总体单位都有同等被抽中的机会,但是在实际调查中,并不完全是这种情况。通常采用的抽样组织形式主要有以下几种:

a. 简单随机抽样:又称纯随机抽样,它是指对总体不作任何处理,不进行分类也不进行排除,而是完全按随机的原则,直接从总体中抽取样本单位加以观察。从理论上说,它最符合抽样调查的随机原则,是抽样调查的最基本形式。具体方法有:直接抽选法、抽签法和随机数表法。

b. 分层抽样:又称类型抽样或分类抽样,是先将总体各单位按主要标志加以分层,而后在各层中按随机的原则抽取若干样本单位,由各层的样本单位组成一个样本。

c. 等距抽样:又称机械抽样或系统抽样,它是将总体全部单位按某一标志排队,而后按固定的顺序和相等间隔在总体中抽取若干样本单位,构成一个容量为 n 的样本。

d. 整群抽样:是将总体各单位划分为若干群,然后以群为单元,从总体中随机抽取一部分群,对被抽中的群内所有单位进行全面调查。整群抽样对总体划分群的基本要求是:第一,群与群之间不重叠,即总体中的任一单位只能属于某个群;第二,全部总体单位毫无遗漏,即总体中的任一单位必须属于某个群。

e. 多阶段抽样:当总体很大时,可把抽样过程分成几个过渡阶段,到最后才具体抽到样本单位。

③重点调查。重点调查是一种非全面调查,它是在调查对象中选择一部分对全局具有决定性作用的重点单位进行调查。适用于调查任务只要求掌握调查总体的基本情况,调查标志比较单一,调查标志表现在数量上集中于少数单位,而这些少数单位的标志值之和在总体中又占绝对优势的情况。

重点调查组织方式有两种:一是专门组织的一次性调查;另一种是利用定期统计报表经常性地对一些重点单位进行调查。其优点是人力、物力花费较少,且能够在较少时间内及时取得有关基本情况。

④典型调查。典型调查是根据调查的目的与要求,在对被调查对象进行全面分析的基础上,有意识地选择若干具有典型意义的或有代表性的单位进行调查,主要作用是:第一,补充全面调查的不足;第二,在一定条件下可以验证全面调查数据的真实性。其优点是灵活机动、通过少数典型即可取得深入翔实的统计资料;其缺点是受"有意识地选出若干有代表性"的限制,易受人们主观认识上的影响,必须同其他调查结合起来使用,才能避免出现片面性。

五、统计调查的具体方法

统计调查的具体方法主要有：直接观察法、报告法、采访法、问卷法、通讯法。

（一）直接观察法

直接观察法是由调查人员亲自到达现场，对调查对象直接进行观察、检验、测量、点数，以取得所需要的统计资料的一种调查方法。直接观察法可以获得大量真实的第一手资料，是获得感性认识和发现问题的重要途径，能够保证所搜集的资料的准确性。

例如，商业企业的盘点工作。在调查商品库存时，调查人员到达仓库，直接点数、计量；又如，国家统计局的农调队，在调查农作物的收获量时，调查人员亲自到达田间地块，进行实割实测等，都属于直接观察法。

直接观察法的局限性主要有：①涉及私人的一些问题不宜采用直接观察法；②只能在有限的范围内使用；③花费较多的人力、物力和时间。

（二）报告法

报告法是由被调查单位利用各种记录和核算资料，按照统一的要求和表格形式，向有关部门提供统计资料的方法。

（三）采访法

采访法是由调查人员向被调查者提出所要了解的问题，然后根据被调查者的答复来取得统计资料的一种调查方法。这种方法可进一步分为个别询问和开调查会两种方法。

（1）个别询问是由调查人员向被调查者逐一采访询问，以取得统计资料的方法。这种方法可以了解被调查者的真实想法，不受其他人意见的影响。

（2）开调查会是召集了解情况的有关人员，以座谈会形式对被调查者的问题开展讨论和分析，以取得统计资料的方法。由于参加人员较多，会议时间有限，因此会前一定要认真做好准备，要明确会议的主题，否则就不能取得好的效果。

（四）问卷法

问卷法是调查者运用统一设计的问卷向被调查者了解情况、搜集资料的一种调查方法。问卷法按照表格填写者的身份，分为"自记式"和"他记式"。

（1）"自记式"就是由被调查者自己填写调查表。

（2）"他记式"就是调查者按调查表项目向被调查者提问，然后根据调查者的回答填写调查表。

问卷调查法按传递方式不同，又可分为报刊问卷、邮政问卷、送发问卷、访问问卷等。

调查对象数量可以用如下公式：

调查对象 = （研究对象）/（回复率 × 有效率）

例如，假定研究对象 540 人，回复率 60%，有效率 90%，则调查对象为：

调查对象 = 540/(60% × 90%) = 1 000（人）

（五）通讯法

通讯法是采用信件往来的办法，一般是统计工作机构将调查表格寄给被调查者，然后被调查者将填好的调查表寄回,也称为邮寄调查。邮寄调查是一种标准化调查,其特点是,调查人员和被调查者没有直接的语言交流,信息的传递完全依赖于调查表。通讯法常用于一些社会经济问题的定性分析或定量预测。

此外,调查的方法,还有小组座谈会、深度访谈、投影法等定性调查的方法;面访调查、邮寄调查、电话调查、借助于其他电子手段(传真、互联网等)的调查;试验法等定量调查的方法。定性调查是设计问题非格式化、收集程序非标准化,一般只针对小样本进行研究的一种调查方式。它意味着调查结果往往没有经过量化或者定量分析。运用定性调查可以了解无法通过直接观察和测量了解的事情,不知的过去的感觉、想法、意图和行为等都只能通过定性调查方法来获得。定量调查是一种利用结构化问卷、抽取一定数量的样本、依据标准化的程序来收集数据和信息的调查方式。

第二节 统计调查方案

统计调查是一项复杂细致的工作。正确制定统计调查方案是保证统计调查有计划、有组织地进行的首要步骤,是统计设计在统计调查阶段的具体化。一个完整的统计调查方案应该包括以下几个方面的内容。

一、调查的任务和目的

不同的研究目的和任务,决定着不同的调查内容和范围。只有明确调查任务和目的,才能据以去确定调查对象、内容和方法。调查的任务就是为管理和决策部门提供相关的、准确的、可靠的、有效的和当前的信息。确定调查目的,就是明确在调查中要解决哪些问题,通过调查要取得什么样的资料。取得这些资料有什么样的用途等问题。衡量一个调查设计是否科学的标准,就是要看方案的设计是否体现调查目的的要求,是否符合客观实际。例如,调查第三产业发展情况,就可能有各种目的。如果说一种目的是要了解第三产业发展规模,就要对第三产业进行普查,相应地制定普查方案。如果说一种目的是要研究第三产业在国民经济发展中的作用以及其与第一、二产业的结构比较,这样就不仅要了解第三产业的发展现状,而且还要了解第三产业过去的发展情况以及第一、二产业的发展情况。

二、调查对象和调查单位

1. 调查对象

调查对象是我们需要进行研究的总体范围,是根据调查目的所确定的研究事物的全体,统计总体这一概念在统计调查阶段称为调查对象。例如:2010年第六次人口普查规定:"人口普查对象是具有中华人民共和国国籍并在中华人民共和国境内常住的人。"再比如,对某地区小学学生情况进行普查,则调查对象是该地区各小学的全部学生。应明确规定调查中被研究的总体范围,说明向谁调查问题。

2. 调查单位

调查单位是构成调查对象的每一个单位,即总体单位,是需要进行登记的标志(项目)的承担者。说明谁来提供资料的问题。例如,人口普查中每个人就是调查单位。再比如,对某地区小学学生情况进行普查,则调查单位是该地区各小学的每一位学生。

3. 填报单位

填报单位也称报告单位,是指负责向上级汇报调查内容、提交统计资料的单位。而调查单位是调查项目的承担者。填报单位一般是行政上、经济上具有一定独立性的单位,而调查单位可以是人、单位、也可以是物。两者有时一致,有时不一致。如在工业企业普查中,每个工业企业既是调查单位又是填报单位;工业企业设备调查中,每一台设备是调查单位,而每一工业企业是填报单位;对百货商店工作人员进行普查,调查对象是各百货商店的全体工作人员,调查单位是每一位工作人员,各百货商店是填报单位。

三、调查项目和调查表

调查项目就是调查中所要登记的调查单位的特征,这些特征在统计上又称标志。确定调查项目所要解决的问题是:向调查单位调查什么。反映调查单位特征的标志是多种多样的,在调查中确定哪些调查项目,应根据调查目的和调查单位的特点而定。

在统计调查中还必须设计制作调查表,所谓调查表就是根据调查目的所确定的具体调查项目,也就是统计调查所研究的内容,调查表所要解决的问题是:向调查单位调查什么。

调查表是调查方案的核心部分,必须紧紧围绕调查目的,现象之间的相互联系,从现象的过去、现在和发展等方面出发,提出所要调查的项目,拟定调查表。

调查表一般由表头、表体和表脚组成。

表头:用来表明调查表的名称以及填写调查单位的名称、性质、隶属关系等。

表体:这是调查表的主要部分,包括统计调查所要说明的社会经济现象的项目和这些项目的具体表现亦即数字、计算单位等。

表脚:包括调查者的签名和调查日期等,以便明确责任,若发现问题,便于查询。

调查表的形式一般有两种:单一表和一览表。

单一表:是在一张表上只登记一个调查单位的调查资料,它可以容纳较多的调查项目,适于较详细的统计调查。

一览表:是在一张表上登记若干个调查单位的调查资料,它的调查项目不宜过多,这种表的使用节省人力、物力,而且一目了然。

四、调查时间和调查期限

1. 调查时间

调查时间是调查资料所属的时间(时期或时点)。如果调查的是时期现象,就要明确规定资料所反映的调查对象从何年月日起至何年月日止的资料。如果调查的是时点现象,就要规定统一的标准时间。那么哪些是时期现象,哪些是时点现象呢?产值、产量、销售量、工资总额等反映某一时期发展过程的总数量,是时期现象;而人口数、商品库存量、企业数、流动资金额等反映现象在某一时刻(或者说瞬间)上的状况的总数量,是时点现象。例如2010年第六次人口普查的标准时间是11月1日0时,零点便是第六次人口普查的调查时间。

2. 调查期限

调查期限是进行调查工作的时间,包括搜集资料和报送资料的整个工作所需要的时间。比如,第六次人口普查登记工作从 2010 年 11 月 1 日 0 时开始,到 2010 年 11 月 10 日前结束,调查期限为 10 天。再比如,某管理局要求所属企业在 2011 年 1 月底上报 2010 年工业总产值资料,则调查时间是从 2010 年 1 月 1 日到这一年的 12 月 31 日,上报的总产值为这一年的总产值;调查期限是一个月。又如某管理局要求所属企业在上报 2010 年产成品库存资料,则调查时间是 2010 年 12 月 31 日,调查期限是 10 天。

五、调查工作的组织实施计划

调查工作的组织实施计划是有关调查工作的具体安排。它的内容主要包括:调查工作的组织领导机构和调查人员的组织;调查的方式和方法;调查前的准备工作,包括宣传教育、调查员的培训、文件资料印刷等;调查资料的报送方法;调查经费的预算、筹措与开支办法;提供或公布调查成果的时间安排等。

编制大规模统计调查方案时,还应组织试点调查,所谓试点调查,即选择一个合适的地区,依据调查方案的规定,进行一次试验性的调查。其目的在于,检验调查方案的可行性,以便总结经验,修正补充调查方案。同时也可训练调查干部,使他们更加熟悉调查方案的具体内容。

为了使调查方案更科学、更符合实际,便于以后的操作,对一些大规模的调查,在方案制订后,还要进行试点,以便根据试点情况,修正、补充方案的不足,使之更切实可行。

第三节 问卷设计

问卷调查是一种特殊的调查形式,常用于民意测验或市场调查。根据调查目的,在调查对象中随机选择或有意识地确定调查单位,以书面文字或表格形式了解被调查者的意见,调查者自愿、自由地回答问卷中所提出的问题。问卷是用来搜集调查数据的一种工具,是调查者根据调查目的和要求所设计的有一系列问题、备选答案、说明以及码表组成的一种调查形式。调查问卷的设计是调查方案设计的核心内容。问卷设计在调查中十分重要,它是将调查目的转化为一些被调查者可以回答的问题的重要环节。

一、问卷的一般结构

一份完整的调查问卷通常具有以下结构。

(一)问卷的标题

问卷的标题概括说明调查的主题,使被调查者对要回答什么方面的问题有一个大致的了解。标题应简明扼要,易于引起回答者的兴趣。如"汽车消费状况调查"、"学生逃课行为调查"、"大学生消费状况调查"等,而不能只写"问卷调查",这样容易引起调查者因不必要的怀疑而拒答。

(二) 问卷说明

问卷说明一般放在问卷开头,通过它可以使被调查者消除顾虑,积极合作,正确填写问卷调查表。一般以简短的信息出现,旨在向被调查者说明调查的目的、意义。对自填式问卷还有填表须知、交表时间、地点及其他事项说明书等。

(三) 被调查者基本情况

关于被调查者基本情况的资料一般放在问卷的最后,被调查者为自然人时主要包括被调查者的性别、年龄、婚姻状况、家庭人数、家庭收入、个人收入、职业、教育程度等信息;被调查者为企业时主要包括企业名称、地址、所有制性质、主管部门、职工人数、商品销售额(或产品销售量)等情况。这些项目便于对调查资料进行统计分组、分析。在实际调查中,列入哪些项目,列入多少项目,应根据调查目的、调查要求而定,并非多多多益善。

(四) 调查主题内容

调查主题内容是研究者所要了解的基本内容,也是调查问卷中最重要的部分,主要是以提问的形式提供给被访者,这部分内容的质量直接影响整个调查的价值。调查主题内容主要包括以下几个方面。

(1) 被调查者行为资料。行为资料是关于被调查者社会行为的资料,如购物、旅游、服务的具体活动与行为。调查者可以从被调查者过去和现在的行为状况,预测其未来行为的可能性,尤其消费行为的调查,研究者可由各种消费行为的调查结果,探知未来消费市场的潜力。

(2) 行为后果调查资料。

(3) 被调查者态度资料。态度资料是关于被调查者对本人或他人(或事件)能力、兴趣、意见、评价、情感、动机等方面的态度。

(五) 编码

编码是将问卷中的调查项目变成代码数字的工作过程。在问卷设计时,应确定每一个调查项目的编号,为相应的编码做准备。与此同时,每份问卷还必须有编号,此编号除了顺序号外,还应该包括与该样本单位有关的抽样信息。通常是在每一个调查项目的最左边按顺序编号。如:①您的姓名;②您的职业;……。而在调查项目的最右边,根据每一调查项目允许选择的数目,在其下方划上相应的若干短线,以便编码时填上相应的数字代号。

(六) 作业证明的记载

在调查表的后面,常需附上调查员的姓名、调查日期、访问开始时间、访问结束时间、调查员签名、督导员签名、问卷编码员签名、录入员签名等,以明确调查人员、督导人员、编码人员、录入人员完成的任务。有必要的话,还要写上被访者的姓名、单位和家庭住址、电话等,以便于审核和进一步的追踪调查。但对于一些涉及家庭隐私的问卷,上述内容则不列入,或者经过被访者同意后方可列入。

二、问卷设计的程序

(一)准备阶段

1. 明确调研主题和调查项目的信息

问卷设计的第一步就是界定调研主题,根据调研主题确定所需要的信息。准确地界定调研主题相当于一项调研成功了一半,在问卷设计的过程中设计人员必须不断地提醒自己是否做到准确地反映了调研主题,任何不能体现调研主题的问题必须坚决摒弃。

在正式编写问卷之前,设计者要明确需要哪些资料以及这些资料如何去获取,有哪些问题必须包含在问卷中,需要向谁调查。也就是要先找出变量或变量群,再建立变量群间的关系,然后根据此种关系绘制问卷设计流程图,根据流程图设计问题。这样在设计问题时,有一定的思路,不致产生疏漏,同时可以避免产生不必要的问题。另外研究者可以随时验证其问卷结构是否合乎逻辑。

2. 分析调查对象的各种特征

分析调查对象的各种特征即分析各被调查者的社会阶层、行为规范、社会环境等社会特征;文化程度、知识水平、理解能力等文化特征;需求动机、行为等心理特征。以此作为拟定问卷的基础。

这一阶段应充分征求有关各类人员的意见,以了解问卷中应包含的问题,力求使问卷切合实际,能够充分满足各方面分析研究的需要。

(二)初步设计

主要是确定问卷的结构,拟订并编排问答题。

1. 确定调查方式和问卷类型

在明确了需要获得的信息以后,就要确定调查方式和问卷类型。不同的调查方式所采用的问卷类型是不同的,研究者应考虑研究目的、研究对象、资料分析和解释的种类,确定问卷的类型。

2. 确定问卷的内容

根据问卷设计流程图,确定问卷中具体包括哪些问题,这些问题应询问什么内容。在确定所包含的问题及问题的内容时,要确保能将所要调查的问题明确地传达给被调查者,并取得真实、准确的答案。因此在这一阶段要以被调查者为中心考虑问题。

(1)检查问题是否必要。与研究目的无关的问题,不仅增加了调查者和被调查者的负担,也浪费了时间和费用,因此与研究主题无关的问题应该剔除。

(2)检查问题的内容被调查者能否回答。如果被调查者不能回答或进行臆测式回答,会影响问卷的准确程度。

(3)检查问题的内容被调查者愿意不愿意答复。如果被调查者了解问题的含义,也具备回答的条件,但不愿意回答,即拒答,也会影响调查的效果。

(4)检查问题是不是需要被调查者搜集资料才能回答。如果所问问题专业性比较强,需要被调查者查询资料或仔细思考才能回答,被调查者往往不愿接受调查。

3. 决定问题的形式

问题的形式是指研究者设计什么方法,让被调查者表示其意见或圈选其答案。

问题的形式主要有：直接性问答题、间接性问答题和假设性问答题；开放型问答题和封闭型问答题；事实性问答题、行为性问答题、动机性问答题和态度性问答题。不同题型有不同的优缺点和适用范围。

4．确定问题的措辞

问题的措辞，就是将已定类型和内容的问题转化为标准提问的依据以及被调查者能够理解并据其回答的问题。相同的问题，因措辞不同，可能得到完全不同的结果。对于问题的措辞，应注意以下几点。

(1) 避免提过于笼统、抽象的问题和使用专业化术语。

(2) 避免使用不确切的词。

(3) 避免使用语义不清、含混或模糊的语言。

(4) 避免提引导性提问。

(5) 避免提断定性的问题。

(6) 避免提令被访问者难堪、禁忌和具有敏感性的问题。

(7) 问句要考虑时间性。

(8) 拟订问句要有明确的界限。对多文化多地区的比较研究，应注意同一个词的不同含义。

(9) 避免双重提问。

(10) 避免使用复杂句。

5．决策问题的顺序

问卷结构需具有顺序性即逻辑的连续性，调查者依据问卷流程图可以看清楚问卷的结构是否符合逻辑程序。究竟如何科学安排问卷顺序呢？一般应注意以下几点。

(1) 先易后难，先熟悉后生疏。

(2) 先封闭性问题后开放性问题。

(3) 先一般性问题后敏感性问题。

(4) 先行为资料、态度资料，后基本资料。

(5) 专业性强的具体细致问题应尽量放在后面。

(6) 对相关联的内容进行系统的整理，使被调查者不断增加兴趣。

(7) 按逻辑顺序排列。

①时间上要由远到近（或由近到远）。

②由浅入深按思维逻辑顺序排列。

③按具体内容分门类模块化设计。把问卷分为若干个功能块，每个功能块由若干个问题构成。

6．确定问卷的版面格式

问卷的版面格式将影响调查者询问或被调查者答题时的意愿及情绪，从而影响调查的质量。确定问卷的版面格式时应注意以下几点。

(1) 问卷要整齐清楚，注重纸质及印刷质量，低档的纸张和粗糙的印刷会引起副作用。

(2) 适当的图案或图表能调动被调查者的积极性。

(3) 问卷应有足够的空间供填写答案用，同时考虑数据处理的方便性。

(4) 重要的地方要记忆强调，引起被调查者的注意。

(5) 避免将一个题目印到两页,各个题目之间应有一定的间隔,以增加可读性。

(6) 问卷应装订在一起,防止数据丢失。

(三) 问卷的试答和修改

在问卷设计完成后,正式调查前,研究者应在小范围内,按问卷内容实施预测试,以检验问卷有无矛盾或不妥之处。首先,必须将问卷交付委托单位审核,听取委托方的意见,力求问卷能够全面、清楚地表达委托人的调研意向;其次,挑选样本进行预测试,预测试的样本在20~30个之间即可。一般来说,被调查者的特征和正式调查时的样本结构相同或相似,才能达到预测试的效果。问卷测试的内容包括所有的问卷问题、问卷构思、问题顺序、问题难度、问题指导等。预测试效果最好采用派员访问调查的方式,此种方式可使调查者同受访者讨论作答时的感受,同时预测试的经验可作为训练调查员的参考依据。

(四) 修改及定稿、印刷

经过预测试后,对于出现的问题要立即修改,修改后便将问卷定稿,准备印刷。

第四节　统计调查的组织形式

一、统计报表制度

(一) 统计报表的概念

统计报表是按统一规定的表格形式,统一的报送程序和报表时间,自下而上提供基础统计资料,是一种具有法律性质的报表。

统计报表制度是一种自上而下布置,自下而上通过填制统计报表搜集数据的制度。统计报表是一种以全面调查为主的调查方式,它是由政府主管部门根据统计法规,以统计表格形式和行政手段自上而下布置,而后由企、事业单位自下而上层层汇总上报逐级提供基本统计数据的一种调查方式。

(二) 统计报表制度的意义

统计报表制度是我国定期取得统计资料的一种重要的组织形式。它是按照国家统一规定的表式、指标内容、报送时间和程序,自上而下地统一布置,自下而上地逐级提供基本统计资料的一种统计调查方式。通常把这一整套提供基本统计资料的组织形式叫统计报表制度。

统计报表属于指令性统计,受到《统计法》的保障,与其他统计调查方式相比,具有以下特点和作用:

(1) 由于统计报表的表格形式、指标内容、报送时间和程序,是由上而下统一规定的,因而就保证了所搜集到的资料的时效性和统一性。

(2) 由于统计报表可在调查前布置到基层填报单位,各基层单位可根据报表要求建立健全原始记录,完善统计核算制度,因而就保证了统计资料的准确性和可靠性。

(3) 由于统计报表在实施范围内,各单位、各部门、各地区都须严格贯彻执行,因此,它所提供的基本统计资料可作为制订和检查社会经济发展计划的依据；同时，还可以比较系统地、完整地反映客观经济现象的发展情况，具有全面性的特点。

（4）由于统计报表定期地由基层填报，经部门、地区，到全国逐级综合汇总，因而它是各主管部门和基层单位进行业务领导和经营管理的重要工具。各级领导部门可以通过报表资料，了解到一定时期内社会经济现象的发展情况，具有经常性的特点。

（5）由于统计报表包括的调查单位比较全面，指标项目比较系统，指标内容、调查周期相对稳定，便于连续观察和进行动态、静态多方面的比较，因而还具有可比性的特点。

在我国，国民经济基本情况的统计资料，基本上是通过统计报表来搜集的，它是反映国情国力的主要资料来源，是编制和检查计划的基本资料，是国民经济综合平衡研究和分析社会主义建设的伟大成就及其发展变化规律的重要依据。

（三）制定新报表制度所遵循的原则

1. 为宏观决策与管理服务

国家统计报表属于反映国情国力和宏观运行情况的基本统计，为国民经济提供基本资料。专门为商品生产经营者提供信息咨询服务所需的资料，要从基本统计报表中分离出来，另行组织信息采集。

2. 统一统计标准

实行新的统计报表制度必须统一统计调查单位标准，使之适用于不同行业、不同经济类型和经营方式的企业和单位。各套报表中的各种分类标准、各统计目录以及编码都要做到统一，以利于统计数据自动化处理和实现信息共享。

3. 实行基层单位一套表

新的统计报表制度按照统一规定的基层调查单位设计不同行业的一套表，统一向基层采集信息，调查的内容要打破原有的专业分工界限，兼顾各有关行业统计的需要，改变专业分割、相互重复交叉的状况。

4. 贯彻精简的原则

列入新报表的统计指标和各类统计目录都要大力精简，切实减轻基层负担。

5. 改革统一调查方法

实施新的国家统计报表制度，要逐步过渡到灵活运用多种调查方法收集资料，特别是要加强抽样调查和重点调查，改变过分依赖全面调查的倾向。

6. 体现市场经济要求

新的统计报表制度要围绕市场经济运行，采集与市场机制有关的统计信息，促进经营机制的全面转换。

（四）统计报表的种类

（1）按调查范围，统计报表可分为全面统计报表和非全面统计报表。全面统计报表要求调查对象中的每一个单位都要填报。非全面统计报表只要求调查对象的一部分单位填报。

（2）按填报单位不同，分为基层统计报表和综合统计报表。基层统计报表是由基层企、事业单位填报的报表，综合统计报表是由主管部门或部门根据基层报表逐级汇总填报的报表。综合统计报表主要用于搜集全面的基本情况，此外，也常为重点调查等非全面调查所采用。

（3）按报送周期长短不同，分为日报、周报、旬报、月报、季报、半年报和年报。周期短的，要求资料上报迅速，填报的项目比较少；周期长的，内容要求全面一些；年报具有年末总结的性质，反映当年中央政府的方针、政策和计划贯彻执行情况，内容要求更全面和详尽。日报和旬报称为进度报表，主要用来反映生产、工作的进展情况。月报、季报和半年报主要用来掌握国民经济发展的基本情况，检查各月、季、年的生产工作情况。年报是每年上报一次，主要用来全面总结全年经济活动的成果，检查年度国民经济计划的执行情况等。

（4）按报表内容和实施范围不同，分为国家统计报表、部门统计报表和地方统计报表。国家统计报表——国民经济基本统计报表，由国家统计部门统一制发，用以搜集全国性的经济和社会基本情况，包括农业、工业、基建、物资、商业、外贸、劳动工资、财政等方面最基本的统计资料。部门统计报表——为了适应各部门业务管理需要而制定的专业技术报表。地方统计报表——针对地区特点而补充制定的地区性统计报表，是为本地区的计划和管理服务的。

（五）统计报表资料的来源

统计报表资料来源于填报单位的原始记录，从原始记录到统计报表，中间还要经过统计台账和内部报表。因此，建立健全原始记录和统计台账，完善基层单位的基本统计核算是保证统计报表质量的重要问题，应切实做好。

1. 原始记录

原始记录是企事业单位采用一定的表格形式，对其生产经营和业务管理活动所做的第一手的数字或文字记载，是未经过加工整理的最初原始材料。例如，工厂的产品产量、质量记录、工作出勤和工时记录、领料单、企业事业单位的现金收支凭证、粮食入库单等都是原始记录。

原始记录由时间、项目、数量三部分构成，而且具有记录范围的广泛性、记录内容的规定性、记录时间的经常性和记录工作的群众性等特点。原始记录的设置随着企业的生产类型、组织机构和管理水平的不同而不同，一般可概括为综合性原始记录和专用原始记录两种基本形式。在机械加工制造方面，常采用以生产者为记录对象的综合性原始记录，如个人生产记录，见表2-1，用以记录个人班次作业中的产量与工时情况，反映生产活动过程和结果。专用原始记录是反映某项生产经营活动情况的，如领料单，见表2-2，它可以采用一料一单或多料一单的形式。

表2-1　个人生产记录

生产者_____

日期	产品		零件		工序		单位定额	计划件数	完成件数	实用工时	停工		检验结果			
	号	名称	号	名称	号	名称					工时	原因	返修	工废	料废	检验员

表 2-2　领料单

＿＿＿年＿＿＿月＿＿＿日　　编号：＿＿＿＿＿＿

原材料名称	单位	规格	请领	实发	单价	金额	备注

原始记录的内容,要根据各个基层单位的具体情况来确定。一套完整的原始记录应包括:记录项目和记录表格、负责记录的人员、各种原始记录每次记录的份数、传递的路线和报送的时间等内容。建立和健全原始记录,不但对于编制和填报统计表有重要意义,而且对于加强企业管理、搞好经济核算、贯彻按劳分配也有重要意义。由于原始记录的种类、形式和内容是由生产、业务内容和企业管理的需要决定的,因此,在建立和制定原始记录时,必须遵守以下原则:

（1）有利于加强管理,促进生产。原始记录必须做到为企业管理和生产服务,原始记录的种类、内容和记录方法,必须和各单位生产、业务的特点和管理工作的水平相适应。原始记录建立后,还应当在实践工作中不断地进行总结提高,使之更加完善。

（2）原始记录的各项规定,应和统计、会计、业务核算相一致。原始记录的各项规定,要与管理制度相配合,要有利于统一组织经济核算。原始记录不仅是统计核算的依据,也是会计核算、业务核算的依据,因此,原始记录的种类、内容和传送程序必须同时考虑统计、会计、业务三种核算的需要,做到协调一致。

（3）要利于群众参加管理。群众参加管理是社会主义生产关系的体现,也是现代化生产发展的需要。为了便于群众参加管理,必须搞好原始记录的登记和汇总。原始记录力求方法简便,通俗易懂,便于填写。

2.统计台账

统计台账是基层单位根据编制报表和本单位经营管理工作的需要,按时间顺序设置的一种系统积累统计资料的表册,如劳动工时台账、设备台账、产品台账等,见表 2-3。

表 2-3　产品零件台账

＿＿＿＿＿＿＿机械厂　　　　　　　　　　　＿＿＿＿＿＿＿车间零件库

年		产品名称	零件名称	图号	零件收入		零件发出		废品		累计结存	备注
月	日				当日	累计	当日	累计	当日	累计		

统计台账具有以下几方面的作用:

（1）随时整理登记各项原始资料,便于资料的积累对比,以检查各时期资料的准确性,及时发现问题,及时检查更正。

（2）统计台账集中排列了有关统计指标,有利于经常了解和掌握各种经营活动的进展情况,有利于加强经营管理。

（3）把报表资料的整理工作日常化,期末只需要把这些数字加以汇总就可以做好编表工作,提高了报表的及时性。

（4）统计台账有利于系统地积累统计资料,为进行经济现象的动态对比和统计分析提供了方便。

3. 内部报表

为满足编制统计报表的需要，还应在基层单位设置内部报表。基层单位的内部报表，主要是为本单位领导提供资料和为填报上级规定的统计报表而编制的，一般由单位内部各科室、班组和有关人员填报，最后交主管统计工作的科室汇总。

二、普查

（一）普查的基本介绍

普查，是指一个国家或者一个地区为详细调查某项重要的国情、国力，专门组织的一次性大规模的全面调查，其主要用来调查不能够或不适宜用定期全面的调查报表来收集的资料，来搞清重要的国情、国力。

它是统计调查的组织形式之一。对统计总体的全部单位进行调查以搜集统计资料的工作。普查资料常被用来说明现象在一定时点上的全面情况。如人口普查就是对全国人口一一进行调查登记，规定某个特定时点（某年某月某日某时）作为全国统一的统计时点，以反映有关人口的自然和社会的各类特征。

（二）普查遵循的原则

（1）必须统一规定调查资料所属的标准时点。

（2）正确确定调查期限、选择登记时间。为了提高资料的准确性，一般应选择在调查对象变动较小和登记、填报较为方便的时间，并尽可能在各普查地区同时进行，力求最短时间完成。

（3）规定统一的调查项目和计量单位。同种普查，各次基本项目应力求一致，以便历次普查资料的汇总和对比。

（4）普查尽可能按一定周期进行，以便于研究现象的发展趋势及其规律性。

我国普查实行规范化和制度化，每逢末尾数字为"0"的年份进行人口普查、末尾数字为"3"的年份进行第三产业普查、末尾数字是"5"的年份进行工业普查、末尾数字是"1"或"6"的年份进行统计的基本单位普查。

（三）普查的组织方式

普查的组织方式一般有两种：

（1）建立专门的普查机构，配备大量的普查人员，对调查单位进行直接的登记，如人口普查等。

（2）利用调查单位的原始记录和核算资料，发放调查表，由登记单位填报，如物资库存普查等。

这种方式比第一种简便，适用于内容比较单一、涉及范围较小的情况，特别是为了满足某种紧迫需要而进行的"快速普查"，就可以采用这种方式，它由登记单位将填报的表格越过中间一些环节直接报送到最高一级机构集中汇总。

三、重点调查

重点调查是指在全体调查对象中选择一部分重点单位进行调查,以取得统计数据的一种非全面调查方法。由于重点单位在全体调查对象中只占一小部分,调查的标志量在总体中却占较大的比重,因而对这部分重点单位进行调查所取得的统计数据能够反映社会经济现象发展变化的基本趋势。

重点调查的目的是反映现象整体的基本情况。一般来说,当调查任务只要求掌握基本情况,而部分单位又能比较集中地反映所研究的项目和指标时,采用重点调查比较适宜。但由于重点单位的指标数值不能完整地反映总量,也不具备推断整体总量的条件。

重点调查的主要特点是:投入少、调查速度快、所反映的主要情况或基本趋势比较准确。

根据重点调查的特点,重点调查的主要作用在于反映调查总体的主要情况或基本趋势。因此,重点调查通常用于不定期的一次性调查,但有时也用于经常性的连续调查。

重点调查根据研究问题的不同需要,可以采取一次性调查,也可以进行定期调查。一次性调查适用于临时调查任务。

四、典型调查

(一)典型调查的概念

典型调查是根据调查目的和要求,在对调查对象进行初步分析的基础上,有意识地选取少数具有代表性的典型单位进行深入细致的调查研究,借以认识同类事物的发展变化规律及本质的一种非全面调查。典型调查要求搜集大量的第一手资料,搞清所调查的典型中各方面的情况,做系统、细致的解剖,从中得出用以指导工作的结论和办法。

(二)典型调查的作用

典型调查具有两个突出的作用:

(1)研究尚未充分发展、处于萌芽状况的新生事物或某种倾向性的社会问题。通过对典型单位深入细致的调查,可以及时发现新情况、新问题,探测事物发展变化的趋势,形成科学的预见。

(2)分析事物的不同类型,研究他们之间的差别和相互关系。例如,通过调查可以区别先进事物与落后事物,分别总结他们之间的经验教训,进一步进行对策研究,促进事物的转化与发展。

此外,在总体内部差别不大,或分类后各类型内部差别不大的情况下,典型单位的代表性很显著,也可用典型调查资料来补充和验证全面调查的数字。

(三)典型调查法在科学思维方法中的作用

典型调查选择的调查对象比抽样调查抽取的样本更具有代表性,但它也是通过从总体中选择个别对象进行调查研究从而推判总体的调查方法。相应地,人们思维过程,也是从个别典型的认识到一般总体的认识,这符合人们认识客观事物从个别到一般的认识规律。同时,典型调查偏向从性质上分析调查对象,从总体特性认识调查对象,而几乎没有只对典型进行量的分析,却不进行质的判断的情况。这无疑是一种科学思维的方法。

五、抽样调查

（一）抽样调查的概念

抽样调查是根据随机的原则从总体中抽取部分实际数据进行调查，并运用概率估计方法，根据样本数据推算总体相应的数量指标的一种统计分析方法。

（二）抽样调查的特点

抽样调查从研究对象的总体中抽取一部分个体作为样本进行调查，据此推断有关总体的数字特征。它具有经济性好、实效性强、适应面广、准确性高等特点。

抽样调查是根据部分实际调查结果来推断总体标志总量的一种统计调查方法，属于非全面调查的范畴。它是按照科学的原理和计算，从若干单位组成的事物总体中，抽取部分样本单位来进行调查、观察，用所得到的调查标志的数据代表总体，推断总体。

与其他调查一样，抽样调查也会遇到调查的误差和偏误问题。通常抽样调查的误差有两种：一种是工作误差（也称登记误差或调查误差）；一种是代表性误差（也称抽样误差）。但是，抽样调查可以通过抽样设计，通过计算并采用一系列科学的方法，把代表性误差控制在允许的范围之内；另外，由于调查单位少，代表性强，所需调查人员少，工作误差比全面调查要小。特别是在总体包括的调查单位较多的情况下，抽样调查结果的准确性一般高于全面调查。因此，抽样调查的结果是非常可靠的。

抽样调查数据之所以能用来代表和推算总体，主要是因为抽样调查本身具有其他非全面调查所不具备的特点，主要是：

（1）调查样本是按随机的原则抽取的，在总体中每一个单位被抽取的机会是均等的，因此，能够保证被抽中的单位在总体中的均匀分布，不致出现倾向性误差，代表性强。

（2）是以抽取的全部样本单位作为一个"代表团"，用整个"代表团"来代表总体；而不是用随意挑选的个别单位代表总体。

（3）所抽选的调查样本数量，是根据调查误差的要求，经过科学的计算确定的，在调查样本的数量上有可靠的保证。

（4）抽样调查的误差，是在调查前就可以根据调查样本数量和总体中各单位之间的差异程度进行计算，并控制在允许范围以内，调查结果的准确程度较高。

基于以上特点，抽样调查被公认为是非全面调查方法中用来推算和代表总体的最完善、最有科学根据的调查方法。

（三）抽样调查的应用范围

第一，不能进行全面调查的事物。有些事物在测量或试验时有破坏性，不可能进行全面调查。如电视的抗震能力试验，灯泡的耐用时间试验等。

第二，有些总体从理论上讲可以进行全面调查，但实际上不能进行全面调查的事物。如了解某个森林有多少棵树，职工家庭生活状况如何等。

第三，抽样调查方法可以用于工业生产过程中的质量控制。

第四，利用抽样推断的方法，可以对某种总体的假设进行检验，来判断这种假设的真伪，以决定取舍。

六、统计调查误差

统计调查所得统计数字与调查总体实际数量之间的差别称为统计调查误差。

统计调查误差有两类：一是登记误差，二是代表性误差。

任何统计调查方法都有可能出现登记误差。它是由于调查过程中各个环节上的工作不准确而引起的，如计量错误、计算错误、抄录错误、汇总错误等都可导致误差。但这绝不是指故意性行为。有意识地虚报、瞒报、拒报、迟报、伪造、篡改等行为是违法的，所造成的误差不属于登记性误差。

代表性误差是指用总体中一部分单位的数据来推算总体指标时所产生的误差。如抽样调查就会出现代表性误差。代表性误差不能避免但可以控制。

在实际工作中，全面调查不存在代表性误差，非全面调查既有登记误差，又有代表性误差。那么，是否非全面调查的误差就一定比全面调查的误差大呢？回答是否定的。这是由于全面调查范围大，所产生的登记误差也会增大，非全面调查范围小，登记误差也相对小。所以有时，非全面调查比全面调查结果更准确，经常用非全面调查补充说明全面调查的结果。如人口普查是全面调查，然后用抽样调查补充全面调查的结果。

本章小结

本章介绍了统计调查的几个基本概念及其相互联系和相关的调查方法。

统计调查的种类和方法。统计调查有全面调查和非全面调查；经常性调查和一次性调查；统计报表制度和专门调查。统计调查的方法有直接观察法、报告法、采访法、问卷法、通讯法等。

统计调查方案的内容。要了解一个完整的统计调查方案包括哪几个方面的内容，各方面的内容有何联系。确定调查的任务和目的、调查对象与调查单位、调查项目和调查表、调查时间和期限、调查工作的组织实施计划都是一个调查方案必备的内容，他们构成了一个有机的统一整体，缺一不可。

五种调查方式。这是本章的主要内容，要从各种方式的特点、优势、不足、适应场合等准确区分。统计报表是我国定期取得统计资料的基本调查方式，通常用来搜集国情国力资料；重点调查用以反映现象总体的基本情况；典型调查主要用于研究新事物及对研究的问题作具体深入的分析；抽样调查是唯一可以科学地推算总体的非全面调查。

问卷调查的设计。问卷调查是当今市场调查中最常见的方法，问卷结构和问卷类型是其中最重要的两个方面。

附录 设计调查问卷

关于学校食堂满意度调查问卷

亲爱的同学：为了提高食堂工作质量、服务广大同学，我们精心设计了此份问卷。占用你几分钟，只需要根据你的真实意见做出选择即可。谢谢！（打"√"即可）

1. 你的性别是
   A. 男　　　　　　　B. 女

2. 你经常在1食堂几楼就餐？
   A. 1楼　　　　　　B. 2楼　　　　　　C. 3楼

3. 你经常在学校食堂就餐吗？
   A. 每次都是　　　B. 基本在　　　　C. 偶尔　　　　D. 从不

4. 总体上你对食堂的满意度如何？
   A. 很满意　　　　B. 满意　　　　　C. 一般　　　　D. 不满意
   E. 很不满意

5. 你对食堂的开饭时间满意吗？
   A. 很满意　　　　B. 满意　　　　　C. 一般　　　　D. 不满意

6. 你对食堂菜价的满意度如何？
   A. 不满意，无法接受
   B. 一般，但可以接受
   C. 满意，无需调整
   D. 很满意或不合理体现在（可多选）：
   □蔬菜价格　　　□肉类价格　　　□面食价格　　　□其他

7. 你对食堂饭菜口味的满意度如何？
   A. 很满意　　　　B. 满意　　　　　C. 一般　　　　D. 不满意

8. 你对食堂的饭菜种类的满意度如何？
   A. 很满意　　　　B. 满意　　　　　C. 一般　　　　D. 不满意

9. 你对食堂的饭菜新鲜度的满意度如何？
   A. 很满意　　　　B. 满意　　　　　C. 一般　　　　D. 不满意

10. 你对食堂的就餐环境的满意度如何？
    A. 很满意　　　　B. 满意　　　　　C. 一般　　　　D. 不满意

11. 你在饭菜中看到头发、沙粒等杂物吗？
    A. 从没有　　　　B. 多次见过　　　C. 很少见过

12. 你对食堂的餐具的卫生情况、消毒情况的满意度如何？
    A. 很满意　　　　B. 满意　　　　　C. 一般　　　　D. 不满意

13. 你对食堂工作人员的服务态度的满意度如何？
    A. 很满意　　　　B. 满意　　　　　C. 一般　　　　D. 不满意

14. 你就餐时遇到工作人员的情况有（可多选）：
    A. 微笑少　　　　　　　　　　　　B. 打菜量度不准

C. 打错菜　　　　　　　　D. 刷错卡
　　　E. 打饭菜分量过少　　　　F. 服务员欠耐心
　　　G. 速度过慢　　　　　　　H. 都没有
15. 以上你所选择的情形出现的频率是：
　　　A. 经常　　　　B. 偶尔　　　　C. 从不
16. 你是怎么搭配菜的
　　　A. 荤素　　　　B. 全荤　　　　C. 全素
17. 是否愿意食堂有电视机？
　　　A. 是　　　　　B. 否
18. 你大多数选择哪个食堂就餐？
　　　A. 1　　　　　B. 2
19. 选择该食堂的原因：
20. 你认为学校食堂还存在的问题：
21. 对食堂的整改给出你的建议：

以上是一份关于大学生食堂满意度的调查问卷。
问卷的设计步骤：
1. 单击 Office 按钮，选择 Excel 选项，在常用选项中将在功能区显示"开发工具"选项卡打钩，单击"确定"按钮。

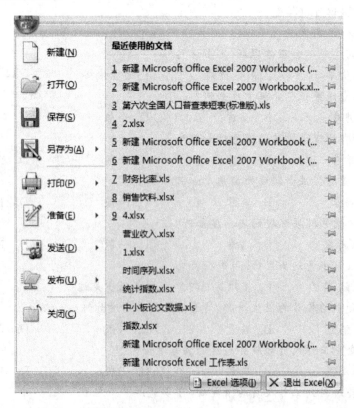

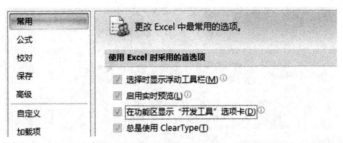

2. 打开 Excel 表,右击 Sheet1 重命名为调查问卷。同理,输入问卷的前提内容。
3. 在 A1 中输入"关于学校食堂满意度调查问卷"。选中 A1:G1,合并单元格。
4. 在 A2 中输入"1、你的性别是",在 B2 中输入"A",选中 A3,单击"开发工具 | 插入"单击选项按钮,将鼠标移动到 A3,单击 A3,即在 A3 中添加了单选按钮。

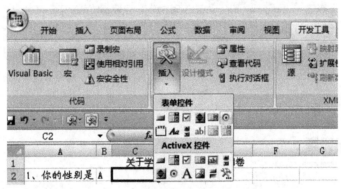

5. 修改选项按钮的内容,选中"选项按钮"的文字直接修改即可。

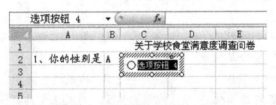

6. 对于单选题如上述介绍的做法进行操作,结果如下图。

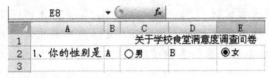

下面介绍多选题的操作。

7. 多选项的按钮如上述介绍的单选项的按钮的步骤类似。选择"开发工具 | 插入"命令,选择"复选框"(窗口控件)。

8. 关于修改选项卡内容同单选按钮一致。多选按钮的展示如下：

思考与习题

一、单选题

1. 对某地工业企业职工进行调查，调查对象是　　　　　　　　　　　　　　（　　）
   A. 各工业企业　　　　　　　　　　B. 每一个工业企业
   C. 各工业企业全体职工　　　　　　D. 每位工业企业职工
2. 在统计调查中，报告单位是　　　　　　　　　　　　　　　　　　　　　（　　）
   A. 调查项目的承担者　　　　　　　B. 构成调查对象的每一个单位
   C. 提交调查资料的单位　　　　　　D. 构成总体的每一个单位
3. 抽样调查的主要目的是　　　　　　　　　　　　　　　　　　　　　　　（　　）
   A. 了解总体的全面情况　　　　　　B. 掌握总体的基本情况
   C. 由样本指标推断总体指标　　　　D. 由个别推断总体
4. 要调查某工厂的全部机器设备的情况，该工厂的每台机器设备是　　　　　（　　）
   A. 调查单位　　B. 填报单位　　C. 调查对象　　D. 调查项目
5. 某灯泡厂为了掌握该厂的产品质量，拟进行一次全厂的质量大检查，这种检查应当选择哪种调查方法　　　　　　　　　　　　　　　　　　　　　　　　（　　）
   A. 统计报表　　B. 全面调查　　C. 重点调查　　D. 抽样调查
6. 下列调查中，调查单位与报告单位一致的是　　　　　　　　　　　　　　（　　）
   A. 企业设备调查　　　　　　　　　B. 人口普查
   C. 工业企业现状调查　　　　　　　D. 农村耕畜调查
7. 2000年我国进行的第五次全国人口普查是　　　　　　　　　　　　　　　（　　）
   A. 重点调查　　B. 典型调查　　C. 一次性调查　　D. 经常性调查

二、多选题

1. 对统计调查资料的要求是 （   ）
   A. 准确性　　B. 及时性　　C. 全面性　　D. 大量性
   E. 差异性
2. 统计调查中的非全面调查有 （   ）
   A. 统计报表　　B. 抽样调查　　C. 重点调查　　D. 典型调查
   E. 普查
3. 在全国工业普查中，每个工业企业是 （   ）
   A. 调查对象　　B. 调查单位　　C. 填报单位　　D. 总体
   E. 总体单位
4. 一个完整的统计调查方案应包括 （   ）
   A. 确定调查目的　　　　　　B. 确定调查对象
   C. 确定调查项目　　　　　　D. 确定调查时间
   E. 落实调查的组织工作
5. 普查属于 （   ）
   A. 专门组织的调查　　　　　B. 经常性调查
   C. 一次性调查　　　　　　　D. 全面调查
   E. 非全面调查
6. 某市对2007年居民个人所得税缴纳情况进行调查，3月1日随机抽取了1 500人，发现有348人不同程度地存在漏缴税款情况。这种调查是 （   ）
   A. 非全面调查　　B. 一次性调查　　C. 经常性调查　　D. 定期调查
   E. 不定期调查

三、填空题

1. 统计调查就是搜集_____的工作过程，它是统计整理和统计分析的_____。
2. 统计调查按搜集资料的组织方式不同可分为_____和_____。
3. 调查时间是_____，调查期限是_____。
4. 调查表一般分为_____和_____两种。
5. 重点调查是在调查对象中选择一部分_____进行调查的一种_____调查。

四、简答题

1. 为什么搞好统计调查工作需要事先制订调查方案？一个周密的调查方案应该包括哪些内容？
2. 什么是统计调查？统计调查有哪些种类？
3. 统计调查的方法主要有哪些？
4. 制定新报表制度应遵循的原则有哪些？

第三章
统计数据的整理

第一节 统计整理的基本理论

一、统计整理的概念和意义

在统计调查中,通过运用一定的统计调查方式方法,可以取得大量的能够说明现象的各个个体特征的原始资料。然而,由于这些资料只是一些个别的、分散的资料,缺乏系统性,不能反映社会经济现象总体的综合数量特征,也不能使我们达到对社会经济现象总体数量特征的认识。因而,为完成统计研究的任务,必须对这些个别的、分散的资料运用数学的方法进行加工处理,把它转化为总体资料。

统计整理是根据统计研究的目的,将统计调查所得的原始资料进行科学的分类和汇总,或对已经加工的综合资料进行再加工,为统计分析准备系统化、条理化的综合资料的工作过程。作为一个相对独立的统计工作阶段,统计整理主要指对原始资料的整理。

统计调查所搜集的反映个体量的原始资料是分散的,不是集中的;是零碎的,不是系统的。根据这样的资料,人们难以从总体上分析和认识社会经济现象的数量表现。至于统计分析所需要的某些已经加工的综合资料,则往往由于原始资料在分组方法、总体范围或指标含义、口径、计算方法等方面不同,而不能满足统计分析的需求,必须先通过统计整理,才能从总体上分析社会经济现象的数量表现。

二、统计整理的原则和步骤

事物的数量方面不是单一的,而是多方面的,它们之间有着密切的联系。但是,对于一个特定的事物来说,又都有一个或几个方面的数量是基本的、关键性的,能表现出事物本质,而其余一些数量可能只是辅助的补充的意义。统计整理必须从事物总的联系中找出这种基本的数量关系,这种基本的数量关系表明了事物所有"倾向"的"合力"、"总和"和"结果"。

在对所研究的社会经济现象进行深刻的政治经济分析的基础上,抓住最基本的、最能说明问题本质特征的统计分组和统计指标,对统计资料进行加工整理,这是进行统计整理必须遵循的原则。

统计整理是一项细致的工作,需要有计划有组织地进行。进行统计整理的基本步骤是:

(1) 设计和编制统计资料的汇总方案。正确制定统计汇总方案,是保证统计整理有计划、有组织地进行的首要步骤,是统计设计在统计整理阶段的具体化。

(2) 对原始资料进行审核。在汇总前,要对统计调查资料进行审核,审核它们是否正确、及时、完整。发现问题,加以纠正。这是统计汇总中的一个十分重要的步骤,必须认真对待。

（3）用一定的组织形式和方法对原始资料进行分组、汇总和计算。根据汇总要求和工作条件选择适当的汇总组织形式和汇总的具体方法；按分组要求进行分组汇总，计算各组的单位数和合计总数，计算各组指标和综合指标。

（4）对整理好的资料再进行一次审核，改正在汇总过程中所发生的各种差错。

（5）编制统计表。简明扼要地表达社会经济现象在数量方面的有关联系。

统计分组是统计整理中的一个重要内容，对社会经济现象能否按正确的标志进行分组，关系到我们能否正确识别社会经济现象的本质，从而制定出正确的方针、政策。

第二节　统计分组

一、统计分组的概念和意义

统计分组是根据事物内在特点和统计研究的任务，对所研究的社会经济现象，按照一定的标志将总体划分成若干组。组与组之间有明显的差别，同一组内的单位具有相对的同质性，这种方法叫做统计分组法。例如，在整理基本建设房屋建筑面积资料时，可按基本建设房屋类别分成若干组，以观察各类房屋建筑的施工情况。

从统计分析分组的性质来看，分组兼有分和合的两方面意义。对于总体而言，是"分"，即将总体分为性质相异的若干部分；而对于单位而言，又是"合"，即将性质相同的许多单位组合为一个组。对于分组标志而言，是"分"，即按分组标志不同的标志表现分为若干组；而对于其他标志而言，是"合"，即在一个组内的各单位即使其他标志表现很不相同也只能结合在一起。因此，选择一种分组方法突出了一种差异，显示了一种矛盾，必然同时掩盖了现象的其他差异，忽略了其他矛盾。缺乏科学根据的分组，不但无法显示事物的根本特征，甚至会把不同性质的事物混淆在一起，歪曲社会经济的实际情况，得出虚构的景象。所以，在统计整理中最关键的问题是解决好统计分组。

统计整理中对资料进行分组是按一定的标志进行的，这个标志就是划分资料的标准或依据。在同质总体中，包含着大量的在同一性质基础上结合起来的总体单位，由于社会经济现象的复杂性和多样性，总体中的单位除了具有相同的性质外，还存在着其他性质上的差别。在对社会经济现象进行研究时，一方面要从总体上进行研究；另一方面，还要对总体中各个性质不同的组成部分进行研究，以便于观察总体中各部分之间性质上的差别。同时，由于对同一总体研究的角度不同，就可以选择不同的标志进行分组。例如，同属于工业企业这一总体，我们就可以根据不同的研究目的选择不同的分组标志进行划分，如按经济类型不同，可以分为国有经济、集体经济、私营经济、个体经济、联营经济等；按轻重工业划分，可以分为重工业和轻工业等。

统计分组是统计研究的基本方法之一。统计分组绝不是一个单纯的技术问题，而是具有高度原则性和理论性的问题。只有科学地运用统计分组，才能把同质总体中具有不同特点的单位分到不同的组中去，从而可以正确认识现象的本质及其发展的规律性。

二、统计分组的作用

统计分组的作用主要有三个方面。

（一）划分现象的类型

社会经济现象存在着复杂多样的类型，各有其本身的特点和发展规律。在整理大量资料时，有必要用分组法将所研究现象划分为不同的类型组来进行研究。划分现象的类型，并反映各类型组的数量特征，是统计分组的第一个作用。

（二）说明现象的内部结构

社会经济现象所包括的大量单位，不但在性质上不尽相同，而且在总体中所占比重也不一样。因此，按照某一标志将性质不同的单位进行分组，就可以计算各组的数量特征在总体中所占的比重，以说明现象的内部结构，这是统计分组的第二个作用。而现象的内部反映现象的性质，分析现象的内部结构在时间上的变动情况，就可以研究其发展变化的规律性。可见，研究总体的结构是十分重要的。

（三）分析现象与现象之间的依存关系

事物是处在相互联系、相互制约中的。在研究社会经济现象时，通过分组法可以揭示现象与现象之间的依存关系，也就是按照所研究现象的有关标志来分组，以分析该因素对另一因素的影响程度和因果关系，这就是统计分组的第三个作用。

三、分组标志的选择

统计分组中关键的问题在于选择分组标志和各组界限的划分，而选择分组标志则是统计分组的核心问题。分组标志就是将统计总体区分为各个性质不同的组的标准或根据。为确保分组后的各组能够正确反映事物内在的规律性，选择分组标志时，应遵循以下原则。

（一）根据统计研究的目的与任务选择分组标志

在对社会经济现象进行研究时，可以根据不同的研究目的从不同的角度进行研究，也正是由于研究目的的不同，才选择不同的分组标志进行分组。任何一个统计对象，都有许多特征即许多标志，如工业企业这个统计对象就有很多标志，如经济类型、固定资产原值、职工人数、产品质量等。在研究工业企业时，应该采用什么样的标志进行分组，这当然是要看研究目的。研究不同经济类型的企业在总体中的构成、产值情况等时，就要选择经济类型作为分组标志；研究不同规模的企业的构成、产值等情况时，可以选用固定资产原值作为分组标志。因此，不同的研究目的，分组标志的选择是不同的。

需要指出的是，在同一总体中，有些标志在性质和意义上都很相似，如工业总产值、工业商品产值、工业净产值、工业增加值等，尽管它们是不同的价值指标，各自所反映的具体内容不同，但都是反映企业规模的指标，即生产成果的总量指标。那么，如果要研究企业的生产成果，反映不同生产成果的企业在总体中的构成情况时，也会涉及分组标志的选择问题。到底该用哪一个标志作为分组标志，也要根据所研究问题的性质、研究目的来决定。只有这样才能真正实现统计的研究目的。

（二）在若干标志中抓住具有本质性的或主要的标志作为分组的依据

由于社会经济现象复杂多样，各自表现出不同的特征，因此，在进行分组时，就可以选择不同的分组标志对经济现象总体进行不同的划分。那么，在众多的分组标志中，在明确研究目的的情况下选择什么标志来进行分组？总体中的若干标志，有能反映问题本质特征的标志，也有对反映事物本质作用不大的标志，这时，我们应该选择最能反映问题本质特征的标志。如要研究城市居民的生活水平，有反映居民收入水平的标志，也有反映居民支出水平的标志等，在进行统计分组时，就要选择其中最能反映问题本质特征的标志，如居民消费支出额进行分组，这样能够使我们对所研究的对象有一个正确的认识。

（三）根据现象所处的历史条件或经济条件来选择标志

社会经济现象是随着时间、地点等条件的变化而变化的。同一个标志在过去某个时期是适用的，现在就不一定适用；在这个场合适用，在另一个场合就不一定适用。因此，即使是研究同类现象，也要视具体时间、地点条件的不同而选择不同的分组标志。例如，在土地革命时期研究我国农村的经济关系，农民阶级成分是一个很重要的基本的分组标志，然而现在，条件发生了变化，为了反映农村经济建设的发展情况及其规律性，则应选择经营形式、生产规模、机械化程度等标志进行分组。又如，研究商业企业的规模时，一般可按职工人数进行分组；研究纺织厂的生产规模时，应以生产设备能力作为分组标志。这说明，分组标志的选择不能千篇一律、一成不变，而要适应社会经济的发展，考虑被研究现象所处的历史条件或经济条件。

确定分组标志进行分组后，就需要根据总体中各个单位的具体特征进行相应的归类，在进行归类时，必要明确各组的界限，若界限不清，就不能正确地进行按组归类。因此，应仔细地规定能区分各组性质差别的界限。

四、统计分组的方法

要进行科学的分组，必须选择适当的分组标志。分组标志就是作为分组依据的标准。分组标志有品质标志和数量标志两种。

（一）按照品质标志分组

按品质标志分组就是按事物的质量属性分组。例如，人口按民族、职业分组，工业企业按所有制分组等。按品质标志分组时，其组数的确定主要取决于两个因素——统计研究的任务和事物的特点。事物本身具有的既定属性是我们确定组数的基本依据。例如，人口按性别分组，就只能分为男女两组。对于有些事物构成比较复杂、组数可多可少的情况，就需要考虑统计研究任务的具体要求。例如人口按职业分组就可粗可细，组数可多可少，到底该分几组，应根据统计研究的任务来确定。

（二）按数量标志分组

按数量标志分组即按事物的数量特征分组。例如，工业企业按职工人数分组。按数量标志分组时，根据每组数量标志值的具体表现，又分为单项式分组和组距式分组两种。按数量标志分组应注意如下两个问题：第一，分组时各组数量界限的确定必须能反映事物质的差别。第二,应根据被研究的现象总体的数量特征,采用适当的分组形式,确定相宜的组距、组限。

1. 单项式分组和组距式分组

按数量标志分组,数量标志的表现就是变量的取值,取标志值,又称变量值。单项式分组就是用一个变量值作为一组,形成单项式变量数列。例如,育龄妇女按其生育子女的存活数分组,可以分为 0 个、1 个、2 个、3 个、4 个、5 个 6 组。单项式分组一般适用于离散型变量且变量变动范围不大的场合。离散型变量是指所描述对象的标志值可以按照一定次序一一列举(通常取整数值)的数量标志。组距式分组就是将变量依次划分为几段区间,一段区间表现为从"……到……"距离,把一段区间内的所有变量值归为一组,形成组距式变量数列。区间的距离就是组距。如学生成绩分为:60 分以下、60~80 分、80~90 分和 90~100 分 4 个组。对于连续型变量或者变动范围较大的离散型变量,适宜采用组距式分组。

2. 间断组距式分组和连续组距式分组

在组距式分组中,每组包含许多变量值,每一组变量值中,其最小值为下限,最大值为上限。相邻两组的界限称为组限。凡是组限不相连的,称为间断组距式分组。例如,儿童按年龄分组可分为未满 1 岁,1~2 岁、3~4 岁、5~9 岁、10~14 岁。凡是组限相连(或相重叠的),即以同一数值作为相邻两组的共同界限,称为连续组距式分组,如上述学生成绩分组。连续型变量只能采用连续组距式分组。在连续组距式分组中,存在以同一个数值作为相邻两组共同界限的做法,根据统计分组必须遵循的互斥原则,凡是总体某一个单位的变量值是相邻两组的界限值,则这一个单位归入下限值的那一组内,即所谓"上组限不在内"原则。例如学生按成绩分组,把 70 分的归入 70~80 分组内,把 80 分的归入 80~90 分组内。

3. 等距分组与异距分组

按数量标志进行组距式分组,还可分为等距分组和不等距分组(或称异距分组)。等距分组就是标志值在各组保持相等的组距,即各组的标志值变动都限于相同的范围。在标志值变动比较均匀的情况下,可采用等距分组。等距分组有很多好处:便于计算,便于绘制统计图。异距分组即各组的组距不相等。一般地,异距分组适用于如下几个场合:第一,标志值分布很不均匀的场合。第二,标志值相等的量具有不同意义的场合。例如,生命的每一个月对于新生婴儿和对于成年人是大不一样的,此时,若按年龄分组进行人口疾病研究,应采用异距式分组。第三,标志值按一定比例发展变化的场合。

五、统计分组体系

统计对于总体往往要从多方面进行研究,仅仅依赖一个分组标志的一种分组是难以满足的,必须运用多个分组标志进行分组,形成一个分组体系,才能满足统计研究的要求。统计分组体系的形式有两种。

(一) 简单分组和平行分组体系

对同一总体选择两个或两个以上的标志分别进行简单分组就形成平行分组体系。例如,人口按性别、文化程度、年龄三个标志进行分组,得到以下分组体系:

按性别分组：	按年龄分组：	按文化程度分组：
男子组	1岁～7岁组	大学毕业
女子组	8岁～19岁组	高中
	20岁～25岁组	初中
	26岁～35岁组	小学
	……	不识字或识字很少

（二）复合分组和复合分组体系

对同一总体选择两个或两个以上标志层叠起来进行分组，叫做复合分组。复合分组形成复合分组体系。例如，为了了解我国高等院校在校学生的基本状况，可以同时选择学科、本科、性别三个标志进行分组，得到如下分组体系：

理科学生组	文科学生组
本科学生组	本科学生组
男生组	男生组
女生组	女生组

六、对分组资料的再分组

统计研究中，往往出现对现象分析的角度改变，或在原来统计资料整理过程中，由于各方面原因的影响，而使统计分组、统计资料整理工作做得不好，造成统计分组方法不科学、不合理，或者是所分的组不可比时，必须依据正确的分组原则进行再分组，以满足统计研究的要求。

对分组资料的再分组，一般是在掌握次级资料的情况下使用，因为在统计分析过程中，统计分析人员所掌握的不可能是原始资料，即使是原始资料，重新进行整理也是很复杂的，为了简化整理工作，可以利用次级资料进行。

在实际工作中，按照目的不同，再分组的方法也不相同，但概括起来基本上有两种：

（1）按原来的分组标志重划新组，并将原分组资料根据新组组限的比例重新加以整理。例如，某工业部门各企业按劳动生产率进行分组的资料如表3-1所示。

表 3-1 某工业部门劳动生产率分组表（1）

按劳动生产率分组（元/人）	企业比重（%）	增加值比重（%）	职工人数比重（%）
1 400 以上	3	2.93	4.72
1 300～1 400	2	1.84	2.69
1 200～1 300	4	3.82	5.40
1 100～1 200	12	9.04	11.54
1 000～1 100	9	10.98	12.93
900～1 000	20	19.12	20.00
800～900	15	16.78	16.26
700～800	10	13.00	10.78
600～700	14	12.83	9.48
600 以下	11	9.66	6.20
合计	100	100.00	100.00

现在根据统计分析的要求,对表3-1的资料进行重新整理,分组标志仍为劳动生产率,假定新组的组限为:1 250元/人以上,1 000~1 250元/人,750~1 000元/人以下。

将表3-1的资料按新的分组组限重新整理的结果如表3-2所示。

表3-2 某工业部门劳动生产率分组表(2)

按劳动生产率分组(元/人)	企业比重(%)	增加值比重(%)	职工人数比重(%)
1 250以上	7	6.68	10.11
1 000~1 250	23	21.93	27.17
750~1 000	40	42.40	41.65
750以下	30	28.99	21.07
合计	100	100.00	100.00

将原始资料整理为表3-2的方法为:原资料中的分组没有直接反映出1 250元/人这个数字,但它属于1 200~1 300元/人这一组,并且将1 200~1 300元/人分为两半,即组限的比例为1/2;同样,原资料中也没有直接反映出数据750,但它属于700~800元/人一组,也将700~800元/人分为两半,组限的比例为1/2。因此新组中第一组企业数比重为3%+2%+4%×1/2=7%;总产值的比重为2.93%+1.84%+3.82%×1/2=6.68%;职工人数比重为4.72%+2.69%+5.40%×1/2=10.11%。其他各组以此类推,即可得到表3-2资料。

(2) 划定新组,并确定新组的单位数在总体中所占的比重,然后据以将原分组资料按比例重新加以整理。

假如全部工业企业按劳动生产率的高低依次分为先进企业、良好企业、一般企业和落后企业四组,并规定先进企业占15%,良好企业占20%,一般企业占40%,落后企业占25%。据此将表3-1资料进行整理的结果如表3-3所示。

表3-3 某工业部门情况表　　　　　　　　单位:%

企业类型	企业比重	增加值比重	职工人数比重
先进企业	15	13.11	18.58
良好企业	20	20.28	23.70
一般企业	40	44.12	42.04
落后企业	25	22.49	15.68
合计	100	100.00	100.00

将表3-1中的资料整理为表3-3的方法为:从表3-1第一组开始将企业数比重逐个相加至企业数比重恰好等于15%处,即此数应为1 100~1 200元/人组的中点处,正好将该组的企业数一分为二。于是,该组有一半企业进入先进企业,另一半企业则归入良好企业;以此类推可得到其他组的比例。则先进企业组中总产值的比重为2.93%+1.84%+3.82%+9.04%×1/2=13.11%;职工人数比重为4.72%+2.69%+5.40%+11.54%×1/2=18.58%。以此类推,可得到表3-3中的资料。

第三节 次数分布

一、次数分布的概念

在统计分组的基础上,将总体中所有单位按组归类整理,形成总体中各个单位数在各组间的分布,叫做次数分布。分布在各组中的个体单位数叫做次数或频数。频数大小决定该组标志值作用的强度。各组次数与总次数之比叫做比率或频率。频率表明各组值的相对作用强度。将各组别与次数按照一定的次序排列所形成的数列称为次数分布数列,简称分布数列,又称分配数列或频数分配。任何分布数列都必须满足两个条件,即各组的频率大于等于零,各组的频率总和等于1(100%)。分布数列反映了所研究的总体中所有的单位数在各组内的分布状态和总体的分布特征,并据以研究总体某一标志的平均水平及其变动规律性。通过表3-4可以了解次数分布的内容。

表3-4 2012年底我国人口按城乡分布情况表

按城乡分组	人口数(万人)	比重(%)
城镇	57 706	43.90
乡村	73 742	56.10
合计	131 448	100.00

注:表中第一列为组的名称,表中第二列为人数,第三列为比率

分布数列是一种特殊形式的分组。通常的统计分组,对总体划分若干组之后,列出各组的标志总量,表示总体标志总量在各组之间的分配,说明总指标和分组指标之间关系。现在我们考虑另一类问题,即总体按一定标志分组之后,不是考虑各组的标志总量,而是考虑各组的单位数,研究总体单位在各组之间的分布,这就是分布数列的问题。所以,分布数列也是一种分组,它是一种特殊形式的分组。

统计整理中,根据分组标志的不同,分布数列分为品质分布数列和数量分布数列两种。按品质标志分组所编制的分布数列叫做品质分布数列或属性分布数列,简称品质数列。品质数列由组的名称和各组的次数两个要素构成。

品质数列的编制程序一般比较简单,其步骤是:原始数据、归类、合计、制表。按数量标志分组所编制的分布数列叫做变量分布数列,简称变量数列。任何一个变量数列都由各组变量值和各组的次数两个要素构成。如某厂工人生产某产品的日产量编制的变量数列如表3-5所示。

对于品质分布数列来说,如果分组标志选择得恰当,就会比较明确地表现出事物性质的差异,各组的划分也就容易解决。因而,品质数列一般比较稳定,通常能够准确地反映总体的分布特征。对于变量数列来说,由于事物性质的差异表现得不甚明确,决定事物性质的界限往往因人的主观认识而有所差别。因此,按同一数量标志分组则有可能出现多种分布数列。

表 3-5　某企业工人生产某产品的日产量资料

日产量(件)	工人数(人)
12	20
13	31
14	45
15	37
16	29
17	23
18	15
合计	200

注：表中第一列为产量，第二列为人数

二、变量数列的类型

变量数列是依据数量标志分组所编制的分布数列，它是一种区分事物数量差别的分布数列，反映了总体在一定时间上的量变状态或量变过程，并从这种量的差别中反映事物质的差别。变量数列中按照各组变量值的表现形式不同，变量数量分为单项式数列与组距数列。

（一）单项式数列

按每个变量值分别列组，依次分组编制的变量数列叫单项式变量数列。这种数列中组数与数量标志所包含的变量值数目相等，每个变量值作为一组，不存在组距的问题。如表 3-5 的分布数列即为单项式数列。

单项式数列一般在变量的变异幅度不大的情况下采用。如表 3-5，变量的最大变量为 18 件，最小变量为 12 件，变量值的变异范围为 12～18 件，变量值的数目为 7 件。

如果变量值的个数较多，变动的范围也较大，则为了准确地反映出总体各个单位分布的特征和分布的趋势，应编制组距式数列。

（二）组距式数列

依组距分组而编制的变量数列叫做组距数列。组距数列中的每个组不是用一个具体的变量值表示，而是用变量值的一定变化范围即各组标志值变动的区间表示。每组标志值变动的区间长度称为组距。如前面表 3-1 即为组距数列。

组距数列中，各组变量值变动的界限称为组限，组内最大变量值称为上限，最小变量值称为下限。组距就是上限与下限之差，即：组距＝组上限－组下限。该公式一般适用于连续型组距数列。而在离散型组距数列中，考虑离散型组距数列的特点，其组距一般为后组下限与本组下限之差。即：组距＝后组下限－本组下限。

1. 组距数列按各组组距是否相等，分为等距数列和异距数列

组距数列中各组组距相等的数列叫做等距数列。在统计研究中，采用等距进行分组是根据研究的目的、所研究对象的性质来进行的，如果社会经济现象的性质差异的变动比较均衡，可以采用等距来进行分组。因为在这种情况下，分组后各组内总体单位的变动比较规

则,能够体现出现象的本质特征,反映现象变化的规律性,同时采用等距进行分组,还可以对总体中各组的单位数进行比较,以此说明该组标志值在总体中的作用,若某一组内的单位数多,那么该组的标志值对总体的影响就大;若某组内的单位数少,那么该组标志值对总体的影响就小。

组距数列中各组组距不相等的数列叫做异距数列。如按生产能力将工业企业划分为大、中、小企业就是采用异距进行的分组。异距数列能比较准确地反映总体内部各组成部分的性质差异。在实际工作中,有一些现象性质的变动很大,这时采用等距分组就不能反映事物性质的差别,必须按异距进行分组。

2. 组距数列按变量是否连续,分为连续型组距数列和离散型组距数列

变量为连续型组距的数列叫做连续型组距数列。在这种数列中前一组的上限与后一组的下限同为一个变量值,这样进行分组不会出现遗漏标志值的现象。连续型组距数列如表3-6所示。

变量为离散型组距的数列叫做离散型组距数列。由于离散型变量的取值为整数,因此,组距数列中前一组的上限与后一组的下限不为同一个变量值。离散型组距数列如表3-7所示。

表3-6 某企业100名工人工资资料

按工资分组(元)	工人数
1 100～1 200	10
1 200～1 300	35
1 300～1 400	20
1 400～1 500	20
1 500～1 600	15
合计	100

表3-7 人口年龄结构状况表

年龄(岁)	1990年	2000年	2010年
0～14	27.69	22.89	16.60
15～64	66.74	70.15	74.53
65以上	5.57	6.96	8.87
合计	100.00	100.00	100.00

从表3-7可以看出,它把年龄分为三组,第一组的上限为14,第二组的下限为15。因此,前一组上限与后一组的下限不相等。

三、变量数列的编制

编制一个变量数列,关键是如何按这个变量去分组,即如何确定好组数、组距和组限。因此首先要弄清楚影响一个变量数列的几个因素。

(一)组数与组距

编制组距数列,必须对总体进行分组,针对一个总体,应将其分为多少组,要根据研究的目的来确定,同时要本着以能简单明了地反映问题为原则。如果组数过多,必然会造成总体单位分布分散,同时还有可能把属于同类的单位归到不同的组中,不能真实反映出事物的本质特点和规律性;如果组数过少,又会造成把不同性质的单位归到同一个组内,失去区别事物的界限,达不到正确反映客观事实的目的。因此,必须恰当地确定组数。美国学者斯特杰斯(H. A. Sturges)提出,在总体各单位标志值分布趋于正态的情况下,可根据总体单位数(N)

来确定应分组数（n），公式为：

$$n=1+3.322\lg N$$

上式可供分组时参考，但也不能生搬硬套。当总体单位数过少时，按上述公式计算的组数可能偏多；而当总体单位数很多时，计算的组数又可能偏少。确定组数后，还应确定组距。组距的大小和标志变量数列的全距大小成正比变化，与组数多少成反比变化。

组数越多，组距越小；组数越少，组距越大。由于组距数列有等距和异距数列之分，在采用等距分组的情况下，变量数列的组距（d）可采用下列公式确定：

$$d=全距/组数$$

参照斯特杰斯公式有：

$$d=\frac{\max(x)-\min(x)}{1+3.322\lg(N)}$$

例如，某公司所属各企业某年利润计划完成程度为87.25%、96%、91%、98.70%、97.26%、104.22%、98.46%、103.24%、108%、114.86%。现根据该资料编制变量数列。按等距分组，组距应为：

$$d=\frac{114.86\%-87.25\%}{1+3.322\lg 10}=\frac{27.61\%}{4.322}=6.39\%$$

统计上检查计划完成程度时，为了使用方便，一般以10的倍数作为组距。因此，把组距调整为10%。据此，编制组距数列如表3-8所示。

表3-8 某公司所属企业利润计划完成程度表

利润计划完成（%）	企业数（个）
80～90	1
90～100	5
100～110	3
110～120	1
合计	10

从表3-8可以看出，这种分组反映了事物本身的变化趋势和规律性。

（二）组距与组中值

组距数列中，每个组都有端点数值，这个端点数值就是组限，上端点数值或组内最大变量值为上限，下端点数值或组内最小变量值为下限。如表3-8中第一组80%～90%，80%为第一组下限，90%为第一组上限。组距是区分组与组的数量界限，如表3-8中的80%～90%这一组，凡是变量值大于80%而小于90%时，都应归入这一组内。同时，90%也是区分第一组与第二组的数量界限，在标志值正好是90%时，为了保证变量的分组不致发生混乱，习惯上各组一般均包括本组下限变量值的单位，而不包括本组上限变量值的单位，即"上组限不在内"。

在遇到特大或特小的变量时，为了不使组数增加过多或将组距不必要地扩大，可将最前组或最后组用"××以下"或"××以上"的方式表示，这种分组叫做开口组。开口组是指只有上限而缺下限（用"××以下"表示），或只有下限而缺上限（用"××以上"表示）的组，如

表 3-7 中的第三组"65 以上"即只有下限而无上限。

组距数列掩盖了各组单位的实际变量值,为了反映分布在各组中个体单位变量值的一般水平,往往需要计算组中值。组中值是各组变量值的中间数值,通常根据各组上限、下限进行简单平均求得,公式为:

$$组中值 = \frac{上限 + 下限}{2}$$

或

$$组中值 = 下限 + \frac{上限 - 下限}{2}$$

用组中值代表组内变量值的一般水平有一个前提,即组内各单位变量值在本组内均匀分布或在组中值两侧呈对称分布。实际上,完全具备这个前提是不可能的,但在划分各组组限时,必须考虑使组内变量值的分布尽可能满足这一要求。此外,为计算方便,应力求使组中值取得整数。

在组距数列中存在开口组的情况下,为了进行统计分析,需要计算组中值。开口组的组中值的确定,一般可将邻组组距假定为开口组组距,然后计算组中值。公式为:

缺下限的开口组组中值 = 上限 - 邻组组距/2

缺上限的开口组组中值 = 下限 + 邻组组距/2

组距变量数列的编制程序是:原始数据(由小到大)——→序列化——→求出全距、设立组数、确定组距——→分组归类——→合计(形成次数分布)——→制成统计表。

四、累计次数和累计频率

为满足统计分析的要求,有时需要列出各组的累计次数。例如,在表 3-6 中,我们可能很想知道有多少名(或比例)的工人月工资收入低于(或高于)1 300 元。为了回答这一问题,我们就要编制累计次数分布表。

累计次数分为向上累计和向下累计两种。向上累计是从变量值最小的一组的次数起逐项累计,包括累计次数及比率,各累计数的意义是各组上限以下的累计次数或累计比率。向下累计是从变量值最大一组的次数起逐级累计,各累计数的意义是各组下限以上的累计次数或累计比率。以表 3-6 的资料为例,工人工资的累计次数和累计频率如表 3-9 所示。

表 3-9 工人工资的累计次数和累计频率

月工资(元)	次数		向上累计		向下累计	
	工人数(人)	比率(%)	工人数(人)	比率(%)	工人数(人)	比率(%)
1 100~1 200	10	10	10	10	100	100
1 200~1 300	35	35	45	45	90	90
1 300~1 400	20	20	65	65	55	55
1 400~1 500	20	20	85	85	35	35
1 500~1 600	15	15	100	100	15	15
合计	100	100	—	—	—	—

从表 3-9 中很容易看出：工资在 1 300 元以下的有 45 人，占总数的 45%，工资在 1 300 以上的工人有 55 人，占总数的 55%。

第四节 统计表

一、统计表的概念以及特点

统计汇总的结果，得出许多说明社会经济现象和过程数量方面的数字资料，把这些数字资料按一定的指标顺序排列在表格内，这种表格叫统计表。

在统计表内，除了包括统计汇总可得出的绝对数外，还可以包括根据绝对数计算出来的其他综合指标，如相对数和平均数等。因此，利用统计表还可以得出多方面系统地比较、分析和研究社会经济现象的数量关系。一张好的统计表，往往比文字叙述更鲜明、更深刻地说明问题。

二、统计表的构成

任何一张统计表，从其形式看，都是由标题、横栏和纵栏、数字资料等几个要素组成。统计表的标题有三种：总标题，就是表的名称，应简明扼要地说明全表的内容，一般放在表的上端中央；横标题或横标目，说明横行指标的内容，写在表的左方；纵栏标题或纵标目，说明纵栏指标的内容，写在表的上方。统计表的数字资料用来说明总体的各个综合指标，它可以是总体的单位数，也可以是标志值的合计数，或者是相对数、平均数等。

从表的内容看，一切统计表都由主词和宾词两个部分，表的主词就是统计表所要说明的对象，也就是统计表所要研究的总体的各个组成部分，通常列在表的左方，构成横标题；表的宾词用来说明主词的各项指标，通常列在表的上方，构成纵标题。

统计表按照主词是否分组和分组程度，区分为简单表、分组表和复合表。

简单表是指主词未经任何分组的统计表，它有两种表现形式。一种是表的主词由总体各个单位的名称排列，例如表 3-10；另一种形式是表的主词由构成总体的自然时间顺序排序排列，例如表 3-11。

表 3-10 某机床公司所属企业 2012 年生产计划完成情况表

企业名称	计划产值（万元）	实际产值（万元）	计划完成百分比（%）
机床厂	5 000	6 150	123.0
齿轮厂	14 800	16 200	109.5
…	…	…	…

表 3-11　某机床公司 2012 年生产计划完成情况表

月份	计划产值(万元)	实际产值(万元)	计划完成百分比(%)
1	4 200	4 500	107.1
2	3 800	4 100	107.9
3	5 300	5 950	112.3
…	…	…	…

上述两表中,按照总体的各个单位名称排列的统计表,可以比较分析各个单位的经济活动情况;按时间顺序排列的统计表,可以用来分析现象的动态。这两种表,在实际工作中应用都比较多。

分组表是在表的主词中,把总体单位按某一标志分组的统计表。利用分组表可以深入分析现象的内部结构和现象之间的相互依存关系。

复合表是在表的主词中把总体单位按两个或两个以上的标志结合起来分组的统计表。在统计分析中,复合表具有重要的作用,它可以揭示被研究现象受到几种因素的共同影响而发生的变动。

统计表的宾词设计,可分为简单设计和复合设计两种。简单设计是将宾词的各个指标作平行的设置,而复合设计是将宾词的各个指标结合起来作层叠的设置。宾词的简单设计与复合设计的区别可从表 3-12(简单设计)和表 3-13(复合设计)看出来。

很明显,宾词采取简单设计时,栏数较小,简明扼要;而在采取复合设计时,能够更全面更深入地说明研究总体的特征。但在复合设计时,应防止层次过多而使统计表失去一目了然的作用。因此,对于宾词的设计,究竟如何选择,必须根据研究任务的要求,加以慎重研究。

表 3-12　某公司所属企业人员性别和文化程度

企业名称	性别			文化程度			
	男	女	合计	初中及以下	高中	大学及以上	合计
	1	2	3	4	5	6	7
×××机床厂							
甲×××机床厂							
…							

表 3-13　某公司所属企业人员性别和文化程度

企业名称	初中及以下			高中			大学及以上			全部人员		
	男	女	合计	男	女	合计	男	女	合计	男	女	合计
	1	2	3	4	5	6	7	8	9	10	11	12
×××机床厂												
甲×××机床厂												
…												

为了使统计表能清晰简要地反映被研究对象的数量特征,在设计和编制统计表时,应遵守如下的原则:

(1) 统计表的内容应力求简明扼要,使人一目了然,便于比较分析,切忌庞杂琐碎。

(2) 统计表的标题应字简意明,能反映表内数字的基本内容以及这些数字资料所属的地区和时间。

(3) 表中主词各行和宾词各栏的排列次序,一般应根据由局部到全体的原则编制。即列各个项目,后列合计,有时也可按照相反的顺序排列,而在只列部分重要项目的统计表中,应先列合计,后列其中重要项目。

(4) 统计表中各栏,通常列示各栏的编号,以便说明各栏的相互关系。主词栏常用甲、乙、丙、丁等文字编号,宾词栏常用阿拉伯数字编号。

(5) 统计表中数字应填写整齐,对准位数,遇有相同数字时,应全部重写。不能用"同上"、"同左"字样表示。

(6) 本应取得而实际没有取得造成短缺的数字,或数据太小不足最低计量单位要求的,可用符号"…"表示。根本不能取得或不需填写的数字,可用符号"—"表示。

(7) 统计表的格式应当是左右两边不划纵线,上下两端用粗线,横栏之间用细线,有时横栏之间也可不划线。

此外,统计表应有计量单位名称,计量单位一律使用法定计量单位。并应在表下注明资料来源、制表人、审核人以及编表日期,以备查考。

第五节 统计图

一、统计图的概念以及特点

统计图是指利用各种图形表现统计资料的形式,是以点、线、面积、体积和角度等说明、表现数据的统计手法。利用统计图来表现和分析数据的方法叫做统计图示法。统计图示法具有简明、直观、形象、感染力强等特点。

二、统计图的类型

统计图一般可分为几何图、象形图和统计地图三类。

(一) 几何图

几何图是指用几何的点、线、面积、体积来表现数据的图形。几何统计图有条形图、圆形图、直方图、折线图和曲线图等。

(1) 条形图,是指用宽度相同的条形的高度或长短来表示数据频数或频率的图形,有单式、复式、分段等形式。绘制时,各数据可以放在纵轴,称为条形图,主要用于分类数据的显示;也可以放在横轴,称为柱形图。如图 3-1 所示。

(2) 圆形图,也称为饼图,是用圆形及圆内扇形的面积来表示数值的大小的图形,主要用于表示总体中各组成部分所占的比例。绘制圆形图时,总体中各部分所占的百分比用圆内各扇形面积表示,扇形的中心角度按各部分百分比占360度的相应比例确定。如图3-2所示。

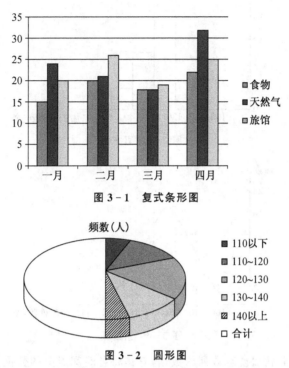

图3-1 复式条形图

图3-2 圆形图

如果是多个总体对比,可以采用圆形图的变形——环形图来显示数据。即把圆心"掏空",以每个环表示一个总体的结构。

(3)直方图,是用矩形的宽度和高度来表示频数分布的图形,实际上是用矩形的面积来表示各组的频数分布或频率分布。作图时,在直角坐标中,一般用横轴表示数据分组,纵轴表示频数或频率,各组与相应的频数就形成了一个矩形,直方图的总面积等于1。如表3-14和图3-3所示。

表3-14 某车间50名工人日产零件数分组

按零件数分组	频数(人)	频率(%)
110以下	6	13
110~120	13	26
120~130	17	140
130~140	10	20
140以上	4	8
合计	50	100

(4)折线图,是在直方图的基础上,用折线将各组中点(组中值)坐标连接而成。作图时注意:第一个矩形的顶部中点通过竖边中点(即该组频数一半的位置)连接到横轴,最后一个矩形顶部中点与其竖边中点连接到横轴,折线图与 x 轴所围成的面积与直方图的面积相等,都是1,二者所表示的频数分布是一致的。如图3-4所示。

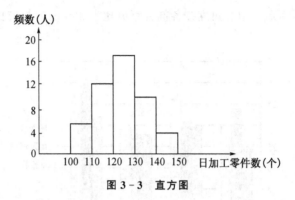

图 3-3　直方图

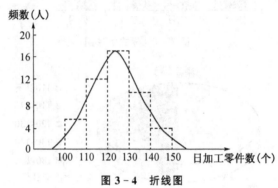

图 3-4　折线图

（5）曲线图，用于显示动态数列的数据，它是将各时间点上的数据连接成线。曲线图就是在折线图的基础上，将折线修匀为平滑的曲线。还可以将累计频数分布或累计频率分布做成图，形成累计频数分布图或累计频率分布图。这种统计图在收入分配的研究中有独特作用。洛伦茨曲线和基尼系数就是在其基础上发展出来的。

（二）象形图

象形图是以统计资料所反映的实物形象来表明数据内容，以图形的大小、多少来表明数据的统计图形。

（三）统计地图

统计地图，是指在地图上表明各种线、色、点、形以表明数据在空间的分布状况的图形。

本章小结

本章主要介绍了有关统计整理的基础知识，包括统计整理的含义及其重要性、统计整理的内容、统计整理的原则和步骤、统计分组的概念、意义和作用、分组的类型和方法、次数分布的含义和类型、次数分布的编制方法、累计次数和累计频率、统计表的构成和编制、几种常用统计图的绘制等，这些内容对以后学习统计数据的描述具有重要作用。

统计整理是对调查得来的原始资料进行科学的综合加工，使之系统化，从而得出反映总体特征的综合资料。统计整理的内容包括：对原始资料的审核、汇总，将汇总的结果通过统计图或统计表的形式表现出来。统计分组是统计整理工作中的一项重要工作,它是按某种分组标志,将总体分成若干组。统计分组的关键是正确地选择分组标志。

在统计分组的基础上,将总体中所有单位按组归类整理,形成总体中各个单位数在各组间的分布,叫做次数分布。

统计汇总的结果,得出许多说明社会经济现象和过程数量方面的数字资料,把这些数字资料按一定的指标顺序排列在表格内,这种表格叫统计表。

统计图是指利用各种图形表现统计资料的形式,是以点、线、面积、体积和角度等说明、表现数据的统计手法。利用统计图来表现和分析数据的方法叫做统计图示法,具有简明、直观、形象、感染力强等特点。

附录 利用 Excel 进行数列分布实验

具体案例及操作

某灯泡厂从一批灯泡中抽取 100 只进行检查,测得每只灯泡耐用时间如下(耐用时间单位:小时):

851	901	800	914	991	827	909	904	891	996
886	928	999	946	950	864	1049	927	949	852
948	991	948	867	988	849	958	934	1000	878
1027	928	978	816	1001	918	1040	854	1098	900
936	938	869	949	890	1038	927	878	1050	924
866	1021	905	954	890	1006	926	900	999	886
898	977	907	956	900	963	838	961	948	950
893	900	800	937	864	919	863	981	916	878
903	891	910	870	986	913	850	911	886	950
946	926	895	967	921	978	821	924	951	850

试将以上数据整理成组距数列(以 50 小时为组距),并绘制频数分布图(直方图、折线图、曲线图)。

(一)使用 FREQUENCY 函数绘制频数分布表(图)

1. 在单元格 B12 中计算原始数据的最大值:MAX(A2:J11)。
2. 在单元格 D12 中计算原始数据的最小值:MIN(A2:J11)。
3. 在单元区域 K2:L7 中,根据题目要求,计算并确定各组上限、下限。

结果如图所示:

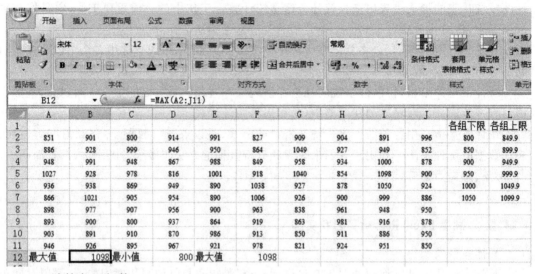

4. 计算各组频数：

(1) 选定 B17：B22 作为存放计算结果的区域。

(2) 从"公式"菜单中选择"插入函数"项，如图所示：

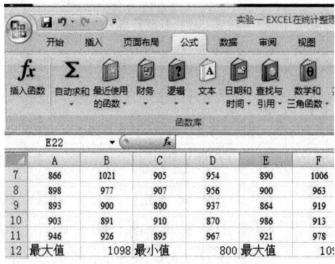

(3) 在弹出的"插入函数"对话框中选择"统计"函数 FREQUENCY。

(4) 单击"插入函数"对话框中的"确定"按钮，弹出"FREQUENCY"对话框。

(5) 确定 FREQUENCY 函数的两个参数的值。其中：

Data-array：原始数据或其所在单元格区域(A2：J11)

Bins-array：分组各组的上限值或其所在的单元格区域(L2：L7)。

(6) 按 Shift＋Ctrl 键不放，再按 Enter 或确定按钮，系统即可输出各组的频数分布数列。

(7) 用各种公式计算表中其他各项。

(二) 利用 Excel 作频数分布图（绘图第一种方法）

使用 Excel 的"图表"工具即可（操作步骤略）。

(三) 利用数据分析中的"直方图"工具计算频率分布并画出直方图（绘图第二种方法）

操作步骤：没有数据分析功能的，点击 Office 按钮（即左上角圆圈）——Excel 选项——加载项——转到——分析工具库——确定。

（1）在"数据"菜单中单击"数据分析"选项，从中选择"直方图"，然后单击"确定"。

（2）在"输入区域"文本框中输入原始数据所在的工作表区域，本例为"＄A＄2：＄J＄11"，在"接受区域"文本框中输入各个分组边界值所在的单元格区域，本例为"＄L＄2：＄L＄7"。

（3）选择"输出选项"，在本例中选择"新工作组"，并输入新工作组名称"直方图"。

（4）选择"图表输出"和"累计百分率"。

（5）按"确定"按钮，可得输出结果。如图所示：

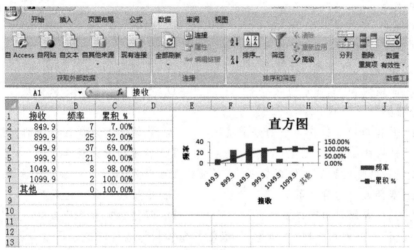

（6）用鼠标左键单击图形中任一柱形直条，然后单击右键，在弹出的快捷菜单中选取数据系列格式，弹出数据系列格式对话框，在对话框中选择"系列选项"标签，把分类间距改为0，按"确定"按钮后即可得到直方图如下：

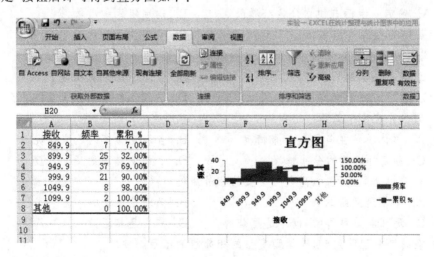

思考与习题

一、单项选择题

1. 按某一标志分组的结果,表现出 （   ）
   A. 组内同质性和组间差异性　　B. 组内差异性和组间差异性
   C. 组内同质性和组间同质性　　D. 组内差异性和组间同质性

2. 统计分组就是根据统计研究的目的,按照一个或几个分组标志 （   ）
   A. 将总体分成性质相同的若干部分　　B. 将总体分成性质不同的若干部分
   C. 将总体划分成数量相同的若干部分　　D. 将总体划分成数量不同的若干部分

3. 某连续变量数列,其末组为开口组,下限为500,又知其邻组组中值为480,则末组组中值为 （   ）
   A. 490　　　　B. 500　　　　C. 510　　　　D. 520

4. 某同学考试成绩为80分,在统计分组时应将其计入 （   ）
   A. 成绩为80分以下人数中　　B. 成绩为70～80分的人数中
   C. 成绩为80～90分的人数中　　D. 根据具体情况来具体确定

5. 分布数列是说明 （   ）
   A. 总体单位总数在各组的分配情况　　B. 总体标志总量在各组的分配情况
   C. 分组的组限　　D. 各组的分配规律

6. 按变量的性质和数据的多少划分,变量数列可以分为 （   ）
   A. 等距数列与异距数列　　B. 单项数列和组距数列
   C. 开口组数列和闭口组数列　　D. 等差数列和等比数列

7. 将统计表分为总标题、横行标题、纵栏标题和指标数值四部分是 （   ）
   A. 从表式结构看　　B. 从内容上看
   C. 从作用上看　　D. 从性质上看

8. 统计分组的关键问题是 （   ）
   A. 确定分组标志和划分各组界限　　B. 确定组距和组数
   C. 确定组距和组中值　　D. 确定全距和组距

9. 用组中值代表各组内的一般水平的假定条件是 （   ）
   A. 各组的次数均相等　　B. 各组的组距均相等
   C. 各组的变量值均相等　　D. 各组次数在本组内呈均匀分布

10. 频数分布用来说明 （   ）
    A. 总体单位在各组的分布情况　　B. 各组变量值的构成情况
    C. 各组标志值的分布情况　　D. 各组变量值的变动程度

11. 在编制分配数列时,离散型变量的相邻组的组限 （   ）
    A. 必须是间断的　　B. 必须是重叠的
    C. 既可以是间断的,也可是重叠的　　D. 应当是相近的

12. 在编制分配数列时,连续型变量的相邻组的组限必须 （   ）
    A. 交叉　　　　B. 不等　　　　C. 重叠　　　　D. 间断

二、多项选择题

1. 统计分组的作用主要有　　　　　　　　　　　　　　　　　　　　　　　（　　）
   A. 反映总体的规模　　　　　　　　B. 说明总体单位的特征
   C. 区分社会经济现象的不同类型　　D. 研究总体的内部结构
   E. 分析现象间的依存关系

2. 下列分组中,属于按品质标志分组的有　　　　　　　　　　　　　　　　（　　）
   A. 职工按工龄分组　　　　　　　　B. 学生按健康状况分组
   C. 企业按经济类型分组　　　　　　D. 工人按技术等级分组
   E. 人口按居住地分组

3. 组距数列中,在组数一定的情况下,组距大小与　　　　　　　　　　　　（　　）
   A. 组数的多少成正比　　　　　　　B. 组数的多少成反比
   C. 总体单位数多少成反比　　　　　D. 全距的大小成反比
   E. 全距的大小成正比

4. 在分布数列中,次数　　　　　　　　　　　　　　　　　　　　　　　　（　　）
   A. 是指各组的总体单位数　　　　　B. 只有在变量数列中才存在
   C. 只有在品质数列中才存在　　　　D. 又称权数
   E. 又称频数

5. 统计表从构成形式上看,一般包括_____这几个部分　　　　　　　　（　　）
   A. 总标题　　B. 横行标题　　C. 纵栏标题　　D. 指标数值
   E. 调查单位

6. 统计数据整理的内容一般有　　　　　　　　　　　　　　　　　　　　（　　）
   A. 对原始资料进行预处理　　　　　B. 对统计资料进行分组
   C. 对统计资料进行汇总　　　　　　D. 对统计资料进行分析
   E. 编制统计表,绘制统计图

7. 某单位100名职工按奖金额多少分组为"300以下、300～400、400～600、600～800、800以上"这五个组。这一分组　　　　　　　　　　　　　　　　　　　　（　　）
   A. 是等距数列　　　　　　　　　　B. 分组标志是连续型变量
   C. 末组组中值为800　　　　　　　D. 相邻组的组限是重叠的
   E. 某职工奖金600元,应统计在"600～800"这一组内

8. 在次数分配数列中　　　　　　　　　　　　　　　　　　　　　　　　（　　）
   A. 各组的频数之和等于100%
   B. 各组频率大于0
   C. 频数越小,则该组的标志值所起的作用越小
   D. 总次数一定,频数和频率成反比
   E. 频率表明各组标志值对总体的相对作用程度

三、填空题

1. 统计整理是统计工作的_____,在整个统计工作过程中起_____作用。
2. 统计表按说明内容不同,可以分为_____和_____两大部分。
3. 统计分组的关键在于_____和_____。

4. 分布数列的两个构成要素是_____和_____。

5. 组距数列按各个组的组距是否相等分为_____和_____。

四、简答题

1. 统计资料整理的步骤是什么？

2. 什么是分组标志？如何选择分组标志？

五、实务题

1. 某班学生上学期《统计学》考试成绩资料如下：

65	69	80	59	75	84	75	95	90	77	66	50	78
82	83	78	75	77	80	81	80	64	73	88	92	60
71	96	91	86	79	87	64	72	80	70	72	79	82
81	78	80	70	68	72	68	79	85	86	81	70	69

要求：按60分以下，60～70,70～80,80～90,90以上分组，编制分布数列。

2. 某工业局所属各企业工人数如下：

555	506	220	735	338	420	332	369	416	548
422	547	567	288	447	484	417	731	483	560
343	312	623	798	631	621	587	294	489	445

试根据上述资料，要求：

(1) 编制等距的分配数列；

(2) 根据等距数列编制向上和向下累计的频数和频率数列。

3. 某班40名学生统计学考试成绩分别为：

66	89	88	84	86	87	75	73	72	68	75	82	97
58	81	54	79	76	95	76	71	60	90	65	76	72
76	85	89	92	64	57	83	81	78	77	72	61	70	81

（学校规定：60分以下为不及格，60～70为及格，70～80分为中，80～90分为良，90～100分为优）

要求：(1) 将该班学生分为不及格、及格、中、良、优五组，编制一张次数分配表。

(2) 指出分组标志及类型；分组方法的类型；分析本班学生考试情况。

第四章
总量指标和相对指标的计算

第一节 总量指标

一、总量指标的定义

总量指标是反映现象总体总规模、总水平或工作总量的统计指标,也称绝对数。总量指标用绝对数形式表现。例如 2012 年年末我国总人口数为 135 404 万人,全年出生人口数为 1 635 万人,死亡人口数为 966 万人,这些均为总量指标。此外,一个国家或地区一定时期的土地面积、国内生产总值、企业数、职工人数、产品总量等也都是总量指标。有时它也表现为总量之间的绝对差额,或者是增加额或者是减少额。

总量指标是统计指标中最基本的指标。它在社会经济活动中起着重要的作用。

第一,总量指标可以反映一个国家的国情国力,或一个地区、一个部门、一个单位的人力、物力和财力情况,是对社会经济现象总体认识的起点。

一个国家社会经济的基本情况总是表现为一定的总量。例如,我国国土总面积为 960 万平方公里;人口总数为 135 404 万人。这两个总量指标就说明了我国的基本国情是地广人多。掌握了一个国家或地区的人口数、土地、森林面积、国民生产总值、国内生产总值等总量指标,就能了解这个国家或地区的基本实力,从而对这个国家或地区有个基本认识。

对社会经济现象的认识,总是先从其总量入手,然后才能对其结构、比例、速度等进行深入分析。所以说总量指标是认识社会经济现象的起点。

第二,总量指标是各级党政领导制定方针政策,进行经济管理的主要依据。

社会经济发展总量及其相互关系,以及具有总量意义的经济结构和比例关系,是制定社会经济政策、编制国民经济和社会发展计划以及检查计划执行情况的依据。总量指标对于实行社会、经济管理具有特别重要的意义。

第三,总量指标是计算相对指标和平均指标的基础。

相对指标和平均指标一般都是由两个有联系的总量指标对比计算得到的。它们是总量指标的派生指标。总量指标的计算是否科学、合理,会直接影响相对指标和平均指标的准确性。

二、总量指标的种类

总量指标有两个重要的分类。

（一）按反映现象的内容分类

总量指标按其反映现象的内容不同，可分为总体单位总量和总体标志总量。

（1）总体单位总量表明总体单位数的多少，它是总体单位数的总和，又称为总体总量或总体单位数。例如，调查了解学生总体情况，学生总数就是总体总量指标；了解工业企业集团生产经营状况，工业企业总数就是总体总量指标。

（2）总体标志总量是反映总体单位某种标志值总和的总量指标，简称标志总量。例如，学生总体的学生总成绩，是按每一个学生的学习成绩汇总而来的，因而是学生的总体标志总量；工业企业集团的工业总产值是根据每一个工业企业的工业总产值汇总而来的，因而是工业企业集团总体的标志总量。

类似的例子还很多，比如要调查了解地质部门所属地质队的经营管理情况，地质队数是总体总量；地质队职工总数以及地质队完成的钻探工作总量等都是总体标志总量。

总体单位总量和总体标志总量是相对于一定的总体而言的。如果总体改变了，总体单位总量和总体标志总量也要随之改变。比如上例中，以地质队为总和，地质队数是总体单位总量，地质队职工总数是总体标志总量；若以地质队职工为统计总体，则地质队职工总数改变为总体单位总量了。

正确区分总体单位总量和标志总量对于计算相对指标和平均指标具有重要的意义。

（二）按反映事物的时间状况分类

总量指标按其所反映事物的时间状况不同，分为时期指标和时点指标。

（1）时期指标反映社会经济现象在一段时期内发展变化的总量。例如我国2012年全年全社会固定资产投资179 870亿元，其中，城镇投资125 770亿元，农村投资541 00亿元，这些就是时期指标。此外总产值、商品零售额、工资总额、人口出生数、人口死亡数、学生毕业人数等也都是时期指标。

顾名思义，时期指标和时期有直接的联系。它的数据都可以说明社会经济现象在相应时期内发生的总量。比如一年的商品零售额，是一年中每天零售额的累计，它具有可加性。

（2）时点指标反映现象在某一时刻（瞬间）的水平。例如2012年年末我国就业人员约76 704万人，2012年末国家外汇储备约33 116亿美元就是时点指标。此外月末物资库存量、库存额、年末职工人数、设备数量等也都是时点指标。时点指标与时间长短没有直接关系，且不具有可加性。比如，年末职工人数不是该年每天职工人数的总和。

时期指标和时点指标的不同特点可以归纳如下：

第一，时期指标的数值靠经常登记取得，而时点指标数值是间断登记取得的。

第二，时期指标数值的大小与时期长短有直接关系，而时点指标数值大小与时间间隔长短没有直接关系。

第三，性质相同的时期指标的各个时期可以相加，而多数时点指标数值相加没有任何意义。

正确区分时期指标和时点指标是计算序时平均数的依据。

三、总量指标的计量单位

总量指标具有一定的经济内容，一般都有计量单位。根据总量指标所反映的现象性质和任务的不同,总量指标的计量单位一般分为实物单位、货币单位和劳动单位三种形式。

(一) 实物单位

实物单位是根据事物的自然属性和特点而采用的自然、物理计量单位。实物单位包括自然单位、度量衡单位、双重单位和复合单位。

1. 自然单位

自然单位是根据被研究事物的自然属性而计量的单位。如自行车以"辆"为单位,飞机以"架"为单位、电视机以"台"为单位。

2. 度量衡单位

度量衡单位是按统一的度量衡制度而计量的单位。如长度用"米"、重量用"克"、容积用"公升"等。另外,也有的是为了更准确地反映事物的数量,如禽蛋不以"个"为单位,而以"千克"为单位。

3. 双重或多重单位

它是同时采用两种或多种计量单位来表明某一事物的数量。如电动机以"千瓦/台"等为单位,属于双重单位;船舶以"吨/功率/艘"为单位,属于多重单位。

4. 复合单位

复合单位是两种计量单位结合在一起的计量单位。如货运量以"吨公里"为单位、发电量以"千瓦时(度)"为单位。此外,在实物单位中有时把性质相似的各种实物单位折算成标准实物计量单位。如各种牌号拖拉机的功率不同,混合加总计算台数不能准确地反映其实际情况,通常以每15马力折合为1台来计算其标准实物量。

用实物单位计量的总量指标,称为实物指标。实物指标的最大特点是它直接反映产品的使用价值或现象的具体内容,因而能够具体地表明事物的规模和水平。它的局限性就是指标的综合性比较差,不同的实物,计量单位不同,无法进行汇总,因而无法反映国民经济的总规模或总的发展速度。

(二) 货币单位

货币单位是用货币作为价值尺度来计量物质财富或劳动成本。用货币单位计量的总量指标,称为价值指标。如国内生产总值、利润额、固定资产原值等。价值指标的最大特点是具有高度的综合性,因此它的应用十分广泛。其局限性在于脱离了物质的内容,比较抽象。只有当它和实物指标结合使用,才能充分发挥其作用。另外,货币单位分现行价格和不变价格。现行价格是各时期的实际价格,不变价格是在综合反映不同实物量指标总变动时,为了消除不同时期价格变动的影响而采用的固定价格。

(三) 劳动单位

劳动单位是用劳动时间表示的计量单位,是反映劳动力数量及其利用状况的一种复合计量单位。如工日、工时、台时等。工时是工人数和劳动时数的乘积;工日是工人数和劳动日数的乘积;台时是设备台数和开动时数的乘积。如果把生产各种产品所耗费的劳动量相加,就是劳动消耗总量。劳动单位主要用于编制和检查基层企业的生产作业计划以及为实行劳动定额管理提供依据。

四、确定和计算总量指标的原则

正确计算和运用总量指标绝不是一个简单加总的技术问题,而是一个理论问题和实际问题。因而在计算时应遵循以下原则。

(一)科学性原则

必须以科学的理论方法为依据来确定总量指标的名称、含义、统计范围和计算方法。例如,在计算工业总产值、工资总额和利润总额时,只有明确这些指标的含义、统计范围后,才能正确计算这些总量指标。

(二)可比性原则

计算总量指标时应注意历史、经济条件的变化对指标内容、范围等的影响。含义、统计范围和计算方法不同的总量指标,不能直接加总,只有经过调整后才能统计。

(三)统一性原则

计算总量指标时应注意指标的计算口径、计算方法和计量单位的统一,只有相同性质的总量指标数值才能进行加总。比如,国内生产总值可以采用支出法、生产法和收入法三种计算方法,计算方法不同,结果就不一样。

第二节 相对指标

一、相对指标的意义

相对指标是由两个有联系的指标数值对比而成,用来说明现象总体相对规模、相对水平和工作质量的指标。通过对比,可以更深刻地说明事物之间的联系,提供事物之间共同的比较基础。相对指标通常用相对数形式表现。

客观世界是联系着的世界。不仅总体内部各个部分之间、部分与总体之间存在着数量联系,而且总体与总体之间也存在着数量联系。比如,人口总体中,男女性别比例是客观存在的,社会再生产过程中,第三产业产值在国民生产总值中的比重也是客观存在的。再比如,我国是资源大国,许多矿产资源含量居世界首位,但和我国人口总数相比,人均资源量却是十分贫乏的。

相对指标的意义就在于揭示总体内部的结构、比例、比重等数量关系,确定相关事物之间的数量联系程度。

相对指标在社会经济生活中的应用很广泛,其作用主要表现在以下几个方面。

(1)相对指标能够表现现象的相对水平,现象的发展过程与程度。

(2)相对指标可以使那些利用总量指标不能直接对比的现象,找到可比基础,从而准确分析事物之间的差别程度。

(3)通过相对指标可以表明事物的内部结构与比例关系,从而深刻揭示事物的本质特征。

(4) 相对指标是进行经济管理与考核企业经济活动成果的主要指标。

二、相对指标的表现形式

相对指标的表现形式有两种,即无名数和有名数。

(一) 无名数

无名数是一种抽象化的数值,多以系数、倍数、成数、百分数、千分数等表示。

(1) 系数和倍数是将对比的基数抽象化为1而计算出来的相对数。在两个数字对比时,其分子数值和分母数值相差不大时,常用系数表示。如工资等级系数、固定资产磨损系数、标准实物产量的折合系数等。如果分子的数值比分母的数值大很多时,则可使用倍数表示。

(2) 成数是将对比的基数抽象化为10而计算出来的相对数。如今年粮食产量比去年粮食产量增长一成以上,即增长十分之一以上。

(3) 百分数是将对比的基数抽象化为100而计算出来的相对数,是计算相对指标最常用的一种表现形式,通常以符号%表示。在实际工作中,增长百分数多以百分点表示,存款利率提高了1个百分点,则表明银行利率提高了百分之一。

(4) 千分数是将对比的基数抽象为1000而计算出来的相对数,通常以符号‰表示。当对比的分子数值比分母数值小很多时,宜用千分数表示。如人口出生率、死亡率多以千分数表示。

(二) 有名数

有名数主要是指强度相对指标的计量单位。它是将相对数中的分子与分母指标的计量单位同时并列,以表明事物的强度、密度、普遍程度等。例如,人口密度用"人/千米^2"表示;每人平均粮食产量用"千克/人"来表示;每人平均国民生产总值用"元/人"表示等。

三、相对指标的计算

相对指标,按照对比的标准不同,一般来说,可以分为以下六种,即:结构相对指标、比例相对指标、计划完成相对指标、动态相对指标、比较相对指标和强度相对指标。

(一) 结构相对指标

结构相对指标,是在对资料进行分组的基础上,以总体总量作为比较标准,求出各组总量占总体总量的比重,来反映总体内部的构成比重的综合指标。其计算公式为:

$$结构相对指标 = \frac{某组总量}{总体总量} \times 100\%$$

其中,总体总量可以是总体单位总量,也可以是总体标志总量。计算结果用百分数或成数表示,各组比重总和等于100%或1,分子与分母不能颠倒。

结构相对指标用于研究总体内各组成部分的分配比重及其变化情况,从而深刻认识事物各个部分的特殊性质及其在总体中所占有的地位和地位的变化。把不同时间的结构相对指标进行对比分析,可以说明现象的变化过程和规律。例如,表4-1的资料反映了我国2012年国内生产总值的分配情况。

表 4-1　2012 年国内生产总值分配表

项目	2012 年	
	总值（亿元）	比重（%）
国内生产总值	519 322	100
第一产业	52 377	10.1
第二产业	235 319	45.3
第三产业	231 626	44.6

其中：

$$第一产业增加值占国内生产总值的比重 = \frac{第一产业增加值总额}{国内生产总值} \times 100\%$$

$$= \frac{52\,377}{519\,322} = 10.1\%$$

其他结构指标的计算方法与此类似。

反映某一部分占全体比重的结构相对数也叫比率，比率在社会经济统计中被广泛应用。例如，中小学入学率、产品合格率、废品率、出勤率、缺勤率、设备利用率等。

若总体总量很小，则不宜计算结构相对指标。

（二）比例相对指标

总体内各个组成部分之间存在着一定的联系，并在客观上保持适当的比例。比例相对指标是同一总体中一部分数值与另一部分数值之比，表明总体范围之内各个局部之间的比例关系和协调平衡状况。其计算公式如下：

$$比例相对指标 = \frac{总体中某一部分数值}{总体中另一部分数值}$$

例如，2012 年年末我国总人口数为 135 404 万人，其中男性人口 69 395 万人，女性人口 66 009 万人。则

$$人口性别比例 = \frac{69\,395}{66\,009} = 105.13 : 100$$

或男性人口数为女性人口数的 105.13%。

比例相对指标一般用比例或百分数的形式表示。比例相对指标的分子与分母的位置可以互换，从不同的角度说明事物发展变化的程度。如在上例中也可以计算女性人口数为男性人口数的 95.12%。

在国民经济中，客观上存在着各种各样的比例关系。计算比例相对指标对于分析研究国民经济平衡比例关系，保持国民经济稳定协调发展具有重要意义。如物质生产和非物质生产部门的比例关系；社会再生产中生产、流通、分配的比例关系；积累与消费的比例关系；农轻重的比例关系等。

比例相对指标和结构相对指标之间存在一定的联系，二者都需要在统计分组的基础上进行运算，但二者对比的方法和侧重点不同。

（三）比较相对指标

比较相对指标是指在同一时期，不同空间条件下，两个性质相同的总体之间的不同数量

表现的对比,反映现象发展水平的差别程度。比如学期末考试平均成绩,1 班和 2 班进行对比;经济发展速度,大连市和青岛市进行对比等。

比较相对指标说明某种现象在各个单位发展的不平衡程度,和事物在不同条件下的数量对比关系。其计算公式为:

$$\text{比较相对指标} = \frac{\text{某一事物的指标值}}{\text{另一事物的同类指标值}}$$

例如,甲乙公司 2012 年的商品销售额分别为 5.4 亿元和 3.6 亿元,甲公司平均每一商品销售额为 21.6 万元,乙公司平均每一商品的销售额为 23.2 万元,则甲公司商品销售额为乙公司的 1.5 倍,即 5.4/3.6=1.5 倍,甲公司的销售效率为乙公司的 0.93,即 21.6/23.2=0.93。从计算结果来看,虽然甲公司销售额比乙公司多,但劳动效率却比乙公司低,因此甲公司应该在提高劳动生产率方面做出更多的努力,以达到提高经济效益的目的。

比较相对指标的比较可以是绝对数对比,也可以是相对数或平均数对比,既可用于不同国家、行业、地区、单位的比较,也可用于先进与落后的比较,还可用于与标准水平或平均水平等的比较。进行比较有助于揭露矛盾、找出差距、挖掘潜力,促进事物的进一步发展。比较时以哪个指标作为基础,可以根据不同的研究目的而定。一般情况下,比较相对指标的分子和分母可以互换,从不同的出发点看问题。总之,比较相对指标是将比较对象典型化而计算的相对指标,在经济管理工作中被广泛应用。

比例相对指标和比较相对指标的区别在于对比指标的分子和分母是否属于同一总体。分属于两个总体的同类指标对比是比较相对指标,而属于同一总体的两个指标对比则为比例相对指标。比例相对指标一般有一个客观的标准,需要各部分比例协调发展,不符合这个比例标准就会造成经济上的破坏和损失;而比较相对指标只是反映客观事物的大小、多少及达到某一标准的情况,不存在比例关系是否协调的问题。

(四)计划完成程度相对指标

计划完成程度相对指标又称为计划完成相对数或计划完成百分比,它是各社会经济现象在某一时间的实际完成数与计划数对比的结果,用于表明预期目的的实现程度。

计划完成相对指标是实行计划管理的特有指标。计划管理不同于计划体制,在社会主义市场经济体制下,计划管理不能削弱,而且要加强。

计划完成相对指标的数值通常用百分数表示,一般公式为:

$$\text{计划完成相对指标} = \frac{\text{实际完成数}}{\text{计划数}} \times 100\%$$

使用这一公式时,要注意以下几点。

第一,实际完成数值和计划数值的指标含义、计算范围、口径、方法、计量单位以及时间长度等都要求一致。所谓时期一致,包括两个方面:一方面计划期有多长,我们就用该段时期内的实际完成数与之进行对比;另一方面,在检查计划完成进度时,也可以采用计划期内某一段时期的累计实际完成数与全期计划进行对比。

第二,该指标的分子分母不能互换。即不能用计划数比实际数。因为计划数是用来衡量计划完成情况的标准。所以分子总是实际完成数,而分母总是计划指标。

第三,判断计划完成程度的好坏应视指标的类型而定。当为正指标时(即数越大越好的指标,如利润等),等于、大于 100% 为完成和超额完成计划,小于 100% 为未完成计划;而为逆指标时(即数越小越好的指标,如单位产品成本等),等于、小于100%为完成和超额完成计划,大于100%为未完成计划。

根据统计研究目的和任务的不同,计划完成程度相对数的分母(计划数)可以是绝对数,也可以是相对数。

例如,设某市有三个百货商店,下表中①、②、③、④栏为已知数字资料,我们利用这些资料来计算分析该市三个百货商店第一季度零售额计划完成情况以及上半年零售额计划累计完成情况(见表4-2)。

表4-2 某市三个百货商店第一季度零售额计划完成情况及上半年零售额计划累计完成情况

商店	计划零售额(万元)		实际零售额(万元)		第一季度零售额计划完成(%)	上半年累计完成计划进度(%)
	全年	第一季度	第一季度	第二季度		
	①	②	③	④	⑤=③/②	⑥=(③+④)/①
甲商店	500	100	110	150	110	52
乙商店	650	150	150	110	100	40
丙商店	1 000	250	237.5	262.5	95	50

(1) 分析该市三个百货商店第一季度零售额计划完成情况。其计算公式为:

$$第一季度零售额计划完成百分数(\%) = \frac{第一季度实际零售额}{第一季度计划零售额} \times 100\%$$

通过计算,该市甲、乙、丙三个百货商店第一季度零售额计划完成百分数分别为110%、100%、95%。由此可以看出,该市三个百货商店中,第一季度零售额以甲商店完成情况最好,超额10%;乙商店次之,刚好完成计划;丙商店完成计划较差,只完成了计划任务的95%,没有完成预期的计划数。

如果再结合商店其他经营情况,比如说劳动用工情况,柜台利用率情况等,可以进一步总结分析该市三个百货商店第一季度零售额计划完成或未完成的原因。

(2) 分析该市三个百货商店上半年零售额计划累计完成情况。其计算公式为:

$$上半年累计完成计划百分数(\%) = \frac{累计到第二季度止实际完成数}{全年计划数} \times 100\%$$

通过计算,累计到第二季度止,甲、乙、丙三个商店分别完成全年计划的52%、40%和50%。结合三个商店第一季度零售额计划完成情况,可以分析说明如下:甲商店上半年零售额计划完成得最好,不仅第一季度超额完成计划10%,且累计到第二季度止,也已完成全年计划的一半以上。乙商店虽然第一季度完成了计划数,但累计到第二季度止,也只完成了计划的40%,说明乙商店上半年经营情况存在问题;丙商店虽然第一季度未完成计划数,但通过总结经验,采取措施,使上半年零售额完成了全年计划的一半。说明丙商店上半年经营情况总的趋势是好的。

计划完成相对指标不仅可以检查分析部门或企业制订的年或季计划执行情况,而且可以检查分析国民经济发展的中长期(五年或更长时间)的计划执行情况。

国民经济发展的中长期计划,依经济现象的性质不同,在下达计划时,有两种情况:一种是规定计划期期末应达到的水平,另一种是规定计划期应达到的总规模。比如,国民生产总值、人均收入等指标,一般是逐年增加的,因而在下达计划时,只需要规定计划期最末年应达到的水平就可以了。而诸如基本建设投资总额、新增生产能力等指标,每年的实际完成量是不均衡的,这样在制订计划时,就只能规定整个计划期内应达到的总规模。

在检查中长期计划的执行情况时,由于计划的下达方式不一样,因而检查分析的方法也有所不同。主要有两种方法:一种是水平法,一种是累计法。

1. 检查中长期计划执行情况的水平法

如果中长期计划规定的是计划期期末应达到的水平,就用水平法检查其计划执行情况,它包括两个方面。

一是确定全期实际是否完成计划。即用计划末期实际所达到的水平和计划规定同时期应达到的水平相比较,计算计划完成相对指标。

二是确定是否提前完成计划,并计算提前完成计划的时间。即根据连续一年时间的产量和计划规定最后一年的产量相比来确定。只要在计划期内,连续一年完成了计划产量,就是提前完成了计划。提前完成计划的时间是从达到计划水平的那一个月的次日起到计划期最后一年的12月止的全部时间。

例如,某产品按五年计划规定,最后一年的产量应达到45吨,计划执行情况如表4-3所示。

表4-3 某产品按五年计划产量

	第一年	第二年	第三年		第四年				第五年			
			上半年	下半年	第一季度	第二季度	第三季度	第四季度	第一季度	第二季度	第三季度	第四季度
产量(万吨)	30	32	17	17	9	10	10	12	13	12	12	13

根据上述资料用水平法检查其计划执行情况的步骤如下。

首先,确定该产品产量是否完成了计划。

该产品在计划期末年即第五年的产品产量实际达到13+12+12+13=50万吨;

计划规定最后一年的产量应达到45万吨;

所以该产品的计划完成相对指标=50/45×100%=111%

即该产品超额11%完成了产量计划。

其次,确定该产品是否提前完成了计划。

因为从第四年第二季度开始到第五年第一季度止,连续一年的产量累计已达到计划规定的45万吨,所以可以确认该计划已提前完成。提前完成计划的时间为3个季度。

2. 检查中长期计划执行情况的累计法

如果中长期计划规定的是计划期内应达到的总规模,就用累计法检查其计划执行情况。它也包括两个方面。

一是确定是否完成计划。即用整个计划期内实际完成的累计数,和计划数对比,计算其计划完成程度的相对指标。

二是确定是否提前完成了计划。如果从计划执行之日起,累计实际数量已达到计划数,即为提前完成了计划。提前完成计划的时间是从累计达到计划数的那一个月的次日起到计划期最后一年的12月止的全部时间。

例如，某地区第十个五年计划规定其基本建设投资总额为 20 亿元，实际执行结果为 21 亿元，假定截至 2010 年 6 月 15 日为止，实际完成投资总额累计已达到 20 亿元，则用累计法检查该计划执行情况的步骤为：

首先，计算计划完成程度的指标为：

$$21/20 \times 100\% = 105\%$$

即超额完成了计划。

其次，确定是否提前完成计划。因为截至 2010 年 6 月 15 日为止，实际完成投资总额累计已达到计划规定的 20 亿元。因而可以确认该地区提前完成了计划。提前完成计划的时间为 6 个半月。

以上所谈的计划数，都是用总量指标来规定的。此外，还有一部分计划数是用提高或降低的百分比来规定的。比如规定劳动生产率提高百分之几，成本水平降低百分之几等。

对于这类计划指标，计算其计划完成程度指标检查其计划完成情况时，就不能直接用实际提高率和计划提高率进行对比或者用实际降低率和计划降低率进行对比。

例如，某企业计划规定劳动生产率比上年提高 10%，实际提高了 15%。

这时若计算计划完成程度指标为 15%/10% = 150%，即实际比计划超额完成了 50%，计算结果显然是不合理的。为什么？因为计划指标是在上一年实际水平的基础上规定的。假设上期的实际水平为 100%，那么本期的计划水平则为(10% + 100%)，即 110%；同样，实际提高的百分比也是以上期实际水平为基础得出的，即本期实际水平为(15% + 100%)，即 115%。而计划完成程度指标是用实际水平和计划水平对比求得的，它说明实际水平是计划水平的多少。

所以，该企业报告期劳动生产率计划完成程度的指标为：

$$\frac{\text{报告期劳动生产率实际水平}}{\text{报告期劳动生产率计划水平}} \times 100\% = \frac{115}{110} \times 100\% = 104.5\%$$

即该企业报告期劳动生产率计划超额完成 4.5%。这和用 15% 与 10% 直接对比计算得出的 150% 相去甚远。实际上，直接对比，只是实际与计划的增长部分而不是两个水平之比，不符合计划完成程度指标的基本含义，因而计算结果是不正确的。

如果计划指标是计划降低百分比，计算完成程度指标时，同样不能用实际降低率和计划降低率直接对比，而应用实际水平和计划水平对比。计算出来的计划完成程度指标，若低于 100%，则说明超额完成了降低计划。

总之，用相对数计算计划完成程度相对指标时一定要注意包含原有基数。还要注意百分数与百分点的区别。

（五）动态相对指标

动态相对指标也称作发展速度指标。它是指某一指标不同时间上的数值对比而得到的相对数，用来反映现象的发展速度，并据以推测现象发展变化的趋势。通常把作为比较标准的时期叫做基期，把用来与基期对比的时期叫做报告期。其计算公式为：

$$\text{动态相对指标}(\%) = \frac{\text{报告期指标}}{\text{基期指标}} \times 100\%$$

动态相对指标是一种重要的、常用的相对指标。其表现形式和计算方法在后面章节中详细介绍。

(六) 强度相对指标

强度相对指标是两种性质不同而又有联系的属于不同总体的总量指标之间的对比，用于说明现象的强度、密度和普遍程度。例如，把粮食产量和人口数进行对比，计算每人能分摊到多少公斤粮食；把全国铁路里程和土地面积进行对比，计算每平方公里铁路密度指标；将医院床位数和人口数进行对比，计算每千人口拥有的医院床位数等。

所谓强度，是指社会经济现象的强弱程度。它反映了一个国家的经济实力。常用的反映国家经济实力的强度指标是按人口平均的产量指标。如上述平均每人粮食产量即反映了国家在粮食生产方面的强弱程度，普遍程度一般是指公共设施发展的普遍情况以及对居民的保证程度。如上述每千人拥有医院床位数指标说明了医疗设施的普遍程度。

强度相对指标的计算公式为：

$$强度相对指标 = \frac{某现象总量指标}{另一有联系但性质不同的现象的总量指标} \times 100\%$$

例如，2012 年年末我国人口 135 404 万人，国土面积为 960 万平方公里，则人口密度＝135 404/960＝141（人/平方公里）

有些强度相对指标对比的两个数值，可以互为分子和分母，因而强度相对指标有正指标和逆指标之分。正指标的数值大小与现象的发展程度或密度成正比，逆指标的数值大小与现象的发展程度或密度呈反比。例如，某城市人口 200 万人，有医院床位 40 000 张，则：

$$每千人拥有的医院床位数 = \frac{医院床位数}{人口数（千人）} = \frac{40\ 000（张）}{2\ 000（千人）}$$

$$= 20（张/千人）= 0.05（千人/个）$$

每张医院床位负担的人口数，其数值大小与医疗卫生对居民服务的保障程度成反比，因而为逆指标，是从反方向说明问题，指标数值越小，说明对居民的医疗保证程度越高。

强度相对指标的计量单位为复名数。但也有一些强度相对指标用"千分数"或"百分数"等无名数形式表示。如人口自然增长率用千分数表示，流通率用百分数表示等。

强度相对指标应用广泛，它可以反映国民经济和社会发展的基本情况，反映生产条件和公共设施的配备情况，也可以反映经济效益的情况。

强度相对指标和比较相对指标都是属于不同总体之间的对比，但二者又有所区别。强度相对指标说明的是性质不同的两个指标的联系程度，而比较相对指标说明的是性质相同的指标在不同单位发展水平的差异情况。

第三节 相对指标的运用

一、相对指标的应用条件

相对指标可以从多方面深刻说明社会经济现象的总体的结构、比例、发展速度、联系程度等。因而，运用相对指标对社会经济现象进行对比分析是统计最常用的分析方法，正确应用相对指标必须符合以下条件。

（一）正确选择比较标准

相对指标的比较标准是指相对指标的分母数值，它是对比的数据和标准。选择不同的比较标准反映和说明的问题不同。

比较标准的选择一般因研究目的和任务的不同而不同。同时，选择比较标准时要注意以下几点。

(1) 对比基数的大小影响发展速度。基数小的数量，常常比基数大的数量增长快得多。

(2) 在进行动态对比时，要选择能够反映具有一定特点的历史阶段作为比较标准。以1978年为基期，能够反映改革开放以来我国经济迅速发展，人民生活水平提高的情况。

(3) 在进行长期对比时，要选择经济与社会发展比较稳定的时期作为比较标准。以经济和社会不稳定时期的数字作为对比标准，必然会影响计算数据的准确性，从而影响统计分析的实际效果。

（二）严格保持相对指标的可比性

相对指标是由两个有联系的指标数值对比而来，因此，这两个指标数值是否具有可比性非常重要。在实际工作中，影响相对指标可比性的因素很多。常常表现在以下几个方面。

(1) 进行对比的两个指标经济内容不同不能进行对比。

(2) 进行对比的两个指标口径范围不同不能进行对比。

(3) 进行对比的两个指标所含基数不同不能进行对比。

比如，某校今年文科的招生人数计划为100人，实际招收150人，实际比计划多招收50%；理科招生人数计划为500人，实际招收550人，实际比计划多招收10%。这两个相对数由于对比基数不同，因而不能进行对比，不能认为文科招生增长为理科的5倍。

二、正确运用相对指标应注意的问题

社会经济现象是极其复杂的，单纯运用相对指标不能全面真实地反映社会经济现象总体的本质特征。因而运用相对指标进行对比分析时，要注意将相对指标与统计的其他方法及其指标相结合。

（一）注意统计分组与相对指标的结合运用

统计分组时按照某一标志将统计总体划分为性质不同的各组。只有在正确分组的基础上，才能计算和运用相对指标，对现象的内部结构及现象之间的依存关系进行正确的分析。

（二）注意相对指标与总量指标的结合运用

相对指标虽然可以有效地反映事物的联系和对比关系，但却同时把现象的绝对水平抽象化了，掩盖了现象间绝对量的差别。这就可能出现，两个相同的相对指标数值，其相应的总量指标可能相差悬殊。大的相对指标背后可能隐藏着小的总量指标，而小的相对指标背后隐藏的总量指标可能很大，即每增长1%的绝对值不同。因而，在运用相对指标进行对比分析时，必须和总量指标结合起来运用，才能对社会经济现象得到比较具体而且完整的认识。

（三）注意多种相对指标结合运用

相对指标按照其反映和说明的问题不同，区分为结构相对指标、比较相对指标、比例相对指标、计划完成指标、动态相对指标等。各种相对指标的作用各不相同，所以很难用一个相对指标分析研究现象的全貌，同时各种相对指标之间并不相互排斥。而客观现象之间的相互联系又是错综复杂的，某一事物与另一事物之间数量的变化，往往会引起其他事物的数量变化。因此在分析问题时，常常要根据实际情况及所掌握的资料灵活运用各种相对指标，将各种相对指标结合起来运用，从不同的角度去分析事物，这样才能认识事物的全貌。

另外，运用相对指标时，应根据事物本身的性质来评价其计算结果，不能简单地以其数值大小来判断现象发展的好坏。对比例相对指标进行评价时，必须以其是否符合事物发展的客观规律和能否促进社会发展为标准去评价，而不是数值越大越好；对动态相对指标计算结果的评价，也要看其增长程度对社会发展是否有利，也不是数值越大越好；对计划完成程度相对指标计算结果的评价，要先分析事物是正指标还是逆指标，才能判定其是否完成或超额完成计划，不能单看数值的大小来判断。

本章小结

本章重点介绍了总量指标和相对指标的计算和运用。

总量指标是反映现象总规模、总水平的指标，是将总体单位数或总体标志值汇总得到的。在学习时注意区分各类总量指标，尤其是时期指标和时点指标，正确理解和区分时期指标和时点指标，对于计算平均发展水平十分重要。总量指标的主要分类如下：

按其反映总体的内容不同分为：

①总体单位总量：总体单位数的总和

②总体标志总量：总体中某种标志值的总和

按其反映的时间状况不同分为：

①时期指标：反映总体在一段时间内发展变化的总量

②时点指标：反映总体在某一时刻上的总量

相对指标是两个有联系的指标数值对比，说明现象发展变化的相对程度。表现形式有无名数和有名数两种。常用的相对指标有：

$$\text{结构相对指标} = \frac{\text{某组总量}}{\text{总体总量}} \times 100\%$$

$$\text{比例相对指标} = \frac{\text{总体中某一部分数值}}{\text{总体中另一部分数值}} \times 100\%$$

$$\text{比较相对指标} = \frac{\text{某一事物的指标值}}{\text{另一事物的同类指标值}} \times 100\%$$

$$\text{计划完成相对指标} = \frac{\text{实际完成数}}{\text{计划数}} \times 100\%$$

$$\text{动态相对指标} = \frac{\text{报告期指标}}{\text{基期指标}} \times 100\%$$

$$强度相对指标 = \frac{某现象总量指标}{另一有联系但性质不同的现象的总量指标} \times 100\%$$

 思考与习题

一、填空题

1. 综合指标的具体形式是_____、_____和_____。
2. 相对指标是_____，常用的相对指标有_____、_____、_____、_____、_____、_____。
3. 有些强度相对指标的分子和分母可以互换，形成_____和_____两种计算方法。
4. 总量指标是说明总体_____、_____的指标。
5. 总量指标按计量单位不同可分为_____、_____和_____三类指标。
6. 结构相对数和比例相对数都是在_____基础上计算的。
7. 系数和倍数是将对比的基数抽象为_____而计算的相对数。
8. 实物指标能够直接反映总体的_____总量，价值指标反映总体的_____总量。
9. 总量指标是计算_____和_____的基础。总量指标按反映现象总体的内容不同可分为_____和_____；按其反映的时间状况不同可分为_____和_____。
10. 总量指标的计量单位有_____、_____和_____三种形式。
11. 总量指标的数值随着_____的大小而增减。只有对_____才能计算总量指标。
12. 考察每一职工的平均收入时，职工人数是_____总量指标，当研究目的是通过每一企业平均职工人数来观察企业规模时，职工人数为_____总量指标。
13. 相对指标数值有_____和_____两种形式。_____是一种抽象化的数值，多以_____、_____、_____或_____表示。
14. 积累额与消费额的比例为1/3，则积累额占国民经济收入使用额的25%，前者为_____相对指标，后者为_____相对指标。
15. 强度相对指标的分子、分母一般可以互换，因而有_____和_____之分。
16. 强度相对指标数值的大小，如果与现象的发展程度或密度成正比，称之为_____，反之称为_____。
17. 长期计划执行结果的检查方法有两种，一种是_____，另一种是_____。如计划指标是按计划期末应达到水平下达的，应采用_____计算；如计划指标是按全期累计完成量下达的，则采用_____计算。

二、单项选择题

1. 总量指标数值大小 （　　）
   A. 随总体范围扩大而增大　　　　B. 随总体范围扩大而减小
   C. 随总体范围缩小而增大　　　　D. 与总体范围大小无关

2. 计算结构相对数时,总体各部分数值与总体数值对比求得的比重之和 （　　）
   A. 小于100%　　　　　　　　　　B. 大于100%
   C. 等于100%　　　　　　　　　　D. 小于或大于100%

3. 分子与分母属于不同总体的指标是 （　　）
   A. 平均指标　　B. 强度相对指标　　C. 比例相对指标　　D. 结构相对指标

4. 某地区有10万人口,共有20个医院,平均每个医院要服务5 000人,这个指标是 （　　）
   A. 平均指标　　B. 强度相对指标　　C. 比例相对指标　　D. 比较相对指标

5. 2002年上海市GDP的年增长率为10.9%,该指标是 （　　）
   A. 绝对指标　　B. 动态相对指标　　C. 比较相对指标　　D. 比例相对指标

6. 2005年上海市GDP是北京市的134.18%,该指标是 （　　）
   A. 强度相对指标　B. 动态相对指标　C. 比较相对指标　D. 比例相对指标

7. 劳动生产率属于_____指标 （　　）
   A. 动态　　　　B. 平均　　　　C. 强度　　　　D. 绝对

8. 按反映的时间状况不同,总量指标又可分为 （　　）
   A. 时间指标和时点指标　　　　B. 时点指标和时期指标
   C. 时期指标和时间指标　　　　D. 实物指标和价值指标

9. 下面属于时期指标的是 （　　）
   A. 商场数量　　B. 营业员人数　　C. 商品价格　　D. 商品销售量

10. 下面属于结构相对数的有 （　　）
    A. 人口出生率　　B. 产值利润率　　C. 恩格尔系数　　D. 工农业产值比

11. 属于不同总体的不同性质指标对比的相对数是 （　　）
    A. 动态相对数　　B. 比较相对数　　C. 强度相对数　　D. 比例相对数

12. 某商场计划4月份销售利润比3月份提高2%,实际却下降了3%,则销售利润计划完成程度为 （　　）
    A. 66.7%　　　B. 95.1%　　　C. 105.1%　　　D. 99.0%

13. 总量指标是用_____表示的 （　　）
    A. 绝对数形式　B. 相对数形式　C. 平均数形式　D. 百分比形式

14. 反映不同总体中同类指标对比的相对指标是 （　　）
    A. 结构相对指标　　　　　　B. 比较相对指标
    C. 强度相对指标　　　　　　D. 计划完成程度相对指标

三、多项选择题

1. 绝对指标 （　　）
   A. 反映事物的总规模　　　　B. 反映事物总水平
   C. 必须有计量单位　　　　　D. 只能用全面调查得到

E. 没有任何统计误差
2. 时点指标的特点是 （　　）
　　A. 不同时间数值可以相加　　　　B. 不同时间数值不可以相加
　　C. 调查资料需连续登记　　　　　D. 数值与时期长短有关
　　E. 数值只能间断登记
3. 相对指标的计量单位有 （　　）
　　A. 百分数　　　B. 千分数　　　C. 系数或倍数　　　D. 成数
　　E. 复名数
4. 在相对数中,子项和母项可以互换位置的有 （　　）
　　A. 结构相对数　　B. 比例相对数　　C. 比较相对数　　D. 动态相对数
　　E. 强度相对数
5. 比较相对数适用于 （　　）
　　A. 计划水平与实际水平之比　　　B. 先进与落后之比
　　C. 不同国家间之比　　　　　　　D. 不同时间状态之比
　　E. 实际水平与标准水平之比
6. 2001年我国发行长期建设国债1 500亿元;2001年末,居民个人储蓄存款余额突破75 000亿元。这两个指标 （　　）
　　A. 都是时期数　　　　　　　　　B. 都是时点数
　　C. 都是绝对数　　　　　　　　　D. 前者是时点数,后者是时期数
　　E. 前者是时期数,后者是时点数
7. 2001年末全国就业人员73 025万人,比上年末增加940万人。年末城镇登记失业率为3.6% （　　）
　　A. 就业人数是时期数　　　　　　B. 增加的就业人数是时期数
　　C. 就业人数是时点数　　　　　　D. 失业率是结构相对数
　　E. 就业人数和增加人数都是绝对数
8. 下列指标属于相对指标的是 （　　）
　　A. 某地区平均每人生活费245元　　B. 某地区人口出生率14.3%
　　C. 某地区粮食总产量4 000万吨　　D. 某产品产量计划完成程度为113%
　　E. 某地区人口自然增长率11.5%
9. 总量指标的计量单位有 （　　）
　　A. 实物单位　　　　　　　　　　B. 劳动时间单位
　　C. 价值单位　　　　　　　　　　D. 百分比和千分比
　　E. 倍数、系数和成数
10. 在社会经济中计算总量指标有着重要意义,因为总量指标是 （　　）
　　A. 认识社会经济现象的起点　　　B. 实行社会管理的依据之一
　　C. 计算相对指标和平均指标的基础　D. 唯一能进行统计推算的指标
　　E. 没有统计误差的统计指标
11. 下列统计指标为总量指标的有 （　　）
　　A. 人口密度　　　　　　　　　　B. 工资总额

C. 物资库存量　　　　　　　　D. 人均国民生产总值
E. 货物周转量

12. 下列统计指标属于时期指标的有　　　　　　　　　　　　　　　　（　　）
    A. 职工人数　　B. 工业总产值　　C. 人口死亡数　　D. 粮食总产量
    E. 铁路货物周转量

13. 一个地区一定时期的商品零售额属于　　　　　　　　　　　　　　（　　）
    A. 时点指标　　B. 时期指标　　C. 总量指标　　D. 质量指标
    E. 数量指标

14. 相对指标的数值表现形式是　　　　　　　　　　　　　　　　　　（　　）
    A. 抽样数　　B. 有名数　　C. 无名数　　D. 样本数
    E. 平均数

15. 下列指标，属于强度相对指标的有　　　　　　　　　　　　　　　（　　）
    A. 人均国内生产总值　　　　　　B. 人口密度
    C. 人均钢产量　　　　　　　　　D. 商品流通费
    E. 每百元资金实现的利税额

四、判断题

1. 绝对指标随着总体范围的扩大而增加。（　　）
2. 绝对指标随着时间范围的扩大而增加。（　　）
3. 结构相对数的数值只能小于1。（　　）
4. 水平法和累计法的选择依据是计划指标。（　　）
5. 计划完成相对数的数值大于100%，就说明完成并超额完成了计划。（　　）
6. 相对指标的可比性原则是指对比的两个指标的总体范围、时间范围、计算方法等方面都要相同。（　　）
7. 反映总体内部构成特征的指标只能是结构相对数。（　　）
8. 相对数都是抽象值，可以进行广泛比较。（　　）
9. 全国粮食总产量与全国人口对比计算的人均粮食产量是平均指标。（　　）
10. 某企业生产某种产品的单位成本，计划在上年的基础上降低2%，实际降低了3%，则该企业差一个百分点，没有完成计划任务。（　　）

五、简答题

1. 什么叫总量指标？计算总量指标有什么重要意义？
2. 时期指标和时点指标有什么区别与联系？
3. 什么是相对指标？相对指标的作用有哪些？
4. 在分析长期计划执行情况时，水平法和累计法有什么区别？

六、计算应用题

1. 某企业今年计划产值比去年增长5%，实际计划完成108%，问今年产值比去年增长多少？

2. 我国2001年高校招生及在校生资料如下：

单位：万人

学校	招生人数	比上年增招人数	在校生人数
普通高校	268	48	719
成人高等学校	196	40	456

要求：
(1) 分别计算各类高校招生人数的动态相对数；
(2) 计算普通高校与成人高校招生人数比；
(3) 计算成人高校在校生数量占所有高校在校生数量的比重。

3. 某省2009年和2010年进出口贸易总额资料如下：

时间	出口总额（亿元）	进口总额（亿元）
2009年	2 492	2 251
2010年	2 662	2 436

要求：
(1) 分别计算2009年、2010年的进出口贸易差额；
(2) 计算2010年进出口总额比例相对数及出口总额增长速度；
(3) 分析进出口贸易状况。

4. 根据下列资料，计算强度相对数的正指标和逆指标，并根据正指标数值分析该地区医疗卫生设施的变动情况。

指　标	2000年	2010年
医院数量（个）	40	56
地区人口总数（万人）	84.4	126.5

5. 甲地区2010年计划国民生产总值为120亿元，实际实现132亿元，年平均人口600万，2010年国民生产总值的第一、二、三产业情况如下表：

	计划数（亿元）	实际数（亿元）
国民生产总值	120	132
第一产业	10	12
第二产业	65	73
第三产业	45	47

又知该地区2009年国民生产总值为122亿元，乙地区2010年实现国民生产总值150亿元，利用上述资料，计算所有可能的相对指标。

6. 某产品按五年计划规定,最后一年产量应达到 54 万吨,计划完成情况如下:

	第一年	第二年	第三年		第四年				第五年			
			上半年	下半年	一季度	二季度	三季度	四季度	一季度	二季度	三季度	四季度
产量	40	43	20	24	11	11	12	13	13	14	14	15

试问该产品提前多长时间完成五年计划?

7. 某工厂 2010 年上半年进货计划执行情况如下:

材料	单位	全年进货计划	第一季度进货		第二季度进货	
			计划	实际	计划	实际
生铁	吨	2 000	500	500	600	618
钢材	吨	1 000	250	300	350	300
水泥	吨	500	100	80	200	180

试求:
(1) 各季度进货计划完成程度;
(2) 上半年进货计划完成情况;
(3) 上半年累计计划进度执行情况。

第五章
统计数据的描述

利用图表展示数据,可以对数据分布的形状和特征有一个大致的了解。但要进一步掌握数据分布的特征,还需要找到反映数据分布特征的各个代表值。数据分布的特征可以从3个方面进行测度和描述:一是分布的集中趋势,反映各数据向其中心值靠拢或聚集的程度;二是分布的离散程度,反映各数据远离其中心值的趋势;三是分布的形状,反映数据分布的偏态和峰度。这3个方面分别反映了数据分布特征的不同侧面,要全面把握数据分布的特征,需要同时对这3个特征进行描述和分析。本章将重点讨论分布特征值的计算方法、特点及其应用场合。

第一节 集中趋势

集中趋势(Central Tendency)是指一组数据向中心值靠拢的程度,它反映了一组数据中心点的位置所在。集中趋势测度也就是寻找数据水平的代表值或中心值,其测度值通常表现为平均值。在本节中,将从统计数据的不同类型出发,从低层次的测量数据开始逐步介绍集中趋势的各个测度值。需要强调的是,低层次数据的集中趋势测度值适用于高层次的测量数据,反过来,高层次数据的集中趋势测度值并不适用于低层次的测量数据。因此选用哪一个测度值来反映数据的集中趋势,要根据所掌握的数据的类型和特点来确定。常用的集中趋势测度值包括五种,具体表现为众数、中位数、算术平均数、调和平均数和几何平均数。

一、众数(Mode)

一组数据中出现频数最多的变量值,称为众数,记作 M_0。众数能够直观地反映数据分布的集中趋势。一般情况下,只有在数据量较大的情况下,众数才有意义。在现实生活中有许多场合都用众数来说明社会经济现象的一般水平。例如,用市场上某种商品普遍成交的价格作为某种商品售价的一般水平;以某公司多数员工的收入作为该公司员工收入的一般水平等。

(一)品质型数据众数的计算

对于品质型数据,经过分类整理后,频数最多的组定为众数组,该组的变量值(即类型)就是众数。

【例 5.1】 一家市场调查公司为研究不同品牌护肤品的市场占有率,对随机抽取的一家商场进行调查。调查员在某天对 60 名顾客购买护肤品的品牌进行了记录,并整理如

表5-1所示。计算"护肤品品牌"的众数。

解:这里的变量为"护肤品品牌",不同的品牌就是变量值。在所调查的60人当中,购买"御泥坊"的人数最多,为15人,因此众数为"御泥坊"这一品牌,即 $M_0 =$ 御泥坊。

表5-1 不同品牌护肤品的频数分布

护肤品品牌	购买人数
大宝	11
百雀羚	10
玉兰油	10
御泥坊	15
相宜本草	14
合计	60

(二)数值型数据众数的计算

1. 未分组数据众数的计算

根据未分组数据计算众数时,我们只需找出出现次数最多的变量值,即为众数。

【例5.2】 一家汽车零售店的10名销售人员5月份销售的汽车数量(单位:台)排序后如下:3 4 8 11 11 11 12 11 13 15。据此求销售量的众数。

解:从这10名销售人员的销售量中,可以看出,11台出现的次数最多,为3次,因此销售量的众数为11台。

2. 单项式分组数据众数的计算

对于单项式分组数据,众数的确定方法与品质型数据分组整理后情况一样,即频数最多的组定为众数组,该组的变量值即为众数。

【例5.3】 在一项关于家庭拥有自行车数量的调查中,随机调查了200户家庭,获得以下数据:

计算家庭拥有自行车数量的众数。

表5-2 自行车数量调查表

自行车数量(辆)	户数(户)
0	56
1	109
2	32
3及以上	3
合计	200

解:这里的变量为"自行车数量",其变量值为0、1、2、3及以上。从表中看到,拥有1辆自行车的家庭最多,为109户,因此众数为"1"这一类别,即 $M_0 = 1$。

3. 组距式分组数据众数的计算

对于组距式分组资料,众数组的确定容易,而众数的确定则不易,需要利用公式近似计算。设众数组的频数为 f_{M_0},众数组前面一组的频数为 f_{M_0-1},众数组后面一组的频数为 f_{M_0+1}。从众数组直方图的两个顶角向相邻两组直方图的两个顶角引直线,再由交叉点向横轴引垂线,与横轴相交的点即为众数。由图5-1(a)可以看出,当众数相邻两组的频数相等时,即 $f_{M_0-1} = f_{M_0+1}$,众数组的组中值即为众数;当众数组的前一组的频数多于众数组后一组的频数时,即 $f_{M_0-1} > f_{M_0+1}$,如图5-1(b)所示,则众数会向前一组靠近,众数小于组中值;当众数后一组的频数多于前一组的数据时,即 $f_{M_0-1} < f_{M_0+1}$,如图5-1(c)所示,则众数会向其后一组靠近,众数大于组中值。根据这种关系,我们可以利用相似三角形推导出分组数据众数的计算公式:

$$M_0 = L_{M_0} + \frac{f_{M_0} - f_{M_0-1}}{(f_{M_0} - f_{M_0-1}) + (f_{M_0} - f_{M_0+1})} \times d_{M_0} \tag{5.1}$$

或

$$M_0 = U_{M_0} - \frac{f_{M_0} - f_{M_0+1}}{(f_{M_0} - f_{M_0-1}) + (f_{M_0} - f_{M_0+1})} \times d_{M_0} \qquad (5.2)$$

式中:L_{M_0} 表示众数组的下限;U_{M_0} 表示众数组的上限;f_{M_0} 表示众数组的频数;f_{M_0+1} 表示众数组后面一组的频数;f_{M_0-1} 表示众数组前面一组的频数;d_{M_0} 表示众数组的组距。

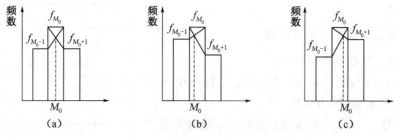

图 5-1 众数的数值与其相邻两组的频数的关系

【例 5.4】 在某地区抽取 100 家企业按利润额进行分组,结果如表 5-3 所示,据此计算该地区企业的利润额的众数。

表 5-3 企业利润额分组表

按利润额分组(万元)	企业数(个)
200~300	10
300~400	23
400~500	45
500~600	16
600 以上	6
合计	100

解:由表 5-3 的数据可知,频数最多的组为第三组,为 45,即利润额在 400~500 万元之间为众数组,依式(5.1)或(5.2),计算利润额众数如下:

$$M_0 = L_{M_0} + \frac{f_{M_0} - f_{M_0-1}}{(f_{M_0} - f_{M_0-1}) + (f_{M_0} - f_{M_0+1})} \times d_{M_0}$$
$$= 400 + \frac{45 - 23}{(45 - 23) + (45 - 16)} \times 100$$
$$\approx 443.14$$

或

$$M_0 = U_{M_0} - \frac{f_{M_0} - f_{M_0+1}}{(f_{M_0} - f_{M_0-1}) + (f_{M_0} - f_{M_0+1})} \times d_{M_0}$$
$$= 500 - \frac{45 - 16}{(45 - 23) + (45 - 16)} \times 100 \approx 443.14$$

应该注意的是,以上给出的公式仅适用于组距相等的分组数据,至少频数较多的几个组的组距应该相等,否则众数组和众数值会随着分组组距的变化而变化,众数的计算也就失去了意义。

众数具有以下特点:

(1)众数是以它在所有标志值中所处的位置来确定的,它不受分布数列的极大值或极小值的影响,从而增强了众数对分布数列的代表性。

(2)从分布的角度看,众数是具有明显集中趋势的数值,一组数据分布的最高峰点所对应的数值即为众数。当然,如果数据的分布没有明显的集中趋势或最高峰点,众数也可能不存在;如果有两个或多个最高峰点,也可以有两个或多个众数。

(3)缺乏敏感性。这是由于众数的计算只利用了众数组及相邻组的数据信息,不像数值平均数利用了全部数据信息。

在一些情况下,众数所提供的信息会有掩盖性,如一个由 100 件产品组成的群体,无论它有 51 件合格(49 件不合格)或者 99 件合格(1 件不合格),其合格状况变量的众数都是合格,显然这两种情况是大不一样的。由此可见,众数适用于描述具有较多个值的变量,且变量值的分布具有明显集中趋势的情况。

二、中位数(Median)

中位数是一组数据按大小排序后,处于中间位置上的变量值。显然,中位数将全部数据等分成两部分,每一部分包含 50% 的数据,一部分数据比中位数大,另一部分则比中位数小。与众数类似,中位数也是一个位置代表值。

中位数的计算可主要分为两个步骤:一是确定中点位置,二是找出中点位置对应的变量值。

(一)根据未分组数据计算中位数

根据未分组数据计算中位数时,要先对数据进行排序,然后确定中位数的位置,最后确定中位数的具体数值。中位数位置的确定公式为:

$$中位数位置 = \frac{n+1}{2} \tag{5.3}$$

式中 n 为数据个数。

若 n 为奇数,则对应中位数位置那个变量值即为中位数;若 n 为偶数,则对应中位数位置左右相邻两个变量值的平均值即为中位数。

【例 5.5】 在某次测试数学测试中,分别从一班和二班随机抽取了 10 份和 9 份试卷,其成绩如下,计算这两组数据的中位数。

一班:85,81,89,81,72,82,77,81,79,83

二班:75,86,89,92,83,86,78,88,71

解:先将上面的数据顺序排列。结果如下:

一班:72,77,79,81,81,81,82,83,85,89

二班:71,75,78,83,86,86,88,89,92

一班数学成绩的中位数位置 $=\frac{10+1}{2}=5.5$,中位数即为第 5,6 项数值的平均数

$$M_e = \frac{1}{2}[x_5 + x_6] = \frac{1}{2}(81+81) = 81$$

二班数学成绩的中位数位置 $=\frac{9+1}{2}=5$,中位数即为第 5 项,即 $M_e = x_5 = 86$。

(二)根据已分组数据计算中位数

对于变量值个数很多,而且已经过分组整理的数据,此时中位数位置 $=\frac{\sum f}{2}$,根据积累频数确定中位数所在的组,再确定中位数的具体值。

1. 单项式分组数据的中位数

对于单项式分组数据,确定中位数所在的组后,该组的变量值即为中位数。

【例 5.6】 对某班级 50 名学生的年龄进行了调查,得到的分组资料如表 4-4 所示,计算学生年龄的中位数。

解:根据表5-4资料作累计次数分布如表5-5所示:

表5-4 某班级学生年龄分组资料

年龄	学生人数
17	6
18	14
19	18
20	9
21	3
合计	50

表5-5 某班级年龄分组计算表

年龄	学生人数	累计人数(从上往下累计)
17	6	6
18	14	20
19	18	38
20	9	47
21	3	50
合计	50	—

中位数位置 $=\dfrac{\sum f}{2}=\dfrac{50}{2}=25$,按照累计人数观察,第三组累计次数为38,即为中位数组,所以该班级年龄的中位数即为19岁。

2. 组距式分组数据的中位数

对于组距式分组数据,确定其中位数同样也需要两步进行:

(1) 从变量数列的累计频数栏中找到第 $\dfrac{\sum f}{2}$ 个单位所在的组,然后就找出了中位数组,该组的上、下限规定了中位数的可能取值范围。

(2) 假定在中位数组内的各单位是均匀分布的,就可利用下面的公式计算中位数的近似值:

$$M_e = L_{M_e} + \dfrac{\dfrac{\sum f}{2} - S_{M_e-1}}{f_{M_e}} \times d_{M_e} \tag{5.4}$$

或

$$M_e = U_{M_e} - \dfrac{\dfrac{\sum f}{2} - S_{M_e+1}}{f_{M_e}} \times d_{M_e} \tag{5.5}$$

式中:S_{M_e-1} 表示到中位数前一组为止的向上累计频数;S_{M_e+1} 表示到中位数后一组为止的向下累计频数;L_{M_e} 表示中位数组的下限;U_{M_e} 表示中位数组的上限;d_{M_e} 表示中位数组的组距;f_{M_e} 表示中位数组的频数。

【**例5.7**】 仍以表5-3的资料为例,计算该地区企业利润额的中位数。

解:确定中位数的过程如表5-6所示。

表5-6 某地区企业利润额分组表

按利润额分组(万元)	企业数(个)	向上累计频数	向下累计频数
200~300	10	10	100
300~400	23	33	90
400~500	45	78	67
500~600	16	94	22
600以上	6	100	6
合计	100	—	—

$$中位数位置 = \frac{\sum f}{2} = \frac{100}{2} = 50$$

无论按照向上累计数还是向下累计数观察,中位数均处于第三组,即利润额为400～500元中;将有关数据代入式(5.4)或(5.5)中计算过程如下:

$$M_e = L_{M_e} + \frac{\frac{\sum f}{2} - S_{M_e-1}}{f_{M_e}} \times d_{M_e} = 400 + \frac{50-33}{45} \times 100 \approx 437.78$$

或

$$M_e = U_{M_e} - \frac{\frac{\sum f}{2} - S_{M_e+1}}{f_{M_e}} \times d_{M_e} = 500 - \frac{50-22}{45} \times 100 \approx 437.78$$

中位数的特点有以下几个方面:

(1) 中位数是以它在所有变量值中所处的位置来确定的,不受分布数列的极大或极小值影响,从而在一定程度上提高了中位数对分布数列的代表性。

(2) 缺乏敏感性。这是由于中位数的计算只利用了中位数数组及部分组的数据信息,而未利用其全部信息。

三、分位数

中位数是从中间点将全部数据等分为两部分。与中位数类似的还有四分位数、十分位数和百分位数等。它们分别是用3个点、9个点和99个点将数据4等分、10等分和100等分后的各分位点上的值。这里只介绍四分位数的计算,其他分位数与之类似。

四分位数也称四分位点,是通过3个点将全部数据等分为四部分,其中每部分包含25%的数据,处于25%、50%和75%分位点上的数值就是四分位数,分别记为Q_1, Q_2, Q_3。其中Q_1是第一个四分位点也称下四分位点,Q_2是中间的四分位点即中位数,Q_3是上四分位点。

对未分组数据计算四分位数,与中位数的计算方法类似,首先对数据进行排序,然后确定四分位数的位置,最后确定四分位数的具体数值。各四分位数可以根据如下公式求得:

$$Q_1 = x_{\frac{n+1}{4}} \quad Q_2 = x_{\frac{2(n+1)}{4}} \quad Q_3 = x_{\frac{3(n+1)}{4}} \tag{5.6}$$

如果算出来的四分位数的位置不是整数的形式,要根据算出来的小数与其前后位置的数进行比例推算。

【例5.8】 沿用例5.5中在一班随机抽取的10名学生的数学成绩,计算该组数据的四分位数。(一班:85,81,89,81,72,82,77,81,79,83)

解: 先将数据进行排序(数据按从小到大顺序排列)如下:

72,77,79,81,81,81,82,83,85,89

其次确定四分位数所在的位置

Q_1的位置 $= \frac{n+1}{4} = \frac{10+1}{4} = 2.75$,即$Q_1$在第2个数值和第3个数值之间0.75的位置上,因此$Q_1 = 77 + (79-77) \times 0.75 = 78.5$(分);

Q_3的位置 $= \frac{3(n+1)}{4} = \frac{3(10+1)}{4} = 8.25$,即$Q_3$在第8个和第9个数值之间0.25的位

置上,因此 $Q_3=83+(85-83)×0.25=83.5$(分);

由于 Q_1 和 Q_3 之间包含了 50% 的数据,因此,我们可以说有一半的学生成绩在 78.5~83.5 分之间。

其实,四分位数位置的确定方法不止上述的一种方法,上述的方法是一种较为准确的算法,在 SPSS 软件中就是应用的这种方法。在不同的统计软件中使用的计算方法可能不一样,因此,对同一组数据用不同软件得到的四分位数结果也可能有所差异,但差异不会太大。

四、算术平均数

算术平均数也称为均值,是平均指标中最重要的一种,它是所有平均指标中应用最广泛的平均数,也是集中趋势的最主要测度值。它主要适用于数值型数据,而不适用于分类数据和顺序数据。如果是样本数据,其算术平均数用 $\bar{x}$ 表示;如果是总体数据,其算术平均数以 μ 表示。

根据所掌握的数据是否分组,算术平均数分为简单算术平均数与加权算术平均数两种计算形式。

(一)简单算术平均数

简单算术平均数是根据未经分组整理的原始数据计算的,即直接将每个变量值相加除以数值个数。计算公式为:

$$\mu = \frac{X_1 + X_2 + \cdots + X_N}{N} = \frac{\sum_{i=1}^{N} X_i}{N} \tag{5.7}$$

或

$$\bar{x} = \frac{x_1 + x_2 + \cdots + x_n}{n} = \frac{\sum_{i=1}^{n} x_i}{n} \tag{5.8}$$

式中:X_i、x_i 分别表示总体、样本中第 i 项数值;N、n 分别表示总体容量和样本容量。

【例 5.9】 继续沿用例 5.5,在一班随机抽取的 10 名学生的数学成绩,计算其平均成绩。(一班:85,81,89,81,72,82,77,81,79,83)

解: 将数据代入式(5.8)中,得:

$$\bar{x} = \frac{85+81+\cdots+83}{10} = 81(分)$$

即抽取的 10 名学生的平均成绩为 81 分。

(二)加权算术平均数

根据分组整理的数据计算算术平均数,要以各组变量值出现的次数或频数为权数计算加权的算术平均数。计算公式如下:

$$\mu = \frac{X_1 F_1 + X_2 F_2 + \cdots + X_K F_K}{F_1 + F_2 + \cdots + F_K} = \frac{\sum_{i=1}^{K} X_i F_i}{\sum_{i=1}^{K} F_i} \tag{5.9}$$

或

$$\bar{x} = \frac{x_1 f_1 + x_2 f_2 + \cdots + x_k f_k}{f_1 + f_2 + \cdots + f_k} = \frac{\sum_{i=1}^{k} x_i f_i}{\sum_{i=1}^{k} f_i} \qquad (5.10)$$

式中：X_i、x_i 分别表示总体、样本中第 i 组的变量值或组中值；F_i、f_i 分别表示总体、样本中第 i 组的频数；K、k 分别表示总体、样本中组数。

如果我们掌握的分组资料中只有各组的变量值及其频率时，可按下面的公式计算加权算术平均数。

$$\mu = \sum_{i=1}^{K} X_i \cdot \frac{F_i}{\sum_{i=1}^{K} F_i} \qquad (5.11)$$

或

$$\bar{x} = \sum_{i=1}^{k} x_i \cdot \frac{f_i}{\sum_{i=1}^{k} f_i} \qquad (5.12)$$

在计算简单平均数时，其数值的大小只与变量值的大小有关，但由公式(5.10)可以看出，加权算术平均数不仅受各组变量值(x_i)的影响，而且还受各组变量值出现的频数即权数(f_i)的影响。如果某一组的权数较大，说明该组的数据较多，那么该组数据的大小对平均数的影响就越大；反之则越小。

公式(5.12)是公式(5.10)的变形，由公式(5.12)可以清楚地看出，平均值受各组变量值和频率大小的影响。频率越大，相应的变量值计入平均数的份额也就越大，对平均数的影响就越大；反之，频率越小，相应的变量值计入平均数的份额也越小，对平均数的影响就越小。

平均数在统计学中具有重要的地位，它是进行统计分析和统计推断的基础。从统计思想上看，平均数是一组数据的重心所在，是数据误差相互抵消后的必然性结果。比如对同一事物进行多次测量，若所得结果不一致，可能是由于测量误差所致，也可能是其他因素的偶然影响，利用平均数作为其代表值，则可以使误差相互抵消，反映出事物必然性的数量特征。

【例 5.10】 某储蓄所为 120 名客户办理贷款的资料如表 5-7 所示，要求计算该储蓄所每个客户贷款的平均贷款额。

表 5-7 贷款情况分组表

贷款额（万元）	贷款户数（户）
20 以下	15
20~40	27
40~60	42
60~80	21
80~100	12
100 以上	3
合计	120

解：计算过程如表 5-8 所示：

表 5-8 平均贷款额计算表

贷款额(万元)	贷款户数(f)	组中值(x)	各组贷款额(xf)	贷款户数比重 $\left(\dfrac{f}{\sum f}\right)$	$x\dfrac{f}{\sum f}$
20 以下	15	10	150	0.125	1.25
20~40	27	30	810	0.225	6.75
40~60	42	50	2 100	0.35	17.5
60~80	21	70	1 470	0.175	12.25
80~100	12	90	1080	0.1	9
100 以上	3	110	330	0.025	2.75
合计	120	—	5 940	1	49.5

注：表中的首组和末组均为开口组，在确定其组中值时通常是按照相邻组的组距视做本组的假定组距，以此推测取值。

根据式(5.10)得：

$$\bar{x} = \frac{\sum xf}{\sum f} = \frac{5940}{120} = 49.5(万元)$$

或根据式(5.12)得：

$$\bar{x} = \sum x \cdot \frac{f}{\sum f} = 49.5(万元)$$

五、调和平均数

调和平均数是各变量值倒数的算术平均数的倒数，因而也称为倒数平均数。在实际工作中，经常会遇到只有各组变量值和各组标志总量而缺失总体单位数的情况，这是就要用调和平均数法计算平均指标，其计算形式有简单调和平均数和加权调和平均数两种。

简单调和平均数：

$$H = \frac{n}{\dfrac{1}{x_1} + \dfrac{1}{x_2} + \cdots + \dfrac{1}{x_n}} = \frac{1}{\sum\limits_{i=1}^{n}\dfrac{1}{x_i}} \tag{5.13}$$

加权调和平均数：

$$H = \frac{m_1 + m_2 + \cdots + m_n}{\dfrac{m_1}{x_1} + \dfrac{m_2}{x_2} + \cdots + \dfrac{m_n}{x_n}} = \frac{\sum\limits_{i=1}^{n} m_i}{\sum\limits_{i=1}^{n}\dfrac{m_i}{x_i}} \tag{5.14}$$

在实际应用中，加权调和平均数常常作为加权算术平均数的变形应用，用于解决某些经济现象由于数量（产量、销售量等）未知、无法直接按照加权算术平均数的形式计算平均变量值等情况。

【例5.11】 根据表5-9的数据,计算客户贷款额的均值。

解:根据表5-9中的数据,若计算客户的平均贷款额,需要先求出贷款人数,再以贷款总额除以贷款客户总数。计算过程如表5-10所示。

表5-9 贷款情况分组表

贷款额(万元)	各组贷款额(万元)
20以下	150
20～40	810
40～60	2100
60～80	1 470
80～100	1 080
100以上	330
合计	5 940

表5-10 平均贷款额计算表

贷款额(万元)	组中值(x)	各组贷款额(m)	贷款户数(m/x)
20以下	10	150	15
20～40	30	810	27
40～60	50	2100	42
60～80	70	1470	21
80～100	90	1080	12
100以上	110	330	3
合计	—	5940	120

将上述数据代入式(5.14)中,计算结果如下:

$$H = \frac{\sum m}{\sum \frac{m}{x}} = \frac{5940}{120} = 49.5(万元)$$

这一结果与加权算术平均数的计算结果相同。由此可见,在根据分组资料计算平均数时,若已知条件为各组的变量值(x_i)及其各组变量值总和(m_i)时,可采用加权调和平均数计算平均数;若已知条件为各组的变量值(x_i)及其各组(f_i)的频数时,可采用加权算术平均法计算平均数。对于同一资料,两种方法的计算结果是一致的其关系式表现为:

$$H = \frac{\sum_{i=1}^{n} m_i}{\sum_{i=1}^{n} \frac{m_i}{x_i}} = \frac{\sum_{i=1}^{k} x_i f_i}{\sum_{i=1}^{k} f_i} = \bar{x}$$

六、几何平均数

几何平均数是适应于特殊数据的一种平均数,在实际生活中,通常用来计算平均比率和平均速度。当所掌握的变量值本身是比率的形式,而且各比率的乘积等于总的比率时,就应采用几何平均数法计算平均比率。在实际应用中,几何平均数主要用于计算现象的平均增长率。

几何平均数是若干个变量值的连乘积开数次方来计算的一种平均数,其计算形式分为简单几何平均数和加权几何平均数两种。

(一)简单几何平均数

简单几何平均数是n个变量值连乘积的n次方根。其计算公式为:

$$G = \sqrt[n]{x_1 \cdot x_2 \cdots x_n} = \sqrt[n]{\prod_{i=1}^{n} x_i} \tag{5.15}$$

【例 5.12】 某企业 2007 年的销售额为 100 万元,2008 年与 2007 年相比增长率为 21%,2009 年比 2008 年相比增长率为 25%,2010 年比 2009 年相比增长率为 33%,2011 年与 2010 年相比增长率为 50%,2012 年与 2011 年相比增长率为 45%,计算该企业年销售额的平均增长率是多少。

解:通过给出的数据可知,各年与前一年相比的比值分别为 121%,125%,133%,150%,145%,这些数据代入式(4.16),计算结果如下:

$$G = \sqrt[5]{121\% \times 125\% \times 133\% \times 150\% \times 145\%} \approx 134.34\%$$

因此平均增长率为

$$134.34\% - 100\% = 34.34\%$$

在本题中如果采用算术平均数计算,则年平均增长率为:$(21\% + 25\% + 33\% + 50\% + 45\%) \div 5 = 34.8\%$,尽管与几何平均的结果相差不大,但这一结果是错误的。因为根据各年的增长率可知,2008 年的销售额为 $121(100 \times 121\%)$ 万元,2009 年的销售额为 $151.25(121 \times 125\%)$ 万元,以此类推,2010 年、2011 年、2012 年的销售额分别为 201.162 5 万元、301.743 8 万元、437.528 5 万元。如果按照算术平均数计算的平均增长率计算,2012 年的销售额为 445.091 7 $[100 \times (134.8\%)^5]$ 万元,而实际的销售额为 437.528 5 万元,这与按几何平均法计算的平均增长率推算的结果是一致的,即 $100 \times (34.34\%)^5 = 437.549$ 万元(存在计算误差)。从下面的分析中也可以看出这一点。

设开始的数值为 y_0,逐年增长率为 $G_1, G_2, \cdots, G_n$,第 n 年的数值为

$$y_n = y_0(1+G_1)(1+G_2)\cdots(1+G_n) = y_0 \prod_{i=1}^{n}(1+G_i) \tag{5.16}$$

从 y_0 到 y_n 用 n 年,每年的增长率都相同,这个增长率 G 就是平均增长率 $\bar{G}$,即上式中的 G_i 就等于 G。因此有

$$(1+G)^n = \prod_{i=1}^{n}(1+G_i) \tag{5.17}$$

$$\bar{G} = \sqrt[n]{\prod_{i=1}^{n}(1+G_i)} - 1 \tag{5.18}$$

当所平均的各比率数值差别不大时,算术平均和几何平均的结果相差不大,如果各比率的数值相差较大时,二者的差别就很明显。

当然几何平均数也可以看作是平均数的一种变形。对式(5.15)两端取对数得

$$\lg G = \frac{1}{n}(\lg x_1 + \lg x_2 + \cdots + \lg x_n) = \frac{\sum_{i=1}^{n} \lg x_i}{n} \tag{5.19}$$

可以看出,几何平均数的对数是各变量值对数的算术平均。需要注意的是,当数据中出现零值或负值时不宜计算几何平均数。

(二)加权几何平均数

对于每个变量值频数不同的分组资料,可采用加权几何平均数。其计算公式为:

$$G = \sqrt[f_1+f_2+\cdots+f_n]{x_1^{f_1} \cdot x_2^{f_2} \cdot \cdots \cdot x_n^{f_n}} = \sqrt[\sum f]{\prod_{i=1}^{n} x_i^{f_i}} \tag{5.20}$$

【例 5.13】 某企业从银行贷款 100 万元,贷款期限为 8 年,其利率是按复利计算,其中有 1 年为 2.5%,有 2 年为 3%,有 4 年为 6%,有 1 年为 1%,求平均年利率。

解:首先将各年利率加 100%,计算出各年本利率,然后以年数为权数计算加权几何平均数。

$$G = \sqrt[\Sigma f]{\prod x_i^{f_i}} = \sqrt[8]{102.5^1 \times 103^2 \times 106^4 \times 101^1} \approx 104.17$$

年平均贷款利率为:

$$104.17\% - 100\% = 4.17\%$$

几何平均数是适用于特殊数据的一种平均数,它主要用于计算比率的平均。当所掌握的变量值本身是比率的形式,这时就应采用几何平均法计算平均比率。在实际应用中,几何平均数主要用于计算现象的平均增长率。

七、众数、中位数和平均数的比较

(一) 众数、中位数和平均数的关系

众数、中位数和平均数各自具有不同的特点,掌握它们之间的关系和各自的不同特点,有助于在实际应用中选择合理的测度值来描述数据的集中趋势。

从分布的角度看,众数始终是一组数据分布的最高峰值,中位数是处于一组数据中间位置的值,而均值则是全部数据的算术平均。平均数与众数、中位数的关系取决于频数分布的状况。它们的关系如下:

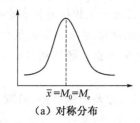
(a) 对称分布
$\bar{x} = M_0 = M_e$

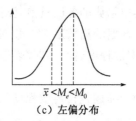
(b) 右偏分布
$M_0 < M_e < \bar{x}$

(c) 左偏分布
$\bar{x} < M_e < M_0$

图 5-2 众数、中位数和均值的关系

(1) 当数据具有单一众数且频数分布对称时,平均数与众数、中位数三者完全相等,即 $\bar{x} = M_0 = M_e$,如图 5-2(a)所示;

(2) 当频数分布呈现右偏态时,说明数据存在最大值,必然拉动算术平均数向极大值一方靠近,则三者之间的关系为 $M_0 < M_e < \bar{x}$,如图 5-2(b)所示;

(3) 当频数分布呈现左偏态时,说明数据存在极小值,必然拉动算术平均数向极小值一方靠近,而众数和中位数由于是位置平均数,不受极值的影响,因此,三者之间的关系为 $\bar{x} < M_e < M_0$,如图 5-2(c)所示。

(二) 众数、中位数和平均数应用场合

众数是一组数据分布的峰值,是一种位置代表值。其优点是易于理解,不受极端值的影响。当数据的分布具有明显的集中趋势时,尤其是对偏态分布,众数的代表性比平均数要好。其缺点是具有不唯一性,对于一组数据可能有一个众数,也可能有两个或多个众数,也可能没有众数。众数只有在数据量较多时才有意义,当数据量较少时,不宜使用众数。虽然

在数值型数据中也可以计算众数,但众数主要适合于作为品质型数据的集中趋势测度值。

中位数是一组数据中间位置上的代表值,与中位数类似的还有四分位数、十分位数和百分位数等,它们也都是位置代表值,其特点是不受数据极端值的影响。当一组数据的分布倾斜程度较大时,使用中位数也许是一个好的选择。中位数以及其他分位数主要适合于作为顺序性数据的集中趋势测度值。

平均数是对数值型数据计算的,而且利用了全部的数据信息,它是实际中应用最广泛的集中趋势测度值。平均数主要适用于作为数值型数据的集中趋势测度值,不能用于测度品质型数据,虽然对于数值型数据也可以计算众数和中位数,但以平均数为宜。当数据呈对称分布时,3个代表值相等或接近相等,这时应选择平均数作为集中趋势的代表值。但平均值主要的缺点是易受数据极端值的影响,对于偏态分布的数据,平均值的代表性较差。因此当数据为偏态分布,特别是当倾斜的程度较大时,可以考虑选择众数或中位数等位置代表值,这时它们的代表值要比平均数好。

第二节 离散程度

集中趋势只是数据分布的一个特征,它所反映的是各变量值向其中心值聚集的程度。而各变量值之间的差异状况如何呢?这就需要考察数据的分散程度。数据的分散程度是数据分布的另一个重要特征,它所反映的是各变量值远离其中心值的程度,因此也称为离中趋势。集中趋势的各测量值是对数据水平的一个概括性度量,它对一组数据的代表程度,取决于该组数据的离散水平。数据的离散程度越大,集中趋势的测度值对该组数据的代表性就越差,离散程度越小,其代表性就越好。而离中趋势的各测度值就是对数据离散程度所作的描述。

用于描述数据离散程度的测度值主要包括极差、四分位差、方差和标准差、离散系数等。

一、极差

极差是指总体各单位变量值中最大值与最小值之差,又称为全距,用来说明变量值的变动范围。其计算公式为:

$$R = 最大值 - 最小值 \tag{5.21}$$

【例5.14】 继续沿用例5.5中在一班随机抽取的10名学生的数学成绩,计算其极差。(一班:85,81,89,81,72,82,77,81,79,83)

解:$R = 89 - 72 = 17$

计算表明,10名学生成绩的变化幅度为17。

极差的优点是根据变量数列中的最大值和最小值计算,方法简便,意义清楚。但极差只是总体中两个极端变量值的差异,不是根据全部变量值计算的,容易受极端值的影响。在实际工作中,极差常用来检查产品质量的稳定性和进行质量控制。在正常生产条件下,极差在一定范围内波动,若极差超过给定的范围,就说明有异常情况出现。因此利用极差有助于及时发现问题,以便采取措施,保证产品质量。

二、四分位差

上四分位数与下四分位数之差,称为四分位差,也称为内距或四分位距,用 Q_d 表示,计算公式为:

$$Q_d = Q_3 - Q_1 \tag{5.22}$$

四分位差反映了中间50%数据的离散程度,其数值越小,说明中间的数据越集中;数值越大,说明中间的数据越分散。四分位差不受极值的影响。此外,由于中位数处于数据的中间位置,因此,四分位差的大小在一定程度上也说明了中位数对一组数据的代表程度。

四分位差主要测度顺序数据的离散程度。当然,对于数值型数据也可以计算四分位差,但不适合于分类数据。

【例 5.15】 沿用例 5.8 的计算结果,计算学生成绩的四分位差。

解: 根据例 5.8 的计算结果可知,$Q_1 = 78.5$(分),$Q_3 = 83.5$(分)。则四分位差为:

$$Q_d = Q_3 - Q_1 = 83.5 - 78.5 = 5(元)$$

三、方差和标准差

方差和标准差是测度数据离散程度的最重要、最常用的指标。方差是各个变量值与其算术平均数的离差平方的算术平均数。方差的计量单位和量纲不便于从经济意义上进行解释,所以实际统计工作中多用方差的算术平方根——标准差,来度量总体的离散程度。标准差又称为均方差,具有量纲,与变量值的计量单位一致。根据总体数据和根据样本数据计算的方差和标准差,在数学处理上略有不同。

(一) 总体方差和标准差

总体的方差为 σ^2,标准差为 σ,对于未分组整理的原始资料,方差和标准差的计算公式分别为:

$$\sigma^2 = \frac{\sum_{i=1}^{N}(X_i - \mu)^2}{N}; \quad \sigma = \sqrt{\frac{\sum_{i=1}^{N}(X_i - \mu)^2}{N}} \tag{5.23}$$

对于组距式分组数据,方差和标准差的计算公式为:

$$\sigma^2 = \frac{\sum_{i=1}^{K}(X_i - \mu)^2 F_i}{\sum_{i=1}^{K} F_i}; \quad \sigma = \sqrt{\frac{\sum_{i=1}^{K}(X_i - \mu)^2 F_i}{\sum_{i=1}^{K} F_i}} \tag{5.24}$$

(二) 样本的方差和标准差

样本的方差、标准差与总体的方差、标准差在计算上有所差别。总体的方差和标准差在对各个离差平方平均时是除以数据个数或总频数,而样本的方差在对各个离差平方平均时是用总离差平方和除以样本数据个数或总频数减1。

样本的方差用 s^2 表示,标准差用 s 表示,对于未分组整理的原始资料,方差和标准差的计算公式为:

$$s^2 = \frac{\sum_{i=1}^{n}(x_i-\bar{x})^2}{n-1}; \quad s = \sqrt{\frac{\sum_{i=1}^{n}(x_i-\bar{x})^2}{n-1}} \tag{5.25}$$

组距式数据：

$$s^2 = \frac{\sum_{i=1}^{k}(x_i-\bar{x})^2 f_i}{\sum_{i=1}^{k} f_i - 1}; \quad s = \sqrt{\frac{\sum_{i=1}^{k}(x_i-\bar{x})^2 f_i}{\sum_{i=1}^{k} f_i - 1}} \tag{5.26}$$

【例 5.16】 继续沿用例 5.5 中在一班随机抽取的 10 名学生的数学成绩，计算这 10 名学生成绩的方差和标准差。(一班：85,81,89,81,72,82,77,81,79,83)

解：由例 5.8 我们知道数学成绩的平均值 $\bar{x}=81$，按照式(5.25)得：

$$s^2 = \frac{(85-81)^2+(81-81)^2+\cdots+(79-81)^2+(83-81)^2}{10-1} \approx 20.67$$

$$s = \sqrt{20.67} \approx 4.55$$

【例 5.17】 沿用例 5.10 的数据，计算客户贷款额的方差和标准差。

解：已知 $\bar{x}=49.5$，计算过程见表 5-11：

表 5-11 方差和标准差计算表

贷款额（万元）	贷款户数(f)	组中值(x)	$(x-\bar{x})^2$	$(x-\bar{x})^2 f$
20 以下	15	10	1 560.25	23 403.75
20~40	27	30	380.25	10 266.75
40~60	42	50	0.25	10.5
60~80	21	70	420.25	8 825.25
80~100	12	90	1 640.25	19 683
100 以上	3	110	3 660.25	10 980.75
合计	120	—	7 661.5	73 170

根据式(4.27)得：

$$s^2 = \frac{\sum(x-\bar{x})^2 f}{\sum f - 1} = \frac{73\,170}{120-1} \approx 614.87$$

$$s = \sqrt{614.87} \approx 24.80$$

方差或标准差是根据全部数据计算的，它反映了每个数据与其均值相比平均相差的数值，因此，它能准确地反映出数据的离散程度；其在数学处理上通过平方消去离差的正负号，更便于数学上的处理，因此，方差和标准差是实际中应用最广泛的离散程度测度值。

四、离散系数

上面介绍的各离散程度测度值都是反映数据分散程度的绝对值，其数值的大小一方面取决于原变量值本身水平的高低，也就是与变量的均值大小有关。变量值绝对水平越高，离散程度的测度值自然也就越大,绝对水平越低,离散程度的测度值自然也就越小;另一方面,它们与原变量值的计量单位相同,采用不同计量单位计量的变量值,其离散程度的测度值也就不同。因此,对于平均水平不同或计量单位不同的不同组别的变量值,是不能直接用上述离散程度的测度值直接进行比较的。为了消除变量值水平的高低和计量单位的不同对离散程度测度值的影响,需要计算离散系数。

离散系数是反映一组数据相对差异程度的指标,一组数据的标准差与其相应的平均数之比,即为离散系数。其计算公式为:

总体离散系数:

$$V = \frac{\sigma}{\mu} \tag{5.27}$$

样本离散系数:

$$v = \frac{s}{\bar{x}} \tag{5.28}$$

【例 5.18】 对某学校体操队队员的体重进行调查,从男子体操队随机抽取 5 名队员,从女子体操队随机抽取 6 名队员,统计他们的体重,结果如下:

男队员:$\bar{x} = 52.8, s = 1.47$
女队员:$\bar{x} = 44, s = 1.32$

试比较哪个队的队员体重更均匀。

解:$v_男 = \frac{s}{\bar{x}} = \frac{1.47}{52.8} = 0.028 \quad v_女 = \frac{s}{\bar{x}} = \frac{1.32}{44} = 0.030$

从标准差看,男队体重的标准差比女队大,但男队的体重水平比女队高,所以不能直接根据标准差来判断哪个队队员的体重更均匀,必须以标准差系数来判断。根据标准差系数的计算结果表明,男队的标准差系数比女队的标准差系数更小,所以正确的结论应当是男队队员的体重比较均匀。

第三节 偏态与峰度

集中趋势和离散程度是数据分布的两个重要特征,但要全面了解数据的分布特点,还需要知道数据分布的形状是否对称、偏斜的程度以及分布的扁平程度等。偏态和峰度就是对分布形状的测度。

一、偏态

偏态一词是由统计学家 K. Pearson 于 1895 年首次提出,它是对分布偏斜方向及程度的度量。从前面的内容中我们已经知道,频数分布有对称的和不对称的即偏态。在偏态的分布中,又有两种不同的形态,即左偏和右偏。我们可以利用众数、中位数和算术平均数之间的关系判断分布是左偏还是右偏,但要度量分布偏斜的程度,就需要计算偏态系数了。

偏态系数计算公式为:

未分组数据的偏态系数:

$$\alpha = \frac{\sum_{i=1}^{n}(x_i - \bar{x})^3}{ns^3} \tag{5.29}$$

已分组数据的偏态系数：

$$\alpha = \frac{\sum_{i=1}^{k}(x_i - \bar{x})^3 f_i}{(\sum_{i=1}^{k} f_i)s^3} \tag{5.30}$$

从公式可以看出，偏态系数是根据离差三次方的平均数再除以标准差的三次方而求得。当数据分布对称时正负离差刚好抵消，α 为零；当数据分布不对称时，正负离差不能相互抵消，如果正离差数值较大，则 α 大于零，表示数据分布呈右偏或是正偏；如果负离差数值较大，则 α 小于零，表示数据分布呈左偏或是负偏。α 的绝对值越大，说明数据偏斜的程度就越大。

二、峰度

峰度是用来衡量分布的集中程度或分布曲线的尖峭分布的指标。通常与正态分布的高峰相比较，若分布的形状又低又阔，称为平峰分布；若分布的形状又高又窄，则称为尖峰分布。如图 5-3 所示。

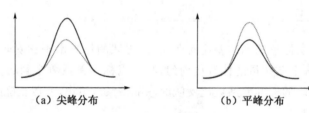

(a) 尖峰分布　　　　(b) 平峰分布

图 5-3　峰度分布的形状

对数据峰度程度的描述需要计算峰度系数的，其计算公式为：

未分组数据的峰度系数：

$$\beta = \frac{\sum_{i=1}^{n}(x_i - \bar{x})^4}{ns^4} \tag{5.31}$$

已分组数据的峰度系数：

$$\beta = \frac{\sum_{i=1}^{k}(x_i - \bar{x})^4 f_i}{(\sum_{i=1}^{k} f_i)s^4} \tag{5.32}$$

公式中的 β 为峰度系数，显然它是根据离差四次方的平均数再除以标准差的四次方而求得。通过峰度系数来说明数据分布的尖峰和扁平程度，是通过与正态分布的峰度系数进行比较而言的。通常情况下，正态分布的峰度系数为 3，所以当 $\beta > 3$ 时，数据为尖峰分布，当 $\beta < 3$ 时，数据为扁平分布。

【例5.19】 继续沿用例5.5中在一班随机抽取的10名学生的数学成绩,计算偏态系数和峰度系数。(一班:85,81,89,81,72,82,77,81,79,83)

解:已知 $\bar{x}=81, s^2=20.67, s=4.55$,将数据代入式(4.30)和(4.32),得:

$$\alpha = \frac{\sum_{i=1}^{n}(x_i-\bar{x})^3}{ns^3} = \frac{(85-81)^3+(81-81)^3+\cdots+(83-81)^3}{10\times 4.55^3} = -0.23$$

$$\beta = \frac{\sum_{i=1}^{n}(x_i-\bar{x})^4}{ns^4} = \frac{(85-81)^4+(81-81)^4+\cdots+(83-81)^4}{10\times 4.55^4} \approx 2.62$$

根据以上的计算结果可以看出,该样本呈现左偏分布,且分布曲线为扁平分布。

【例5.20】 沿用例5.10的数据,计算客户贷款额的偏态系数和峰度系数。

解:将例5.10中的数据代入式(5.30)和(5.32)中,计算过程如表5-12所示:

表5-12 偏态与峰度系数计算表

贷款额(万元)	贷款户数(f)	组中值(x)	$x-\bar{x}$	$(x-\bar{x})^3 f$	$(x-\bar{x})^4 f$
20以下	15	10	−39.5	23 403.75	36 515 700.94
20~40	27	30	−19.5	10 266.75	3 903 931.688
40~60	42	50	0.5	10.5	2.625
60~80	21	70	20.5	8 825.25	3 708 811.313
80~100	12	90	40.5	19683	32 285 040.75
100以上	3	110	60.5	10 980.75	40 192 290.19
合计	120	—	—	517 770	116 605 777.5

已知 $\bar{x}=49.5, s=24.80$

$$\alpha = \frac{\sum_{i=1}^{k}(x_i-\bar{x})^3 f_i}{(\sum_{i=1}^{k} f_i)s^3} = \frac{517\ 770}{120\times 24.8^3} \approx 0.28$$

$$\beta = \frac{\sum_{i=1}^{k}(x_i-\bar{x})^4 f_i}{(\sum_{i=1}^{k} f_i)s^4} = \frac{116\ 605\ 777.5}{120\times 24.8^4} \approx 2.57$$

计算表明,样本数据呈右偏,扁平分布。

注:Excel和SPSS中计算偏态系数和峰度系数的计算公式是一致的,定义正态分布的偏态系数为0,峰度系数为0:

偏态系数的计算公式为:

$$\frac{n}{(n-1)(n-2)}\sum_{i=1}^{n}\left[\frac{x_i-\bar{x}}{s}\right]^3$$

峰度系数的计算公式为:

$$\left\{\frac{n(n+1)}{(n-1)(n-2)(n-3)}\sum_{i=1}^{n}\left(\frac{x_i-\bar{x}}{s}\right)^4\right\} - \frac{3(n-1)^2}{(n-2)(n-3)}$$

本章小结

本章介绍了数据集中趋势、离散程度、偏态和峰度的一些主要测度值。在集中趋势中，介绍了众数、中位数、算术平均数、调和平均数和几何平均数。众数是一组数据中出现次数最多的变量值，常用于测度品质型数据的集中趋势，也可以用于描述数量型数据的集中趋势，其特点是不受极端值的影响。中位数是一组数据经过顺序排列后处于中间位置上的变量值，与之类似的还有四分位数，它是指处于25%和75%位置上的变量值，它们都具有不受极端值影响的特点。中位数和四分位数主要用于描述带有顺序性数据的集中趋势。算术平均数又称均值，是全部数据的算术平均，主要用于测度数量型数据的集中趋势，但不能用于测度品质型数据。算术平均数是集中趋势的最常用测度值，它综合了所有的数据信息，缺点是易受极端值的影响。

数据离散程度的测度值主要有极差、四分位差、方差和标准差、离散系数等。极差也称全距，它是一组数据的最大值与最小值之差，用于描述一组数据最大的变异幅度。四分位差是第三个四分位数与第一个四分位数之差，主要用于测度带有顺序性数据的离散程度，反映居中50%数据的离散状况，当数据个数较多且数值分散，尤其是存在极端值的情况下，四分位差是反映数据离散程度的较好的代表值。标准差是一组数据各变量值与其均值离差平方和的平均数的平方根，它是数据离散程度的最常用测度值，主要用于衡量均值对一组数据的代表程度。标准差的平方称为方差。标准差或方差只适用于测度数量型数据的离散程度。离散系数是一组数据的标准差与其相应的均值之比，它测度了一组数据的相对离散程度，主要用于对不同组别数据离散程度的比较。

偏态是指一组数据分布的偏斜方向及程度。偏态的主要测度值是偏态系数，它是根据数据离差三次方的平均数再除以标准差的三次方而求得。偏态系数有正负之分，正值表示正偏斜(右偏)，负值表示负偏斜(左偏)，偏态系数的绝对值越大，说明数据偏斜的程度就越大。

峰度是指一组数据分布的尖峭程度。峰度的主要测度值是峰度系数，它是根据数据离差四次方的平均数再除以标准差的四次方而求得。通常情况下，正态分布的峰度系数为3，所以峰度系数大于3时，数据为尖峰分布，当峰度系数小于3时，数据为扁平分布。

附 录 利用Excel和SPSS进行描述性统计

案例：已知某大型商场6月份的日销售额资料如下(单位：万元)分别运用Excel和SPSS软件对这些数据进行描述性统计分析。

236　238　240　249　252　257　258　261　268　265　267　268
269　268　272　273　274　268　278　280　268　284　291　292
295　297　301　303　310　322

1. 运用Excel进行描述统计分析

下面利用Excel中的"描述统计"分析工具来计算有关的统计数值。"描述统计"分析工具用于生成对输入区域中数据的单变值分析,提供有关数据集中趋势和离散程度:平均值、标准误差(相对于平均值)、中位数、众数、标准偏差、方差、峰值、偏斜度、极差(全距)、最小值、最大值、总和、总个数、置信度。

其基本步骤如下:

(1) 将原始数据输入到 Excel 表格中。

(2) 选择工具栏中选择"数据"菜单中的"数据分析"命令,在数据分析工具栏中选择"描述统计"。如图 5-4 所示。

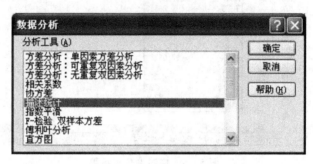

图 5-4 "数据分析"对话框

(3) 单击"确定"按钮,出现"描述统计"对话框,在"输入区域"框内输入样本数据所在单元格地址,选中"标志位于第一行"选项,分析结果中则会显示出标题行。如图 5-5 所示。

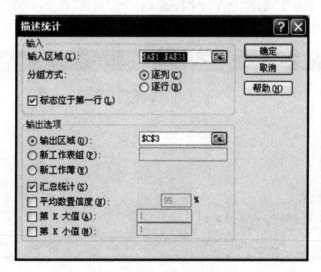

图 5-5 "描述统计"对话框

(4) 单击"确定"按钮,即可输出描述性分析结果。如图 5-6 所示。

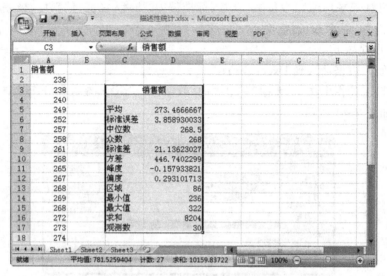

图 5-6 描述性分析结果

2. 运用 SPSS 进行描述性统计分析

(1) 将数据录入到 SPSS 中,将"销售额"这一变量定义为数值型变量。

(2) 在菜单栏中一次选择"分析"—"描述统计"—"描述"命令,打开"描述"对话框,选中"销售量",单击 ➡ 将其选入"变量"列表中,如图 5-7 所示。

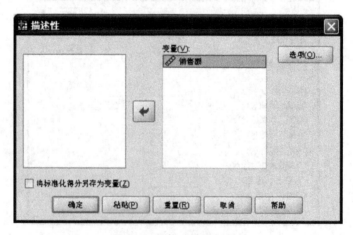

图 5-7 "描述性"对话框

(3) 进行相应的设置。单击"选项"按钮进入"描述:选项"对话框,选中所需的描述统计量,单击"继续"按钮,保存设置。如图 5-8 所示。

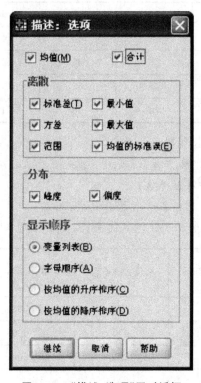

图 5-8 "描述:选项"子对话框

（4）在如图 5-7 所示的主对话框中单击"确定"按钮,即可得到描述统计结果。

 思考与习题

1. 简述数据的分布特征可以从哪几个方面进行测度和描述。
2. 测度和描述分布特征的统计量有哪些？
3. 比较众数、中位数、均值的特点和应用场合。
4. 对于比率数据的平均为什么采用几何平均？
5. 解释计算离散系数的意义,简述它适用于什么情况以及如何应用。
6. 下列数据是对随机抽取的 10 名大学生一天内上网时间的小时数：
       4　3　5　1　3　2　2　7　3　8
   （1）计算上网时间的众数、中位数和平均数；
   （2）计算上网时间的极差,标准差和方差；
   （3）计算四分位数；
   （4）说明大学生上网时间的分布特征。
7. 国家医护协会对现阶段护士们对于工作的满意程度进行了一项调查,一个由 25 名护士组成的样本被要求写出她们对工资的满意程度。评分为 0～100,分值越大表明满意程度越高,得到的数据如下：

48	54	75	66	61
62	56	60	43	57
89	58	60	29	67
45	49	63	36	60
59	70	66	47	50

(1) 计算众数、中位数和四分位数；

(2) 计算均值、标准差和方差；

(3) 计算偏态系数和峰度系数；

(4) 对满意程度的分布特征进行综合分析。

8. 甲、乙两个生产企业生产 3 种型号的手机，其单位成本和总成本资料如下：

手机型号	单位成本（元）	总成本（元）	
		甲企业	乙企业
A	1 000	10 000	15 000
B	900	27 000	99 000
C	1 200	48 000	12 000

(1) 分别计算两家企业的平均成本；

(2) 试比较哪家企业的平均成本高，为什么。

9. 王某投资了一份金融债券，在 2009 年、2010 年、2011 年、2012 年的收益率分别为 2.3%、5.4%、7.8%、5.7%，据此计算王某在这 4 年内的平均收益率。

10. 对我国 200 户农户的平均纯收入进行调查，得到的分组资料如下：

农民纯收入（元）	户数
500 以下	10
500～1 000	60
1 000～1 500	90
1 500～2 000	30
2 000 以上	10
合计	200

(1) 计算 200 户农户平均纯收入的均值和标准差；

(2) 计算分布的偏态系数和峰度系数。

11. 一项关于中学生身高状况的研究调查中，抽查的 10 名男生和 10 名女生的身高（cm）数据如下：

男生	171	170	166	175	180	176	177	174	172	183
女生	167	166	162	155	158	160	168	172	163	165

要求：

(1) 如果比较男生组和女生组的身高差异,你会采用什么样的统计量？为什么？

(2) 哪一组的身高差异大？

12. 一种产品可由 3 种机器进行组装,为了检验哪种分机器效率高,分别对 3 种机器进行了 10 次测试,下面是 10 次测试中在相同的时间内组装产品的数量(单位:个)：

机器甲	机器乙	机器丙
165	138	123
168	136	125
167	123	129
166	129	120
163	135	119
167	134	125
169	139	124
159	133	128
166	130	126
163	129	120

(1) 你将采用什么方法对这 3 种机器的效率进行评价？

(2) 通过计算,你将选择哪种机器？试说明理由。

第六章 参数估计

第一节 参数估计的基本方法

我们前面已经学习了参数和统计量的概念,当我们要研究的总体数量特征未知时,最常用的方法就是利用抽取的样本的数量特征对其进行估计,即参数估计。所谓参数估计也就是用样本统计量去估计总体的参数。比如,用样本均值估计总体,用样本比例估计总体比例,等等。参数估计的方法有点估计和区间估计两种,下面分别予以介绍。

一、点估计

(一) 几个基本概念

1. 参数(Parameter)

参数是用来描述总体特征的概括性值。如总体均值 μ、总体比例 π 等,在进行推断统计时,总体数据通常是不完全的,所以参数估计是一个未知的常数。

2. 统计量(Statistic)

统计量是用来描述样本特征的概括性值。如样本均值 $\bar{x}$,样本比例 p 等。由于样本是经过随机抽样的,所以统计量是随机变量,可以根据抽样结果计算得出。推断统计的目的就是根据已知的样本统计量去估计未知总体参数。例如,根据样本地区的平均消费去推断总体所有地区的平均消费;根据样本产品的瑕疵率去推断总体产品的瑕疵率,等等。

3. 估计量(Estimator)

估计量是用于估计总体参数的统计量的名称。例如,根据样本汽车的平均价格去估计总体汽车的平均价格时,样本汽车的平均价格就是估计量。显然,样本是随机的,所以估计量也是一个随机变量。

4. 估计值(Estimate)

根据随机抽样的结果计算的估计量的具体数值即为估计值。例如,根据某次抽样结果计算得样本乘客的平均通过安检的时间为 67.89 秒,用于估计总体旅客的平均通过安检的时间,这个 67.89 就是估计值。

5. 点估计(Point Estimate)

点估计就是用样本估计量的观察值直接作为总体参数的估计值。比如,用样本均值 $\bar{X}$ 直接作为总体均值 μ 的估计值,用样本比例 p 直接作为总体比例 π 的估计值,等等。

【例 6.1】 2012 年中国铁路交通飞速发展,旅客的满意度越来越受到社会关注,其中火车站安检通过的时间是乘客满意度调查的重要指标之一,调查员于 2012 年年底在某火车站

随机抽取 36 名旅客,测量他们通过安检的时间如下(单位:秒):

80	95	89	98	87	55
65	48	43	51	49	65
21	68	49	65	84	62
92	95	69	94	92	58
121	75	58	68	41	39
99	56	62	67	39	45

根据此样本数据,对同期该火车站乘客的平均安检时间以及通过时间在 1 分钟以及以上的乘客所占比例做出点估计。

解:根据抽样调查的 36 个数据计算得出样本平均通过时间为 67.89 秒,样本数据中通过时间在 1 分钟以上的占 61.11%。据此可以估计同期该火车站所有乘客通过安检通道的平均时间为 67.89 秒,而通过时间在 1 分钟以及以上的占 61.11%。

这里的 67.89 秒和 61.11% 就作为火车站总体乘客的平均安检通过时间和通过时间在 1 分钟以及以上的比例的估计值,这些都是采用点估计方法。

(二)点估计优良性评价的标准

在点估计问题中,为了估计总体汽车的价格,我们一般会用样本汽车的价格均值作点估计的,这里能否利用样本中某种车的价格或样本汽车价格的中位数作为点估计呢?实际上,我们在对具体问题的估计中总是希望使用估计效果最好的估计量,而数理统计证明,一个好的估计量一定满足以下几个评价标准:

1. 无偏性(Unbiasedness)

无偏性是指估计量抽样分布的数学期望等于被估计的总体参数。这表明,从一次抽样结果来看,样本估计量的值与总体参数可能存在误差,但结合抽样分布的情况看,所有估计量的平均数等于总体参数实际值,即平均来讲,估计是无偏的。

可以说样本均值 $\bar{x}$ 和样本比例 p 分别是总体均值 μ 和总体比例 π 的无偏估计量,这是由于数理统计已经证明了的,即 $E(\bar{x})=\mu$ 和 $E(p)=\pi$。

2. 有效性(Efficiency)

有效性是指估计量的离散程度比较低。对估计量有效性的评价往往是在无偏性基础之上进行的,若两个估计量都是总体参数的无偏估计量,则标准差较小的估计量更有效。

很明显,样本均值与总体中某个值都是总体均值的无偏估计,即 $E(\bar{x})=\bar{x}=\mu$,但是样本均值抽样分布的标准差为 $\sigma_{\bar{x}}=\sigma/\sqrt{n}$,小于总体中各单位值的标准差 σ,可以判断样本均值比总体中某个值作为总体均值的估计值更有效。

3. 一致性(Consistency)

一致性是指随着样本容量的增大,估计值与总体参数真值越来越接近。可以证明,样本均值 $\bar{x}$ 和样本比例 p 分别是总体均值 μ 和总体比例 π 的一致估计量。

在实际问题的分析中,我们不一定能找到完全符合以上标准的优良估计量,但总是希望所采用的估计量尽可能接近这些标准。理论证明,样本均值作为总体均值的估计量、样本比例作为总体比例的估计量,都具有上述优良性质,所以,通常采用样本均值或样本比例作为相应的总体均值或总体比例的点估计量。

很明显,点估计的优点是简单、具体、明确。它能够提供总体参数的具体估计值,可以作为行动决策的数量依据。但是,要使点估计的结果恰好等于总体参数的值几乎是不可能的,通常有一定的抽样误差,而点估计本身无法说明抽样误差的大小。若估计总体参数可能落在某一个区间内就有把握多了,因此在实际问题估计中,我们更多地使用区间估计。

二、区间估计

(一) 区间估计的基本原理

区间估计(Interval Estimate)是指在点估计的基础上,根据给定的置信度估计总体参数取值范围的方法。比如,根据样本结果估计出民航旅客的通过安检时间总体的均值介于150秒到200秒之间,而且估计的概率(可能性)是95%,这就是区间估计。

我们以总体均值的区间估计为例说明区间估计的基本原理。

由样本均值的抽样分布可知,在大样本情况下,样本均值近似服从正态分布,且样本均值的数学期望等于总体均值,即 $E(\bar{x})=\mu$,样本均值的标准差为 $\sigma_{\bar{x}}=\sigma/\sqrt{n}$,由此可以利用正态分布概率表确定样本均值 $\bar{x}$ 落在总体均值 μ 的两侧各为一个抽样标准差范围内的概率为 0.687;落在两个标准差范围内的概率为 0.955,等等。以此类推,我们可以求出样本均值 $\bar{x}$ 落在总体均值 μ 的两侧任何几个抽样标准差值的范围内的概率。但实际估计时,要求的情况恰好相反。$\bar{x}$ 是已知的,μ 是未知的,怎么样根据 $\bar{x}$ 估计 μ 呢?

可以这样考虑,既然有 95.5% 的样本均值会落在 $\mu-2\sigma_{\bar{x}}$ 到 $\mu+2\sigma_{\bar{x}}$ 范围内,若以这 95.5% 的样本均值为中心,左右也各取 2 个 $\sigma_{\bar{x}}$ 构造出的区间 $(\bar{x}-2\sigma_{\bar{x}}, \bar{x}+2\sigma_{\bar{x}})$ 也必定包含总体均值 μ,如图 6-1 中的 $\bar{x}_1$ 和 $\bar{x}_2$。而在区间 $(\mu-2\sigma_{\bar{x}}, \mu+2\sigma_{\bar{x}})$ 之外的 $\bar{x}$ 所构造出的区间 $(\bar{x}-2\sigma_{\bar{x}}, \bar{x}+2\sigma_{\bar{x}})$ 一定不包括总体均值 μ,如图 6-1 中的 $\bar{x}_3$。利用这种关系,我们就可以根据 $\bar{x}$ 估计 μ,即:在所有可能样本均值构造的区间 $(\bar{x}\pm2\sigma_{\bar{x}})$ 中,有 95.5% 的可能性包含总体均值 μ。实际进行一次抽样时,从样本数据中计算出 $\bar{x}$,可以认为总体均值 μ 被包含在该样

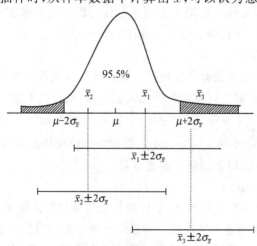

图 6-1 区间估计示意图

本所构造的区间之内的概率也是 95.5%。

综上所述，总体均值区间估计的数学表达式可以概括为：

$$P(\bar{x}-z_{\alpha/2}\sigma_{\bar{x}}\leqslant\mu\leqslant\bar{x}+z_{\alpha/2}\sigma_{\bar{x}})=1-\alpha \tag{6.1}$$

式中：$\bar{x}-z_{\alpha/2}\sigma_{\bar{x}}$ 称为置信下限，$\bar{x}+z_{\alpha/2}\sigma_{\bar{x}}$ 称为置信上限；$1-\alpha$ 称为置信水平，表示该区间包括总体均值的概率；$z_{\alpha/2}$ 称为概率度，是标准正态分布的临界值，依据给定的置信水平 $1-\alpha$ 查表确定；$\bar{x}\pm z_{\alpha/2}\sigma_{\bar{x}}$ 称为总体均值 μ 在 $1-\alpha$ 置信水平下的置信区间。

(二) 区间估计的准确程度和可靠程度

如前所述，点估计方法既不能说明抽样误差的大小，也不能说明估计的结果有多大把握程度，但区间估计方法可以弥补这一不足。

在式(6.1)中，$z_{\alpha/2}\sigma_{\bar{x}}$ 是估计总体均值时的误差范围，表示用 $\bar{x}$ 估计 μ 时最大允许误差，可见这一乘积的值越大，说明样本均值与总体均值的误差越大，则区间估计的准确性就越差；反之，这一乘积的值越小，说明样本均值与总体均值的误差越小，则区间估计的准确性就越好。

在式(6.1)中，置信水平 $1-\alpha$ 则反映着区间估计的可靠程度，显然置信水平越大，据此查正态概率表得到的概率度 $z_{\alpha/2}$ 值也越大，然而估计的误差范围也随之越大，则区间估计的准确性就越差。

上述分析证明，在其他条件不变的情况下，要提高区间估计的可靠程度，就会增大允许误差，从而降低估计的准确程度；而缩小允许误差，提高估计的准确程度，则会降低区间估计的可靠程度。在实际工作中，通常是根据实际情况首先确定一个合理的可靠程度，据此再确定可接受的误差范围。

(三) 区间估计的步骤

现将总体均值的区间估计步骤归纳如下：

(1) 确定置信水平 $1-\alpha$，即估计的可靠性或把握程度。对于置信度要求较高的统计问题，实际统计推断中通常采用 95%。

(2) 根据置信水平 $1-\alpha$，查标准正态分布表确定 $z_{\alpha/2}$ 的值。

(3) 实际抽样，并计算样本均值 $\bar{x}$ 和抽样误差 $\sigma_{\bar{x}}$。

(4) 确定置信区间：$\bar{x}\pm z_{\alpha/2}\sigma_{\bar{x}}$。

第二节 总体均值的区间估计

前面给出了总体均值区间估计的一般步骤，在实际估计中，通常要依据研究问题的不同或者资料条件的不同而采用不同的处理方法，主要有大样本情况下对单一总体均值的区间估计、小样本情况下对单一总体均值的区间估计以及大样本情况下对两个总体均值之差的区间估计等几种情况，下面分别予以介绍。

一、单一总体均值的区间估计

依据中心极限定理，我们不难推断：只要进行大样本($n>30$)抽样，无论总体是否服从正态分布,样本均值 $\bar{x}$ 的抽样分布均近似服从正态分布。当总体标准差 σ 已知时,在重复抽样情况下,总体均值 μ 在 $1-\alpha$ 置信水平下的置信区间为:

$$\bar{x} \pm z_{\alpha/2} \frac{\sigma}{\sqrt{n}} \tag{6.2}$$

如果采取的是有限总体不重复抽样,而且抽样样本数比较大($\frac{n}{N} > 5\%$)时,则样本均值 $\bar{x}$ 抽样分布的标准差应乘以修正系数 $\sqrt{\frac{N-n}{N-1}}$,这时总体均值 μ 在 $1-\alpha$ 置信水平下的置信区间可以写为:

$$\bar{x} \pm z_{\alpha/2} \frac{\sigma}{\sqrt{n}} \sqrt{\frac{N-n}{N-1}} \tag{6.3}$$

当总体标准差未知时,在大样本条件下,则可以用样本标准差 s 代替总体标准差 σ,这时无论总体是否服从正态分布,总体均值 μ 在 $1-\alpha$ 置信水平下的置信区间可以写为:

$$\bar{x} \pm z_{\alpha/2} \frac{s}{\sqrt{n}} \quad (\text{重复抽样}) \tag{6.4}$$

$$\bar{x} \pm z_{\alpha/2} \frac{s}{\sqrt{n}} \sqrt{\frac{N-n}{N-1}} \quad (\text{有限总体且不重复抽样}) \tag{6.5}$$

现在我们按照以上介绍的方法来解决例 6.1 中的相关问题。

【例 6.2】 假定调查人员在该火车站得到的信息是:虽然每个乘客通过安检的时间有所不同,但是每个人通过安检时间的总体标准差 $\sigma=100$ 秒。试根据随机抽样的结果,在 95% 的置信水平下估计所有乘客的平均通过安检时间的置信区间。

解:由于 $n=36$,此题属于大样本抽样;已知 $\sigma=100$;当天的乘客总量 N 未知,可按公式(6.2)做出区间估计如下:

样本旅客等候时间的均值:

$$\bar{x} = \frac{\sum x}{n} = \frac{2\,444}{36} = 67.89(\text{秒})$$

由已知 $1-\alpha=0.95$,查标准正态分布概率表得:

$$z_{0.025} = 1.96$$

于是在 95% 的置信水平下置信区间为:

$$67.89 \pm 1.96 \frac{100}{\sqrt{36}} = 67.89 \pm 32.67$$

结果表明:误差范围是 32.67,总体均值在 95% 的置信水平下的置信区间为(35.22, 100.56)。即调查人员可以有 95% 的把握认为该抽查的安检通道乘客通过安检的时间总体均值介于 35.22 到 100.56 秒之间。

【例 6.3】 若已知当天从该通道通过的乘客的总量为 $N=360$ 人,调查人员是按照不重复抽样的方法进行调查得到样本数据的,假定总体标准差 $\sigma=100$ 秒,试在 95% 的置信水平下估计该安检通道所有乘客的平均通过安检时间的置信区间。

解:由于 $n=36$,为大样本抽样;$\sigma=100$;$N=360$,且 $n/N=10\%>5\%$,可按照公式(6.3)做出区间估计如下:

在置信度为95%的水平下,置信区间为:

$$67.89 \pm 1.96 \frac{100}{\sqrt{36}} \sqrt{\frac{360-36}{360-1}} = 67.89 \pm 31.03$$

结果表明:误差范围是31.03,总体均值在95%置信水平下置信区间为(36.86,98.92)。即调查人员可以有95%的把握认为该安检通道乘客通过安检时间的总体均值介于36.89到98.92秒之间。

对比例6.2和例6.3我们会发现,对于同样的资料,按照重复抽样方法得到的置信区间略大些,说明重复抽样的误差大于不重复抽样的误差,但随着样本容量增大,抽样比会缩小,$\sqrt{\frac{N-n}{N-1}}$接近于1,两种方法的抽样误差就趋于一致了。因此,尽管实际抽样中一般是进行不重复抽样的,但是为了计算简便,在大样本情况下通常是按照重复抽样方法估计置信区间的。

【例6.4】 如果总体的乘客通过安检的时间标准差 σ 未知,试根据上述随机抽样的结果,在95%的置信水平下估计该安检通道的所有乘客平均通过安检时间的置信区间。

解:由于 $n=36$,为大样本抽样;总体标准差 σ 未知,可以用样本的标准差 s 代替,按照式(6.4)做出区间估计如下:

$$s = \sqrt{\frac{(80-67.89)^2 + (65-67.89)^2 + \cdots (65-67.89)^2}{36-1}} = 22.04$$

在95%的置信水平下置信区间为:

$$67.89 \pm 1.96 \frac{22.04}{\sqrt{36}} \sqrt{\frac{360-36}{360-1}} = 67.89 \pm 6.84$$

结果表明:误差范围是6.84,总体均值在95%的置信水平下的置信区间为(61.05,74.73)。即调查人员可以有95%的把握认为该安检通道乘客通过安检时间的总体均值介于61.05到74.73秒之间。

二、单一总体均值的区间估计(小样本)

在实际工作中,为了经济节约,常常进行小样本抽样;或有时受条件限制(如带有破坏性的检查),做大样本抽样是十分困难的,所以实践中利用小样本对总体均值进行估计的情况较为常见。

正如前文所述,若总体服从正态分布,只要总体标准差 σ 已知,无论样本容量如何,样本均值 $\bar{x}$ 的抽样分布都服从正态分布,即使是在小样本的情况下,也可以按式(6.2)和式(6.3)计算总体均值的置信区间。

【例6.5】 假设研究人员于某日在该火车站通道随机抽取10位旅客的安检通过时间组成样本,得到样本如下:

78	65	55	85	59
61	49	81	62	96

据以往情况知:安检通过时间服从正态分布,且标准差为100秒。试以95%的置信水平估计平均通过时间的置信区间。

解：已知通过安检的时间服从正态分布，且总体标准差 $\sigma=100$，尽管 $n=10$ 为小样本，但样本均值的抽样分布仍为正态分布。

计算：$\bar{x}=69.1$；$1-\alpha=95\%$；$z_{\alpha/2}=1.96$，可根据式(6.2)估计得：

$$\bar{x}\pm z_{\alpha/2}\frac{\sigma}{\sqrt{n}}=69.1\pm 1.96\times\frac{100}{\sqrt{10}}=69.1\pm 61.98$$

即 $69.1\pm 61.98=(7.12,131.08)$。也就是说，我们可以 95% 的概率估计该通道乘客通过安检时间的总体均值介于 7.12 到 131.08 秒之间。

上面讨论的样本均值 $\bar{x}$ 的分布都有一个前提，需要知道总体的标准差 σ。而在抽样估计的问题中，一般情况下总体的标准差 σ 是未知的，这时可以考虑用样本的标准差 s 来代替 σ，于是便得到一个新的统计量 t，即：

$$t=\frac{\bar{x}-\mu}{s/\sqrt{n}}$$

这个 t 的分布已不是正态分布了，称 t 为服从自由度为 $n-1$ 的 t 分布，记为 $t\sim t(n-1)$。

t 分布与正态分布一样都是对称分布，但较正态分布离散度强，t 分布密度曲线较标准正态分布密度曲线更为扁平，t 分步为一曲线族，随着自由度 $n-1$ 的增大，其曲线中部向上隆起，两尾部向下低垂，逐渐逼近于标准正态分布曲线（图 6-2）。因此，对于正态总体 σ 不明确的样本均值 $\bar{x}$ 的抽样分布，首先要分清 n 是否大于 30。n 不大于 30 即为小样本，按 t 分布处理。反之，称为大样本，按 z 分布（正态分布）处理。

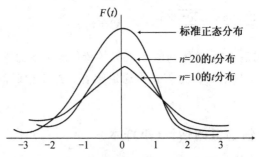

图 6-2　t 分布与标准正态分布的比较

t 的取值在 $(-\infty,\infty)$ 之间，计算样本均值 $\bar{x}$ 落在某一区间内的概率可以通过查 t 分布表得到。

如果总体服从正态分布，但是总体的标准差 σ 未知，且在小样本抽样情况下，则需要用样本标准差 s 代替 σ，这时应采用 t 分布来建立总体均值 μ 在 $1-\alpha$ 置信水平下的置信区间，公式为：

$$\bar{x}\pm t_{\alpha/2}\frac{s}{\sqrt{n}} \tag{6.6}$$

式中：$t_{\alpha/2}$ 是自由度为 $n-1$ 时，t 分布中上侧面积为 $\alpha/2$ 时的 t 值，可通过查表得到；s 为样本标准差。下面通过实例说明这种方法的应用。

【例 6.6】　假设研究人员于某日在该火车站随机抽取 12 位旅客的安检通过时间组成样本，得到样本：

162	86	213	250	95	159
321	204	271	97	70	320

据以往情况知:安检通过时间服从正态分布,且总体标准差未知。试以95%的置信水平估计平均通过时间的置信区间。

解:已知安检通过时间服从正态分布,且总体标准差未知,小样本,可根据式(6.6)估计。根据样本计算得:$\bar{x}=187.33$;$s=90.20$,由$1-\alpha=95\%$,查表得$t_{(0.025,11)}=2.201$

所以,置信区间为:

$$187.33 \pm 2.201 \times \frac{90.20}{\sqrt{12}} = 187.33 \pm 57.31 = (130.02, 244.64)$$

也就是说,我们可以95%的概率估计该安检通道乘客安检通过时间的总体均值介于130.02和244.64秒之间。

对比例6.5与例6.6可以看出,在小样本情况下,由于$t_{\alpha/2}>z_{\alpha/2}$,所以即使其他条件一样,通常式(6.6)的区间宽度会大于式(6.2),这也验证前文所说的关于t分布比正态分布离散程度较强的说法,因此在实际抽样中,为了提高估计的精确度,最好抽取大样本。

三、两个总体均值差异的区间估计(大样本)

在实际管理工作中,我们经常需要对来自两个不同总体的均值进行比较,如比较两个地区平均收入的差异、比较两种产品平均寿命的差异等,往往是利用样本数据对这些情况作出估计。根据抽样分布理论我们可以得出:若两个样本容量都较大($n_1 \geq 30$且$n_2 \geq 30$),对两个总体均值差异做区间估计的公式为:

$$(\bar{x}_1 - \bar{x}_2) \pm z_{\alpha/2} \sqrt{\frac{\sigma_1^2}{n_1} + \frac{\sigma_2^2}{n_2}} \tag{6.7}$$

式(6.7)适用于以下两种情形:

(1) 如果两个总体都服从正态分布,标准差分别已知,即$x_1 \sim N(\mu_1, \sigma_1^2)$,$x_2 \sim N(\mu_2, \sigma_2^2)$,分别从这两个总体中随机抽取的两个独立样本,无论其容量大小,样本均值差异$\bar{x}_1 - \bar{x}_2$的抽样分布都服从正态分布,这时估计两个总体均值差异$\mu_1 - \mu_2$在$1-\alpha$置信水平下的置信区间为式(6.7)。

(2) 若两个总体均布服从正态分布,分别从这两个总体中随机抽取两个独立样本,当两个样本容量n_1和n_2都足够大时,依据中心极限定理,$\bar{x}_1$和$\bar{x}_2$分别近似服从正态分布,故样本差异$\bar{x}_1 - \bar{x}_2$的抽样分布也近似服从正态分布,这时估计两个总体均值差异$\mu_1 - \mu_2$在$1-\alpha$置信水平下的置信区间也为式(6.7)。在此情形下,若两个总体的标准差σ_1和σ_2未知,可分别以样本的标准差s_1和s_2来代替。

【例6.7】 火车站为了提高顾客满意度,在2012年下半年对火车站的安检设施进行了改良,有关调查人员想对比该火车站2012年年底与年中抽查的安检通道乘客平均通过时间的差异,于是在年中的火车站数据中随机抽取30名乘客的等待时间,得到数据如下:

99	105	97	85	56	98
67	35	56	45	38	87
61	47	63	127	67	75
92	61	98	90	57	96
79	59	67	49	46	79

将以上数据和例 6.1 的数据整理如下：

	年中	年底
样本容量	30	36
样本均值	72.70	67.89
样本标准差	22.74	22.04

根据以上整理的结果，试以 95% 的置信水平估计该火车站年底与年中乘客平均通过安检时间差异的置信区间。

解： 由于两个样本相互独立，而且均为大样本，因此 $\bar{x}_1 - \bar{x}_2$ 也近似服从于正态分布，可应用式(6.7)求置信区间，并以样本标准差代替未知的总体标准差，所以在置信度 95% 时的置信区间为：

$$(\bar{x}_1 - \bar{x}_2) \pm z_{\alpha/2}\sqrt{\frac{s_1^2}{n_1} + \frac{s_2^2}{n_2}} = (72.70 - 67.89) \pm 1.96\sqrt{\frac{22.74^2}{30} + \frac{22.04^2}{36}}$$
$$= 4.81 \pm 10.87$$

结果表明，以 95% 的概率估计该安检通道旅客总体通过安检时间的差异介于 −6.06 与 15.68 秒之间。本例中，所求置信区间包含 0，说明我们没有足够的理由认为该地区 2012 年年底与年中乘客的平均安检时间有明显差异。

【例 6.8】 某研究所想要估计某城市与近郊地区家庭消费水平的差异状况，随机在这两个地区抽取一定量的家庭构成样本，得到样本家庭消费的资料如下：

	市区	近郊
家庭数	78	56
年消费均值	80 000	50 000
年消费标准差	7 000	6 000

试以 95% 的置信水平估计两个地区家庭平均消费差异的置信区间。

解： 由于是大样本抽样，与例 6.7 情况相同，在 95% 的置信水平下置信区间为：

$$(\bar{x}_1 - \bar{x}_2) \pm z_{\alpha/2}\sqrt{\frac{s_1^2}{n_1} + \frac{s_2^2}{n_2}} = (80\,000 - 50\,000) \pm 1.96\sqrt{\frac{7\,000^2}{78} + \frac{6\,000^2}{56}}$$
$$= 30\,000 \pm 2\,210$$

即 (27 790, 32 210)。结果表明，在 95% 的置信水平下，两个地区家庭的年平均消费差异的区间估计为 27 790 到 32 210 元之间，即估计城市居民户均消费比郊区至少高

27 790 元。

通过例 6.7 和例 6.8 可以得到以下结论：对于两个总体均值差异的区间估计，如果所求置信区间的置信上限与置信下限均为正值，则意味着两个总体均值实际之差可能为正，即 $\mu_1 > \mu_2$，例 6.8 属于这种情况；如果所求置信区间的置信上限与下限都为负值，则意味着两个总体均值实际之差可能为负，即 $\mu_1 < \mu_2$；如果所求置信区间包含 0，则意味着不能判断出两个总体均值实际存在差异，如例 6.7。

第三节 总体比例的区间估计

与总体均值的区间估计一样，在对总体比例进行区间估计时，通常也分为对单一总体比例的区间估计以及对两个总体比例之差的区间估计等情况。下面仅就大样本情形分别予以介绍。

一、单一总体比例的区间估计（大样本）

在统计推断问题中，常常需要推断总体中具有某种特征的数量所占的百分比，这种随机变量与二项分布有密切关系。如二项分布当 $n\pi$ 与 $n(1-\pi)$ 不小于 5 时，样本的比例 p 的抽样分布趋于正态分布。p 的数学期望等于总体的比例 π，即：$E(p)=\pi$；而 p 的抽样标准差在重复抽样条件下为 $\sigma_p = \sqrt{\dfrac{\pi(1-\pi)}{n}}$。在利用样本的比例 p 估计总体比例 π 时，由于 π 未知，在大样本情况下，我们可以用样本比例 p 来代替 π，于是得

$$\sigma_p = \sqrt{\dfrac{\pi(1-\pi)}{n}} \approx \sqrt{\dfrac{p(1-p)}{n}} \text{。}$$

可以利用前面所介绍的估计总体均值的方法对总体比例进行区间估计。

总体比例 π 在 $1-\alpha$ 置信水平下的置信区间为：

$$p \pm z_{\alpha/2} \sqrt{\dfrac{p(1-p)}{n}} \quad \text{（重复抽样）} \tag{6.8}$$

$$p \pm z_{\alpha/2} \sqrt{\dfrac{p(1-p)}{n}\left(\dfrac{N-n}{N-1}\right)} \quad \text{（有限总体且不重复抽样）} \tag{6.9}$$

【例 6.9】 在例 6.1 问题中，根据重复抽样的结果，试以 95% 的概率估计该火车站年底安检通过时间在 1 分钟以及以上的旅客所占比例的置信区间。

解：已知 $n=36$，根据抽样结果计算的样本比例为 $p=22/36=61.11\%$

由于 np 与 $n(1-p)$ 都大于 5，假设当天抽查的通道乘客总量 N 未知，可按式(6.8)进行估计，

依题意：$1-\alpha=95\%$；$z_{\alpha/2}=1.96$

所以

$$p \pm z_{\alpha/2}\sqrt{\dfrac{p(1-p)}{n}} = 61.11\% \pm 1.96\sqrt{\dfrac{61.11\%(1-61.11\%)}{36}} = 61.11\% \pm 15.93\%$$

即

$$61.11\% \pm 15.93\% = (45.18\%, 77.04\%).$$

也就是说,我们可以 95% 的概率估计该火车站此通道年底的平均通过时间在 1 分钟以及以上的乘客所占的比例在 45.18% 到 77.04% 之间。

【例 6.10】 某公司有某产品 1 200 件,公司准备对该产品的合理率进行检测,采取不重复抽样方法随机抽取 300 件作为样本,结果显示,有 270 件产品合格,其余 30 件不合格。试以 90% 的概率作为该公司全部产品中合格比例的置信区间。

解: 已知 $n=300$,根据结果计算的合格比例为 $p=270/300=90\%$。

由于 np 与 $n(1-p)$ 都大于 5,且 $n/N=300/1\,200=25\%>5\%$,可按式(6.9)进行估计,根据 $1-\alpha=90\%$ 得 $z_{\alpha/2}=1.645$

$$p \pm z_{\alpha/2}\sqrt{\frac{p(1-p)}{n}\left(\frac{N-n}{N-1}\right)} = 90\% \pm 1.645\sqrt{\frac{90\%(1-90\%)}{300}\left(\frac{1\,200-300}{1\,200-1}\right)}$$
$$= 90\% \pm 2.5\%$$

即

$$90\% \pm 2.5\% = (87.5\%, 92.5\%).$$

也就是说,我们可以 90% 的概率估计该公司产品合格比例在 87.5% 到 92.5% 之间。

二、两个总体比例差异的区间估计

根据抽样分布,如果两个容量足够大,即指 $n_1\pi_1$ 与 $n_1(1-\pi_1)$ 且 $n_2\pi_2$ 与 $n_2(1-\pi_2)$ 都不小于 5,p_1 和 p_2 分别近似服从正态分布,则有:

$$p_1 - p_2 \sim N\left(\pi_1-\pi_2, \frac{\pi_1(1-\pi_1)}{n_1} + \frac{\pi_2(1-\pi_2)}{n_2}\right).$$

在对总体参数进行估计时,由于总体比例 π 是未知的,所以需要以样本比例 p 代替,因此在 $1-\alpha$ 置信水平下,两个总体比例差异的置信区间为:

$$(p_1 - p_2) \pm z_{\alpha/2}\sqrt{\frac{p_1(1-p_1)}{n_1} + \frac{p_2(1-p_2)}{n_2}} \tag{6.10}$$

【例 6.11】 根据例 6.7 调查的资料,试以 95% 的概率估计该火车站 2012 年年底与年中抽查的安检通道乘客通过时间在 1 分钟以及以上者所占比例的差异的置信区间。

解: 根据样本数据计算得:年中 $p_1=20/30=66.67\%$,年底 $p_2=22/36=61.11\%$,由于 $n_1p_1=20, n_1(1-p_1)=10; n_2p_2=22, n_2(1-p_2)=14$ 均大于 5,且为大样本,因此 p_1-p_2 也近似服从正态分布,可用式(6.10)求得置信度 95% 时的置信区间为:

$$(p_1 - p_2) \pm z_{\alpha/2}\sqrt{\frac{p_1(1-p_1)}{n_1} + \frac{p_2(1-p_2)}{n_2}}$$
$$= (66.67\% - 61.11\%) \pm 1.96\sqrt{\frac{66.67\%(1-66.67\%)}{30} + \frac{61.11\%(1-61.11\%)}{36}}$$
$$= 5.56\% \pm 23.20\%$$

即

$$5.56\% \pm 23.20\% = (-17.64\%, 28.76\%)$$

结果表明,以 95% 的概率估计该火车站此通道年底与年中的乘客安检通过时间在 1 分钟以及以上的乘客所占比例差异的置信区间在 -17.64% 与 28.76% 之间,即并未看出年底与年中之间存在差异。

第四节　样本容量的确定

一、样本容量与抽样误差

所谓样本容量是指抽取的样本中包含的单位数目,通常用 n 表示。从参数区间估计的讨论中,我们看到估计值与总体参数之间存在着一定差异,这种差异是由样本的随机性引起的,称为抽样误差。在对社会经济问题进行抽样调查时,样本容量的多少与抽样误差和调查费用都有直接的关系。在其他条件不变的情况下,如果样本容量很大,即使抽样误差很小,调查的工作量也会很大,时间和经费也会被浪费掉,这样一来就体现不出来抽样调查的优越性。反之,如果样本容量过小,工作量和耗费会减少,但是抽样误差太大,抽样推断就会失去意义。所以抽样设计中的一个重要内容就是要确定需要的样本容量即抽样数目。

二、决定样本容量的因素

(一) 总体变异程度(总体方差或总体标准差)

在其他条件相同的情况下,具有较大方差的总体需要较大容量的样本,具有较小方差的总体则可以选择较小容量的样本。这个道理直观上很容易理解,从估计的公式中也可以看出。例如,在正态总体均值的估计中,样本均值的方差为 $\sigma/\sqrt{n}$,显然,要保持估计的精确度和可靠性不变,总体方差大,样本容量也相应要大;总体方差小,样本容量则可相应小些。

(二) 允许误差范围 E 的大小

允许误差是指允许的抽样误差,即用绝对值表示的估计值与总体参数之差,记为: $E = |\hat{\theta} - \theta|$。例如,样本均值与总体均值之间的允许误差可以表示为: $\Delta_{\bar{x}} = |\bar{x} - \mu|$。

由于在样本容量确定时,抽样误差都是根据研究目的所需的精确度给定的,所以称之为允许误差。另外,由于允许误差以绝对值的形式表现了抽样误差的可能范围,所以又称为极限误差。

在其他条件不变的情况下,允许误差的大小取决于研究的目的。如果要求估计的精确度高,允许误差就小,那么,样本容量就要大些;如果要求估计的精确度不高,允许误差可以大些,则样本容量可以小些。

(三) 置信度 $1-\alpha$ 的大小

如果要求估计的结果具有较高的可靠性,则在其他条件不变的情况下,要增大样本容量;反之,则可相应减少样本容量。

除了以上三个因素外,样本容量还与抽样的方式有关。例如重复抽样和不重复抽样,由于根据这两种方法抽取的样本容量计算出的样本统计量具有不同的抽样分布,所以两种方法估计的结果误差也不同,因此,需要的样本容量也不相同。此外,抽样还有其他的组织方式,这些方式的选择都会影响样本容量的确定。

三、估计总体均值时所需的样本容量

在重复抽样条件下,若规定在一定的置信水平下允许的误差范围为 E,即 $E=z_{\alpha/2}\dfrac{\sigma}{\sqrt{n}}$,则可以推导出确定样本容量的计算公式如下:

$$n=\dfrac{(z_{\alpha/2})^2\sigma^2}{E^2} \tag{6.11}$$

同样,在不重复抽样条件下,我们可以得出确定样本容量的公式为:

$$n=\dfrac{N(z_{\alpha/2})^2\sigma^2}{(N-1)E^2+(z_{\alpha/2})^2\sigma^2} \tag{6.12}$$

在实际应用中,通常 σ 值是未知的,为了求得样本容量,需要对 σ 作出估计,一般采用以往经验值或类似的样本值 s 来代替。

【例 6.12】 研究人员预估计 2013 年年底该火车站此安检通道乘客的平均通过时间是多少。已知当日该通道乘客总量为 360 人,按照以往经验,总体标准差约为 100 秒。要求在 95% 的置信水平下,使平均通过时间的误差范围不超过 25 秒,应抽取多大的样本?

解:已知 $N=360, \sigma=100, E=25, 1-\alpha=95\%$,即 $z_{\alpha/2}=1.96$

在重复抽样条件下,根据(6.11)式得:

$$n=\dfrac{(z_{\alpha/2})^2\sigma^2}{E^2}=\dfrac{(1.96)^2\ 100^2}{25^2}=61.465\ 6\approx 62$$

即应抽取 62 名乘客作为样本。

在不重复抽样条件下,根据(6.12)式得:

$$n=\dfrac{N(z_{\alpha/2})^2\sigma^2}{(N-1)E^2+(z_{\alpha/2})^2\sigma^2}=\dfrac{360(1.96)^2\ 100^2}{(360-1)25^2+(1.96)^2\ 100^2}=52.63\approx 53$$

即应抽取 53 名乘客作为样本。

四、估计总体比例时所需样本容量

与估计总体均值时样本容量的确定方法类似,根据比例的允许误差计算式同样可以推断出估计总体比例时所必需的样本容量。

重复抽样条件下若规定在一定的置信水平下允许的误差范围为 E,即 $E=z_{\alpha/2}\sqrt{\dfrac{\pi(1-\pi)}{n}}$,则可以推导出确定样本容量的计算公式如下:

$$n=\dfrac{(z_{\alpha/2})^2\pi(1-\pi)}{E^2} \tag{6.13}$$

在实际应用中,式中总体比例 π 的值未知,可以用以前的经验值或样本值来代替,若没有可以代替的值,应考虑选取方差最大值来估计。由于此比例的方差 $\sigma^2=\pi(1-\pi)$,所以通常取 $\pi=0.5$ 来推断。

同样在不重复抽样条件下,我们可以得出确定样本容量的公式为:

$$n=\dfrac{N(z_{\alpha/2})^2\pi(1-\pi)}{(N-1)E^2+(z_{\alpha/2})^2\pi(1-\pi)} \tag{6.14}$$

【例 6.13】 该火车站某日安检通道通过乘客 360 人,研究人员欲估计其中平均通过时

间在1分钟以及以上者所占比例是多少。要求在95%的置信水平下,比例误差范围不超过10%,应抽取多大样本?

解: 已知 $N=360, E=10\%, z_{a/2}=1.96$

由于比例的方差 $\sigma^2=\pi(1-\pi)$ 未知,又没有可以借鉴的 π 值,所以应取 $\pi=0.5$ 进行估计。

在重复抽样条件下根据式(6.13)得:

$$n=\frac{(z_{a/2})^2\pi(1-\pi)}{E^2}=\frac{(1.96)^2 0.5(1-0.5)}{0.1^2}=96.84\approx 97$$

即应抽取97名乘客作为样本。

本章小结

本章首先介绍了参数估计的基本方法,参数估计的方法有点估计和区间估计。点估计是指用样本估计量直接作为总体参数的估计值,评价一个点估计量好与坏的标准主要有无偏性、有效性和一致性。区间估计则是在点估计的基础上,根据给定的置信度估计总体参数取值的范围。实际工作中我们主要是做区间估计。

对总体均值进行区间估计主要包括三种情况:①大样本时单一总体均值的置信区间:在重复抽样条件下为 $\bar{x}\pm z_{a/2}\frac{\sigma}{\sqrt{n}}$;在不重复抽样条件下为 $\bar{x}\pm z_{a/2}\frac{\sigma}{\sqrt{n}}\sqrt{\frac{N-n}{N-1}}$。如果总体的标准差 σ 未知,则需要用样本标准差 s 代替。②正态总体,方差未知,小样本时单一总体均值的置信区间为 $\bar{x}\pm t_{a/2}\frac{\sigma}{\sqrt{n}}$。③大样本时两个总体均值之差的置信区间为 $(\bar{x}_1-\bar{x}_2)\pm z_{a/2}\sqrt{\frac{\sigma_1^2}{n_1}+\frac{\sigma_2^2}{n_2}}$。

对总体比例区间估计通常是在大样本的情况下进行,重复抽样条件下,总体比例的置信区间为 $p\pm z_{a/2}\sqrt{\frac{p(1-p)}{n}}$;在不重复抽样条件下,总体比例的置信区间为 $p\pm z_{a/2}\sqrt{\frac{p(1-p)}{n}\left(\frac{N-n}{N-1}\right)}$。当来自两个总体的两个随机样本的容量足够大时,据此推断两个总体比例差异的置信区间为 $(p_1-p_2)\pm z_{a/2}\sqrt{\frac{p_1(1-p_1)}{n_1}+\frac{p_2(1-p_2)}{n_2}}$。

确定样本容量也是实际应用中需要考虑的一个重要问题。在估计总体均值时,样本容量的确定公式为 $n=\frac{(z_{a/2})^2\sigma^2}{E^2}$,对于不重复抽样有 $n=\frac{N(z_{a/2})^2\sigma^2}{(N-1)E^2+(z_{a/2})^2\sigma^2}$。在估计总体比例时,样本容量的确定公式为 $n=\frac{(z_{a/2})^2\pi(1-\pi)}{E^2}$,对于不重复抽样有 $n=\frac{N(z_{a/2})^2\pi(1-\pi)}{(N-1)E^2+(z_{a/2})^2\pi(1-\pi)}$。

样本容量与总体方差成正比,总体的差异越大,所要求的样本容量也越大;样本容量与置信概率成正比,在其他条件不变的情况下,置信概率越大,所需的样本容量也越大;样本容量与抽样允许误差成反比,抽样允许的误差越大,所需的样本容量就越小;样本容量与抽样方法有关,在相同的条件下,采用重复抽样要比采用不重复抽样多抽取一些样本单位。

附 录　利用 Excel 和 SPSS 进行参数估计

一、用 Excel 进行参数估计

具体案例及操作

某大学在 7 天内抽查 49 位学生的消费额（元）如下：

35	91	38	46	30	42	68
39	65	26	34	44	28	55
81	26	34	49	18	28	48
26	30	36	42	24	32	47
36	25	47	29	28	31	49
48	37	24	28	27	32	37
49	59	28	27	36	47	29

求在概率 90% 的保证下，顾客平均消费额的估计区间。

具体操作步骤：

1. 将原始数据输入到 Excel 中，位置是 A2：A50，A1 处标上样本数据。如图所示：

2. 点击"数据—数据分析—描述统计"按钮来进行运算,如图:

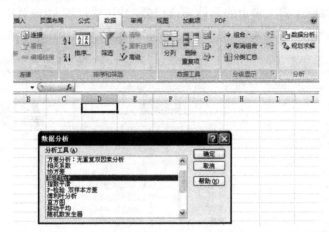

3. 在描述统计窗口中,输入区域选择"A1:A50",分组方式为"逐列",同时点击"标志位于第一行",输出区域选择D1,平均置信度改为90%,如图所示:

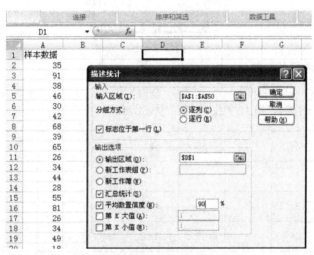

4. 点击"确定"按钮之后,所求的变量会显示如图:

5. 求出90%置信度下学生平均消费额的估计区间

用样本均值加减步骤4求出的总体均值误差范围(置信度90%对应的值)就得出置信区间,分别放到G2和H2单元格中。并用文字指出置信上限和置信下限。如图所示:

	A	B	C	D	E	F	G	H
1	样本数据			样本数据			置信上限	42.62536
2	35						置信下限	35.5379
3	91			平均	39.08163265			
4	38			标准误差	2.112852783			
5	46			中位数	36			
6	30			众数	28			
7	42			标准差	14.78996948			
8	68			方差	218.7431973			
9	39			峰度	2.908195646			
10	65			偏度	1.558739871			
11	26			区域	73			
12	34			最小值	18			
13	44			最大值	91			
14	28			求和	1915			
15	55			观测数	49			
16	81			置信度(90.0%)	3.543727812			

二、用SPSS进行参数估计

具体案例以及操作步骤

某大学在7天内抽查49位学生的消费额(元)如下:

35	91	38	46	30	42	68
39	65	26	34	44	28	55
81	26	34	49	18	28	48
26	30	36	42	24	32	47
36	25	47	29	28	31	49
48	37	24	28	27	32	37
49	59	28	27	36	47	29

求在概率90%的保证下,顾客平均消费额的估计区间。

具体操作步骤:

1. 定义变量,取名为"样本数据",将原始数据输入到SPSS中,部分数据如下图:

2. 点击菜单栏分析—描述统计—探索,如下图:

3. 将变量样本数据点击进入到因变量列表中,显示按钮处选择"两者"按钮。

4. 点击"统计量"按钮进入到"探索:统计量"对话框,默认系统平均信赖区间为95%,将其更改为90%,也可以根据其他需要更改为其他水平,点击继续(如下图所示)。

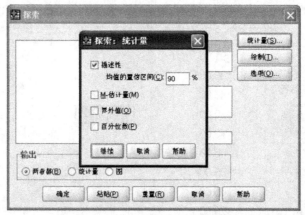

5. 点击"确定"按钮就可以得到参数区间估计的结果,如图所示。

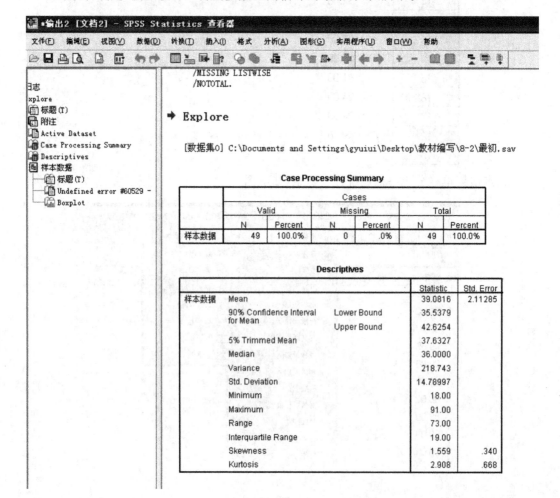

思考与习题

一、单项选择题

1. 关于样本平均数和总体平均数的说法,下列正确的是 （　　）
   A. 前者是一个确定值,后者是随机变量
   B. 前者是随机变量,后者是一个确定值
   C. 两者都是随机变量
   D. 两者都是确定值

2. 通常所说的大样本是指样本容量 （　　）
   A. 大于等于30　　B. 小于30　　C. 大于等于10　　D. 小于10

3. 从服从正态分布的无限总体中分别抽取容量为4、16、36的样本,当样本容量增大时,样本均值的标准差将 （　　）
   A. 增加　　　　B. 减小　　　　C. 不变　　　　D. 无法确定

4. 某班级学生的年龄是右偏的,均值为20岁,标准差为4.45。如果采用重复抽样的方法从该班抽取容量为100的样本,那么样本均值的分布为 （　　）
   A. 均值为20,标准差为0.445的正态分布
   B. 均值为20,标准差为4.45的正态分布
   C. 均值为20,标准差为0.445的右偏分布
   D. 均值为20,标准差为4.45的右偏分布

5. 区间估计表明的是一个 （　　）
   A. 绝对可靠的范围　　　　　　B. 可能的范围
   C. 绝对不可靠的范围　　　　　D. 不可能的范围

6. 在其他条件不变的情形下,未知参数的 $1-\alpha$ 置信区间 （　　）
   A. α 越大长度越小　　　　B. α 越大长度越大
   C. α 越小长度越小　　　　D. α 与长度没有关系

7. 甲乙是两个无偏估计量,如果甲估计量的方差小于乙估计量的方差,则称 （　　）
   A. 甲是充分估计量　　　　　　B. 甲乙一样有效
   C. 乙比甲有效　　　　　　　　D. 甲比乙有效

8. 设总体服从正态分布,方差未知,在样本容量和置信度保持不变的情形下,根据不同的样本值得到总体均值的置信区间长度将 （　　）
   A. 增加　　　　B. 不变　　　　C. 减少　　　　D. 以上都对

9. 在其他条件不变的前提下,若要求误差范围缩小1/3,则样本容量 （　　）
   A. 增加9倍　　　　　　　　　B. 增加8倍
   C. 为原来的2.25倍　　　　　　D. 增加2.25倍

10. 设容量为16人的简单随机样本,平均完成工作时间13分钟,总体服从正态分布且标准差为3分钟。若想对完成工作所需时间构造一个90%置信区间,则 （　　）
    A. 应用标准正态概率表查出 z 值　　B. 应用 t 分布表查出 t 值
    C. 应用二项分布表查出 p 值　　　　D. 应用泊松分布表查出 λ 值

11. 100(1－α)%是 ( )
    A. 置信限　　　　B. 置信区间　　　　C. 置信度　　　　D. 可靠因素
12. 参数估计的类型有 ( )
    A. 点估计和无偏估计　　　　　　B. 无偏估计和区间估计
    C. 点估计和有效估计　　　　　　D. 点估计和区间估计
13. 抽样方案中关于样本大小的因素,下列说法错误的是 ( )
    A. 总体方差大,样本容量也要大
    B. 要求的可靠程度高,所需样本容量越大
    C. 总体方差小,样本容量大
    D. 要求推断比较精确,样本容量要大
14. 在其他条件不变的情况下,提高抽样估计的可靠程度,其精度将 ( )
    A. 增加　　　　　B. 不变　　　　　C. 减少　　　　　D. 以上都对

二、填空题
1. 某学校想估计学生迟到的平均时间,经验表明迟到时间的标准差为2分钟,那么学校要以95%的置信度使估计值在真值附近0.5分钟的范围内应取的样本数为_____。
2. 假设在某省抽样调查的1 600名城镇待业人员中有1 024名青年,则待业人员中青年所占比重的95%置信区间为_____。
3. 设总体均值为100,总体方差为25,在大样本的情形下,无论总体的分布如何,样本平均数的分布都服从或者近似服从_____。
4. 影响样本容量大小的因素有_____、_____、_____。

三、计算题
1. 某快餐店想要估计每位顾客午餐的平均消费金额,在为期3周的时间里选取49名顾客组成了一个简单随机样本。假定总体标准差为15元,样本均值为120元。求总体均值的95%的置信区间。
2. 某大学为了解学生每天上网的时间,在全校学生中随机抽取36人,调查他们每天上网的时间,得到下面的数据(单位:小时):
   3.3　3.1　6.2　5.8　2.3　4.1　5.4　4.5　3.2
   4.4　2.0　5.4　2.6　6.4　1.8　3.5　5.7　2.3
   2.1　1.9　1.2　5.1　4.3　4.2　3.6　0.8　1.5
   4.7　1.4　1.2　2.9　3.5　2.4　0.7　3.6　2.5
   求该校大学生平均上网时间的置信区间(置信水平为95%)。
3. 某居民小区共有居民500户,小区管理者准备采取一项新的供水设施,想了解居民是否赞成。采取重复抽样方法随机抽取了50户,其中有32户赞成,18户反对。
   (1) 求总体中赞成新措施的户数比例的置信区间,置信水平为95%。
   (2) 如果小区管理者预计赞成的比例能达到80%,要求估计误差不超过10%,应抽取多少户进行调查?

4. 已知某种灯泡的寿命服从正态分布,现从一批灯泡中随机抽取 16 只,测得其使用寿命(单位:h)如下。建立该灯泡平均使用寿命 95% 的置信区间。

1 510　　1 520　　1 480　　1 500　　1 450　　1 480　　1 510　　1 520
1 480　　1 490　　1 530　　1 510　　1 460　　1 460　　1 470　　1 470

5. 某地区教育管理部门想估计两所中学的学生高考时英语平均分数之差,为此在两所中学独立抽取两个随机样本有关数据如下表。求两所中学高考英语平均分数之差 95% 的置信区间。

中学 1	$n_1=46$	$\bar{x}_1=86$	$s_1=5.8$
中学 2	$n_2=33$	$\bar{x}_1=78$	$s_1=7.2$

6. 在某个电视节目的收视率调查中,农村随机调查了 400 人,有 32% 的人收看了该节目;城市随机调查了 500 人,有 45% 的人收看了该节目。试以 95% 的置信水平估计城市与农村收视率差别的置信区间。

第七章 假设检验

推断统计的另一项重要内容就是假设检验,即首先对未知的总体参数值提出一个假设,然后依据样本统计量的信息判断这一假设是否成立。类似的问题在工商管理活动中经常会遇到,如检验产品的寿命是否达到某种规定?商品的重量是否符合标准等。

本章将介绍假设检验的基本思想,然后介绍假设检验常用的一些方法。具体内容包括:①假设检验的概念、原理和步骤。②总体均值的假设检验。介绍单一总体均值的假设检验方法和两个总体均值差异的假设检验方法。③总体比例的假设检验。介绍单一总体比例的假设检验方法和两个总体比例差异的假设检验方法等。

第一节 假设检验的一般问题

一、假设检验的基本原理

假设检验是推断统计的基本内容,所谓假设检验(Hypothesis Test)就是事先做出一个关于总体参数的假设,然后利用样本信息来判断原假设是否合理,即判断样本信息与原假设是否有显著差异,从而决定应接受或否定原假设的推断统计方法。假设检验也称为显著性检验。

假设检验不同于参数估计,参数估计是直接利用样本的数据对未知的总体参数形成认识,而假设检验则是首先提出对总体参数的假设,然后根据样本数据所反映的信息对原假设进行分析和判断。

下面举例说明假设检验的基本原理。

【例7.1】 某调查公司估计2012年读研究生的学生平均年龄是22岁,研究人员从实际就读某学校的新生中随机抽取40人,调查得到他们读研时的年龄数据如下:

23	26	31	32	43	19	30	21	23	25
24	21	29	21	25	23	24	22	22	25
20	24	30	26	42	17	38	29	47	26
26	23	19	23	34	42	34	20	27	32

试依据调查结果判断该调查公司的估计是否可靠。

这是关于总体研一新生的平均年龄是否等于22岁的假设检验问题。题中随机抽取40人构成样本,由样本数据计算得:$\bar{x} \approx 27$ 岁,这是否说明总体研一新生的平均年龄不等于22

岁呢?

大家知道,由于抽样的随机性,样本均值与总体均值之间总是存在一定的抽样误差,即使总体研一新生的平均年龄如同调查公司所估计的 22 岁(即 $\mu=22$ 岁),样本的平均年龄仍有可能大于或小于 22 岁。

上一章介绍了抽样误差范围与置信度的关系,即在 95% 的置信水平下,样本均值与总体均值的误差范围不超过 1.96 倍的抽样平均误差,即 $|\bar{x}-\mu| \leqslant 1.96 \frac{\sigma}{\sqrt{n}}$,也可以说 $|\bar{x}-\mu|>1.96 \frac{\sigma}{\sqrt{n}}$ 或 $\frac{|\bar{x}-\mu|}{\sigma/\sqrt{n}}>1.96$ 的概率只有 5%,通常认为这是一个很小的概率,据此可将 $\frac{|\bar{x}-\mu|}{\sigma/\sqrt{n}}>1.96$ 视为小概率事件,这种事件在 100 次抽样中只发生 5 次,相对于一次抽样而言,可以认为小概率事件是不可能发生的。在本例中,已知 $n=40$,假设 $\mu=22$,经计算得 $\bar{x}=27, s=7.20$,计算统计量 $z=\frac{|\bar{x}-\mu|}{s/\sqrt{n}}=\frac{|27-22|}{7.02/\sqrt{40}}=4.51>1.96$。

结果表明,在一次抽样中小概率事件发生了,这似乎不近合理,所以可以认为调查公司估计的平均年龄为 22 岁的情况不可靠。

综上可见,假设检验是根据"小概率事件在一次抽样试验中几乎是不可能发生的"这一原理,先对总体参数做出某种假设,然后依样本统计量的估计值判断假设是否合理,从而做出是否接受原假设的抉择。

二、假设检验的步骤

假设检验通常包括以下几个步骤:

(一) 提出原假设和备择假设

对每个假设检验问题,一般可同时提出两个相反的假设,即原假设和备择假设。

原假设(Null Hypothesis)又称零假设,是待检验的假设,记为 H_0;备择假设(Alternative Hypothesis)是拒绝假设后可供选择的假设,记为 H_1。原假设和备假设是对立的,检验结果二者必取其一。或者接受 H_0 而拒绝 H_1;或者拒绝 H_0 而接受 H_1。

原假设和备择假设不是随意提出的,应根据检验问题的具体背景而定,常常是采取"不轻易拒绝原假设"的原则,即把没有充分理由不能轻易否定的命题作为原假设,而相应地把没有足够把握就不能轻易肯定的命题作为备择假设。

一般的,假设有三种形式:

1. $H_0: \mu=\mu_0; H_1: \mu \neq \mu_0$ 或 $H_0: p=\pi_0; H_1: p \neq \pi_0$

当我们关心的问题是样本估计值与假设的总体参数有没有显著性的差异,而不问其差异的方向时,应当采用这种形式的假设。把这种假设形式的检验称为双侧检测(Two-Tailed Test)。如例 7.1 中可提出假设:$H_0: \mu=22; H_1: \mu \neq 22$。

2. $H_0: \mu \geqslant \mu_0; H_1: \mu<\mu_0$ 或 $H_0: \pi \geqslant \pi_0; H_1: \pi<\pi_0$

当我们关心的问题是样本估计值显著地低于假设的总体参数时,应当采用这种形式的假设。把这种假设形式的检验称为左单侧检验。例如对某种电池使用寿命提出假设:

$H_0:\mu \geq 1\,000$ 小时;$H_1:\mu < 1\,000$ 小时

3. $H_0:\mu \leq \mu_0$;$H_1:\mu > \mu_0$ 或 $H_0:\pi \leq \pi_0$;$H_1:\pi > \pi_0$

当我们关心的问题是样本估计值显著地高于假设的总体参数时,应当采用这种形式的假设。把这种假设形式的检验称为右单侧检验。例如对某种不合格率提出假设:

$H_0:\pi \leq 3\%$;$H_1:\pi > 3\%$

左单侧检验和右单侧检验统称为单侧检测(One-Tailed Test)。采用哪种假设形式,要根据所研究的实际问题而定。如果对研究问题只需判断有无显著差异的情况,则采用双侧检验。如果所关心的问题是总体参数是否比某个值偏大(或偏小),则适宜采用单侧检验。另外,在假设检验中,原假设总是与等号相联系的。

(二) 选择适当的统计量,并确定其分布形式

不同的假设检验问题需要选择不同的统计量作为检验统计量。在例 7.1 中,由于 $n=40>30$,是大样本,所以 $\bar{x}$ 近似服从正态分布,以样本标准差代替总体标准差,所以用的统计量是 $z=\dfrac{\bar{x}-\mu_0}{s/\sqrt{n}}=-4.51$,在 H_0 为真时,$z \sim N(0,1)$。

(三) 选择显著性水平 α,确定原假设 H_0 的接受区域和拒绝区域

显著性水平(Level of Significance)即表示原假设 H_0 为真时拒绝 H_0 的概率,即拒绝原假设所冒的风险,用 α 表示。假设检验应用小概率事件实际不可能发生的原理,这里的小概率就是指 α。但是要小到什么程度才算小概率? 对此并没有统一的标准。通常取 $\alpha=0.1$、0.05 或 0.01 等。在实际应用中,一般是先给定了显著性水平 α,这样就可以由有关的概率分布表查得临界值(Critical Value)z_α,从而确定 H_0 的接受区域和拒绝区域。临界值 z_α 就是接受区域和拒绝区域的分界点。

对于不同形式的假设,H_0 的接受区域和拒绝区域也有所不同。双侧检验的拒绝区域位于统计量分布曲线的两侧,如图 7-1(a)所示;左单侧检验的拒绝区域位于统计量分布曲线的左侧,如图 7-1(b)所示;右单侧检验的拒绝区域位于统计量分布曲线的右侧,如图 7-1(c)所示。

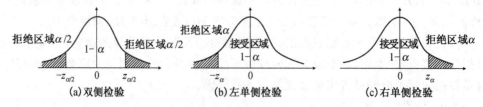

图 7-1 假设检验的接受区域与拒绝区域示意图

在例 7.1 中,若取 $\alpha=0.05$,由于是双侧检验,所以 $z_{\alpha/2}=\pm 1.96$。
接受区域:$-1.96 \leq z \leq 1.96$;拒绝区域:$z > 1.96$ 或 $z < -1.96$。

(四) 做出结论

根据样本资料计算出检验统计量 z 的具体值,并用其与临界值 z_α 比较,做出接受或拒绝原假设 H_0 的结论。如果检验统计量的值在拒绝区域内,说明样本所描述的情况与原假设有显著性差异,应拒绝原假设;反之,则接受原假设。

对于例 7.1,由于 $z=-4.51$ 落在拒绝区域内,所以拒绝原假设 H_0。可以得出结论:在 $\alpha=0.05$ 的显著性水平下,抽样结果的平均年龄显著高于调查公司的估计值,有理由认为调查公司的估计不可靠。

三、假设检验中的两类错误

在做出接受或拒绝原假设 H_0 的结论时,是基于样本信息来判断的。由于样本的随机性,使假设检验有可能出现两类错误,具体情况如下。

(一) 第一类错误

当原假设 H_0 为真,但由于样本的随机性使样本统计量落入了拒绝区域,这时所做的判断是拒绝原假设。这类错误称为第一类错误,亦称拒真错误。假设检验通常认为"一次抽样中小概率事件发生了"是不合理的,从而根据抽样结果做出了拒绝原假设的结论。但事实上,小概率事件只是发生概率很小而已,并非绝对不发生。假如例 7.1 中真实情况是总体平均年龄的确是 22 岁,但是抽到的样本平均年龄是 27 岁,属于小概率事件发生了,按照检验的规则应当拒绝原假设 $H_0:\mu=22$,从而认为调查公司的估计不可靠,这就犯了第一类错误。犯第一类错误的概率,亦称拒真概率,它实质上就是前面提到的显著性水平 α,即 p(拒绝 $H_0 | H_0$ 为真)$=\alpha$。

(二) 第二类错误

当原假设 H_0 为不真,但由于样本的随机性使样本统计量落入接受区域,这时的判断是接受原假设。这类错误称为第二类错误,亦称取伪错误。犯第二类错误的概率亦称取伪概率,用 β 表示,即 P(接受 $H_0 | H_0$ 不真)$=\beta$。

由上述分析可见,接受原假设时,只是因为没有发生小概率事件,还没有充足的理由拒绝它(即还没有足够的把握拒绝它)。因此,所谓"接受原假设",并非肯定原假设就是正确的。

假设检验中,原假设 H_0 可能为真也可能不真,我们的判断(决策)有接受和拒绝两种。因此,检验的结果共有四种情况,可概括为表 7-1。

表 7-1 检验假设的四种情况

	H_0 为真	H_0 不真
接受 H_0	正确决策	第二类错误(取伪)(概率为 β)
拒绝 H_0	第一类错误(拒真)(概率为 α)	正确决策

四、假设检验中的各种决策规则

上面介绍了假设检验的一般程序,给出了一般的检验决策规则,但在实际工作中还有其他较为实用的检验决策规则,概括来讲包括 z 值(或 t 值)检验法、置信区间检验法和 p 值检验法三种方法,下面以总体均值的假设检验为例说明各种检验情况的决策规则。

(一) z 值(或 t 值)检验法

利用服从正态分布的统计量 z 进行的假设检验称为 z 值检验法。z 值检验法检验的程序是:根据总体标准差、样本容量 n 和样本均值 $\bar{x}$ 计算出检验统计量 z 的值,即 $z=\dfrac{\bar{x}-\mu_0}{\sigma/\sqrt{n}}$。对于给定的检验水平 α 查正态分布表可得临界值 $z_{\alpha/2}$,将所计算的 z 值与临界值比较,便可得出检验结论。具体应用有以下三种情况:

(1) 采用双侧检验,$H_0:\mu=\mu_0$,$H_1:\mu\neq\mu_0$,则临界值为 $-z_{\alpha/2}$ 和 $z_{\alpha/2}$。

决策规则:当 $-z_{\alpha/2}\leqslant z\leqslant z_{\alpha/2}$ 时,接受原假设;反之,则拒绝原假设。对于例 7.1,由于 $z=4.51>1.96$,所以拒绝原假设 H_0。

(2) 若采用左侧检验,$H_0:\mu\geqslant\mu_0$,$H_1:\mu<\mu_0$,则临界值为 $-z_\alpha$。

决策规则:当 $z<-z_\alpha$ 时,拒绝原假设;反之,接受原假设。

(3) 若采用右侧检验,$H_0:\mu\leqslant\mu_0$,$H_1:\mu>\mu_0$,则临界值为 z_α。

决策规则:当 $z>z_\alpha$ 时,拒绝原假设;反之,接受原假设。

若利用服从 t 分布的统计量去检验总体均值的方法称为 t 检验法,其检验的决策规则与 z 值检验法类似,具体的应用将在下一节中介绍。

(二)置信区间检验法

利用总体参数的置信区间进行假设检验的方法称为置信区间检验法。

按照置信区间检验法检验的程序是:在原假设为真时,根据给定的检验水平 α 确定样本均值落在总体均值 μ_0 两侧(或一侧)最大的允许范围,再根据抽样的结果观察样本均值 $\bar{x}$ 是否落在这一允许范围内,做出检验结论。具体应用情况有:

(1) 若采用双侧检验,则置信区间为 $\mu_0\pm z_{\alpha/2}\dfrac{\sigma}{\sqrt{n}}$。

决策规则:当样本均值 $\bar{x}$ 落在区间 $\mu_0\pm z_{\alpha/2}\dfrac{\sigma}{\sqrt{n}}$ 内,则接受原假设;反之,拒绝原假设。对于例 7.1,由于 $\mu_0\pm z_{\alpha/2}\dfrac{s}{\sqrt{n}}=22\pm1.96\dfrac{7.20}{\sqrt{40}}=22\pm2.23$,即置信区间为 $(19.77,24.23)$,而样本均值 $\bar{x}=27$,落在拒绝区域,可以认为样本均值与假设的总体均值存在显著差异,所以拒绝原假设 H_0。

(2) 若采用左侧检验,则置信区间为 $\left(\mu_0-z_\alpha\dfrac{\sigma}{\sqrt{n}},+\infty\right)$。

决策规则:当样本均值 $\bar{x}$ 落在区间 $\left(\mu_0-z_\alpha\dfrac{\sigma}{\sqrt{n}},+\infty\right)$ 内,则接受原假设;反之,拒绝原假设。

(3) 若采用右侧检验,则置信区间为 $\left(-\infty,\mu_0+z_\alpha\dfrac{\sigma}{\sqrt{n}}\right)$。

决策规则:当样本均值 $\bar{x}$ 落在区间 $\left(-\infty,\mu_0+z_\alpha\dfrac{\sigma}{\sqrt{n}}\right)$ 内,则接受原假设;反之,拒绝原假设。

(三)p 值检验法

p 值(P-value)是指在原假设为真时,样本统计量落在观察值以外(抽样分布尾部区域)

的概率,也称为观察到的显著性水平。

按照 p 值检验法检验的程序是:根据总体标准差、样本容量 n 和样本平均数 $\bar{x}$,计算出检验统计量 z 的值。查正态分布表确定样本均值落在 z 以外(抽样分布尾部区域)的概率 p 值,将所计算的 p 值与 α 比较,便可得出检验结论。

p 值的计算同样分以下三种情况:

1. 若采用双侧检验,p 值 $=2P\left(z\geqslant\dfrac{|\bar{x}-\mu_0|}{\sigma/\sqrt{n}}\right)$;

2. 若采用左侧检验,p 值 $=P\left(z\leqslant\dfrac{\bar{x}-\mu_0}{\sigma/\sqrt{n}}\right)$;

3. 若采用右侧检验,p 值 $=P\left(z\geqslant\dfrac{\bar{x}-\mu_0}{\sigma/\sqrt{n}}\right)$。

p 值检验法决策规则:若 p 值 $<\alpha$,则拒绝原假设 H_0;若 p 值 $>\alpha$,则接受原假设 H_0。

显然,p 值是假设检验中可以导致拒绝原假设的概率值。p 值越小,就越容易拒绝原假设;p 值越大,就越不容易拒绝原假设。对于例 7.1 有:

$$p \text{ 值}=2P\left(z\geqslant\dfrac{|\bar{x}-\mu_0|}{\sigma/\sqrt{n}}\right)=2P\left(z\geqslant\dfrac{27-22}{7.20/\sqrt{40}}\right)=2P(z\geqslant-4.51)=6\times10^{-6}$$

由于 p 值 $=6\times10^{-6}<\alpha=0.05$,所以拒绝原假设 H_0,可以认为调查公司的估计不可靠。

通过上述检验规则的介绍,可以看到三种检验方法存在着密切的关系,表现在:双侧检验时,若 z 值(或 t 值)检验法的检验结果是在显著性水平 α 下接受 H_0,则意味着在置信水平 $1-\alpha$ 下置信区间 $\mu_0\pm z_{\alpha/2}\dfrac{\sigma}{\sqrt{n}}$ 必包括 $\bar{x}$,这同样意味着 p 值一定大于 α 值;相反,若 z 值(或 t 值)检验法的检验结果是在显著性水平 α 下拒绝 H_0,则意味着在置信水平 $1-\alpha$ 下置信区间 $\mu_0\pm z_{\alpha/2}\dfrac{\sigma}{\sqrt{n}}$ 必不包括 $\bar{x}$,同样意味着 p 值一定小于 α 值。无论采用哪种检测方法,其检验的结论是一致的。单侧检验时,其各种检验方法检验的结果也存在同样的关系。

为了便于理解,我们运用例 7.1,将假设检验中的各种决策规则表示为图 7-2。

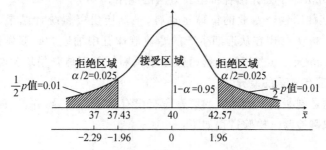

图 7-2 例 7.1 中各种检验方法决策规划示意图

第二节 总体均值的假设检验

上一节介绍了总体均值的假设检验的基本原理和程序,本节主要通过实例介绍对总体均值进行假设检验的方法。在实际检验时,与进行区间估计一样,通常要依据研究问题的不同或资料条件的不同而采用不同的处理方法,包括大样本情况下对单一总体均值的假设检验、小样本情况下对单一总体均值的假设检验以及独立样本情况下对两个总体均值之差的假设检验、配对样本情况下对两个总体均值之差的假设检验等几种情况,下面分别予以介绍。

一、单一总体均值的假设检验(大样本)

由抽样分布定理可知:当正态分布总体方差已知时,无论样本容量大小,样本均值都服从正态分布;若是非正态分布总体方差已知,只要是大样本抽样,样本均值仍然近似服从正态分布,即样本均值 $\bar{x}$ 服从 $N(\mu,\sigma^2/n)$。

构造检验统计量为:

$$z=\frac{\bar{x}-\mu}{\sigma/\sqrt{n}} \tag{7.1}$$

当 $\mu=\mu_0$ 时,统计量服从 $N(0,1)$。

如果非正态总体方差未知,大样本时,实际应用中是将样本标准差 s 代替总体标准差 σ,构造检验统计量为:

$$z=\frac{\bar{x}-\mu}{s/\sqrt{n}} \tag{7.2}$$

在对实际问题的假设检验中,z 检验法较为常用,但近年来,随着计算机技术的普及应用,如 SPSS 等许多计算机软件的统计功能中都可以报告 p 值,因此 p 值检验法不失为一种简便易行的检验方法。下面介绍各种检验方法的应用。

【例 7.2】 某鞋厂生产专业的篮球运动鞋,根据历史资料统计结果,平均耐磨寿命为 120 天,标准差为 36 天。现在从近期生产的专业篮球鞋中抽取 300 双做试验,测得样本平均耐磨寿命 $\bar{x}=180$ 天。试按 5% 的显著性水平判断新的篮球鞋平均耐磨寿命与以往篮球鞋的耐磨寿命有没有显著的差异。

解:由于问题是判断新旧篮球鞋耐磨寿命有没有显著的差异,并没有问及差异的方向,因此,此题属于双侧检验。检验过程如下:

z 检验法:

(1) 提出假设:$H_0:\mu=120$;$H_1:\mu\neq 120$。

(2) 由于是大样本抽样,且总体标准差 σ 已知,所以使用式(7.1)的检验统计量。

(3) 显著性水平 α 取 0.05,由于是双侧检验,由 $1-\alpha=0.95$ 查正态分布概率表得 $z_{\alpha/2}=\pm 1.96$,决策规则为:若 $z>1.96$ 或 $z<-1.96$,则拒绝 H_0;若 $-1.96<z<1.96$,则接受 H_0。

(4) 根据抽样结果,计算统计量 z 的实际值:

$$z = \frac{\bar{x} - \mu}{\sigma/\sqrt{n}} = \frac{180 - 120}{36/\sqrt{300}} = 28.87$$

(5) 检验判断：由于实际 $z = 28.87 > 1.96$，落在拒绝区域，所以拒绝 H_0。

结论：以 5% 的显著性水平可以认为新的篮球鞋平均耐磨寿命比以往有显著差异，即有明显的提高。

置信区间检验法：

(1) 提出假设：$H_0: \mu = 120$；$H_1: \mu \neq 120$。

(2) 由于是大样本抽样，且总体标准差 σ 已知，所以使用式(7.1)的检验统计量。

(3) 显著性水平 α 取 0.05，由于是双侧检验，置信区间为：$\mu \pm z_{\alpha/2} \frac{\sigma}{\sqrt{n}} = 120 \pm 1.96 \frac{36}{\sqrt{300}}$，即 (115.93, 124.07)。决策规则为：若 $115.93 \leq \bar{x} \leq 124.07$，则接受 H_0；若 $\bar{x} < 115.93$ 或 $\bar{x} > 124.07$，则拒绝 H_0。

(4) 根据抽样结果：样本均值 $\bar{x} = 180 > 124.07$，所以拒绝 H_0。

结论：以 5% 的显著性水平可以认为新的篮球鞋平均耐磨寿命比以往有显著差异。

p 值检验法：

(1) 提出假设：$H_0: \mu = 120$；$H_1: \mu \neq 120$。

(2) 由于是大样本抽样，且总体标准差 σ 已知，所以使用式(7.1)的检验统计量。

(3) 显著性水平 α 取 0.05，由于是双侧检验，则有：

$$p \text{ 值} = 2P\left(z \geq \frac{|\bar{x} - \mu|}{\sigma/\sqrt{n}}\right) = 2P\left(z \geq \frac{|180 - 120|}{36/\sqrt{300}}\right) = 2P(z \geq 28.87) \approx 0$$

(4) 由于 p 值近似为 0，为极小概率，所以拒绝 H_0。

结论：有把握认为新的篮球鞋平均耐磨寿命比以往有显著差异。

通过此题的解题过程说明，利用三种检验方法，得到的统计结论是一致的。

【例 7.3】 根据过去大量资料，某超市引进的某种水果的平均保质期服从正态分布，其平均保质期为 90 天，标准差为 12 天。现从最近引进的一批该水果中随机抽取 20 个，测得样本平均保质期为 100 天。试在 0.05 的显著性水平下判断这批水果的保质期是否有显著提高，并报告 p 值。

解：由于问题是判断新水果保质期有没有显著提高，问及差异的方向，本着不能轻易肯定的命题作为备择假设的原则，此题属于右单侧检验。

根据题意，提出假设：$H_0: \mu \leq 90$；$H_1: \mu > 90$

由于是正态总体，且标准差已知，因此使用式(7.1)的检验统计量。依 $\alpha = 0.05$ 查表得临界值

$$z_\alpha = z_{0.05} = 1.645$$

计算检验统计量：

$$z = \frac{100 - 90}{12/\sqrt{20}} = 3.7$$

由于 $z = 3.7 > z_\alpha = 1.645$，所以应该拒绝 H_0 而接受 H_1。即有把握认为该批水果的保质期有提高。

由于是右单侧检验,所以

$$p \text{ 值} = P\left(z \geq \frac{|\bar{x}-\mu|}{\sigma/\sqrt{n}}\right) = P\left(z \geq \frac{100-90}{12/\sqrt{20}}\right) = P(z \geq 3.7) = 0.5 - 0.4999 = 0.0001$$

因为 p 值 $=0.0001 < \alpha = 0.05$,所以拒绝原假设。结论与上述 z 检验法相同。

【例 7.4】 某厂声称其新开发的合成钓鱼线的强度服从正态分布,且平均强度为 8 公斤,标准差为 0.5 公斤。现从中抽取 50 条钓鱼线,测试结果为平均强度为 7.8 公斤。问能否接受该厂的声称。($\alpha=0.01$)

解:由于问题是判断能否接受该厂的声称,没有问及差异的方向,因此,此题属于双侧检验。

依题意提出假设:$H_0: \mu = 8$;$H_1: \mu \neq 8$

由于是总体标准差已知,且是大样本抽样,因此使用式(7.2)的检验统计量。依 $\alpha = 0.01$;$-z_{\alpha/2} = -z_{0.005} = -2.575$。计算检验统计量:$z = \frac{\bar{x}-\mu}{s/\sqrt{n}} = \frac{7.8-8}{0.5/\sqrt{50}} = -2.829$。由于 $z = -2.829 < -z_{\alpha/2} = -2.575$,所以拒绝原假设,接受备择假设。即新合成的钓鱼线的平均强度并不似厂商所称,它不等于 8 公斤。

若采用 p 值检验法,过程如下:

$$p \text{ 值} = 2P\left(z \leq \frac{\bar{x}-\mu}{\sigma/\sqrt{n}}\right) = 2P\left(z \leq \frac{7.8-8}{0.5/\sqrt{50}}\right) = 2P(z \leq -2.829) = 0.0046 < 0.01$$

因为 p 值 $< \alpha$,所以表明小概率事件发生,应该拒绝原假设,认为厂商所声称的新合成钓鱼线的平均强度等于 8 公斤是不可信的。

二、单一总体均值的假设检验(小样本)

设总体服从正态分布 $X \sim N(\mu, \sigma)$,但总体标准差 σ 未知,此时对总体均值的检验不能用上述 z 检验法,因为此时的检验统计量 z 中包含了未知参数 σ。为了得到一个不含未知参数的检验统计量,很自然会用样本标准差 s 来代替 σ,于是得到 t 统计量。由第六章内容可知,在小样本抽样状况下,若 $H_0: \mu = \mu_0$ 成立时,检验统计量及其分布为:

$$t = \frac{\bar{x}-\mu_0}{s/\sqrt{n}} \sim t(n-1) \tag{7.3}$$

利用服从 t 分布的统计量去检验总体均值的方法称为 t 检验法。其具体做法是:根据题意提出假设(与 z 检验法中的假设形式相同);构造检验统计量 t 并根据样本信息计算其具体值;对于给定的检验水平 α,由 t 分布表查得临界值;将所计算的 t 值与临界值比较,做出检验结论。决策规则如下:

若采用双侧检验,$H_0: \mu = \mu_0$,$H_1: \mu \neq \mu_0$,则临界值为 $-t_{\alpha/2}$ 和 $t_{\alpha/2}$。

决策规则:当 $-t_{\alpha/2} \leq t \leq t_{\alpha/2}$ 时,接受原假设;反之,则拒绝原假设。

若采用左侧检验,$H_0: \mu \geq \mu_0$,$H_1: \mu < \mu_0$,则临界值为 $-t_\alpha$。

决策规则:当 $t < -t_\alpha$ 时,拒绝原假设;反之,则接受原假设。

若采用右侧检验,$H_0: \mu \leq \mu_0$,$H_1: \mu > \mu_0$,则临界值为 t_α。

决策规则:当 $t > t_\alpha$ 时,拒绝原假设;反之,则接受原假设。

【例 7.5】 某食品厂采用自动包装机分装产品,假定每包食品的重量服从正态分布,每包标准重量为 600 克。某日随机抽查 10 包,测得每包净重数据(单位:克)如下:588、585、596、578、602、615、580、590、610、606。试在 0.05 的显著性水平下,检验当天自动包装机工作是否正常,并报告 p 值。

解:根据题意,检验的目的是观察产品的平均每包重量是否与标准重量一致,属于双侧检验问题。因此,可建立如下假设:$H_0:\mu=600,H_1:\mu\neq 600$

由于是正态总体且标准差未知,小样本抽样,可使用式(7.3)的 t 检验统计量,依 $\alpha=0.05$ 查表得临界值 $t_{(\alpha/2,n-1)}=t_{(0.025,9)}=2.262$。

根据样本数据计算得:$\bar{x}=595,s=12.84,n=10$

检验统计量

$$t=\frac{\bar{x}-\mu_0}{s/\sqrt{n}}=\frac{595-600}{12.84/\sqrt{10}}=-1.23$$

由于 $|t|=1.23<t_{(\alpha,n-1)}=2.262$,所以接受 H_0,即可认为这天自动包装机工作正常。

$$p \text{ 值}=2P\left(t\geq\frac{|\bar{x}-\mu|}{s/\sqrt{n}}\right)=2P\left(t\geq\frac{|595-600|}{12.84/\sqrt{10}}\right)=2P(t\geq 1.23)=0.374$$

显然 p 值 $=0.374>\alpha=0.05$,所以接受原假设。结论与上述 t 检验法一致。

t 检验法适用于小样本情况下总体方差未知时对正态总体均值的假设检验。随着样本容量 n 的增大,t 分布趋于标准正态分布。所以大样本情况下($n\geq 30$),总体方差未知时对正态总体均值的假设检验仍可用 z 检验法。

三、两个总体均值差异的假设检验

在实际推断统计中,有时涉及对两个总体均值之差的检验,如比较两种产品的平均使用寿命、两种方法的平均结果,这就需要利用相应两个样本的观察值,对两个总体均值的差异作出检验和判断,其检验方法与步骤与上面我们所介绍的单一总体均值的假设检验方法与步骤完全类似。

首先提出假设,假设的基本形式为:

双侧检验:$H_0:\mu_1-\mu_2=0,H_1:\mu_1-\mu_2\neq 0$

右单侧检验:$H_0:\mu_1-\mu_2\leq 0,H_1:\mu_1-\mu_2>0$

左单侧检验:$H_0:\mu_1-\mu_2\geq 0,H_1:\mu_1-\mu_2<0$

利用不同方式获取的样本,在检验时的情况又有所不同,检验通常分为独立样本和配对样本两种情形,下面分别予以说明。

若比较两个总体均值之间的差异,可直接根据来自两个不同总体独立抽取的样本信息,做出检验和判断。由于样本容量不同、对总体标准差掌握的情况不同,因此检验的过程有所不同,具体分析如下。

1. 两个正态总体标准差已知或大样本

由第六章介绍的内容可知,如果两个总体都服从正态分布、标准差都已知,或两个总体均不服从正态分布、标准差都未知,但两个独立样本的容量 n_1 和 n_2 都足够大时,样本均值之差 $\bar{x}_1-\bar{x}_2$ 的抽样分布服从或近似服从正态分布,可采用的检验统计量:

$$z=\frac{(\bar{x}_1-\bar{x}_2)-(\mu_1-\mu_2)}{\sqrt{\frac{\sigma_1^2}{n_1}+\frac{\sigma_2^2}{n_2}}} \tag{7.4}$$

或

$$z=\frac{(\bar{x}_1-\bar{x}_2)-(\mu_1-\mu_2)}{\sqrt{\dfrac{s_1^2}{n_1}+\dfrac{s_2^2}{n_2}}} \tag{7.5}$$

于是构造检验统计量

$$z=\frac{\bar{x}_1-\bar{x}_2}{\sqrt{\dfrac{\sigma_1^2}{n_1}+\dfrac{\sigma_2^2}{n_2}}} \tag{7.6}$$

当 $\mu_1=\mu_2$ 时，$Z \sim N(0,1)$。对于显著性水平 α，查正态分布表，得临界值 $z_{\alpha/2}$，则检验问题(1)、(2)、(3)的检验规则分别为：

(1) 当 $|Z| \geqslant z_{\alpha/2}$ 时，拒绝 H_0；$|Z| < z_{\alpha/2}$ 时，接受 H_0。

(2) 当 $Z \geqslant z_\alpha$ 时，拒绝 H_0；$Z < z_\alpha$ 时，接受 H_0。

(3) 当 $Z \leqslant -z_\alpha$ 时，拒绝 H_0；$Z > -z_\alpha$ 时，接受 H_0。

【例 7.6】 有两种方法可用于制造某种以抗拉强度为重要指标的产品。以往经验表明，用这两种方法生产出来的产品抗拉强度都近似服从正态分布。方法 1 给出的标准差为 6 千克，方法 2 给出的标准差为 8 千克。管理部门想知道用这两种方法所生产出来的产品平均抗拉强度是否相同，于是从方法 1 生产的产品中随机选取 12 个产品组成一个样本，算得样本均值为 40 千克，从方法 2 生产的产品中随机选取 16 个产品组成一个样本，算得样本均值为 34 千克。在显著性水平 $\alpha=0.05$ 下，进行检验。

解： 这个问题研究的是两个总体均值是否相同，先作假设 $H_0:\mu_1-\mu_2=0$，$H_1:\mu_1-\mu_2 \neq 0$

因为两个总体都是近似服从正态分布，且方差都已知，所以采用检验统计量

$$z=\frac{(\bar{x}_1-\bar{x}_2)-(\mu_1-\mu_2)}{\sqrt{\dfrac{\sigma_1^2}{n_1}+\dfrac{\sigma_2^2}{n_2}}}$$

它近似服从 $N(0,1)$。又因为 $\bar{x}_1=40$，$\bar{x}_2=34$，$n_1=12$，$n_2=16$，$\sigma_1=6$，$\sigma_2=8$，所以

$$z=\frac{40-34}{\sqrt{\dfrac{6^2}{12}+\dfrac{8^2}{16}}}=2.2678$$

对于 $\alpha=0.05$，查正态分布表，得临界值 $z_{\alpha/2}=z_{0.025}=1.96$。因为 $z=2.2678 > 1.96$，所以拒绝 H_0，即认为两种方法所生产出来的产品平均抗拉强度是不相同的。

2. 两正态总体标准差未知且小样本

若总体都服从正态分布，当两个总体方差未知时，需要用样本的方差来估计，但小样本估计的方法与大样本情况不同，此时，如果 $\sigma_1^2=\sigma_2^2$，可通过两个样本方差合并求得总体方差的合并估计值，采用的检验统计量为：

$$t=\frac{(\bar{x}_1-\bar{x}_2)-(\mu_1-\mu_2)}{\sqrt{\dfrac{s^2}{n_1}+\dfrac{s^2}{n_2}}} \tag{7.7}$$

t 分布的自由度为 n_1+n_2-2。其中 $s^2=\dfrac{(n_1-1)s_1^2+(n_2-1)s_2^2}{n_1+n_2-2}$。

所以检验统计量

$$t = \frac{\bar{x}_1 - \bar{x}_2}{s\sqrt{\frac{1}{n_1} + \frac{1}{n_2}}} \tag{7.8}$$

当 $\mu_1 = \mu_2$ 时,服从 $t(n_1 + n_2 - 2)$。给定显著性水平 α,查正态分布表,检验问题(1)、(2)、(3)的检验规则分别为:

(1) 当 $|t| \geq t_{\alpha/2}(n_1 + n_2 - 2)$ 时,拒绝 H_0;$|t| < t_{\alpha/2}(n_1 + n_2 - 2)$ 时,接受 H_0。

(2) 当 $t \geq t_\alpha(n_1 + n_2 - 2)$ 时,拒绝 H_0;$t < t_\alpha(n_1 + n_2 - 2)$ 时,接受 H_0。

(3) 当 $t \leq -t_\alpha(n_1 + n_2 - 2)$ 时,拒绝 H_0;$t > -t_\alpha(n_1 + n_2 - 2)$ 时,接受 H_0。

【例 7.7】 某地区高考负责人想知道某年来自城市学生的平均成绩是否比来自农村学生的平均成绩高。已知总体服从正态分布且方差大致相同,由抽样获得如下资料:城市中学考生 $\bar{x}_1 = 545, n_1 = 17, s_1 = 50$;农村中学考生 $\bar{x}_2 = 495, n_2 = 15, s_2 = 55$。在显著性水平 $\alpha = 0.05$ 下进行检验。

解:建立假设 $H_0: \mu_1 \leq \mu_2, H_1: \mu_1 > \mu_2$

由于两个总体都服从正态分布且方差相等,所以选取检验统计量

$$t = \frac{\bar{x}_1 - \bar{x}_2}{s\sqrt{\frac{1}{n_1} + \frac{1}{n_2}}}$$

其观测值为:

$$t = \frac{545 - 495}{\sqrt{\frac{(17-1)50^2 + (15-1)55^2}{17 + 15 - 2}} \sqrt{\frac{1}{17} + \frac{1}{15}}} = 2.69$$

查 t 分布表,$t_\alpha(n_1 + n_2 - 2) = t_{0.05}(30) = 1.70$,由于 $t > t_\alpha$,所以拒绝 H_0,即某地区某年来自城市中学考生的平均成绩比来自农村中学考生的平均成绩高。

3. 两个非正态总体

当两个样本来自非正态总体时,只要样本容量都很大,就可以利用中心极限定理,推出当 $\mu_1 = \mu_2$ 时的检验统计量

$$Z = \frac{\bar{x}_1 - \bar{x}_2}{\sqrt{\frac{\sigma_1^2}{n_1} + \frac{\sigma_2^2}{n_2}}} \tag{7.9}$$

近似服从 $N(0,1)$。如果 σ_1^2, σ_2^2 未知,就用 s_1^2, s_2^2 分别代替,其检验方法与正态总体条件下的检验相同。

【例 7.8】 在两种工艺条件下纺得细纱,各抽 100 个样本试验其强力(单位:克)。整理数据得:

工艺一:$\bar{x}_1 = 280, n_1 = 100, s_1 = 28$;

工艺二:$\bar{x}_2 = 286, n_2 = 100, s_2 = 28.5$

在显著性水平 $\alpha = 0.05$ 下,检验这两种工艺生产的细纱强力有无差异。

解:建立假设 $H_0: \mu_1 = \mu_2, H_1: \mu_1 \neq \mu_2$

因为两个总体的分布类型未知,方差也未知,所以在大样本的前提下,可以采用检验统计量

$$Z = \frac{\bar{x}_1 - \bar{x}_2}{\sqrt{\frac{s_1^2}{n_1} + \frac{s_2^2}{n_2}}}$$

它在 $\mu_1 = \mu_2$ 时近似服从 $N(0,1)$。对于显著性水平 $\alpha = 0.05$,查正态分布表,得临界值 $z_{\alpha/2} = z_{0.025} = 1.96$。再由样本数据,计算得

$$Z = \frac{280 - 286}{\sqrt{\frac{28^2}{100} + \frac{28.5^2}{100}}} = -1.5018$$

因为 $|Z| = |-1.5018| = 1.5018 < 1.96$,所以接受 H_0,即认为两种工艺生产的细纱强力无显著差异。

第三节 总体比例的假设检验

一、单一总体比例的假设检验(大样本)

来自总体的样本为 $(X_1, X_2, \cdots, X_n)$。其中,各个 $X_i (i=1,2,\cdots,n)$ 只取 1("成功")和 0("失败")两个值。样本中"成功"的次数为 n_1。当 n 达到一定程度时,样本比例 $p = \frac{n_1}{n}$ 近似服从正态分布 $N\left(p, \frac{p(1-p)}{n}\right)$。因此,对于假设 $H_0: p = p_0$,在 H_0 成立的前提下,有

$$Z = \frac{p - p_0}{\sqrt{\frac{p_0(1-p_0)}{n}}} \sim N(0,1) \tag{7.10}$$

【例 7.9】 某机构声称 5 年来各种新发行债券的承销价高于面值的比率没有超过 50%。为了检验此种说法,随机抽选了 60 支新发行债券,其中有 24 支的承销价高于面值。试以 $\alpha = 0.10$ 的显著性水平进行检验。

解:依题意,可建立如下假设: $H_0: p \geq 50\%$, $H_1: p < 50\%$
已知: $n = 60$ 为大样本,$p = 24/60 = 0.4$,于是有

$$Z = \frac{p - p_0}{\sqrt{\frac{p_0(1-p_0)}{n}}} = \frac{0.4 - 0.5}{\sqrt{\frac{0.5(1-0.5)}{60}}} = -1.55$$

计算 p 值

$$P(Z < -1.55) = 0.0606 < 0.10$$

所以拒绝原假设,即没有理由怀疑该机构的估计。
对于此题,如果采用二项分布的话,那么

$$P(X \leq 24) = \sum_{x=1}^{24} P(x; n=60, p=0.5) = 0.0775 < 0.10$$

通过二项分布计算的 p 值与通过正态分布计算的 p 值比较接近,但是,前者更加精确。对于单个总体比例进行假设检验时,如果遇到的是小样本,或者可以很方便用 Excel 时,用二项分布计算 p 值显然是合适的。

二、两个总体比例的假设检验

如果两个样本独立地抽自两个独立的总体,根据两个样本统计量 $\hat{p}_1$ 和 $\hat{p}_2$ 就可以检验总体比例 p_1 和 p_2 是否相等,在两个样本都是大样本的前提下,有

$$Z=\frac{(\hat{p}_1-\hat{p}_2)-(p_1-p_2)}{\sqrt{\frac{p_1(1-p_1)}{n_1}+\frac{p_2(1-p_2)}{n_2}}}\sim N(0,1) \tag{7.11}$$

【例 7.10】 一软件公司声称,新开发的一款软件,南方地区消费者的喜爱程度高于北方地区的消费者。为了进一步了解事实,进行抽样调查,了解两地喜爱该软件的人数比例,调查结果如下表。试以 0.01 的显著性水平检验。

南方地区	北方地区
$\hat{p}_1=0.65$	$\hat{p}_2=0.55$
$n_1=300$	$n_2=400$

解:依题意,可建立如下假设:$H_0:p_1 \leq p_2$,$H_1:p_1 > p_2$
因为

$$Z=\frac{(\hat{p}_1-\hat{p}_2)-(p_1-p_2)}{\sqrt{\frac{p_1(1-p_1)}{n_1}+\frac{p_2(1-p_2)}{n_2}}}=\frac{(0.65-0.55)-0}{\sqrt{\frac{0.65\times(1-0.65)}{300}+\frac{0.55\times(1-0.55)}{400}}}=2.695$$

所以计算 p 值,$P(Z>2.695)=0.0035<0.10$,因此拒绝原假设,即可以认为南方地区的消费者更偏好该软件。

第四节 总体方差的假设检验

一、一个正态总体方差的假设检验

方差是反映现象在数量上变异程度的指标,反映变化的均衡程度。对于正态总体方差检验主要有两种:一是检验总体方差是否显著等于某一给定的确定值;二是检验总体方差是否显著性地在某个给定的范围内。

在参数估计中,我们已经知道,可以用样本方差 $s^2=\frac{\sum(X-\bar{x})^2}{n-1}$ 作为总体方差 σ^2 的无偏估计。样本方差计算公式中的 $(n-1)$ 为自由度,说明样本中有 $(n-1)$ 个样本单位的取值是可以独立确定的,这是由于分子中 $\bar{x}$ 的约束使得独立的样本单位少了一个。

所建立的假设为 $H_0:\sigma^2=\sigma_0^2$,备择假设为 $H_1:\sigma^2\neq(>$ 或者 $<)\sigma_0^2$
检验统计量为:

$$\chi^2=\frac{(n-1)s^2}{\sigma^2} \tag{7.12}$$

或者是:

$$\chi^2 = \frac{\sum(X_i - \bar{x})^2}{\sigma^2} \tag{7.13}$$

在原假设成立的条件下,该统计量服从自由度为 $n-1$ 的 χ^2 分布,即

$$\chi^2 = \frac{(n-1)s^2}{\sigma^2} \sim \chi^2(n-1) \tag{7.14}$$

在给定的显著水平下,可查 χ^2 分布表或使用 Excel 中的 Chinv 函数,得到两个临界值 $\chi^2_{\alpha/2}(n-1)$ 和 $\chi^2_{1-\alpha/2}(n-1)$,若 $\chi^2_{1-\alpha/2}(n-1) \leqslant \chi^2 \leqslant \chi^2_{\alpha/2}(n-1)$,则检验统计量 χ^2 落入接受区域,这时不能推翻原假设;若检验统计量 χ^2 落入上述区域之外,即落入了拒绝区域,这时应拒绝原假设,接受备择假设。

【例 7.11】 某车间生产铜丝,生产一向比较稳定。今从中随机抽取 10 根,测得铜丝折断力的均值为 575.2,方差为 75.73。问:是否仍然可以相信该车间生产的铜丝折断力的方差依然是 64?(要求 $\alpha=0.05$,并且已知铜丝折断力服从正态分布)

解:依题意建立假设:$H_0:\sigma^2=64,H_1:\sigma^2\neq 64$,根据样本数据计算得到:

$$\chi^2 = \frac{(n-1)s^2}{\sigma^2} = 9(75.73/64) = 10.65$$

根据显著性水平 $\alpha=0.05$,查 χ^2 分布表得:

$$\chi^2_{1-\alpha/2}(n-1) = \chi^2_{0.975}(9) = 2.7, \qquad \chi^2_{\alpha/2}(n-1) = \chi^2_{0.025}(9) = 19$$

现在,$2.7 < \chi^2 = 10.65 < 19$,落入接受区域,所以不能拒绝原假设。即没有显著的证据认为该车间生产的铜丝折断力的方差不是 64。

【例 7.12】 某电工器材厂生产一种保险丝,保险丝的融化时间服从正态分布,按规定,融化时间的方差不得超过 400。今从一批产品中随机抽取 25 个样品,测得融化时间的方差为 410。问:在显著性水平 $\alpha=0.05$ 条件下,能认为这批产品的方差显著偏大吗?

解:依题意建立假设:$H_0:\sigma^2 \leqslant 400, H_1:\sigma^2 > 400$,根据样本数据得:

$$\chi^2 = \frac{(n-1)s^2}{\sigma^2} = 24(410/400) = 24.6$$

于是根据 $\alpha=0.05$,查表得 $\chi^2_{\alpha}(n-1) = \chi^2_{0.05}(24) = 36.42$。因为 $\chi^2 = 24.6 < 36.42$,所以落入接受区域,即我们没有理由认为这批产品的方差显著偏大。

根据以上例题类似地讨论 $H_0:\sigma^2 \geqslant \sigma_0^2$,可得到其拒绝区域为

$$\frac{(n-1)s^2}{\sigma_0^2} < \chi^2_{1-\alpha}(n-1)$$

二、两个正态总体方差比(σ_1^2/σ_2^2)的假设检验

假定有两个样本,分别为 $X_i \sim N(\mu_x, \sigma_x^2), Y_j \sim N(\mu_y, \sigma_y^2)$,两样本容量分别为 n_1 和 n_2,且相互独立。其中,$\mu_x, \sigma_x^2, \mu_y, \sigma_y^2$ 分别为两正态总体的均值和方差。又 s_x^2, s_y^2 分别为两样本方差,下面分两种情况对方差比 σ_x^2/σ_y^2 进行检验。

(一)两总体均值 μ_x、μ_y 已知

在两个总体均值已知的情况下,我们用样本方差去估计两总体的方差 σ_x^2, σ_y^2。此时样本方差的计算公式如下:

$$s_x^2 = \frac{1}{n_1}\sum_{i=1}^{n_1}(X_i-\mu_x)^2 \quad \text{和} \quad s_y^2 = \frac{1}{n_2}\sum_{i=1}^{n_2}(Y_i-\mu_y)^2$$

式中,两个样本方差的分母(自由度)都为各自的样本容量。

根据数理统计分析有:

$$\frac{n_1 s_x^2}{\sigma_x^2}\sim\chi^2(n_1), \quad \frac{n_2 s_y^2}{\sigma_y^2}\sim\chi^2(n_2)$$

且统计量

$$F=\frac{s_x^2/\sigma_x^2}{s_y^2/\sigma_y^2}\sim F(n_1,n_2) \tag{7.15}$$

即统计量 F 服从 F 分布。

建立假设:$H_0:\sigma_x^2=\sigma_y^2$ 对于双侧检验,$H_1:\sigma_x^2\neq\sigma_y^2$。在原假设成立下,检验统计量为:

$$F=\frac{s_x^2}{s_y^2}\sim F(n_1,n_2) \tag{7.16}$$

根据显著性水平 α 和自由度,查 F 分布表可以得到两个临界值:$F_{\alpha/2}(n_1,n_2)$、$F_{1-\alpha/2}(n_1,n_2)$。若样本统计量 F 满足 $F<F_{1-\alpha/2}(n_1,n_2)$ 或 $F>F_{\alpha/2}(n_1,n_2)$,那么就可在 $(1-\alpha)$ 概率水平下拒绝原假设。反之,如果计算的样本统计量值在区域 $[F_{1-\alpha/2}(n_1,n_2),F_{\alpha/2}(n_1,n_2)]$ 之中,那么我们就不能拒绝原假设。

对于左单侧检验,建立的备择假设为 $H_1:\sigma_x^2<\sigma_y^2$,据以判断的临界值为 $F_{1-\alpha}(n_1,n_2)$,拒绝区域为样本统计量 $F<F_{1-\alpha}(n_1,n_2)$。

对于右单侧检验,建立的备择假设为 $H_1:\sigma_x^2>\sigma_y^2$,据以判断的临界值为 $F_\alpha(n_1,n_2)$,拒绝区域为样本统计量 $F>F_\alpha(n_1,n_2)$。

(二) 两总体均值 μ_x、μ_y 未知

在两个总体均值未知的情况下,我们用如下计算公式的样本方差去估计两总体的方差 σ_x^2,σ_y^2:

$$s_x^2=\frac{1}{n_1-1}\sum_{i=1}^{n_1}(X_i-\bar{x})^2$$

和

$$s_y^2=\frac{1}{n_2-1}\sum_{i=1}^{n_2}(Y_i-\bar{Y})^2$$

式中,$\bar{x}$、$\bar{Y}$ 分别为两样本的平均值,两个样本方差的分母(自由度)都为各自的样本容量减去1。

由于:$\frac{(n_1-1)s_x^2}{\sigma_x^2}\sim\chi^2(n_1-1)$,$\frac{(n_2-1)s_y^2}{\sigma_y^2}\sim\chi^2(n_2-1)$,且统计量

$$F=\frac{s_x^2/\sigma_x^2}{s_y^2/\sigma_y^2}\sim F(n_1-1,n_2-1) \tag{7.17}$$

即可将其作为检验统计量。

建立的原假设为:$H_0:\sigma_x^2=\sigma_y^2$,在原假设成立的情况下,检验统计量

$$F=\frac{s_x^2}{s_y^2}\sim F(n_1-1,n_2-1) \tag{7.18}$$

对于双侧检验,备择假设 $H_1:\sigma_x^2\neq\sigma_y^2$。若样本统计量 F 满足 $F<F_{1-a/2}(n_1-1,n_2-1)$ 或 $F>F_{a/2}(n_1-1,n_2-1)$ 时,拒绝原假设。反之,就不能拒绝原假设。

对于左单侧检验,建立的备择假设为 $H_1:\sigma_x^2<\sigma_y^2$,据以判断的临界值为 $F_{1-a}(n_1-1,n_2-1)$,拒绝区域为样本统计量 $F<F_{1-a}(n_1-1,n_2-1)$。

对于右单侧检验,建立的备择假设为 $H_1:\sigma_x^2>\sigma_y^2$,据以判断的临界值为 $F_a(n_1-1,n_2-1)$,拒绝区域为样本统计量 $F>F_a(n_1-1,n_2-1)$。

【例 7.13】 某种脱脂乳制品在处理前后分别取样,分析其含脂率,得到数据如下:

处理前	处理后
$n_1=10$	$n_2=11$
$s_1^2=0.005$	$s_2^2=0.00477$

假定处理前后含脂率都服从正态分布,问处理前后含脂的方差是否不变(取 $\alpha=0.05$)。

解:依题意,建立假设:$H_0:\sigma_1^2=\sigma_2^2$,$H_1:\sigma_1^2\neq\sigma_2^2$,取统计量 $F=\dfrac{s_1^2}{s_2^2}=0.005/0.00477=1.06$,查表 $\alpha=0.05$

$$F_{1-a/2}(n_1-1,n_2-1)=\frac{1}{F_{a/2}(n_2-1,n_1-1)}=\frac{1}{F_{0.025}(10,9)}=1/3.96=0.253$$

$$F_{a/2}(n_1-1,n_2-1)=F_{0.025}(9,10)=3.78$$

即拒绝区域为 $F<0.253$ 和 $F>3.78$。因为样本统计量 $F=1.06$,未落入拒绝区域,所以接受原假设,即认为处理前后方差没有显著变化。

第五节 配对样本的假设检验

配对样本是指对同一样本进行两次测试所获得的两组数据,或对两个完全相同的样本在不同条件下进行测试所得的两组数据。两个独立样本 t 检验就是根据样本数据对两个配对样本总体的均值是否有显著差异进行推断。

一、两配对样本 t 检验的前提条件

(1) 两样本应该是配对的。即两样本的观察值数目相同,两样本的观察值的顺序不能随意更改。

(2) 样本来自的两个总体应该服从正态分布。

二、两配对样本 t 检验的基本实现思路

设总体 X_1 服从 $N(\mu_1,\sigma_1^2)$,总体 X_2 服从正态分布 $N(\mu_2,\sigma_2^2)$,分别从这两个总体中抽取样本 $(x_{11},x_{12},\cdots,x_{1n})$ 和 $(x_{21},x_{22},\cdots,x_{2n})$,且两样本相互配对。要求检验 μ_1 和 μ_2 是否有显著差异。

第一步,引进一个新的随机变量 $Y=X_1-X_2$ 对应的样本值为 $(y_1,y_2,\cdots,y_n)$,其中 $y_i=$

$x_{1i}-x_{2i}(i=1,2,\cdots,n)$。这样,检验的问题就转化为单样本 t 检验问题。即转化为检验 Y 的均值是否与 0 有显著差异。

第二步,建立零假设:$H_0:\mu_Y=0$

第三步,构造 t 统计量:$t=\dfrac{\bar{y}}{\dfrac{s_y}{\sqrt{n-1}}}\sim t(n-1)$

第四步,SPSS 自动计算 t 值和对应的 p 值。

第五步,做出推断:

若 p 值<显著水平 α,则拒绝零假设,即认为两总体均值存在显著差异;

若 p 值>显著水平 α,则不能拒绝零假设,即认为两总体均值不存在显著差异。

三、两配对样本 t 检验

两样本平均数差异检验,根据两个样本数据之间是否有关联性,分为独立样本和配对样本。独立样本是指两个样本的数据之间没有关联性;而配对样本,也称相关样本,是指两个样本的数据之间存在一一对应的关系。两个样本中的一对数据是有某种关联性的,例如在配对组实验中或在对同一样本实验前后获得的数据。

(一)两配对样本 t 检验的主要功能

两配对样本 t 检验是对两个配对样本的平均数之间进行差异检验。配对样本一般来自配对组或是同对一个样本的两次测试。例如要检验某一新式的提高学生阅读能力的教材,是否真的能达到预计的目标,对一些学生样本进行新式教材的实验教学,对学生在实验教学前后的阅读能力分别进行测量,并进行差异检验。这时不能运用独立样本 t 检验,而要用配对样本 t 检验,因为对于样本中的一对实验教学前后的数据是有关联的,是来自一个学生。而配对组可以认为是两个同质的组,因此来自配对组的两个数据也是有关联的。

(二)两配对样本 t 检验的适用条件

对两配对样本进行平均数差异检验,需要考虑数据的各种条件,如两总体是否正态分布,两总体方差是否已知及相关系数是否已知,从而选择合适的检验方法。与两独立样本差异检验不同,两配对样本差异检验不用事先进行方差齐性检验,因为配对样本的数据是成对数据,可以认为方差一致。

【**例 7.14**】 某医疗机构针对具有心脏病史的病人研发了一种新药。为了检验这种新药的疗效是否显著,对 16 位病人进行为期半年的观察测试,测试指标为使用该药之前和之后的甘油三酯水平的变化,得到数据如下:

	服药前后的甘油三酯水平														
服药前	180	139	152	112	156	167	138	160	107	156	94	107	145	186	112	104
服药后	100	92	118	82	97	171	132	123	174	92	121	150	159	101	148	130

假设甘油三酯水平近似服从正态分布,问:服药后甘油三酯水平是否有显著差异?

解:由题意可知,两个样本相互配对,我们只须检验 μ_1 和 μ_2 是否有显著差异。

首先,引进一个新的随机变量 $Y=X_1-X_2$ 对应的样本值为 $(y_1,y_2,\cdots y_n)$,其中 $y_i=x_{1i}-x_{2i}(i=1,2,\cdots,n)$ 这样,检验的问题就转化为单样本 t 检验问题,即转化为检验 Y 的均值是否与 0 有显著差异。

其次,建立零假设: $H_0:\mu_Y=0$

再次,构造 t 统计量

$$t=\frac{\bar{y}}{\frac{s_y}{\sqrt{n-1}}}\sim t(n-1)$$

最后,进行统计决策。根据计算结果,原假设显著性概率 $p=0.249>0.05$,因此在 95% 的置信水平上差异不显著,即服药前和服药后没有显著差异。

本章小结

本章介绍了假设检验基本原理与方法,假设检验不同于参数估计,参数估计是直接利用样本的数据来帮助我们对一个总体的某种参数形成认识,而假设检验却是从另一个角度认识总体参数,即首先提出对参数的假设,而后根据样本的数据信息来判断原假设是否合理。

假设检验的步骤主要包括:提出原假设和备择假设;选择适当的统计量,并确定其分布形式;选择显著性水平 α,确定临界值;进行决策并作出结论。

在假设检验中,我们所做出的决策有可能出现两类错误:第一类错误亦称拒真错误,是指当原假设 H_0 为真时,所做的判断是拒绝原假设,犯第一类错误的概率即为显著性水平 α;第二类错误亦称取伪错误,是指当原假设 H_0 不为真时,判断是接受原假设。

假设检验的方法包括对总体均值的假设检验和对总体比例的假设检验两种方法,每种检验方法中根据问题需要又可以采用双侧检验或单侧检验等具体形式。

对单一总体均值的假设检验要区分总体方差是否已知、是否为大样本抽样等情况。对于正态总体且方差已知时,无论样本大小,应用 z 检验统计量进行检验;对于非正态总体,只要大样本抽样,仍然使用 z 检验统计量进行检验;对于正态总体且方差未知、小样本抽样时,应用 t 检验统计量进行检验。对两个总体均值差的假设检验要区分独立样本和配对样本,检验时分别采取不同的检验统计量。

对总体比例的假设检验通常是在大样本条件下进行的,根据正态分布近似确定临界值,即应用 z 检验统计量进行假设检验。无论是对单一总体比例的假设检验,还是对两个总体比例差的假设检验,其检验的步骤同总体均值的假设检验一样,只是检验统计量的形式不同。

总体方差的假设检验可分为对单一总体方差的假设检验(χ^2 统计量)和两个总体方差的假设检验(F 统计量)。对于两个总体方差的假设检验要注意总体均值是否已知对统计量自由度的影响。

对于配对样本的假设检验可以用 t 统计量,但要特别注意独立样本与配对样本的区别。

附录　利用 Excel 和 SPSS 进行假设检验

一、用 Excel 进行假设检验

1. 单个正态总体的均值检验(大样本)

正常人的脉搏平均为72(次/min),现测得25例慢性四乙基铅中毒患者的脉搏(次/min)的均值是65.45,标准差是7.67,若四乙基铅中毒患者的脉搏服从正态分布,问:四乙基铅中毒患者和正常人的脉搏有无显著性差异($\alpha=0.05$)?

Excel 求解:应检验 $H_0:\mu=72$。其实现 t 检验的步骤为:

(1) 按图7-3输入已知数据:单元格C4中输入总体均值72,单元格B7中输入样本容量25,单元格C7中输入样本均值65.45,单元格D7中输入样本标准差7.67。

G7　fx　0.000266

	A	B	C	D	E	F	G
1							
2		Z-检验：单个总体的均值检验（已知样本均值和标准差					
3							
4	总体均值	u_0 =	72			z值	4.26988
5						自由度f	24
6		容量n	均值	标准差s		p值（单侧）	0.00013
7	样本	25	65.45	7.67		p值（双侧）	0.00027

图7-3

(2) 计算 t 统计量的值和 p 值。

①在单元格G4中输入“=ABS(C7−C4)/D7 * B7^0.5”求 z 值;

②在单元格G5中输入“=B7−1”求自由度;

③在单元格G6中输入“=TDIST(G4,G5,1)”求单侧 p 值;

④在单元格G7中输入“=TDIST(G4,G5,2)”求双侧 p 值;

所得结果如图7-3所示。

结果分析:因 $|z|=4.27$,$P=0.000\,266$(双侧)<0.05,则拒绝原假设 H_0,即认为四乙基铅中毒患者和正常人的脉搏有显著性差异。

注意:利用上述函数和公式,每次只要更改相应单元格的总体均值(C4)、样本容量(B7)、样本均值(C7)和标准差(D7),即可得到对应的结果。

2. 单个正态总体的均值检验(小样本)

已知某炼铁厂正常情况下的铁水含碳量 $X\sim N(4.55,\sigma^2)$。现观测5炉铁水的含碳量分别为:4.40,4.25,4.21,4.33,4.46。问:此时铁水的平均含碳量 $\mu=E(X)$ 是否有显著变化?($\alpha=0.05$)

Excel 求解:应检验 $H_0:\mu=4.55$。

本题已知样本原始数据,其实现 t 检验的步骤与上例类似:

(1) 将上例的图7-3所在的工作表复制(见图7-4),并在第I列依次输入样本数据,4.40,…,4.46原始数据。

(2) 将单元格C4的总体均值改为4.55;将单元格B7的样本容量改为5;在单元格B7的样本容量中输入公式“=COUNT(I2:I6)”;在单元格C7的样本均值中输入公式“=AVERAGE(I2:I6)”;在单元格D7的样本标准差中输入公式“=STDEV(I2:I6)”即可得到计算结果,见图7-4。

	A	B	C	D	E	F	G	H	I
1									样本数据
2		t-检验：单个总体的均值检验（已知原始数据）							4.4
3									4.25
4	总体均值		$u_0=$	4.55		t值		4.7668653	4.21
5						自由度v		4	4.33
6			容量n	均值	标准差s	p值（单侧）		0.00443	4.46
7	样本		5	4.33	0.1032	P值（双侧）		0.00886	

图 7-4

结果分析：因 $|t|=4.767$，$P=0.00886$（双侧）<0.05，则拒绝原假设 H_0，即认为此时铁水的平均含碳量 $\mu=E(X)$ 有显著变化。

注意：利用上述函数和公式，每次只要更改相应单元格的总体均值（C4）与原始数据（第 I 列），即可得到对应的结果。

对于单个正态总体方差的检验，利用相应的 Excel 函数和输入公式的方法与上题类似地建立工作表，即可进行相应检验。

3. 两个正态总体的方差检验

方差相等（或无显著差异）的总体称为具有方差齐性的总体，因此检验两个（或多个）总体方差是否相等的显著性检验又称为方差齐性检验。

对两个总体方差的齐性检验，即检验 $H_0:\sigma_1^2=\sigma_2^2$，可用 F 检验统计量 $F=\dfrac{s_1^2}{s_2^2}$ 来进行。在两个总体方差的齐性检验。

在 Excel 中，采用"工具→数据分析→F 检验：双样本方差"即可进行两个正态总体方差的齐性检验，下面我们结合例题来介绍用 Excel 进行方差的齐性检验的步骤。

用 24 只豚鼠均分成两组作支管灌流试验，记录流速如下（滴数/分）：

| 对照组 | 46 | 30 | 38 | 48 | 60 | 46 | 26 | 58 | 46 | 48 | 44 | 48 |
| 用药组 | 54 | 46 | 50 | 52 | 52 | 58 | 64 | 56 | 54 | 54 | 58 | 36 |

假定豚鼠灌流试验的流速服从正态分布，试检验这两组灌流试验流速的方差是否有显著差异。（$\alpha=0.10$）

Excel 求解：现列出用 Excel 来进行两组数据方差齐性检验的具体步骤。

首先将两组数据输入表中的 A2～A13 和 B2～B13（参见图 7-6），则检验步骤为：

(1) 在菜单中选取"数据→数据分析→F 检验：双样本方差"，点击"确定"。

(2) 当出现"F 检验：双样本方差"对话框后，选定参数，见图 7-5，在"变量 1 的区域"方框内键入 A1:A13；在"变量 2 的区域"方框内键入 B2:B13；选定"标志"（数据区域第一行为标志名）；在"α"方框内键入 0.05（注意：由于在 Excel 中该检验的结果中只有 F 分布的"单尾临界值"，故这里"α"方框内应键入 $\alpha/2=0.1/2=0.05$ 的值）。在"输出选项"中选择"输出区域"为 D1。

(3)选择"确定",如图7-5所示。

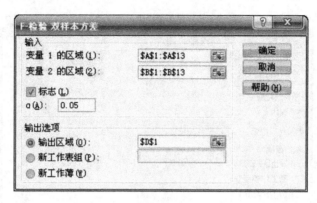

图7-5

	A	B	C	D	E	F
1	对照组	用药组		F-检验 双样本方差分析		
2	46	54				
3	30	46			对照组	用药组
4	38	50		平均	44.83333	52.83333
5	48	52		方差	96.33333	48.33333
6	60	52		观测值	12	12
7	46	58		df	11	11
8	26	64		F	1.993103	
9	58	56		P(F<=f) 单尾	0.134034	
10	46	54		F 单尾临界	2.81793	
11	48	54				
12	44	58				
13	48	36				
14						

图7-6

结果分析:如图7-6所示,因 $F=1.993\,103 < F_{\alpha/2}=2.817\,927$,(或 $P=0.134\,034 > 0.10/2=0.05$),所以不拒绝 H_0,即两组数据的总体方差无显著差异,即方差齐性成立。

4. 两个正态总体均值比较检验

对两个正态总体均值的比较检验,即检验 $H_0: \mu_1 = \mu_2$,也即检验 $H_0: \mu_1 - \mu_2 = 0$ 是否成立。当两组数据的方差齐性成立即等方差时,可用检验统计量

$$T = \frac{\bar{x} - \bar{y}}{s_p \sqrt{\frac{1}{n_1} + \frac{1}{n_2}}}$$ 来进行检验,其中

$$s_p = \sqrt{\frac{(n_1-1)s_1^2 + (n_2-1)s_2^2}{n_1 + n_2 - 2}}$$

在 Excel 的数据分析工具中,采用"t-检验:双样本等方差假设"即可进行两个正态总体方差的齐性检验,下面我们还是通过上例的数据来说明两个正态总体均值比较检验的步骤。

对上例中的两组数据,检验用药是否显著影响灌流试验的流速($\alpha=0.10$)。

Excel 求解:因为已经知道该例中两组数据的方差齐性成立,故可以用"t-检验:双样本等方差假设"来进行两组数据的流速是否有显著差异的检验。其具体步骤为:

(1)在菜单中选取"数据→数据分析→t-检验:双样本等方差假设",点击"确定"。

(2) 当出现"t-检验：双样本等方差假设"对话框后，选定参数，见图 7-7。

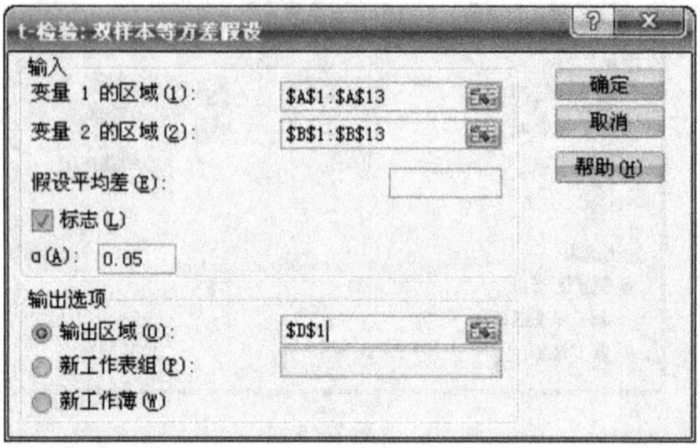

图 7-7

(3) 选择"确定"，即可得到等方差假设检验结果如图 7-8。

结果分析：如图 7-8 示，因 $|t|=|-2.30407|>t_{\alpha/2}=2.073873$，或 p 值 $=0.03104<0.05$。所以拒绝 H_0，认为两组数据的总体均值显著差异，即用药显著影响灌流试验的流速。

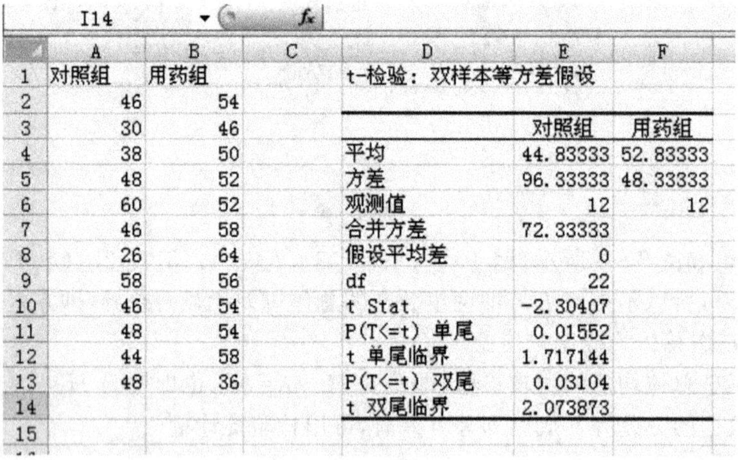

	A	B	C	D	E	F
1	对照组	用药组		t-检验：双样本等方差假设		
2	46	54				
3	30	46			对照组	用药组
4	38	50		平均	44.83333	52.83333
5	48	52		方差	96.33333	48.33333
6	60	52		观测值	12	12
7	46	58		合并方差	72.33333	
8	26	64		假设平均差	0	
9	58	56		df	22	
10	46	54		t Stat	-2.30407	
11	48	54		P(T<=t) 单尾	0.01552	
12	44	58		t 单尾临界	1.717144	
13	48	36		P(T<=t) 双尾	0.03104	
14				t 双尾临界	2.073873	
15						

图 7-8

对于方差未知且方差齐性不成立的两个正态总体均值比较检验可以用"t-检验：双样本异方差假设"来进行。对于总体方差已知的两个正态总体均值比较检验可以用"z 检验：双样本平均差检验"来进行。对于配对数据资料比较的 t 检验可以用"t-检验：平均值的二样本分析"来进行（在"假设平均差"中选 0 或不选）。上述检验步骤与前面介绍的"t-检验：双样本等方差假设"基本相同，限于篇幅这里不再详细介绍。

二、用 SPSS 进行假设检验

某化学药品在某溶剂中溶解后的标准浓度为 30 mg/L。现采用某种方法，测量该药物溶解液 10 次，测量后得到的结果为：29.19、28.41、30.10、30.00、30.91、32.41、30.00、33.00、29.89、31.11。问：用该方法测量所得结果是否与标准浓度值有所不同？

具体操作步骤：因为总体标准差未知且为小样本情况，所以采用 t 检验。

(1) 在 SPSS 中输入例题中的原始数据,如图 7-9 所示:

图 7-9

(2) 在菜单栏上点击"分析—比较均值—单样本 t 检验"。

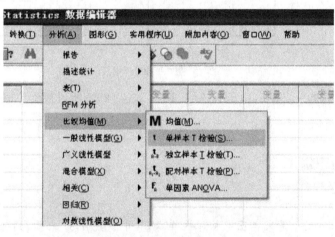

图 7-10

(3) 在左侧列表中选择 X 变量,将其放入检验变量对话框中。

(4) 在检验值中输入需要比较的数值,本文中为 30,如图 7-11 所示。

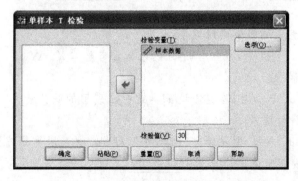

图 7-11

（5）点击确定,保存,结果如图 7-12 所示。

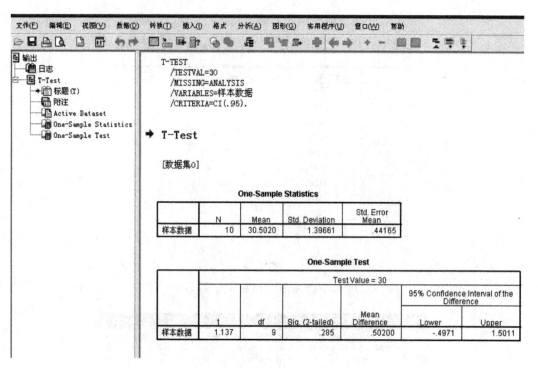

图 7-12

查表得 $t_{0.025}(29)=2.045$,由于 $|t|=1.137<t_{0.025}(29)$,所以接受零假设。

思考与习题

一、填空题

1. 设 $x_1,x_2,\cdots,x_n$ 是来自正态总体的样本,其中参数 μ,σ^2 未知,则检验假设 $H_0:\mu=0$ 的 t 检验使用统计量 $t=$ _____。

2. 设 $x_1,x_2,\cdots,x_n$ 是来自正态总体的样本,其中参数 μ 未知,σ^2 已知。要检验假设 $\mu=\mu_0$ 应用_____检验法,检验的统计量是_____;当 H_0 成立时该统计量服从 _____。

3. 要使犯两类错误的概率同时减小,只有_____。

4. 设 $x_1,x_2,\cdots,x_n$ 和 $y_1,y_2,\cdots,y_m$ 分别来自正态总体 $X\sim N(\mu_x,\sigma_x^2)$ 和 $Y\sim N(\mu_y,\sigma_y^2)$,两总体相互独立。

   (1) 当 σ_x 和 σ_y 已知时,检验假设 $H_0:\mu_x=\mu_y$ 所用的统计量为_____;当 H_0 成立时该统计量服从_____。

   (2) 若 σ_x 和 σ_y 未知,但 $\sigma_x=\sigma_y$,检验假设 $H_0:\mu_x=\mu_y$ 所用的统计量为_____;当 H_0 成立时统计量服从_____。

5. 设 $x_1,x_2,\cdots,x_n$ 是来自正态总体的样本,其中参数 μ 未知,要检验假设 $H_0:\sigma^2=\sigma_0^2$,

应用_____检验法,检验的统计量是_____;当 H_0 成立时,该统计量服从_____。

6. 设 $x_1,x_2,\cdots,x_n$ 和 $y_1,y_2,\cdots,y_m$ 分别来自正态总体 $X\sim N(\mu_x,\sigma_x^2)$ 和 $Y\sim N(\mu_y,\sigma_y^2)$,两总体相互独立。要检验假设 $H_0:\sigma_x^2=\sigma_y^2$,应用_____检验法,检验的统计量为_____。

7. 设总体 $X\sim N(\mu,\sigma^2)$,μ,σ^2 都是未知参数,把从 X 中抽取的容量为 n 的样本均值记为 $\bar{x}$,样本标准差记为 s(修正),在显著性水平 α 下,检验假设 $H_0:\mu=80;H_1:\mu\neq 80$;拒绝区域为_____。在显著性水平 α 下,检验假设 $H_0:\sigma^2=\sigma_0^2;H_1:\sigma^2\neq\sigma_0^2$;的拒绝区域为_____。

8. 设总体 $X\sim N(\mu,\sigma^2)$,μ,σ^2 都是未知参数,把从 X 中抽取的容量为 n 的样本均值记为 $\bar{x}$,样本标准差记为 s(修正),当 σ^2 已知时,在显著性水平 α 下,检验假设 $H_0:\mu\geq\mu_0;H_1:\mu<\mu_0$ 的统计量为_____,拒绝区域为_____。当 σ^2 未知时,在显著性水平 α 下,检验假设 $H_0:\mu\leq\mu_0;H_1:\mu>\mu_0$ 的统计量为_____,拒绝区域为_____。

9. 设总体 $X\sim N(\mu,\sigma^2)$,μ,σ^2 都是未知参数,从 X 中抽取的容量为 $n=50$ 的样本,已知样本均值 $\bar{x}=1\,900$,样本标准差 $s=490$(修正),检验假设 $H_0:\mu=2\,000;H_1:\mu\neq 2\,000$;的统计量为_____;在显著性水平 $\alpha=0.01$ 下,检验结果是_____ H_0。

二、选择题

1. 在假设检验中,用 α 和 β 分别表示犯第一类错误和第二类错误的概率,则当样本容量一定时,下列说法正确的是 ( )

   A. α 减小 β 也减小

   B. α 增大 β 也增大

   C. α 与 β 不能同时减小,减小其中一个,另一个往往就会增大

   D. A 和 B 同时成立

2. 在假设检验中,一旦检验法选择正确,计算无误 ( )

   A. 不可能作出错误判断   B. 增加样本容量就不会作出错误判断

   C. 仍有可能作出错误判断   D. 计算精确些就可避免错误判断

3. 在一个确定的假设检验问题中,与判断结果有关的因素有 ( )

   A. 样本值及样本容量   B. 显著性水平 α

   C. 检验的统计量   D. A 和 B 同时成立

4. 在假设检验中,记 H_1 为备择假设,则称_____为犯第一类错 ( )

   A. H_1 真,接受 H_1 B. H_1 不真,接受 H_1

   C. H_1 真,拒绝 H_1 D. H_1 不真,拒绝 H_1

5. 机床厂某日从两台机器所加工的同一种零件中,分别抽取 $n=20,m=25$ 的两个样本,检验两台机器的台工精度是否相同,则提出假设 ( )

   A. $H_0:\mu_1=\mu_2;H_1:\mu_1\neq\mu_2$ B. $H_0:\sigma_1^2=\sigma_2^2;H_1:\sigma_1^2\neq\sigma_2^2$

   C. $H_0:\mu_1=\mu_2;H_1:\mu_1>\mu_2$ D. $H_0:\sigma_1^2=\sigma_2^2;H_1:\sigma_1^2>\sigma_2^2$

6. 设 $x_1,x_2,\cdots,x_n$ 和 $y_1,y_2,\cdots,y_m$ 分别来自正态总体 $X\sim N(\mu_x,\sigma_x^2)$ 和 $Y\sim N(\mu_y,\sigma_y^2)$,两总体相互独立。样本均值 $\bar{x}$ 和 $\bar{y}$,而 s_x^2 和 s_y^2 相应为样本方差,则检验假设 $H_0:\sigma_x^2=\sigma_y^2$ ( )

A. 要求 $\mu_x = \mu_y$　　　　　　　　B. 要求 $s_x^2 = s_y^2$
C. 使用 χ^2 — 检验　　　　　　　　D. 使用 F — 检验

7. 检验的显著性水平是　　　　　　　　　　　　　　　　　　　　　　　　(　　)
   A. 第一类错误概率　　　　　　　　B. 第一类错误概率的上界
   C. 第二类错误概率　　　　　　　　D. 第一类错误概率的上界

8. 在假设检验中,如果原假设 H_0 的否定域是 W,那么样本观测值 $x_1, x_2, \cdots, x_n$ 只可能有下列四种情况,其中拒绝 H 且不犯错误的是　　　　　　　(　　)
   A. H_0 成立,$(x_1, x_2, \cdots, x_n) \in W$　　B. H_0 成立,$(x_1, x_2, \cdots, x_n) \notin W$
   C. H_0 不成立,$(x_1, x_2, \cdots, x_n) \in W$　　D. H_0 不成立,$(x_1, x_2, \cdots, x_n) \notin W$

三、解答题

1. 根据以往资料分析,某种电子元件的使用寿命服从正态分布,$\sigma = 11.25$。现从周内生产的一批电子元件中随机的抽取 9 只,测得其使用寿命为(单位:时):
   $$2315, 2360, 2340, 2325, 2350, 2320, 2335, 2335, 2325$$
   问这批电子元件的平均使用寿命可否认为是 2350 时($\alpha = 0.05$)。

2. 某厂生产的维尼伦在正常生产条件下纤维度服正态分布 $N(1.405, 0.048)$,某日抽取 5 根纤维,测得其纤维度为 $1.32, 1.55, 1.36, 1.40, 1.44$。问这天生产的维尼伦纤维度的均值有无显著变化($\alpha = 0.05$)。

3. 在正常情况下,某肉类加工厂生产的小包装精肉每包重量 X 服从正态分布,标准差 $\sigma = 10$。某日抽取 12 包,测得其重量(单位:g)为:
   $$501\quad 497\quad 483\quad 492\quad 510\quad 503\quad 478\quad 494\quad 483\quad 496\quad 502\quad 513$$
   问该日生产的纯精肉每包重量的标准差是否正常($\alpha = 0.10$)。

4. 某种轴料的椭圆度服从正态分布。现从一批该种轴料中抽取 15 件测量其椭圆度,计算得到样本标准差 $s = 0.035$。试问这批轴料椭圆度的总体方差与规定方差 $\sigma_0^2 = 0.0004$ 有无显著差异($\alpha = 0.05$)。

5. 抽样分析某种食品在处理前和处理后的含脂率,测得数据如下:
   处理前　0.19　0.18　0.21　0.30　0.41　0.12　0.27
   处理后　0.15　0.13　0.07　0.24　0.19　0.06　0.08　0.12
   假设处理前后的含脂率都服从正态分布,试问处理前后含脂率的标准差是否有显著差异($\alpha = 0.02$)。

6. 某种金属材料的抗压强度服从正态分布,为了提高产品质量,使用两种不同的配方 A 的产品中抽取 9 件,测得样本的标准差 $s_1 = 6.5$ kg 从配方 B 中的产品中抽取 12 件,测得样本标准差 $s_2 = 12.5$ kg 问两种配方生产的产品抗压强度的标准差是否有显著差异($\alpha = 0.10$)。

7. 已知某种矿砂的含镍量 X 服从正态分布。现测定了 5 个样品,含镍量(%)测定值为:
   $$3.25\quad 3.27\quad 3.24\quad 3.26\quad 3.24$$
   问在显著水平($\alpha = 0.01$)下能否认为这批矿砂的含镍量是 3.25%。

8. 从切割机加工的一批金属中抽取 9 段,测其长度如下(单位:cm):
   $$49.6\quad 49.3\quad 49.7\quad 50.3\quad 50.6\quad 49.8\quad 49.7\quad 51.0\quad 50.2$$

设金属长度服从正态分布,其标准长度为50cm。问能否判断这台切割机加工的金属棒是合格品($\alpha=0.05$)。

9. 抽样测定某种材料在处理后杂质含量,得到数据(%)如下：

   处理前　2.51　2.42　2.95　2.23　2.45　2.30　3.02　2.57　2.72　2.28
   　　　　2.64　2.69　2.61

   处理后　2.06　2.19　2.43　2.35　2.06　2.25　2.34　2.26　2.32

   设处理前后杂质含量都服从正态分布且方差不变,问处理前后杂质含量是否有显差异($\alpha=0.01$)。

10. 某种保险丝的熔断时间服从正态分布。现从这种保险丝中抽取10根检测,其熔断时间(毫秒)为

    　　　　42　65　75　78　71　57　59　54　55　68

    问可否认为这批保险丝熔断时间的方差大于64($\alpha=0.05$)。

11. 某电器厂生产一种云母片,根据长期正常生产积累的资料知道云母片厚度服从正态分布,厚度的数学期望为0.13毫米。如果在某日的产品中,随机抽查10片,算得子样观察值的均值为0.146毫米,均方差为0.015毫米。问该日生产的云母片厚度的数学期望与往日是否有显著差异(显著水平$\alpha=0.05$)。

12. 市场研究机构用一组被调查者样本来给某特定商品的潜在购买力打分。样本中每个人都分别在看过该产品的新的电视广告之前与之后打分。潜在购买力的分值在0～10分,分值越高表示潜在购买力越高。零假设认为"看后"平均得分小于或等于"看前"平均得分。拒绝该假设就表明广告提高了平均潜在购买力得分。对$\alpha=0.05$,用下列数据检验该假设,并对该广告给予评价。

购买力调查结果

个人	购买力得分 之前	购买力得分 之后	个人	购买力得分 之前	购买力得分 之后
1	6	5	5	3	5
2	6	4	6	9	8
3	7	7	7	7	5
4	4	3	8	6	6

13. 一个研究的假设是：湿路上汽车刹车距离的方差显著大于干路上汽车刹车距离的方差。在调查研究中,以同样速度行驶的16辆汽车分别在湿路和干路上检测刹车距离。在湿路上,刹车距离的标准差为32英尺,在干路上,标准差是16英尺。

    (1) 对于0.05的显著性水平,样本数据是否能够证明湿路上刹车距离的方差比干路上刹车距离方差大的结论？

    (2) 就驾驶安全性方面的建议而言,你的统计结论有什么含义？

第八章 方差分析

方差分析（Analysis of Variance，ANOVA）是20世纪20年代发展起来的一种统计分析方法，目前，它在心理学、生物学、医学等试验数据分析中被广泛使用。从形式上看，它是检验多个总体均值是否相等的一种统计分析方法；从内容上看，它却是研究多个变量之间关系的一种实用、有效的统计方法。本章将介绍方差分析的基本原理。内容包括方差的基本思想、单因素方差分析与双因素方差分析的原理及其应用。

第一节 方差分析概述

一、方差分析的概念

方差分析是对多个总体均值是否相等这一假设进行检验的一种统计分析方法。它所研究的是分类型自变量对数值型因变量的影响，例如它们之间有没有关系，关系强度如何等，通过检验各个总体的均值是否相等可以来判断分类型自变量对数值型因变量是否有显著影响。

下面通过一个例子来说明方差分析所要解决的问题及有关术语。

【例8.1】 某公司开发了甲、乙、丙三种新型的生产工具，随机选取5个熟练工人分别操作相同的时间，统计他们生产的零件的数量如表8-1所示，试分析这三种新型的工具是否存在显著差异。

表8-1 工人生产量的样本数据

生产工具	生产量				
甲	42	42	41	42	41
乙	39	38	40	41	40
丙	43	44	43	45	45

方差分析所要解决的问题：

要分析生产工具是否有显著差异，实际上也就是要判断"生产工具"是否对生产量有显著的影响，作出这种判断最终要归结于检验这三个生产工具的单位生产量的均值是否相等，如果它们的均值相等，就意味着三个生产工具没有显著差异，如果均值不全相等，则意味着三个生产工具有显著差异。

方差分析中常见的术语包括以下几个：

(1) 因子(因素)：在方差分析中，所要检验的对象称为因素或因子(Factor)。因素变量也称控制变量，根据控制变量给的多少可以把方差分析分为单因素方差分析(一个控制变量)和多因素方差分析(两个及以上控制变量)，多因素方差分析中又可以分为无交互作用的方差分析和有交互作用的方差分析。本例中的生产工具就是因子或因素，由于这里只涉及"生产工具"这一因素，因此此称为单因素方差分析。

(2) 水平：因子的不同表现称为水平或处理(Treatment)，比如本例中生产工具有三种即甲、乙、丙三个水平。因素的每一个水平可以看做一个总体，不同水平代表一类总体，例如生产工具甲、乙、丙可以看做三个总体。

(3) 观测值：在不同因子水平得到具体的样本数据(本例中的生产量)为观测值。由于不同水平代表一类在总体，不同水平下得到的观测值便可以看做样本值，观测值的个数可以看做样本量，不同水平得到的观测值的个数不同。

二、方差分析的基本思想

从前面的分析中，可以看出，方差分析的目的是检验各个水平的均值是否相等，从而得出分类变量(因素)是否对因变量产生影响的结论。但由于各水平总体均值是未知的，只有通过分析各水平的样本均值之间的差异来回答各水平总体均值之间是否存在差异。因此进行方差分析时，需要考察数据误差的来源，并对误差进行分析。

(一) 误差来源

在上例中，我们注意到，在同一种生产工具下，样本的各个观测值是不同的，如使用同一种生产工具，在五次相同时间内的生产量就不全一样，由于工人每一次操作，就是一个随机抽样，因此它们之间的差异可以看成是由于抽样的随机性造成的，或者说是随机因素造成的，我们称这种误差为随机误差；另外，在不同的生产工具下，各个观测值也是不同的，这种差异可能是由于抽样的随机性造成的，也可能是由于生产工具本身所造成的差异，我们把生产工具本身所造成的误差称为系统性误差。方差分析中就是要根据样本判断误差的来源，从而判断各水平之间是否有显著差异。

对于例 8.1，样本均值如表 8-2 所示，设不同生产工具下的样本平均销售额为 $\bar{x}_1, \bar{x}_2$，

表 8-2 三种生产工具下的均值

观测值个数	生产工具		
	甲	乙	丙
1	42	39	43
2	42	38	44
3	41	40	43
4	42	41	45
5	41	40	45
均值	41.6	39.6	44

$\bar{x}_3$。由于样本是随机的,所以 $\bar{x}_1,\bar{x}_2,\bar{x}_3$ 不可能完全相等,它们之间的差异有可能来自两个方面:组内差异和组间差异。如果样本均值之间的差异主要来源于第一方面,则认为不同水平之间的总体均值完全相等,即认为不同生产工具对生产量没有影响,生产工具不存在显著差异;如果它们之间的差异主要来源于第二个方面,则认为不同水平之间的总体均值不完全相等,即生产工具对生产量有影响,生产工具存在显著差异。

(二) 误差分析

显然,在方差分析时,主要考虑两种方差:一个是水平内部的方差称为组内方差,一个是水平之间的方差称为组间方差。前者只包括随机误差,后者既包括随机误差,也包括系统误差。在上例中,如果不同生产工具对生产量没有影响,那么组间误差中只包含随机误差,而没有系统误差。这时,组间方差与组内方差就应该近似相等,两个方差的比值就会接近于1;反之,如上例中生产工具对生产量有影响,那么在组间方差中,就不仅仅有随机误差,还包括系统误差,这时,该方差就会大于组内方差,两个方差的比值就远远大于1,当这个比值大到某种程度时,或者说达到某临界值时,我们就可以作出判断,说不同水平之间存在着显著性差异。因此,判断不同的生产工具对生产量是否有显著影响这一问题,实际上就是检验产量的差异主要是由于什么原因引起的。如果这种差异主要是系统误差,此时就认为不同生产工具对生产量有显著影响。在方差分析的假定前提下,要检验不同生产工具对生产量是否有显著影响,在形式上也就转化为检验三种生产工具的生产量的均值是否相等的问题。

三、方差分析中的基本假定

方差分析有三个基本假定:

(1) 每个总体都服从正态分布。也就是说,对于因素的每个水平,其观测值是来自正态分布总体的简单随机样本。例如,在例 8.1 中,每个生产工具的单位生产量必须服从正态分布。

(2) 各个总体的方差 σ^2 必须相同。也就是说,对于各组观察数据,是从具有相同方差的正态总体中抽取的。例如,在例 8.1 中,每个生产工具的单位生产量的方差都相同。

(3) 观测值是独立的。例如,在例 8.1 中,每个生产工具的生产量都与其他生产工具的生产量独立。

在上述假定成立的前提下,要分析自变量对因变量是否有影响,形式上也就转化为检验自变量的各个水平(总体)的均值是否相等。

四、问题的一般提法

设因素有 k 个水平,每个水平的均值分别用 $\mu_1, \mu_2, \cdots, \mu_k$ 表示,要检验 k 个水平(总体)的均值是否相等,需要提出如下假设:

$H_0: \mu_1 = \mu_2 = \cdots = \mu_i = \cdots = \mu_k$　　自变量对因变量没有显著影响

$H_1: \mu_i (i=1,2\cdots k)$ 不全相等　　自变量对因变量有显著影响

例如,在例 8.1 中,设甲生产工具的生产量均值为 μ_1,乙生产工具的生产量均值为 μ_2,丙生产工具的生产量均值为 μ_3,为检验生产工具对生产量是否有影响,需要提出如下假设:

$H_0: \mu_1 = \mu_2 = \cdots = \mu_i = \cdots = \mu_k$　　生产工具对生产量没有显著影响

$H_1: \mu_i (i=1,2,\cdots,k)$ 不全相等   生产工具对生产量有显著影响

第二节 单因素方差分析

当方差分析中只涉及一个分类型自变量时,称为单因素方差分析,也称单因子方差分析(One-Way Analysis of Variance)。对于例题8.1的方差分析来说,当我们只研究生产工具因子对生产量是否产生影响时,由于只涉及生产工具一个因素,因此这样的分析即为单因素方差分析。

一、单因素方差分析的数据结构

在进行方差分析时,需要得到下面的数据结构,如表8-3所示。

表8-3 单因素方差分析的数据结构

观测值(j)	因子(i)			
	A_1	A_2	$\cdots$	A_k
1	x_{11}	x_{21}	$\cdots$	x_{k1}
2	x_{12}	x_{22}	$\cdots$	x_{k2}
$\vdots$	$\vdots$	$\vdots$	$\vdots$	$\vdots$
n	x_{1n}	x_{2n}	$\cdots$	x_{kn}

为叙述方便,在单因素方差分析中,我们用 A 表示因子,因子的 k 个水平(总体)分别用 $A_1, A_2, \cdots, A_k$ 表示,每个观测值用 $x_{ij}(i=1,2,\cdots,k; j=1,2,\cdots,n)$ 表示,即 x_{ij} 表示 i 个水平(总体)的第 j 个观测值,比如 x_{21} 表示第2个水平的第1个观测值。其中,从不同水平中所抽取的样本容量可以相等,也可以不相等。

二、单因素方差分析步骤

为检验自变量对因变量是否有显著影响,首先需要提出"两个变量在总体中没有关系"的一个原假设,然后构造一个用于检验的统计量来检验这一假设是否成立。具体来说,方差分析包括提出假设、确定检验的统计量、决策分析等步骤。

(一)提出假设

假设有两个,一个是原假设,即假设检验因子的 k 个水平(总体)的均值完全相等;另一个备择假设,即假设检验因子的 k 个水平(总体)的均值不完全相等。其具体形式如下:

$H_0: \mu_1 = \mu_2 = \cdots = \mu_i = \cdots = \mu_k$ 自变量对因变量没有显著影响
$H_1: \mu_i (i=1,2,\cdots,k)$ 不全相等   自变量对因变量有显著影响

式中,μ_i 为第 i 个总体的均值。

原假设 H_0 成立,则意味着不同的因子水平间的均值没有差异,因子对因变量不构成影响;如果原假设 H_0 被拒绝,则意味着不同的因子水平间的均值存在差异,因子对因变量构

成影响。但这里需要注意的是,不同因子水平间的均值虽然存在差异,有可能是所有因子水平间都存在差异,也有可能只有两个因子水平间的均值存在差异,即当拒绝原假设 H_0 时,只是表明至少有两个总体的均值不相等,并不意味着所有的均值都不相等。

(二) 构造检验统计量

根据方差分析的原理我们知道是否拒绝原假设关键是判断组间误差与组内误差的比较值是否超过了某一临界值,如果超过了这一临界值,则说明组间误差与组内误差存在明显的差异,则我们有理由拒绝原假设;如果这一比较没有超过这一临界值,则说明组间误差与组内误差的差异并不明显,我们不能拒绝原假设。所以方差分析的检验统计量应该是一个比值,并且构造出的这一比值应该服从某一个分布,只有这样才能确定是否拒绝原假设的临界值。检验统计量的形式为:

$$F = \frac{\sum_{i=1}^{k} n_i (\bar{x}_i - \bar{x})^2 / (k-1)}{\sum_{i=1}^{k} \sum_{j=1}^{n_i} (x_{ij} - \bar{x}_i)^2 / (n-k)} = \frac{SSA/(k-1)}{SSE/(n-k)} = \frac{MSA}{MSE} \sim F(k-1, n-k)$$

(8.1)

式中: $\bar{x}_i$ 表示第 i 个总体的样本均值; n_i 表示第 i 个总体的样本观测值个数; x_{ij} 表示第 i 个总体的第 j 个观测值; $\bar{x}$ 表示总样本均值。它是全部观测值的总和除以观测值的总个数,表达式为:

$$\bar{x} = \frac{\sum_{i=1}^{k} \sum_{j=1}^{n_i} x_{ij}}{n} = \frac{\sum_{i=1}^{k} n_i \bar{x}_i}{n} \quad (\text{其中}, n = n_1 + n_2 + \cdots + n_k)$$

(8.2)

SSA 为组间误差平方和(Sum of Squares for Factor A),它是各组平均值 $\bar{x}_i (i=1, 2, \cdots, k)$ 与总平均值 $\bar{x}$ 的误差平方和,反映各因子水平(总体)的样本均值之间的差异程度。它也称为水平项误差平方和。其计算公式为:

$$SSA = \sum_{i=1}^{k} \sum_{j=1}^{n_i} (\bar{x}_i - \bar{x})^2 = \sum_{i=1}^{k} n_i (\bar{x}_i - \bar{x})^2$$

(8.3)

SSE 为组内误差平方和(Sum of Squares for Error),其计算公式为:

$$SSE = \sum_{i=1}^{k} \sum_{j=1}^{n_i} (x_{ij} - \bar{x}_i)^2$$

(8.4)

SST 为总误差平方和(Sum of Squares for Total),它是全部观测值 x_{ij} 与总平均值 $\bar{x}$ 的误差平方和,反映了全部观测值的离散状况。其计算公式为:

$$SST = \sum_{i=1}^{k} \sum_{j=1}^{n_i} (x_{ij} - \bar{x})^2$$

(8.5)

总误差平方和与组间误差平方和、组内误差平方和之间有如下关系:

$$\sum_{i=1}^{k} \sum_{j=1}^{n_i} (x_{ij} - \bar{x})^2 = \sum_{i=1}^{k} n_i (\bar{x}_i - \bar{x})^2 + \sum_{i=1}^{k} \sum_{j=1}^{n_i} (x_{ij} - \bar{x}_i)^2$$

即

$$SST = SSA + SSE$$

(8.6)

由于各误差平方和的大小与观测值的多少有关,为了消除观测值多少对误差平方和大小的影响,需要将其平均,也就是用各平方和除以他们所对应的自由度,这一结果称为均方。3个平方和所对应的自由度分别是:

SST 的自由度为 $n-1$,其中 n 为全部观测值的个数;

SSA 的自由度为 $k-1$,其中 k 为因素水平(总体)的个数;

SSE 的自由度为 $n-k$。

MSA 为组间均方,它是组间误差平方和 SSA 与其自由度 $k-1$ 的比值,即 $MSA=\frac{SSA}{k-1}$。其实它是总体方差 σ^2 的一个估计。当原假设 H_0 为真时,每一个因子水平下的样本都来自同一个总体,即均值为 μ,方差为 σ^2 的正态分布,因此 $\bar{x}_i$ 与 $\bar{x}$ 的数学期望都是 μ,$(\bar{x}_i-\bar{x})^2$ 的值较小,这样 MSA 的值应该与总体方差 σ^2 接近,其实此时它是总体方差 σ^2 的一个无偏估计;当原假设 H_0 为假时,不是每一个因子水平下的样本都是来自同一个总体,它们来自均值 μ_1、μ_2……方差为 σ^2 的不同的正态分布,因此各因子水平下样本均值 $\bar{x}_i$ 与总样本均值 $\bar{x}$ 的数学期望不同,$(\bar{x}_i-\bar{x})^2$ 的值较大,这样 MSA 对总体方差的估计值会偏大,$\bar{x}_i$ 的差异越大,MSA 的值会越大。

MSE 为组内均方,它是组内误差平方和 SSE 与其自由度 $n-k$ 的比值,即 $MSE=\frac{SSE}{n-k}$。它也是总体方差 σ^2 的一个估计。不论原假设 H_0 是否为真,它都是总体方差 σ^2 的一个无偏估计。

(三) 统计决策

计算出统计检验的统计量后,将统计量的值 F 与给定的显著性水平 α 的临界值 F_α 进行比较,从而作出对原假设 H_0 的决策。图8-1描述了 F 统计量的抽样分布以及在显著性水平 α 下的拒绝区域。

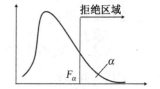

图8-1 显著性水平和拒绝区域

根据给定的显著性水平 α,在 F 分布表中查找与分子自由度 $df_1=k-1$,分母自由度 $df_2=n-k$ 相应的临界值 $F_\alpha(k-1,n-k)$。

若 $F>F_\alpha$,则拒绝原假设 H_0,即 $\mu_1=\mu_2=\cdots=\mu_i=\cdots=\mu_k$ 不成立,表明 $\mu_i(i=1,2,\cdots,k)$ 之间的差异显著,也就是说,所检验的因素(生产工具)对观测值(生产量)有显著的影响。

若 $F<F_\alpha$,则不拒绝原假设 H_0,即没有证据表明 $\mu_i(i=1,2,\cdots,k)$ 之间有显著差异,也就是说,这时还不能认为所检验的因素(生产工具)对观测值(生产量)有显著的影响。

三、方差分析表(Analysis of Variance Table)

上面详细介绍了方差分析的步骤和过程。为了使计算过程更加清晰,通常将上述过程的内容列在一张表内,这就是方差分析表。其一般形式如表8-4所示:

表 8-4 单因素方差分析表一般形式

误差来源	平方和 SS	自由度 df	均方 MS	F 值	p 值
组间	SSA	$k-1$	MSA	MSA/MSE	
组内	SSE	$n-k$	MSE		
总和	SST	$n-1$			

四、单因素方差分析的应用

【例 8.2】 沿用例 8.1,分析生产工具之间是否有显著差异。

解:分析步骤如下:

(1) 提出假设

$$H_0: \mu_1 = \mu_2 = \mu_3 \quad H_1: \mu_i (i=1,2,3) \text{不全相等}$$

(2) 构造检验统计量

$$\bar{x}_1 = 41.6, \quad \bar{x}_2 = 39.6, \quad \bar{x}_3 = 44, \quad \bar{x} = 41.73$$

$$\begin{aligned} SSA &= \sum_{i=1}^{3} n_i (\bar{x}_i - \bar{x})^2 \\ &= 5 \times (41.6 - 41.73)^2 + 5 \times (39.6 - 41.73)^2 + 5 \times (44 - 41.73)^2 \\ &= 48.53 \end{aligned}$$

计算三种生产工具的误差项平方和分别为:

生产工具甲:

$$\sum_{j=1}^{5} (x_{1j} - \bar{x})^2 = (42 - 41.6)^2 + (42 - 41.6)^2 + \cdots + (41 - 41.6)^2 = 1.2$$

生产工具乙:

$$\sum_{j=1}^{5} (x_{2j} - \bar{x})^2 = (39 - 39.6)^2 + (38 - 39.6)^2 + \cdots + (40 - 39.6)^2 = 5.2$$

生产工具丙:

$$\sum_{j=1}^{5} (x_{3j} - \bar{x})^2 = (43 - 44)^2 + (44 - 44)^2 + \cdots + (45 - 44)^2 = 4$$

$$SSE = \sum_{i=1}^{k} \sum_{j=1}^{n_i} (x_{ij} - \bar{x}_i)^2 = 1.2 + 5.2 + 4 = 10.4$$

$$MSA = \frac{SSA}{k-1} = \frac{48.53}{3-1} = 24.27,$$

$$MSE = \frac{SSE}{n-k} = \frac{10.4}{15-3} = 0.87,$$

$$F = \frac{MSA}{MSE} = 28$$

(3) 进行决策

在显著性水平 $\alpha = 0.05$ 的情况下,在 F 分布表中查找分子自由度为 2,分母自由度为 12 的 F 临界值 $F_\alpha = 3.89$,$F > F_\alpha$,所以拒绝原假设,认为在显著性为 0.05 水平下,生产工具对生产量有显著的影响,即三种新型的生产工具之间有显著差异。

应用软件进行分析：

(1) 运行 Excel，运用方差分析功能，可得到如表 8-5 和表 8-6 所示的输出结果。表 8-5 给出了描述性统计结果，包括各组的总和、均值和方差。从表 8-6 可以看出 $F=28$，F_α（即 F crit）$=3.885\,294$，$F>F_\alpha$，所以拒绝原假设，认为在显著性为 0.05 水平下，生产工具对生产量有显著的影响，即三种新型的生产工具之间有显著差异。

表 8-5　描述性统计

组	观测数	求和	平均	方差
甲	5	208	41.6	0.3
乙	5	198	39.6	1.3
丙	5	220	44	1

表 8-6　方差分析表

差异源	SS	df	MS	F	P-value	F crit
组间	48.533 33	2	24.266 67	28	$3.02E-05$	3.885 294
组内	10.4	12	0.866 667			
总计	58.933 33	14				

另外，由于输出结果中给出了 p 值（P-value），因此还可以直接将 p 值与显著性水平 α 进行比较，若 $p<\alpha$ 则拒绝原假设，若 $p>\alpha$ 则不能拒绝原假设。本例中 P-value $=3.02\times10^{-5}$，远远小于显著性水平 0.05，因此拒绝原假设。

(2) 运用 SPSS 软件，得出的分析结果如表 8-7 和表 8-8 所示。

表 8-7　描述性统计结果

	N	均值	标准差	标准误	均值的 95%置信区间		极小值	极大值
					下限	上限		
1.00	5	41.600 0	0.547 72	0.244 95	40.919 9	42.280 1	41.00	42.00
2.00	5	39.600 0	1.140 18	0.509 90	38.184 3	41.015 7	38.00	41.00
3.00	5	44.000 0	1.000 00	0.447 21	42.758 3	45.241 7	43.00	45.00
总数	15	41.733 3	2.051 71	0.529 75	40.597 1	42.869 5	38.00	45.00

表 8-8　方差分析表

	平方和	df	均方	F	显著性
组间	48.533	2	24.267	28.000	0.000
组内	10.400	12	0.867		
总数	58.933	14			

表 8-7 给出了不同生产工具的生产量的基本描述统计量以及 95% 的置信区间。

表 8-8 显示了单因素方差分析的结果,其中组间平方和的 F 值为 28.000,相应的概率值是 0.000,小于显著水平 0.05,因此我们认为调查的这三种新型生产工具有显著差异,与 Excel 显示的结果一致。

第三节 双因素方差分析

一、双因素方差分析概述

当方差分析中涉及两个分类型自变量时,称为双因素方差分析(Two-Way Analysis of Variance)。在实际问题研究中,往往需要考虑多个因素对因变量的影响。例如,在分析影响空调销售额的因素时,就需要考虑品牌、地区、价格、人均收入和质量等多个因素的影响。当我们研究两个因素对因变量的影响时,就称为双变量方差分析。我们可以把其中一种因素称为因素 A,把另一个因素称为因素 B。双因素方差分析内容包括:分析因素 A 和因素 B 对因变量的影响;分析究竟是一个因素在起作用还是两个因素都在起作用,或者是两个因素都不起作用。

【例 8.3】 某食品加工企业的一种新型小零食有五种不同的口味,为了研究其市场销售状况,制定下一步的经营策略,该企业随机选取了五个不同销售地区的规模相同的超级市场,得到该商品不同口味的销售资料如表 8-9 所示。试分析销售地区和口味种类对这种小零食的销售量是否有显著影响。

表 8-9 不同地区不同口味的销售资料

		口味种类				
		A_1	A_2	A_3	A_4	A_5
销售地区	B_1	20	12	20	25	9
	B_2	21	11	21	26	8
	B_3	24	15	18	24	10
	B_4	23	10	19	27	13
	B_5	25	17	15	23	10

在本例中,销售地区和口味种类是两个分类型的自变量,销售量是一个数值型因变量。同时分析销售地区和口味种类对销售量的影响,分析两种因素如何对销售量产生作用,这就是一个双变量分析问题。

在双因素方差分析中,由于有两个影响因素,例如,小零食的"地区"因素和"口味"因素,如果"地区"因素和"口味"因素对销售量的影响是相互独立的,分析判断"地区"因素和"口味"因素对销售量的影响,这时的双因素方差分析称为无交互作用的双因素方差分析,或称为无重复双因素方差分析;如果除了"地区"因素和"口味"因素对销售量的单独影响外,两个因素的组合也对销售量产生一种新的影响效应,例如,某个地区对某种口味的食品有特殊的偏好,这就是两个因素结合后产生的新效应,这种双因素方差分析称为有交互作用的双因素方差分析,或称为可重复双因素方差分析。

二、无交互作用的双因素方差分析

(一) 数据结构

无交互作用的双因素方差分析中,由于有两个因素,在获取数据时,需要将一个因素安排在"行(Row)"的位置,称为行因素;另一个因素安排在"列(Column)"的位置,称为列因素。设行因素有 k 个水平:行1,行2,…行k;列因素有 r 个水平:列1,列2,…列r。如表8-10所示。

表 8-10 双因素方差分析的数据结构

		列因子(j)				平均值$\bar{x}_{1g}$
		列1	列2	…	列r	
行因子(i)	行1	x_{11}	x_{12}	…	x_{1r}	$\bar{x}_{1g}$
	行2	x_{12}	x_{22}	…	x_{2r}	$\bar{x}_{2g}$
	⋮	⋮	⋮	⋮	⋮	⋮
	行k	x_{k1}	x_{k2}	…	x_{kr}	$\bar{x}_{kg}$
平均值$\bar{x}_{gj}$		$\bar{x}_{g1}$	$\bar{x}_{g2}$	…	$\bar{x}_{gr}$	$\bar{x}$

上表中,每个观测值 $x_{ij}(i=1,2,\cdots,k;j=1,2,\cdots,r)$ 可以看作由行因素的 k 个水平和列因素的 r 个水平所组合成的 $r \times k$ 个总体中,抽取的样本容量为1的独立随机样本。这 $r \times k$ 的每一个总体都服从正态分布,而且有相同的方差。

(二) 无交互作用的双因素方差分析的步骤

与单因素方差分析相似,双因素方差分析也需要通过以下几个步骤完成:提出假设、确定检验统计值、统计决策。

1. 提出假设

为了检验两个因素的影响,需对这两个因素分别提出假设。对行因子提出假设为:

$H_0: \mu_1 = \mu_2 = \cdots = \mu_i = \cdots \mu_k$ 即行因子对因变量没有显著影响

$H_1: \mu_i (i=1,2,\cdots,k)$ 不完全相等,即行因子对因变量有显著影响

式中,μ_i 表示行因子的第 i 个水平(总体)的均值。对列因子提出假设:

$H_0: \mu_1 = \mu_2 = \cdots = \mu_j = \cdots = \mu_r$ 即列因子对因变量没有显著影响

$H_1: \mu_i (i=1,2,\cdots,r)$ 不完全相等,即列因子对因变量有显著影响

式中,μ_j 表示列因子的第 j 个水平(总体)的均值。

2. 构造检验统计量

为检验原假设 H_0 是否成立,我们需要分别确定检验行因素和列因素的统计量。与单因素方差分析构造统计量的方法一样,也需要从总误差平方和的分解入手。总误差平方和是全部样本观测值 $x_{ij}(i=1,2,\cdots,k;j=1,2,\cdots,r)$ 与总体样本平均值 $\bar{x}$ 的误差平方和,记为 SST,即:

$$SST = \sum_{i=1}^{k}\sum_{j=1}^{r}(x_{ij}-\bar{\bar{x}})^2$$
$$= \sum_{i=1}^{k}\sum_{j=1}^{r}(\bar{x}_{ig}-\bar{\bar{x}})^2 + \sum_{i=1}^{k}\sum_{j=1}^{r}(\bar{x}_{gj}-\bar{\bar{x}})^2 + \sum_{i=1}^{k}\sum_{j=1}^{r}(x_{ij}-\bar{x}_{ig}-\bar{x}_{gj}+\bar{\bar{x}})^2 \tag{8.7}$$

其中分解后的等式右边的第一项是行因素所产生的误差平方和,记为 SSR,即:

$$SSR = \sum_{i=1}^{k}\sum_{j=1}^{r}(\bar{x}_{ig}-\bar{\bar{x}})^2 \tag{8.8}$$

第二项是列因素所产生的误差平方和,记为 SSC,即:

$$SSC = \sum_{i=1}^{k}\sum_{j=1}^{r}(\bar{x}_{gj}-\bar{\bar{x}})^2 \tag{8.9}$$

第三项是除行因子和列因子之外的剩余因子影响产生的误差平方和,称为随机误差项平方和,记为 SSE,即:

$$SSE = \sum_{i=1}^{k}\sum_{j=1}^{r}(x_{ij}-\bar{x}_{ig}-\bar{x}_{gj}+\bar{\bar{x}})^2 \tag{8.10}$$

上述各平方和的关系为:

$$SST = SSR + SSC + SSE \tag{8.11}$$

在上述误差平方和的基础上,计算均方(Mean Square),也就是将各平方除以相应的自由度。与各误差平方和相对应的自由度分别是:

- 总误差平方和 SST 的自由度为 $kr-1$;
- 行因子的误差平方和 SSR 的自由度为 $k-1$;
- 列因子的误差平方和 SSC 的自由度为 $r-1$;
- 随机误差平方和 SSE 的自由度为 $(k-1)\times(r-1)$。

为构造检验统计量,需要计算下列各均方:

- 行因子的均方误差,记为 MSR,即:

$$MSR = \frac{SSR}{k-1} \tag{8.12}$$

- 列因子的均方误差,记为 MSC,即:

$$MSC = \frac{SSC}{r-1} \tag{8.13}$$

- 随机误差项的均方,记为 MSE,即:

$$MSE = \frac{SSE}{(k-1)(r-1)} \tag{8.14}$$

根据以下的结果我们就可以构造检验统计量了,为检验行因子对因变量的影响是否显著,采用如下统计量:

$$F_R = \frac{MSR}{MSE} \sim F[k-1,(k-1)(r-1)] \tag{8.15}$$

为检验列因子对因变量的影响是否显著,采用如下统计:

$$F_C = \frac{MSC}{MSE} \sim F[r-1,(k-1)(r-1)] \tag{8.16}$$

3. 统计决策

根据给定的显著性水平 α 和两个自由度,查 F 分布分别求出 F_R 与 F_C 对应的临界值 F_α。将 F_R、F_C 与各自对应的临界值 F_α 进行比较。

- 若 $F_R > F_\alpha$,则拒绝原假设 H_0,即 $\mu_1 = \mu_2 = \cdots = \mu_i = \cdots = \mu_k$ 不成立,表明 $\mu_i (i=1, 2, \cdots, r)$ 之间的差异是显著的。也就是说,我们可以认为所检验的行因子对观测值有显著的影响。

- 若 $F_C > F_\alpha$,则拒绝原假设 H_0,即 $\mu_1 = \mu_2 = \cdots = \mu_j = \cdots = \mu_r$ 不成立,表明 $\mu_i (j=1, 2, \cdots, r)$ 之间的差异是显著的,也就是说,我们可以认为检验的列因子对观测值有显著影响。

双因素方差分析的分析过程可以清楚地列在方差分析表中,如表 8-11 所示:

表 8-11 无交互作用双因素方差分析表

误差来源	平方和 SS	自由度 df	均方 MS	F 值	P 值
行因子	SSR	$k-1$	MSR	MSR/MSE	
列因子	SSC	$r-1$	MSC	MSC/MSE	
误差	SSE	$(k-1)(r-1)$	MSE		
总和	SST	$kr-1$			

(三)无交互作用的双因素方差分析的应用

【例 8.4】 根据例 8.3 中的数据,分析"地区"和"口味"对销售量是否有显著影响?($\alpha = 0.05$)

解:(1) 对两个因素分别提出如下假设。

行因素(销售地区)

$H_0: \mu_1 = \mu_2 = \mu_3 = \mu_4 = \mu_5$ 即销售地区对因变量没有显著影响

$H_1: \mu_1, \mu_2, \mu_3, \mu_4, \mu_5$ 不完全相等,即销售地区对因变量有显著影响

列因素(口味类别)

$H_0: \mu_1 = \mu_2 = \mu_3 = \mu_4 = \mu_5$ 即口味对因变量没有显著影响

$H_1: \mu_1, \mu_2, \mu_3, \mu_4, \mu_5$ 不完全相等,即口味对因变量有显著影响

(2) 运用统计软件进行方差分析

运用 Excel 得出的结果如表 8-12 和表 8-13 所示。

表 8-12 给出了描述性统计结果,包括行、列控制变量各水平下观测变量的样本容量、总和、均值和方差。

表 8-13 是方差分析表,表中的"行"表示行因素,即销售地区,"列"表示列因素,即口味种类。其中:

"SS"列下的分别表示样本数据的 SSR、SSC、SSE 和 SST,这里分别是 5.36, 796.96, 91.04, 893.36。

"df"为自由度。

"MS"列分别为各个平均差,依次对应 MSR, MSC, MSE。

表 8-12 描述性统计

SUMMARY	观测数	求和	平均	方差
B1	5	86	17.2	42.7
B2	5	87	17.4	57.3
B3	5	91	18.2	36.2
B4	5	92	18.4	48.8
B5	5	90	18	37
A1	5	113	22.6	4.3
A2	5	65	13	8.5
A3	5	93	18.6	5.3
A4	5	125	25	2.5
A5	5	50	10	3.5

表 8-13 方差分析结果

差异源	SS	df	MS	F	P-value	F crit
行	5.36	4	1.34	0.235 501	0.914 226	3.006 917
列	796.96	4	199.24	35.015 82	9.98E-08	3.006 917
误差	91.04	16	5.69			
总计	893.36	24				

"F"列下的 0.235 501 和 35.015 82 分别是 F_R 和 F_C 的观测值。

"P-value"列下分别是 F_R 和 F_C 的概率 p 值。

"F crit"列下的 3.006 917 和 3.006 917 为 F_R 和 F_C 在显著性水平 α 为 0.05,指定自由度下的临界值。

在显著性水平 α 为 0.05 的情况下,由于 F_R 观测值小于其临界值,或者对应的 F 检验统计量的概率 p 值大于显著性水平 α,则应接受原假设,说明不同的销售地区对销售量不产生显著影响;同样,由于 F_C 的观测值大于其临界值,或者对应的 F 检验统计量的概率 p 值小于显著性水平 α,则应拒绝原假设,说明不同的口味对销售量有显著的影响。

二、有交互作用的双因素方差分析

有交互作用的双因素方差分析是指分析两因素对因变量产生的影响时,不仅考虑它们对因变量的对立作用,同时还考虑它们的相互搭配作用对因变量的影响。

与无交互作用的双因素方差分析类似,有交互作用的双因素方差分析也需要提出假设、构造检验的统计量、决策分析等步骤。提出假设时,需要对行变量、列变量和它们的交互作用分别提出假设,方法与上述类似,这里不再赘述。

设行因素有 k 个水平,列因素有 r 个水平,共有 kr 个水平,在每一个水平组合下有 m 个观测值(Excel 中称每一个样本的行数),则有交互作用的双因素方差分析表的数据结构如

表 8-14 所示。

表 8-14 有交互作用的双因素方差分析表

误差来源	平方和 SS	自由度 df	均方 MS	F 值	p 值
行因子	SSR	$k-1$	MSR	MSR/MSE	
列因子	SSC	$r-1$	MSC	MSC/MSE	
交互作用	SSRC	$(k-1)(r-1)$	MSRC	MSRC/MSE	
误差	SSE	$kr(m-1)$	MSE		
总和	SST	$krm-1$			

设 x_{ijl} 为对应与行因素的第 i 个水平和列因素的第 j 个水平的第 l 次的观测值；

$\bar{x}_{i.}$ 为行因素的第 i 个水平的样本均值；

$\bar{x}_{.j}$ 为列因素的第 j 个水平的样本均值；

$\bar{x}_{ij}$ 为对应于行因素的第 i 个水平和列因素的第 j 个水平组合的样本均值；

$\bar{x}$ 为全部 n 个观测值的总均值。

各平方和的计算公式如下：

总平方和（SST）

$$SST = \sum_{i=1}^{k} \sum_{j=1}^{r} \sum_{l=1}^{m} (x_{ijl} - \bar{x})^2$$

行变量平方和（SSR）

$$SSR = rm \sum_{i=1}^{k} (\bar{x}_{i.} - \bar{x})^2$$

列变量平方和（SSC）

$$SSC = km \sum_{j=1}^{r} (\bar{x}_{.j} - \bar{x})^2$$

交互作用平方和（SSRC）

$$SSRC = m \sum_{i=1}^{k} \sum_{j=1}^{r} (\bar{x}_{ij} - \bar{x}_{i.} - \bar{x}_{.j} + \bar{x})^2$$

误差项平方和（SSE）

$$SSE = SST - SSR - SSC - SSRC$$

【例 8.5】 现有 A、B 不同品种的作物，在三个不同的地区都有种植，现在每个地区分别对 A、B 两种作物随机抽取五个样本，测试其亩产量（千斤），得到下列数据，试分析地区、品种以及它们的交互作用对作物产量有无显著性影响（$\alpha=0.05$）。

表 8-15 作物亩产量

	地区 1	地区 2	地区 3
品种 A	13	19	25
	19	20	24
	18	21	26
	22	23	29
	20	22	22
品种 B	28	24	26
	22	25	27
	25	26	23
	23	20	25
	26	28	21

解：(1) 提出假设

①作物品种是否会对产量产生影响的假设：

$H_0: \mu_1 = \mu_2$ 即作物品种对产量没有显著影响

$H_1: \mu_1 \neq \mu_2$ 即作物品种对产量有显著影响

②地区是否会对产量产生影响的假设：

$H_0: \mu_1 = \mu_2 = \mu_3$ 即地区对产量没有显著影响

$H_1: \mu_1, \mu_2, \mu_3$ 不全相等即地区对产量有显著影响

③作物品种和地区的交互效应是否会对产量产生影响的假设：

$H_0: \mu_1 = \mu_2 = \cdots = \mu_6$ 即交互效应对产量没有显著影响

$H_1: \mu_1, \mu_2, \cdots, \mu_6$ 不全相等即交互效应对产量有显著影响

(2) 运用统计软件进行分析

①运用 Excel 进行可重复双因素分析，可直接得出结果，如图 8-2 所示。

与无交互作用的方差分析结果类似，有交互作用双因素方差分析结果包括以下两部分：

第一部分是对观测变量的描述性分析结果，包括行、列变量各水平下以及行列交叉单元格内观测变量的样本容量、总和、均值和方差。

第二部分是方差分析表，与单因素方差分析结果相比增加了"交互"这一行，其中：

"SS"列下的分别表示样本数据的 SSR、SSC、$SSRC$、SSE 和 SST。

"df" 为自由度。

"MS"列分别为各个平均差，依次对应 MSR、MSC、$MSRC$、MSE。

"F"列分别表示 F_R、F_C 和 F_{RC} 检验统计量的观测值。

"P-value"列下分别是 F_R、F_C 和 F_{RC} 的概率 p 值。

"F crit"列分别表示 F_R、F_C 和 F_{RC} 在显著性水平 α 为 0.05，指定自由度下的临界值。

	A	B	C	D	E	F	G
1	方差分析：可重复双因素分析						
2							
3	SUMMARY	地区1	地区2	地区3	总计		
4	品种A						
5	观测数	5	5	5	15		
6	求和	92	105	126	323		
7	平均	18.4	21	25.2	21.53333		
8	方差	11.3	2.5	6.7	14.26667		
9							
10	品种B						
11	观测数	5	5	5	15		
12	求和	124	123	122	369		
13	平均	24.8	24.6	24.4	24.6		
14	方差	5.7	8.8	5.8	5.828571		
15							
16	总计						
17	观测数	10	10	10			
18	求和	216	228	248			
19	平均	21.6	22.8	24.8			
20	方差	18.93333	8.622222	5.733333			
21							
22							
23	方差分析						
24	差异源	SS	df	MS	F	P-value	F crit
25	样本	70.53333	1	70.53333	10.37255	0.003653	4.259677
26	列	52.26667	2	26.13333	3.843137	0.035652	3.402826
27	交互	65.86667	2	32.93333	4.843137	0.017104	3.402826
28	内部	163.2	24	6.8			
29							
30	总计	351.8667	29				
31							

图 8-2 Excel 方差分析结果

在显著性水平 α 为 0.05 的情况下，由于 F_R、F_C 和 F_{RC} 的观测值大于其临界值，或者 F 检验统计量的概率 p 值小于显著性水平 α，则应拒绝原假设，说明不同的品种和地区以及它们之间的交互效应对该作物的产量都有显著影响。

②运用 SPSS 软件，得到的结果如表 8-16 和表 8-17 所示。

表 8-16 给出了主要的因子列表。从该表中可以得到两个因子变量的各个水平及每个水平上的观测值数目。

表 8-17 给出了双因素方差分析结果表，通过观察各个因素对应的 p 值（即表中的 Sig 列，均小于 0.05）可以看出，作物品种、地区以及它们的交互作用对作物产量有都有显著影响，与 Excel 的分析结果一致。

表 8-16 主体间因子表

		N
品种	1.00	15
	2.00	15
地区	1.00	10
	2.00	10
	3.00	10

表 8-17 交互作用的双因素方差分析结果表

源	Ⅲ型平方和	df	均方	F	Sig.
校正模型	188.667[a]	5	37.733	5.549	0.002
截距	15 962.133	1	15 962.133	2 347.373	0.000
品种	70.533	1	70.533	10.373	0.004
地区	52.267	2	26.133	3.843	0.036
品种*地区	65.867	2	32.933	4.843	0.017
误差	163.200	24	6.800		
总计	16 314.000	30			
校正的总计	351.867	29			

a. R 方=0.536(调整 R 方=0.440)

本章小结

方差分析是分析总体的均值是否相等的问题。而对此做出判断则借用了假设检验的方法。因此方差分析的理论基础应该是假设检验。因而方差分析的过程中有很大一部分内容是与假设检验相关的。具体地,方差分析过程包括提出假设、构造检验统计量、统计决策。提出的假设包括原假设和备择假设。原假设是不同总体的均值是相等的,而备择假设则包括所有原假设不成立的情况。方差分析是采用组间均方与组内均方的比值来构造检验统计量。若检验统计量小于 F 分布的分位点(临界值),则原假设成立,即组间差异不显著;若检验统计量大于临界值则拒绝原假设,组间差异显著。以上就是方差分析的过程。无论是单因素方差分析还是双因素方差分析(包括无交互作用的和有交互作用的双因素方差分析)都遵循这一过程,它们之间的差别就在于构造统计量时所计算的离差的来源不同,但检验统计量的形式和检验方法则完全一致。

附录 利用 Excel 和 SPSS 进行方差分析

一、单因素方差分析

根据表 8-1 的数据,分别运用 Excel 和 SPSS 软件,分析不同的生产工具之间是否有显著差异($\alpha=0.05$)。

1. 运用 Excel 能够方便地完成单因素方差分析,其基本步骤如下:

(1) 将原始数据输入到 Excel 表格中,如图 8-3 所示。

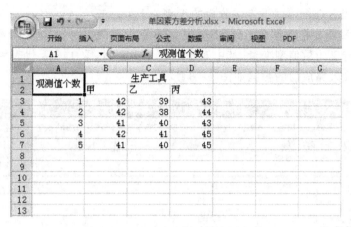

图 8-3 单因素方差分析样本数据

(2) 在工具栏中选择"数据"菜单中的"数据分析"命令,在数据分析工具列表栏中选择"方差分析:单因素方差分析",如图 8-4 所示。

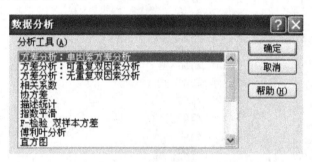

图 8-4 数据分析对话框

(3) 单击"确定"按钮,出现"方差分析:单因素方差分析"对话框,在"输入区域"框内输入样本数据所在单元格地址,选中"标志位于第一行"选项,分析结果中则会显示出标题行。在"$\alpha(A)$"框后输入显著性水平 α,本例中为 0.05,如图 8-5 所示。

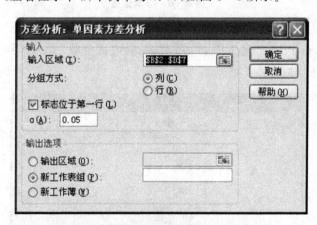

图 8-5 "方差分析:单因素方差分析"窗口

(4) 单击"确定"按钮,则在新工作表组中输出分析结果。

2. 运用 SPSS 进行单因素方差分析的步骤如下:

(1) 首先,我们要把数据录入到 SPSS 中。本例中有两个变量,生产量和生产工具,我们把这两个变量定义为数值型变量,其中对于生产工具变量,取 1、2、3 代表甲、乙、丙,然后录入相关数据。录入完成后的数据如图 8-6 所示。

图 8-6 样本数据

(2) 在菜单栏中依次选择"分析"—"比较均值"—"单因素 ANOVA"命令,打开"单因素方差分析"对话框,选中"生产量",单击 ➡ 将其选入"因变量"列表,同样的方法将"生产工具"选入"因子"列表,如图 8-7 所示。

图 8-7 "单因素方差分析"对话框

(3) 单击“选项”按钮，选中“描述性”复选框，输出不同因素水平下观测变量的描述性统计量，然后单击“继续”按钮，保持设置结果，如图 8-8 所示。

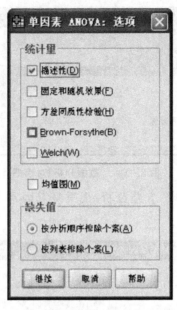

图 8-8 “选项”子对话框

(4) 单击“确定”按钮，输出分析结果。在 SPSS Statistics 查看器窗口可看到输出的分析结果。

二、无交互作用的双因素方差分析

根据表 8-9 的数据，分别运用 Excel 和 SPSS 软件，分析销售地区和口味种类对这种小零食的销售量是否有显著影响($\alpha=0.05$)。

1. 在 Excel 中完成无交互作用的双因素方差分析的基本操作步骤

(1) 将数据输入到 Excel 中，如图 8-9 所示。

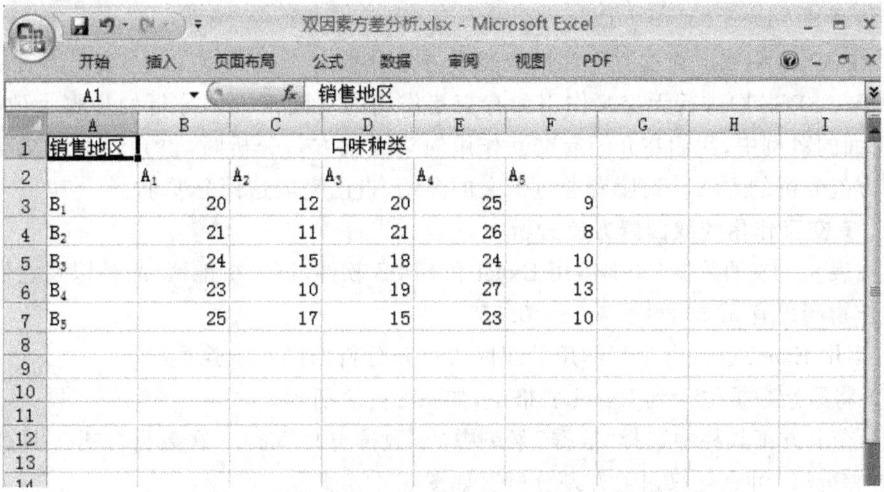

销售地区	口味种类				
	A_1	A_2	A_3	A_4	A_5
B_1	20	12	20	25	9
B_2	21	11	21	26	8
B_3	24	15	18	24	10
B_4	23	10	19	27	13
B_5	25	17	15	23	10

图 8-9 无交互作用双因素方差分析中的样本数据

（2）在表格上方工具栏中选择"数据"菜单中的"数据分析"命令，在数据分析工具列表栏中选择"方差分析：无重复双因素方差分析"，如图8-10所示。

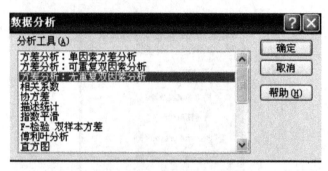

图8-10 "数据分析"对话框

（3）单击"确定"按钮，出现"方差分析：无重复双因素方差分析"对话框，如图8-11所示。

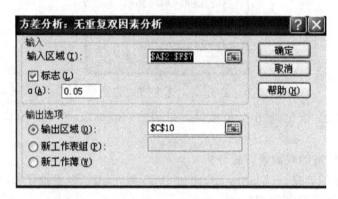

图8-11 "方差分析：无重复双因素分析"窗口

（4）在"输入区域"框内输入样本数据所在单元格地址，选中"标志"选项，分析结果中则会显示出标题行。在"$\alpha(A)$"框后输入显著性水平α，本例中为0.05，单击"确定"按钮，即输出分析结果。

2. 在SPSS中完成无交互作用的双因素方差分析

由于在SPSS中进行无交互作用和有交互作用的双因素方差分析的步骤大致一致，因此，在下面的案例中，我们在介绍有交互作用的双因素方差分析时，也介绍了无交互作用的双因素方差分析的方法。请读者通过下文的介绍，自己完成这部分要求。

三、有交互作用的双因素方差分析

根据表8-15的数据，分别运用Excel和SPSS软件，试分析地区、品种以及它们的交互作用对作物产量有无显著性影响（$\alpha=0.05$）。

1. 运用Excel进行有交互作用的双因素方差分析的操作步骤

（1）将原始数据输入到Excel表格中，如图8-12所示。

（2）在上方工具栏中选择"数据"菜单中的"数据分析"命令，在数据分析工具列表栏中选择"方差分析：可重复双因素方差分析"，如图8-13所示。

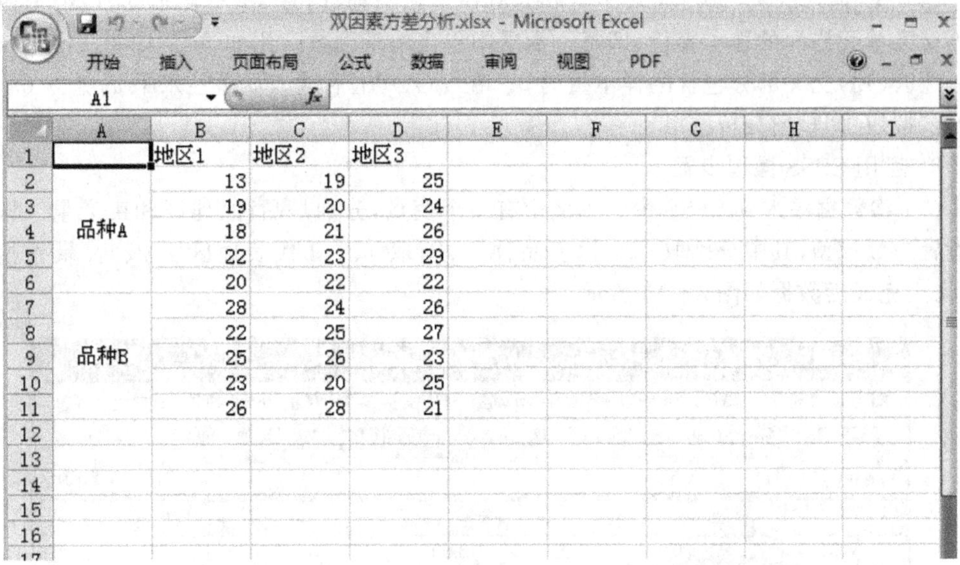

图 8-12 有交互作用双因素方差分析中的样本数据

图 8-13 "数据分析"对话框

（3）单击"确定"按钮，出现"方差分析：可重复双因素分析"对话框，如图 8-14 所示。

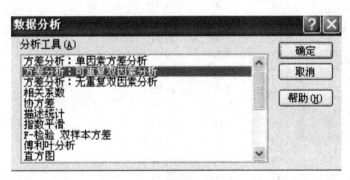

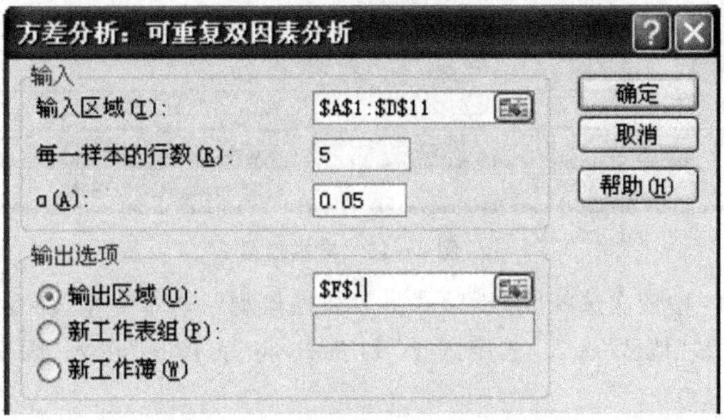

图 8-14 "方差分析：可重复双因素分析"窗口

(4) 在"输入区域"框内输入样本数据所在单元格地址,在"每一样本的行数"框内输入行列交叉单元格内的样本容量,即每一水平中包含的观测数。比如,本例中每一品种(行)与每一地区(列)交叉部分包含的样本量为 5。在"α(A)"框后输入显著性水平 α,如 0.05,单击"确定"按钮,即输出分析结果。

2. 运用 SPSS 操作步骤

(1) 将数据录入到 SPSS 中。本例中有三个变量,分别是品种、地区和亩产量。将它们都设置为数值型,其中分别取 1、2 代表品种 A、B;取 1、2、3 代表地区 1、2、3。录入相关数据,录入完成后数据如图 8-15 所示。

图 8-15 样本数据

(2) 在菜单栏中依次选择"分析"—"一般线性模型"—"单变量"命令,打开"单变量"对话框。将"品种"和"地区"选入"固定因子"列表中,将"亩产量"选入"因变量"列表中,如图 8-16 所示。

(3) 单击如图 8-16 所示的对话框的"模型"按钮,选择"全因子"单选按钮,其他默认,然后单击"继续"按钮,保持设置结果,如图 8-17 所示,全因子选项表示考虑所有的因素的主效应和交互效应。

图 8-16 "单变量"对话框

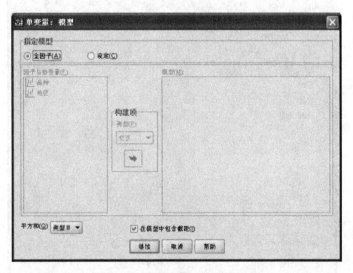

图 8-17 "单变量:模型"对话框

另外,若选中"设定"按钮则对话框中间的两个列表框被激活,可用于用户自定义模型,用户可以自己选择将哪些因素引入模型以及是否要把交互效应因素引入模型,将"品种"和"地区"同时选中,选入"模型"中,即考虑了交互作用的影响,如图 8-18 所示(注:若用 SPSS 进行无交互作用的双因素方差分析,只需在构建项栏中选择"主效应",将要分析的变量选入"模型"即可)。

(4) 单击如图 8-16 所示的对话框的"选项"按钮,选中"描述统计"复选框,然后单击"继续"按钮,可以输出描述性统计结果,保存设置结果,如图 8-19 所示。

(5) 单击"确定"按钮,在 SPSS Statistics 查看器窗口即显示出输出结果。

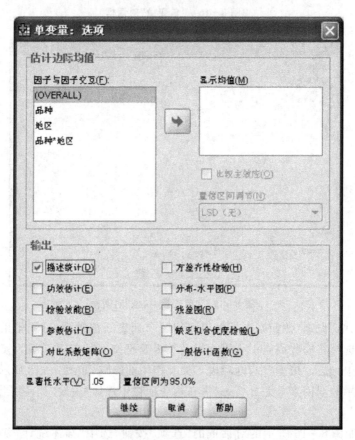

图8-18 "单变量:模型"对话框

图8-19 "单变量:选项"对话框

思考与习题

1. 什么是方差分析？它所研究的是什么？
2. 简述方差分析的类别及其区别。
3. 方差分析有哪些基本假定？
4. 简述方差分析的基本思想。
5. 解释组内方差和组间方差的含义。
6. 什么是单因素方差分析？什么是双因素方差分析？
7. 解释无交互作用和有交互作用的双因素方差分析。
8. 一项关于对大学生男女生每月通话费用的调查中，随机抽取了10名男生和10名女生，得到其一个月的通话费用（单位：元）如下：

男生	25	43	32	51	33	45	48	56	53	60
女生	41	23	25	36	39	49	51	35	52	37

要求：在显著性水平 $\alpha=0.05$ 的情况下，检验男生女生的通话费用是否有显著差异。

9. 从本市三个地区随机抽取18名高考考生的考试成绩，得到的数据如下：

地区1	地区2	地区3
500	498	540
450	400	560
510	500	524
490	550	580
410	440	500
430		550
530		

要求：检验3个地区的考生成绩的总体均值是否相等（$\alpha=0.05$）。

10. 某英语培训机构设计了3种不同的英语培训方法，随机抽取了28名英语基础相近的学生进行试验。试验后对每个学生的英语听读写以及口语水平进行综合打分，满分为10分，28名学生的分数如下：

样本数据表

培训方法一	培训方法二	培训方法三
8.6	8.8	7.6
8.2	8.1	7.3
8.7	7.9	7.5
9.2	8.0	7.9

培训方法一	培训方法二	培训方法三
8.5	7.5	8.4
9.5	7.8	7.2
9.1	8.6	7.9
8.9	8.7	7.1
9.4	9.0	6.8
8.3		
$\bar{x}_1=$	$\bar{x}_2=$	$\bar{x}_3=$
	$\bar{x}=$	

方差分析表

差异源	平方和 SS	自由度 df	均方 MS	F 值	F 临界值
组间					
组内				—	—
总计			—	—	—

要求:

(1) 分别计算3种培训方法下学生得分的平均值以及所有参加试验的学生的平均得分,并填入样本数据表中。

(2) 请根据上表计算总平方和、组间平方和、组内平方和、组间均方、组内均方以及各自对应的自由度,并填入方差分析表中。

(3) 计算出 F 值,并填入表中。

(4) 若显著性水平为0.05,请查附录中的 F 分布表找出 F 临界值,并填入表中。

(5) 若显著性水平为0.05,请根据 F 临界值判断三种英语培训方法对学生听读写及口语能力是否有显著性的影响。

11. 为了解三种不同配比的饲料对小鸡影响的差异,对三种不同的品种中各选6只同时孵出的小鸡,进行试验,分别测得其两个月间体重增加量如下表所示。假定其体重增加量服从正态分布,且方差相同。试分析:

(1) 不同饲料对小鸡生长有无显著差异?

(2) 不同品种对小鸡生长有无显著差异?

(3) 不同饲料和不同品种对小鸡体重是否有交互作用($\alpha=0.05$)?

体重增量		品种因素 B		
		B_1	B_2	B_3
饲料因素 A	A_1	370 360	310 330	290 310
	A_2	360 310	290 300	300 320
	A_3	340 310	300 330	280 290

12. 某研究机构为了研究饮食和健美操对减肥的作用,现有三套饮食方案(A因素)称为 a、b、c,五种不同的健美操(B因素)标记为 1、2、3、4、5,构成了 $3\times 5=15$ 种水平组合,每个水平下有 6 个观测值。选择了情况基本相同的 90 名肥胖人进行试验,将他们随机地指派到 15 个组中且每组 6 人,一段时间后,测量体重的下降结果,进行分析。下表是对以上问题进行有交互作用的方差分析的 SPSS 的输出结果。

主体间效应的检验

因变量:体重减少量

源	Ⅲ型平方和	df	均方	F	Sig.
校正模型	1 306.086ª	14	93.292	3.342	0.000
截距	32 126.224	1	32 126.224	1 150.922	0.000
饮食方案	817.875	2	408.937	14.650	0.000
健美操	61.179	4	15.295	0.548	0.701
饮食方案 * 健美操	427.032	8	53.379	1.912	0.070
误差	2 093.510	75	27.913		
总计	35 525.820	90			
校正的总计	3 399.596	89			

(1) 写出存在交互作用的双因素方差分析的假设。
(2) 填写以下方差分析表。

差异源	自由度	平方和	均方和	F 值
饮食方案因素				
健美操因素				
交互作用				
误差				——
总和			——	——

(3) 在显著性水平为 0.05 时,能否得出不同饮食方案、不同健美操、两者的交互作用对减肥没有影响的结论,为什么?
(4) 在显著性水平为 0.05 时,能否得出不同饮食方案对减肥没有影响的结论,为什么?
(5) 在显著性水平为 0.05 时,能否得出不同健美操对减肥没有影响的结论,为什么?
(6) 在显著性水平为 0.05 时,能否得出不同饮食方案和不同健美操的交互作用对减肥没有影响的结论,为什么?

第九章
相关与回归分析

第一节 相关分析

一、什么是相关关系

在生产和经营活动中,经常要对变量之间的关系进行分析。例如,在企业生产中,要对影响生产成本的各种因素进行分析,以达到控制成本的目的;在农业生产中,需要研究农作物产量与施肥量之间的关系,以便分析施肥对产量的影响,进而确定合理的施肥量;在商业活动中,需要分析广告费支出与销售量之间的关系,进而通过广告费支出来预测销售量,等等。统计分析的目的在于如何根据统计数据确定变量之间的关系形态及其关联的程度,并探索出其内在的数量规律性。在实践中,人们发现变量之间的关系存在两种不同的类型,即函数关系和相关关系。

函数关系用于描述变量之间的确定性的关系,如圆的半径和面积的关系,自由落体物体下落的距离与所需时间之间的关系,出租汽车的费用与里程关系等。它们共同的特点是,当其中的一个变量值确定了,另一个变量值也就完全确定了。但在现实的世界中,变量间的关系往往表现为相关关系,而并非函数关系。这是因为变量间的关系是复杂的、非确定性的,一个变量可能与多个变量相关,因此一个变量在数量上的变动不可能与另一个变量的变动完全同步,它要受许多其他因素的影响,这样两个变量就不可能是一一对应的函数关系。如家庭的消费支出和家庭收入,一般而言,收入高,支出也多些,但同样收入的家庭,其支出却可能有很大的差异,这是因为家庭消费支出除了受收入高低的影响外,还有其他许多因素在起作用。我们把变量间的这种非确定性的关系称为相关关系,在统计中进行相关分析就是根据测量时间确定变量之间的关系形态及其相关程度。

二、相关关系的描述与度量

我们可以用两种方法来表现两个变量间的相关关系。一种方法是通过比较直观的散点图来表现,另一种方法是通过相关系数来反映。散点图能够通过图示很直观地反映两个变量间各个取值的对应关系,但变量间的相关关系的强弱却不易比较;而相关系数却是衡量变量间相关关系强弱的一个指标。

(一)散点图

散点图又称相关图。它是用一直角坐标系的横轴代表变量 x,纵轴代表变量 y,将两个变量间相对应的变量值用坐标点的形式描绘出来,用来反映两变量之间相关关系的图形。

散点图是研究相关关系的直观工具,一般在进行详细的定量分析之前,可以先利用它对现象之间存在的相关关系的方向、形式和密切程度作大致的判断。

图 9-1 中(a)和(b)表示的是变量间的完全相关的情况,此时两个变量的变动是按着一个固定的比例变动的,它们之间的关系是函数关系。(c)和(d)表示的是两个变量间的相关关系,两个变量的取值并不落在一条直线上,而是分布在直线的两侧。当两个变量变动方向相同,即一个变量增加或减少,相应地,另一个变量也同时增加或减少的情况属于正相关关系,如图(c)所示;当两个变量变动方向不相同,即一个变量增加或减少,相应地,另一个变量同时减少或增加的情况属于负相关,如图(d)所示。(e)表示的是两个变量间的非线性相关关系,两个变量的取值分布在二次曲线的两侧。(f)表示的是两个变量不相关的情况,此时两个变量的取值互不影响,散点随机地分布在各坐标点。

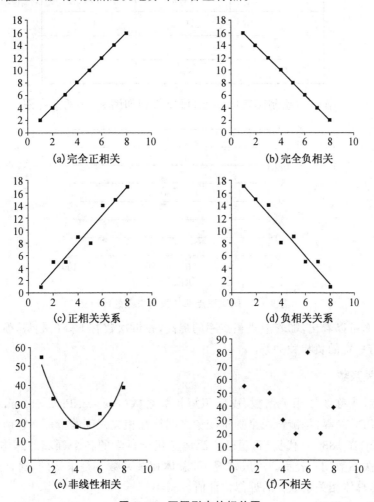

图 9-1　不同形态的相关图

【例 9.1】 为了调查国内航空公司的服务现状,随机抽取国内的 10 家航空公司,对其最近一年的航班正点率和顾客投诉次数进行了调查,所得数据表 9-1 所示。

要求,根据样本数据绘制相关图,并说明变量间的相关程度。

表 9-1 航空公司数据

航空公司编号	航班正点率	投诉次数
1	81.8	21
2	76.6	58
3	76.6	85
4	75.7	68
5	73.8	74
6	72.2	93
7	71.2	72
8	70.8	122
9	91.4	18
10	68.5	125

解：运用 Excel 软件中绘制图表的功能，可以得到如图 9-2 的散点图。

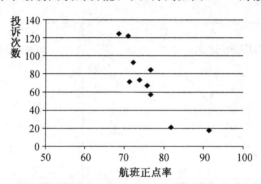

图 9-2 航班正点率和投诉次数的散点图

从图 9-2 可以看出，随着航班正点率的提高，投诉次数有下降的趋势，航班正点率和投诉次数之间有一定的负相关关系。

（二）相关系数

相关系数，或称线性相关系数、皮氏积矩相关系数（Pearson Product-moment Correlation Coefficient，PPCC）等，是衡量两个随机变量之间线性相关程度的指标。它由卡尔·皮尔森（Karl Pearson）在 1880 年代提出，现已广泛地应用于科学的各个领域。总体相关系数用 ρ 表示，样本相关系数用 r 表示。一般情况下，总体相关系数 ρ 是未知的，通常是根据样本相关系数 r 作为总体相关系数 ρ 的近似估计值。

相关系数 r 的计算公式为：

$$r = \frac{\sum(x-\bar{x})(y-\bar{y})}{\sqrt{\sum(x-\bar{x})^2}\sqrt{\sum(y-\bar{y})^2}} \tag{9.1}$$

此公式可以简化为以下形式：

$$r = \frac{n\sum xy - (\sum x)(\sum y)}{\sqrt{[n\sum x^2 - (\sum x)^2]}\sqrt{n\sum y^2 - (\sum y)^2}} \tag{9.2}$$

【例9.2】 根据例9.1提供的数据,试计算航班正点率和投诉次数的样本相关系数。

表9-2 计算相关系数表

航空公司编号	航班正点率(X)	投诉次数(Y)	X^2	Y^2	XY
1	81.8	21	6 691.24	441	1 717.8
2	76.6	58	5 867.56	3 364	4 442.8
3	76.6	85	5 867.56	7 225	6 511
4	75.7	68	5 730.49	4 624	5 147.6
5	73.8	74	5 446.44	5 476	5 461.2
6	72.2	93	5 212.84	8 649	6 714.6
7	71.2	72	5 069.44	5 184	5 126.4
8	70.8	122	5 012.64	14 884	8 637.6
9	91.4	18	8 353.96	324	1 645.2
10	68.5	125	4 692.25	15 625	8 562.5
合计	758.6	736	57 944.42	65 796	53 966.7

解:将表9-2中的有关数据代入到公式(9.2)中:

$$r = \frac{n\sum xy - (\sum x)(\sum y)}{\sqrt{[n\sum x^2 - (\sum x)^2]}\sqrt{n\sum y^2 - (\sum y)^2}}$$

$$= \frac{10 \times 53\,966.7 - 758.6 \times 736}{\sqrt{10 \times 57\,944.42 - 758.6^2}\sqrt{10 \times 65\,796 - 736^2}} = -0.868\,64$$

可以看出相关系数的计算过程很复杂,特别是在样本数据很大的情况下,我们就需要借助统计软件才能快速正确的计算出数据之间的相关系数,运用Excel软件可以得出如表9-3所示的结果。

表9-3 相关系数表

	航班正点率	投诉次数
航班正点率	1	
投诉次数	−0.868 642 626	1

从上例中,我们得到航班正点率和投诉次数的相关系数约为−0.87,那么这一数值说明了什么呢?为解释其含义,首先需要对相关系数的性质有所了解。相关系数 r 具有以下性质:

(1) r 的取值范围为 $[-1,1]$,$r>0$ 表示正相关,$r<0$ 表示负相关,$|r|$ 表示了变量之间相关程度的高低。特殊地,$r=1$ 称为完全正相关,$r=-1$ 称为完全负相关,$r=0$ 称为不线性相关。通常 $|r| \geq 0.8$ 时,认为两个变量有高度的线性相关性;当 $0.5 \leq |r| < 0.8$ 时,认为

中度线性相关；当 $0.3 \leqslant |r| < 0.5$ 时，认为低度线性相关；当 $|r| < 0.3$ 时，说明两个变量之间的线性相关关系极弱。

(2) r 仅仅是 x 与 y 之间线性关系的一个度量，它不能用于描述非线性关系。这意味着 $r=0$ 只表示各个变量之间不存在线性相关关系，但并不意味着 x 与 y 之间不存在其他类型的相关关系。

(3) r 是变量之间相关关系的度量，但是 x 与 y 有相关关系不意味着它们之间就一定有因果关系。

根据相关系数的性质，我们得知，例 9.2 中的相关系数为 -0.87，表明了航班正点率和投诉次数之间存在着高度的负相关关系。

三、相关关系的显著性检验

如前所述，总体相关系数 ρ 是未知的，通常是根据样本相关系数 r 作为总体相关系数 ρ 的近似估计值。但由于 r 是根据样本数据计算出来的，它受到抽样波动的影响。由于抽取的样本不同，r 的取值也就不同，因此 r 是一个随机变量。能否根据样本系数说明总体的相关程度呢？这就需要考察样本相关系数的可靠性，也就是进行显著性检验。

（一）r 的抽样分布

为了对样本相关系数 r 的显著性进行检验，需要考察 r 的抽样分布。r 的抽样分布随总体相关系数 ρ 和样本容量 n 的大小而变化。当样本数据来自正态分布时，随着 n 的增大，r 的抽样分布趋于正态分布，尤其是在总体相关系数 ρ 很小或接近 0 时，趋于正态分布的趋势非常明显。而当 ρ 远离 0 时，除非 n 非常大，否则 r 的抽样分布呈现一定的偏态。因为 r 是围绕 ρ 的周围分布的，当 ρ 的数值接近 +1 或 -1 时，比如 $\rho=0.97$，r 的值可能是以 0.97 为中心向两个方向变化，又由于 r 的取值范围在 +1 和 -1 之间，所以一方的变化以 +1 为限，全距是 0.03，而另一方的变化以 -1 为限，全距是 1.97，两个方向变化的全距不等，因此 r 的抽样分布也不可能对称。但当 $\rho=0$ 或接近于 0 时，两个方向的变化的全距接近相等，所以 r 的抽样分布也就接近对称了。

总之，当 ρ 为较大的正值时，r 呈现左偏分布；当 ρ 为较大的负值时，r 呈现右偏分布。只有当 ρ 接近于 0，而样本容量 n 很大时，才能认为 r 是接近于正态分布的随机变量。然而，在以样本相关系数 r 来估计总体相关系数 ρ 时，总是假设 r 为正态分布，但这一假设常常会带来一些严重的后果。

（二）r 的显著性检验

如果对 r 服从正态分布的假设成立，可以应用正态分布来检验。但从上面对 r 抽样分布的讨论可知，对 r 的正态性假设具有很大的风险，因此通常情况下不采用正态检验，而采用 R. A. Fisher 提出的 t 分布检验，该检验可以用于小样本，也可以用于大样本。检验的具体步骤如下：

(1) 提出假设 $H_0: \rho=0$；$H_1: \rho \neq 0$；

(2) 计算检验统计量

$$t = |r| \sqrt{\frac{n-2}{1-r^2}} \sim t(n-2); \tag{9.3}$$

（3）进行决策。根据给定的显著性水平 α 和自由度 $df=n-2$ 查 t 分布表，查出 $t_{\alpha/2}(n-2)$ 的临界值。若 $|t|>t_{\alpha/2}$，则拒绝原假设 H_0，表明总体的两个变量之间存在显著的线性关系。

需要说明的是，SPSS 中的相关系数检验结论是通过检验统计量的显著性概率 p 值来做出的。也就是说，如果 p 值小于给定的显著性水平 α，则应拒绝零假设 H_0，认为两总体之间线性关系显著。

【例 9.3】 根据例 9.2 计算的相关系数，检验航班正点率与投诉次数之间的相关系数是否显著（$\alpha=0.05$）。

解：（1）提出假设 $H_0:\rho=0;H_1:\rho\neq 0$。

（2）计算检验统计量

$$t=|r|\sqrt{\frac{n-2}{1-r^2}}=|-0.8686|\sqrt{\frac{10-2}{1-(-0.8686)^2}}=4.9580$$

（3）进行决策。根据显著性水平 $\alpha=0.05$ 和自由度 $n-2=10-2=8$ 查 t 分布表得：$t_{\alpha/2}(n-2)=2.306$。由于 $t=4.9580>t_{\alpha/2}=2.306$，所以拒绝原假设 H_0，说明航班正点率与投诉次数之间存在着显著的负线性相关关系。

运行 SPSS 软件，得到的结果如下表所示：

表 9-4 相关分析结果

		航班正点率	投诉次数
航班正点率	Pearson 相关性	1	-0.869^{**}
	显著性（双侧）		0.001
	N	10	10
投诉次数	Pearson 相关性	-0.869^{**}	1
	显著性（双侧）	0.001	
	N	10	10

**. 在 0.01 水平（双侧）上显著相关。

由表 9-4 可知：航班正点率与投诉次数简单相关系数为 -0.869，与在 Excel 中计算的结果一致。其相关系数检验的概率 p 值（显著性（双侧））都为 0.001，因此当显著性水平 α 为 0.05 或 0.01 时，p 值均小于 α，即均应当拒绝相关系数检验的原假设，认为两总体不是零相关的，即航班正点率与投诉次数之间存在着显著的负线性相关关系。

第二节 一元线性回归分析

一、回归分析的意义

"回归"一词是 19 世纪英国生物学家高尔登（F. Galton, 1822—1911 年）在 1889 年研究祖先与后代身高之间的相互关系并发表关于遗传论文时，首先应用的名词。他根据实验数据,发现个子高的双亲,其子女也较高,但平均来看,却不比他们的双亲高;同样,个子矮的双亲,其子女也较矮,平均来看,也不如他们的双亲矮。他把这种身高趋向于人的平均高度的现象称为"回归",并作为统计概念加以应用,由此逐步形成有独特理论和方法体系的回归分析。现今统计学的"回归"概念已不是原来生物学上的特殊规律性,而是指变量之间的依存关系。

相关分析和回归分析是研究现象之间相关关系的两种基本方法,相关分析与回归分析在实际应用中有密切关系。但它们的区别也很明显,在相关分析中,所分析的变量的地位一样,侧重于描述随机变量之间的种种相关特征,而在回归分析则侧重于考察变量之间的数量伴随关系,并通过数学表达式将这种关系描述出来,进而确定一个或多个变量的变化对另一个特定变量的影响程度。具体来说,回归分析主要解决以下几个方面的问题:从一组样本数据出发,确定出变量之间的数学关系式;对这些关系式的可信程度进行各种统计检验,并从影响某一特定变量的诸多变量中找出哪些变量的影响是显著的,哪些是不显著的;利用所求的关系式,根据一个或几个变量的取值来预测另一个变量的取值。

二、一元线性回归模型

(一) 总体回归模型

当回归中只涉及一个自变量时称为一元回归,若因变量 y 与自变量 x 之间为线性关系时称为一元线性回归。一元线性回归模型可表示为:

$$y = \beta_0 + \beta_1 x + \varepsilon \tag{9.4}$$

其中 β_0 和 β_1 是模型的参数,ε 为误差项。$\beta_0 + \beta_1 x$ 反映了由于 x 的变化而引起的 y 的线性变化;ε 反映了除 x 和 y 的线性关系之外的随机因素对 y 的影响,是不能由 x 和 y 之间的线性关系所解释的变异性。

式(9.4)被称为理想回归模型,对这一模型,有以下几个主要假定:

(1) ε_i 是一个随机变量且服从正态分布,因为 y_i 是 ε_i 的线性函数,所以 y_i 也是一个随机变量,同样服从正态分布。

(2) 误差项 ε_i 的期望值为 0,即 $E(\varepsilon_i) = 0$。这意味着在式(9.4)中,由于 β_0 和 β_1 都是常数,所以 $E(\beta_0) = \beta_0$,$E(\beta_1) = \beta_1$。因此对已一个给定的 x 值,y 的期望值为 $E(y) = \beta_0 + \beta_1 x$,这实际上等于假定模型的形式为一条直线。

(3) ε_i 的方差相等,即 $VAR(\varepsilon_i) = \sigma_{\varepsilon_i}^2 = \sigma^2$,这意味着对于一个特定的 x_i 值,y_i 的方差也都等于 σ^2。

(4) 取不同的 x_i 得出的 ε_i 相互独立,即 $COV(\varepsilon_i, \varepsilon_j) = 0 (i \neq j)$。

假设(1)~(3)决定了 $\varepsilon_i \sim N(0, \sigma^2)$,同时也有 $y_i \sim N(\beta_0 + \beta_1 x_i, \sigma^2)$。

应当指出,在现实生活中,由于各种原因,上述假定常常不能得到满足。那么学习以这些假定为基础的回归分析理论与方法是否会失去意义呢?当然不会,同其他一切科学研究一样,对相关现象的分析方法的研究,也可以从标准的理想状态出发,首先研究这一状态下的基本方法与规律,然后再以此为规范,进一步研究现实存在的非理想状态下可以采用的方法。关于非标准条件下的分析方法,属于计量经济学研究的内容,本书不作进一步的讨论。

（二）总体线性回归方程

根据回归模型中假定，ε 的期望值等于 0，因此 y 的期望值 $E(y)=\beta_0+\beta_1 x$，也就是说，y 的期望值是 x 的线性函数。描述 y 的期望值如何依赖于自变量 x 方程，称为回归方程。一元线性回归方程的形式为：

$$E(y)=\beta_0+\beta_1 x \tag{9.5}$$

一元线性回归方程的图示是一条直线，因此也称为直线回归方程。其中 β_0 是回归直线在 y 轴上的截距，是当 $x=0$ 时 y 的期望值；β_1 是直线的斜率，它表示当 x 每变动一个单位时，y 的平均变动值。

（三）样本的回归方程

如果回归方程中的参数 β_0 和 β_1 已知，对于一个给定的 x 值，利用方程(9.5)就能计算出 y 的期望值。但总体回归参数 β_0 和 β_1 是未知的，必须利用样本数据去估计它们。用样本统计量 b_0 和 b_1 代替回归方程中的未知参数 β_0 和 β_1，这时就得到了估计的回归方程：

$$\hat{y}=b_0+b_1 x \tag{9.6}$$

其中：b_0 是估计的回归直线在 y 轴上的截距，b_1 是直线的斜率，它表示对于一个给定的 x 值，$\hat{y}$ 是 y 的估计值。b_1 也表示 x 每变动一个单位时，y 的平均变动值。

三、回归方程的估计

如前所述，回归分析的主要任务就是要建立能够近似地反映真实总体回归函数的样本回归函数。在根据样本资料确定样本回归方程时，一般总是希望 y 的估计值从整体来看尽可能界定其实际观测值。这就是说，残差 e_i 越小越好。可是，由于 e_i 有正有负，简单的代数和会相互抵消，因此为了便于处理，通常采用残差平方和 $\sum e_i^2$ 作为衡量总偏差的尺度。这正是最小二乘法的思路，通过使残差平方和达到最小来估计回归系数的一种方法。

即当 $\sum e_i^2 = \sum (y_i-\hat{y}_i)^2 = \sum(y_i-b_0-b_1 x_i)^2$ 最小时的 b_0、b_1 是 β_0、β_1 的最佳估计量。根据微积分求极小值的原理，可知 $\sum e_i^2$ 存在极小值，同时欲使 $\sum e_i^2$ 达到最小，$\sum e_i^2$ 对 b_0 和 b_1 的偏导数必须等于零。

设 $f(b_0,b_1)=\sum(y_i-b_0-b_1 x_i)^2$，对 b_0 和 b_1 求偏导数，并令其等于零，可得

$$\begin{cases} \dfrac{\partial f}{\partial b_0}=2\sum(y_i-b_0-b_1 x_i)\times(-1)=0 \\ \dfrac{\partial f}{\partial b_1}=2\sum(y_i-b_0-b_1 x_i)\times(-x_i)=0 \end{cases} \tag{9.7}$$

解上述方程组可得到计算 b_0 和 b_1 的公式：

$$\begin{cases} b_1=\dfrac{n\sum xy-\sum x\sum y}{n\sum x^2-(\sum x)^2}=\dfrac{\sum(x-\bar{x})(y-\bar{y})}{\sum(x-\bar{x})^2}=\dfrac{\sum xy-n\overline{xy}}{\sum x^2-n\bar{x}^2} \\ b_0=\bar{y}-b_1\bar{x}\left(\bar{y}=\dfrac{\sum y}{n},\bar{x}=\dfrac{\sum x}{n}\right) \end{cases} \tag{9.8}$$

由式(9.8)可知，当 $x=\bar{x}$ 时，$\hat{y}=\bar{y}$，即回归直线 $\hat{y}_i=b_0+b_1 x$ 通过点 $(\bar{x},\bar{y})$。这是回归直

线的重要特征之一,它对于回归直线的分析很有帮助。

【例 9.4】 根据表 9-1 的数据,以投诉次数为因变量,航班正点率为自变量,求样本的回归方程。

解:根据公式(9.8)得

$$b_1 = \frac{n\sum xy - \sum x \sum y}{n\sum x^2 - (\sum x)^2} = \frac{10 \times 53\,966.7 - 758.6 \times 736}{10 \times 57\,944.42 - 758.6^2} = -4.700\,62$$

$$b_0 = \bar{y} - b_1\bar{x} = 73.6 - (-4.700\,62) \times 75.86 = 430.189\,23$$

即航班正点率对投诉次数的估计方程为 $\hat{y} = 430.189\,23 - 4.700\,62x$,回归系数 $b_1 = -4.700\,62$ 表示,航班正点率每提高一单位,投诉次数就减少 4.700 62 次。

将 x_i 的各个取值代入上述估计方程,可以得到投诉次数的各个估计值 $\hat{y}_i$,由图 9.3 可以看出散点图和回归直线的关系。

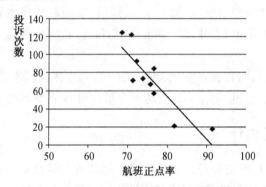

图 9-3 航班正点率对投资次数的回归直线

回归分析的计算量较大,特别是多元回归,用手工计算几乎是不可能的。因此,在实际分析中,回归的计算完全依赖于计算机,我们熟悉的 Excel 就有部分的统计功能,这些功能基本上能满足一些简单的统计分析。运用 Excel 可以迅速的得出上例中计算结果,如表 9-5 所示。

表 9-5 Excel 回归分析结果

	Coefficients	标准误差	t Stat	P-value
Intercept	430.189 232 9	72.154 832 19	5.962 029 428	0.000 337 402
航班正点率	−4.700 622 632	0.947 893 644	−4.959 019 047	0.001 108 261

"Coefficients"列下即为截距和航班正点率的系数。

运用 SPSS 得到的计算结果如下:

表 9-6 SPSS 回归分析结果

模型		非标准化系数		标准系数	t	Sig.
		B	标准误差	试用版		
1	(常量)	430.189	72.155		5.962	0.000
	航班正点率	−4.701	0.948	−0.869	−4.959	0.001

"非标准化系数-B"列下即为截距和航班正点率的系数,与 Excel 输出的结果一致。

四、一元线性回归的统计检验

在前面的讨论中,我们根据样本数据得出了估计的回归方程,它是否真实反映了自变量和因变量之间的关系,则需要通过验证后才能够证实。

(一) 回归方程的拟合优度评价

回归直线在一定程度上描述了变量之间的数量关系,根据这一方程,可根据自变量的取值来估计或预测因变量的取值。但估计或预测的精度如何将取决于回归直线对观测数据的拟合优度。拟合优度是指样本观测值聚集在样本回归线周围的紧密程度,也反映了回归方程对实际情况的拟合效果。可以想象,如果各观测数据的散点都落在样本回归线上,那么这条回归线就是对数据的完全拟合,直线充分代表了各个点,此时用 x 估计 y 是没有误差的。各观测点越是紧密围绕回归直线,说明直线对观测数据的拟合程度越好,反之则越差。

评价直线的拟合优度,一般有两种方法,即观测散点图和计算有关的指标,散点图较直观,但不准确。这里主要介绍用判定系数和标准误差来对回归方程的拟合优度进行评价。

1. 判定系数

判定系数是建立在对总离差平方和进行分解的基础之上的(如图 9-4)。

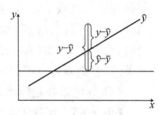

图 9-4 变差分解图

因变量 y 的取值是不同的,这种波动称为变差。变差的产生来自于两个方面:一是自变量 x 的取值不同造成的;二是除 x 以外的其他因素(如 x 对 y 的非线性影响、测量误差等)的影响。对一个具体的观测值来说,变差的大小可以用实际观测值 y 与其均值 $\bar{y}$ 之差来表示。而 n 次观察值的总变差可由这些离差的平方和来表示,称为总平方和(Total Sum of Squares),记为 SST,即

$$SST = \sum_{i=1}^{n}(y_i - \bar{y})^2 \qquad (9.9)$$

从图 9-4 中可以看出,每个观测点的离差都可以分解为

$$y_i - \bar{y} = (y_i - \hat{y}) + (\hat{y} - \bar{y}) \qquad (9.10)$$

将式(9.10)两边平方,并对所有 n 个点求和,有

$$\sum(y_i - \bar{y})^2 = \sum(y_i - \hat{y}_i)^2 + \sum(\hat{y}_i - \bar{y})^2 + 2\sum(y_i - \hat{y}_i)(\hat{y}_i - \bar{y}) \qquad (9.11)$$

可以证明,$\sum(y_i - \hat{y}_i)(\hat{y}_i - \bar{y}) = 0$,因此有

$$\sum(y_i - \bar{y})^2 = \sum(y_i - \hat{y}_i)^2 + \sum(\hat{y}_i - \bar{y})^2 \qquad (9.12)$$

其中,$\sum(y_i - \hat{y}_i)^2$ 是各实际观测点与回归值的残差 $y_i - \hat{y}_i$ 的平方和,它是除了 x 对 y 的线性影响之外的其他因素对 y 变差的作用,是不能由回归直线来解释的 y_i 变差部分,称为残差平方和或误差平方和(Sum of Squares of Error),记为 SSE;$\sum(\hat{y}_i - \bar{y})^2$ 是回归值与均值的离差平方和,反映了 y 的总变差中由于 x 与 y 之间的线性关系引起的 y 的变化部分,它是可以由回归直线来解释的 y_i 变差部分,称为回归平方和(Sum of Squares of Regression),

记为 SSR。则三个平方和的关系是：

$$SST = SSR + SSE \tag{9.13}$$

显而易见，各个样本观测点与样本回归直线靠得越紧，SSR 在 SST 中所占的比例越大。因此定义判定系数（记为 R^2）为回归平方和占总平方和的比例，其表达式为：

$$R^2 = \frac{SSR}{SST} = 1 - \frac{SSE}{SST} \tag{9.14}$$

判定系数 R^2 测度了回归直线对观测数据的拟合程度。若所有观测值都落在直线上，残差平方和 SSE 为零，$R^2 = 1$，拟合是完全的。如果变量 x 与 y 无关，x 完全无助于解释 y 的离差，此时 $R^2 = 0$；可见，R^2 的取值范围是 $[0,1]$。R^2 越接近于 1，表明回归平方和占总平方和的比例越大，回归直线离各观测点越近，用 x 的变化解释 y 值离差的那部分越多，回归直线的拟合程度就越好。反之，R^2 越接近于零，回归直线的拟合程度就越差。

判定系数 R^2 的特性，总结如下：

（1）判定系数 R^2 具有非负性。由判定系数的定义式可知，R^2 的分子分母均是不可能为负值的平方和，因此其比值必大于零。

（2）判定系数的取值范围为 $[0,1]$。由 R^2 的计算公式可以看出：当所有的实际观测值都落在回归直线上时，$y_i = \hat{y}_i$，残差平方和 $SSE = 0$，这时 $R^2 = 1$，说明总离差可以完全由所估计的样本回归方程来解释；当实际观测值并不是全部位于回归直线上时，但又大致在其附近时，$SSE > 0$，这时 $R^2 < 1$；当回归直线没有解释任何离差，即模型中自变量与因变量完全无关时，总离差可全部归于残差平方和，即 $SST = SSE$，这时 $R^2 = 0$。

（3）判定系数是样本观察值的函数，也是一个统计量。

【例 9.5】 评价本章例 9.4 中所得到的回归方程 $\hat{y} = 430.18923 - 4.70062x$ 的拟合效果。

解：运用 Excel 和 SPSS 输出的回归分析结果，如表 9-7、表 9-8 和表 9-9、表 9-10 所示。

表 9-7 Excel 输出的拟合效果指标

Multiple R	0.868 642 626
R Square	0.754 540 012
Adjusted R Square	0.723 857 513
标准误差	18.887 217 92
观测值	10

表 9.8 Excel 输出的方差分析表

	df	SS	MS	F	Significance F
回归分析	1	8 772.583 994	8 772.584	24.591 87	0.001 108 261
残差	8	2 853.816 006	356.727		
总计	9	11 626.4			

表 9-9　SPSS 输出的模型拟合效果指标

模型	R	R 方	调整 R 方	标准估计的误差
1	0.869[a]	0.755	0.724	18.887 22

表 9-10　SPSS 输出的方差分析表

模型		平方和	df	均方	F	Sig.
1	回归	8 772.584	1	8 772.584	24.592	0.001[a]
	残差	2 853.816	8	356.727		
	总计	11 626.400	9			

由表 9-7 和表 9-9 可知,判定系数 R^2(表 9-7 中的 R Square 或表 9-9 中的 R 方)为 0.754 5。

另外,也可以根据方差分析表计算得到 R^2,表 9-8 中"SS"列下或表 9-10"平方和"列下依次为回归平方和 $SSR=8\,772.58$、残差平方和 $SSE=2\,853.82$、总平方和 $SST=11\,626.4$。根据式(9.14)可得到判定系数 $R^2=0.754\,5=75.45\%$。

判定系数的实际意义是:在投诉次数取值的变差中有 75.45% 可以由投诉次数和航班正点率的线性关系来解释,或者说,在投诉次数取值的变动中,有 75.45% 是由航班正点率所决定。投诉次数取值的差异有 2/3 以上是由航班正点率决定的,二者之间有较强的线性关系。

运用 SPSS 得出的计算结果如下,与 Excel 输出的回归分析结果一致。

2. 回归估计标准误差

当自变量 x 的值确定以后,就可根据回归直线方差推算出因变量的估计值 $\hat{y}$,$\hat{y}$ 与实际值 y 之间的离差 $y-\hat{y}$ 称为估计误差。实际值与估计值之间存在误差,是因为在研究社会经济现象的变动时,不可能把影响变动的各种因素都考虑到。因此,需对估计值的代表性进行评价,通常采用计算估计标准误差的方法。估计标准误差是指实际值 y 与估计值 $\hat{y}$ 的平均离差,即各观测值在回归直线周围的分散程度。对于一元线性回归,估计标准误差的公式如下:

$$s_y = \sqrt{\frac{\sum (y_i - \hat{y})^2}{n-2}} = \sqrt{\frac{SSE}{n-2}} = \sqrt{MSE} \tag{9.15}$$

式中,MSE 为均方残差。

如果 s_y 的值很小,表现为观测点靠近回归直线,回归方程较好地反映了两个变量之间的关系,其代表性较强;相反,如果 s_y 的值很大,表现为观测点远离回归直线,这说明除已知自变量外,还有其他重要因素在影响着因变量的变动,方程的代表性差。

根据例 9.5 中 Excel 的回归分析结果(即表 9-8 中的"MS"列下)或 SPSS 输出结果(表 9-10 中的"均方"列下),可直接得出 $MSE=356.727\,0$,根据表 9-7 或表 9-9 可知标准误差=18.887 2,这就是说,用航班正点率来估计投诉次数时,平均的估计误差为 18.887 2 次。

(二) 显著性检验

回归分析的主要目的是根据所建立的估计方程用自变量 x 来估计或预测因变量 y 的取值。在建立了估计方程后，还不能马上进行估计或预测，因为该估计方程是根据样本数据得出的，它是否反映了变量 x 和 y 之间的关系，则需要通过检验后才能证实。

回归方程的显著性检验包括两方面内容，即回归方程的显著性检验和回归系数的显著性检验。

1. 回归方程线性关系检验

回归方程线性关系检验用于检验因变量与所有自变量之间的线性关系是否显著。由离差平方和分解公式可知，回归模型的总离差平方和等于回归平方和与残差平方和之和。回归模型总体函数的线性关系是否显著，其实质就是判断回归平方和（SSR）与残差平方和（SSE）之比值的大小问题，可以通过方差分析的思想，构造 F 统计量来进行检验。由于回归平方和与残差平方和的数值会随着样本容量和自变量个数的不同而变化，因此不宜直接比较，因此考虑到自由度的影响，我们将 SSR 除以其相应的自由度（自变量的个数 k，一元线性回归中自由度为 1）后的结果称为均方回归，记为 MSR；将 SSE 除以其相应的自由度（$n-k-1$，一元线性回归中自由度为 $n-2$）后的结果称为均方残差，记为 MSE。如果原假设（$H_0:\beta_1=0$，即两个变量之间的线性关系不显著）成立，则 $\dfrac{MSR}{MSE}$ 的抽样分布服从分子自由度为 1、分母自由度为 $n-2$ 的 F 分布，即

$$F=\frac{SSR/1}{SSE/n-2}=\frac{MSR}{MSE}\sim F(1,n-2) \tag{9.16}$$

所以当原假设 $H_0:\beta_1=0$ 成立时，$\dfrac{MSR}{MSE}$ 的值应接近于 0，但如果原假设 $H_0:\beta_1=0$ 不成立，$\dfrac{MSR}{MSE}$ 的值将变得无穷大。因此，较大的 $\dfrac{MSR}{MSE}$ 比值将导致原假设 H_0 被拒绝，即我们可以断定自变量和因变量之间存在显著的线性关系。

检验的具体的步骤如下：

(1) 建立原假设：$H_0:\beta_1=0$，即两个变量之间的线性关系不显著；$H_0:\beta_1\neq 0$，即两个变量之间的线性关系显著。

(2) 计算检验的统计量：$F=\dfrac{SSR/1}{SSE/n-2}\sim F(1,n-2)$。

(3) 作出统计决策。给定显著性水平 α，根据分子的自由度为 1，分母的自由度为 $n-2$ 查 F 分布表得临界值 $F_\alpha(1,n-2)$，若 $F>F_\alpha$，则拒绝原假设；若 $F<F_\alpha$，则不拒绝原假设。根据统计软件输出的结果，可直接利用 p 值作出决策：若 p 值小于显著性水平 α，拒绝原假设；若 p 值大于 α，则不拒绝原假设。

【例 9.6】 检验本章例 9.4 中所得到的回归方程 $\hat{y}=430.189\,23-4.700\,62x$ 的整体显著性（$\alpha=0.05$）。

解：第一步，提出假设

$H_0:\beta_1=0$，即两个变量之间的线性关系不显著

$H_0:\beta_1\neq 0$，即两个变量之间的线性关系显著

第二步,计算检验的统计量 $F = \dfrac{SSR/1}{SSE/n-2} = \dfrac{8\,772.58/1}{2\,853.82/(10-2)} = 24.59$

第三步,作出决策。根据显著性水平 $\alpha=0.05$,分子自由度 $df_1=1$ 和分母自由度 $df_2=10-2=8$ 查 F 分布表,找到相应的临界值 $F_{0.05}(1,8)=5.32$,$F>F_{0.05}$,则拒绝原假设,表明所建立的回归方程是显著的,即航班正点率与投诉次数之间的线性关系式显著的。

运用统计软件,我们可以直接得到 F 值,如表 9-8 或表 9-10 所示的"F"列下即为 F 值,在表 9-8 中的"Significance F"列或表 9-10 中的"Sig."列下为相对应的 p 值,因此我们可以不用查 F 分布表,而是直接利用 p 值作出决策,本例中的 p 值为 0.001,小于给定显著性水平 $\alpha=0.05$,应拒绝原假设,与我们计算的结果一致。

2. 回归系数的检验

回归系数的显著性检验是要检验自变量对因变量的影响是否显著。在一元线性回归模型中 $y=\beta_0+\beta_1 x+\varepsilon$ 中,如果回归系数 $\beta_1=0$,回归直线是一条水平线,表明因变量 y 的取值不依赖自变量 x,即两个变量之间没有线性关系。如果回归系数 $\beta_1\neq 0$,也不能肯定就得出两个变量之间存在线性关系的结论,要看这种关系是否具有统计学意义上的显著性。回归系数的显著性检验就是检验回归系数 β_1 是否等于 0。为此,我们需要研究回归系数 β_1 的抽样分布。

估计的回归方程 $\hat{y}=b_0+b_1 x$ 是根据样本数据计算的。当抽取不同的样本时,就会得出不同的估计方程。实际上,b_0 和 b_1 是根据最小二乘法得到的用于估计参数 β_0 和 β_1 的统计量,他们都是随机变量,也有自己的分布。根据检验的需要,这里只讨论 b_1 的分布。统计证明,b_1 服从正态分布,其数学期望为 $E(b_1)=\beta_1$,标准差为

$$\sigma_{b_1} = \dfrac{\sigma}{\sqrt{\sum x_i^2 - n\bar{x}^2}} \tag{9.17}$$

其中 σ 是误差项 ε 的标准差。由于 σ 未知,用 σ 的估计量 s_{xy} 代入式(9.17),得到 σ_{b_1} 的估计量,即 b_1 的估计标准差为

$$s_{b_1} = \dfrac{s_{yx}}{\sqrt{\sum x_i^2 - n\bar{x}^2}} \tag{9.18}$$

这样,就可以构造出用于检验回归系数 β_1 的统计量 t 为

$$t = \dfrac{b_1 - E(b_1)}{s_{b_1}} = \dfrac{b_1 - \beta_1}{s_{b_1}} \tag{9.19}$$

该统计量服从自由度为 $n-2$ 的 t 分布,即 $t\sim t(n-2)$。如果原假设成立,则 $\beta_1=0$,检验的统计量为:

$$t = \dfrac{b_1}{s_{b_1}} \tag{9.20}$$

进行回归系数的显著性检验的具体步骤如下:

(1) 建立原假设

假设样本从一个没有线性关系的总体中选出,即:$H_0: \beta_1=0$;$H_1: \beta_1\neq 0$。

(2) 计算检验统计量 t 值:$t=\dfrac{b_1}{s_{b_1}}$。

(3) 确定显著性水平 α(一般取 $\alpha=0.05$),并根据自由度 $n-2$ 查 t 分布表,找出相应的

临界值 $t_{\alpha/2}$。

(4) 得出检验结果。若 $|t|>t_{\alpha/2}$，拒绝 H_0，若 $|t|<t_{\alpha/2}$，则不能拒绝 H_0。拒绝 H_0 表明自变量对因变量的影响是显著的，换言之，两变量之间存在着显著的线性关系，样本回归方程有效；若接受 H_0，则没有证据表明自变量对因变量的影响显著，或者说，二者之间不存在显著的线性关系，样本回归方程无效。

值得注意的是，在一元线性回归分析中，因为只有一个自变量，所以线性关系的检验(F 检验)与回归系数的检验(t 检验)是等价的，这一点很容易理解，比如，若 F 检验表明航班正点率与投诉次数之间有显著的线性关系，必然也意味着回归系数不会等于 0。因此，在一元线性回归分析中，无须进行 F 检验，只需进行 t 检验即可。

【例 9.7】 对本章例 9.4 中所得到的回归方程 $\hat{y}=430.18923-4.70062x$ 的回归系数进行检验($\alpha=0.05$)。

解：可按下面步骤进行检验

(1) 建立原假设：$H_0:\beta_1=0$；$H_1:\beta_1\neq 0$

(2) 计算检验统计量 $t=\dfrac{b_1}{s_{b_1}}=\dfrac{-4.70062}{0.94789}=-4.9590$

(3) 作出决策

根据给定的显著性水平 $\alpha=0.05$，自由度 $=n-1-1=10-1-1=8$，查 t 分布表，得 $t_{\alpha/2}=t_{0.025}=2.306$，$|t|>t_{\alpha/2}$，拒绝原假设 H_0。这意味着航班正点率是影响投诉次数的一个显著性因素。

我们同样可以利用例 9.3 中 Excel 和 SPSS 软件输出的结果进行检验。表 9-5 Excel 回归分析结果中的"t Stat"列或表 9-6 SPSS 回归分析结果中"t"列下，给出了"航班正点率"的系数的 t 统计量，还给出了相对应的 P 值(表 9-5 中的"P-value"列或表 9.6 中的"Sig."列)，检验时可直接将 p 值与给定的显著性水平 α 进行比较，若 P-value$<\alpha$，则拒绝原假设；若 P-value$>\alpha$，则不拒绝原假设。本题中 P-value$=0.0011<\alpha=0.05$，所以拒绝原假设，则回归系数通过了显著性检验。

五、利用回归方程进行估计和预测

在对线性回归模型检验其显著性之后，如果所拟合的样本回归方程通过了检验，就可以利用该模型进行预测。所谓预测，就是当自变量 x 取一个特定值时，估计或预测 y 的取值。预测的方法有点预测和区间预测，由于点预测的结果往往与实际结果有偏差，所以，我们通常用区间预测来估计因变量值的可能范围。预测的内容包括均值的预测和个值的预测。

(一) 均值的预测

【例 9.8】 根据本章第二节例 9.3 中的样本回归方程 $\hat{y}=430.18923-4.70062x$，预测当航班正点率为 80% 时，计算其平均投诉次数及其置信区间。

1. 点估计

利用估计的样本回归方程，对于 x 的一个特定的值 x_0，求出 y 的一个估计值就是点估计。平均投诉次数点预测值为：

$$\hat{y}=430.18923-4.70062\times 80=54.13963$$

点估计的缺点是无法得知预测的误差和把握性。

2. 区间估计

利用样本的回归方程,对于 x 的一个特定的值 x_0,求出 y 的一个估计值的区间就是区间估计。

y 置信区间为:

$$[\hat{y}_0 - t_{\alpha/2} s_{\hat{y}}, \hat{y}_0 + t_{\alpha/2} s_{\hat{y}}] \tag{9.21}$$

其中, $s_{\hat{y}}^2 = s_y^2 \left[\dfrac{1}{n} + \dfrac{(x_0 - \bar{x})^2}{\sum x^2 - n \bar{x}^2} \right]$,表示 $\hat{y}$ 方差的估计值; $s_{\hat{y}} = s_y \sqrt{\dfrac{1}{n} + \dfrac{(x_0 - \bar{x})^2}{\sum x^2 - n \bar{x}^2}}$,表示 $\hat{y}$ 标准差的估计值。

当 $x_0 = \bar{x}$ 时, $\hat{y}_0$ 的标准差的估计量最小,此时, $s_{\hat{y}_0} = s_y \sqrt{1/n}$,这就是说,当 $x_0 = \bar{x}$ 时,估计是最准确的。 x_0 偏离 $\bar{x}$ 越远, y 的平均值的置信区间就越宽,估计的效果也就越不好。

根据前面的计算结果,已知 $n = 10$, $s_y = 18.8872$,查表得:

$$t_{\alpha/2}(n-2) = t_{0.025}(10-2) = 2.306$$

根据式(9.25)得出置信区间为:

$$54.13963 \pm 2.306 \times 18.8872 \times \sqrt{\dfrac{1}{10} + \dfrac{(80-75.86)^2}{57944.42 - 10 \times 75.86^2}}$$

$$= 54.13963 \pm 16.47985$$

即为 [37.660, 70.619],也就是说当航班正点率为 80% 时,投诉次数的平均值在 37.660 次到 70.619 次之间。

可以看出,上述的计算非常复杂,运用 SPSS 可以简便快速得出计算结果(如图 9-5 所示),当航班正点率为 80%,运行 SPSS 得出投诉次数的点估计为 54.13942(图 9-5 中"PRE_1"列最后一行的数据),其平均投诉次数在 95% 的置信水平下的置信区间为 [37.65953, 70.61931](图 9-5 中"LMCI_1"列最后一行的数据为均值置信区间的下端值,"UMCI_1"为列最后一行的数据为均值置信区间的上端值)。

航空公司编号	航班正点率	投诉次数	PRE_1	LMCI_1	UMCI_1	LICI_1	UICI_1
1	81.80	21.00	45.67830	26.75008	64.60652	-1.81095	93.16755
2	76.60	58.00	70.12154	56.25390	83.98918	24.41309	115.82999
3	76.60	85.00	70.12154	56.25390	83.98918	24.41309	115.82999
4	75.70	68.00	74.35210	60.57467	88.12952	28.67094	120.03326
5	73.80	74.00	83.28328	68.79292	97.77365	37.38026	129.18450
6	72.20	93.00	90.80428	74.87637	106.73219	44.42918	137.17937
7	71.20	72.00	95.50490	78.37450	112.63530	48.70317	142.30663
8	70.80	122.00	97.38515	79.72086	115.04944	50.38538	144.38492
9	91.40	18.00	0.55232	-36.10179	37.20644	-56.37285	57.47750
10	68.50	125.00	108.19658	87.01845	129.37472	59.76659	156.62658
11	80.00		54.13942	37.65953	70.61931	7.57186	100.70699

图 9-5 回归方程的预测

（二）个值的预测

【例 9.9】 继续沿用本章第二节例 9.3 中的样本回归方程 $\hat{y}=430.18923-4.70062x$，预测当航班正点率为 80% 时，计算其投诉次数及其预测区间。

1. 点估计

在点估计条件下，对于同一个自变量值，个值的点预测值与平均数的点预测值是一致的，即与例 9.8 均值的预测结果一致。

2. 区间估计

要得到 y 的个值的预测区间，必须知道当 $x=x_0$ 时，用 $\hat{y}$ 估计 y 的个值的方差。统计学家已给出了 y 对 $\hat{y}$ 的方差估计量，用 s_{ind}^2 表示，其计算公式为：

$$s_{ind}^2 = s_y^2 + s_{\hat{y}}^2 = s_y^2\left[1+\frac{1}{n}+\frac{(x_0-\bar{x})^2}{\sum x^2 - n\bar{x}^2}\right] \tag{9.22}$$

则，y 对 $\hat{y}$ 的标准差的估计值的公式为：

$$s_{ind} = s_y\sqrt{1+\frac{1}{n}+\frac{(x_0-\bar{x})^2}{\sum x^2 - n\bar{x}^2}} \tag{9.23}$$

y 的个值的预测区间为：

$$\hat{y}_0 \pm t_{a/2} s_{ind} \tag{9.24}$$

运行 SPSS，得到当航班正点率为 80% 时，其投诉次数在 95% 置信水平下的预测区间为 [7.57186, 100.70699]（图 9-5 中"LICI_1"列最后一行的数据为个值预测区间的下端值，"UICI_1"为列最后一行的数据为个值预测区间的上端值）。

从预测的结果中，可以看出，在预测的把握程度相同的情况下，单个值的置信区间要比均值的置信区间要宽。也就是说，在预测的把握程度相同的情况下，单个值的预测精度要比均值的预测精度低。

第三节 多元线性回归分析

一、多元线性回归的意义

在上节中，我们讨论了一个自变量的一元线性回归模型，即假定我们所研究的因变量只受一个自变量的影响。然而，在许多实际问题中，影响因变量的因素往往有多个。例如，商品的需求量不但要受到商品本身价格的影响，而且还要受到消费者的偏好、消费者的收入水平、其他相关商品的价格、预期的商品价格以及市场上消费者的数量等诸多因素的影响；又如企业增加值受生产性固定资产、原材料、劳动力和企业经营管理水平等多因素影响。对于上述情况，如果只用一个自变量进行分析，分析的结果就不准确，如果将影响因变量的多个因素结合在一起进行分析，则更能揭示现象的内在规律性。在统计学中，将涉及两个及两个以上自变量对一个因变量的线性回归分析，称为多元线性回归分析。将表现这一数量关系的方程称为多元线性回归方程，或多元线性回归模型。多元线性回归模型是一元线性回归模型的扩展，其原理也与一元线性回归的原理基本相同，但计算上要复杂得多，在实际应用中,我们需借助于计算机来完成。

二、多元线性回归模型

(一) 总体线性回归模型

设因变量为 y,k 个自变量分别为 $x_1, x_2, \cdots, x_k$,多元线性回归模型就是描述因变量 y 如何依赖于自变量 $x_1, x_2, \cdots, x_k$ 和误差项 ε 的方程。其一般形式可表示为:

$$y = \beta_0 + \beta_1 x_1 + \beta_2 x_2 + \cdots \beta_k x_k + \varepsilon \tag{9.25}$$

式(9.25)表明: y 是 $x_1, x_2, \cdots, x_k$ 的线性函数($\beta_0 + \beta_1 x_1 + \beta_2 x_2 + \cdots + \beta_k x_k$ 部分)加上误差项 ε。误差项反映了除 $x_1, x_2, \cdots, x_k$ 对 y 的线性关系之外的随机因素对 y 的影响,是不能由 $x_1, x_2, \cdots, x_k$ 与 y 之间的线性关系所解释的变异性。

多元线性回归模型的假设:

假设(1)~(4)与一元线性回归模型的假设相同;

假设(5):自变量之间没有线性关系。

(二) 总体线性回归方程:

$$E(y) = \beta_0 + \beta_1 x_{1i} + \beta_2 x_{2i} + \cdots + \beta_k x_{ki} \tag{9.26}$$

总体线性回归方程描述了 y 的期望值与自变量的关系。

(三) 样本回归方程:

$$\hat{y}_i = b_0 + b_1 x_{1i} + b_2 x_{2i} + \cdots + b_k x_{ki} \tag{9.27}$$

式中 $b_0, b_1, b_2, \cdots, b_k$ 是参数 $\beta_0, \beta_1, \beta_2, \cdots, \beta_k$ 的估计值,$\hat{y}_i$ 是因变量 y_i 的估计值。其中的 $b_1, b_2, \cdots, b_k$ 是偏回归系数,它反映的是当其他的变量不变时,此变量变动一个单位所引起的因变量的平均变动量。

三、多元线性回归方程参数的估计

回归方程中的 $b_0, b_1, b_2, \cdots, b_k$ 仍然是根据最小二乘法求得。也就是使残差平方和 $Q = \sum e^2 = \sum (y_i - \hat{y}_i)^2 = \sum (y_i - b_0 - b_1 x_{1i} - b_2 x_{2i} - \cdots - b_k x_{ki})^2$ 最小,通过分别对式中的 $b_1, b_2, \cdots, b_k$ 求偏导,然后令它们等于零,从而得到一个有 $(k+1)$ 个线性方程组成的方程组,如下所示:

$$\begin{cases} \dfrac{\partial Q}{\partial b_0} = 0, \\ \dfrac{\partial Q}{\partial b_i} = 0, & (i=1,2,\cdots,k) \end{cases} \tag{9.28}$$

求解上述方程组需要借助于计算机,可直接利用 Excel 或 SPSS 得出回归结果。

【例 9.10】 已知我国的农村居民消费水平、农村家庭人均纯收入、人均国内生产总值以及零售价格指数 1995—2011 年的样本数据,如表 9-11 所示。试建立农村居民消费水平关于其他三个指标的回归模型,并进行回归分析。

表 9-11 样本数据

年份	农村居民消费水平(元)	农村居民家庭人均纯收入(元)	人均国内生产总值(元)	商品零售价格指数（上年=100）
	y	x_1	x_2	x_3
1995	1 313.00	1 577.74	5 045.73	114.80
1996	1 626.00	1 926.07	5 845.89	106.10
1997	1 722.00	2 090.13	6 420.18	100.80
1998	1 730.00	2 161.98	6 796.03	97.40
1999	1 766.00	2 210.34	7 158.50	97.00
2000	1 860.00	2 253.40	7 857.68	98.50
2001	1 968.95	2 366.40	8 621.71	99.20
2002	2 062.27	2 475.60	9 398.05	98.70
2003	2 102.72	2 622.20	10 541.97	99.90
2004	2 319.13	2 936.40	12 335.58	102.80
2005	2 656.71	3 254.90	14 185.36	100.80
2006	2 949.95	3 587.00	16 499.70	101.00
2007	3 346.64	4 140.36	20 169.46	103.80
2008	3 901.09	4 760.60	23 707.71	105.90
2009	4 163.33	5 153.20	25 607.53	98.80
2010	4 700.38	5 919.00	30 015.05	103.10
2011	5 633.03	6 977.30	35 181.24	104.90

解：由 Excel 和 SPSS 输出的多元回归结果如表 9-12 和表 9-13 所示。

表 9-12 Excel 输出的多元回归结果

	Coefficients	标准误差	t Stat	P-value
Intercept	−82.334 829 14	358.712 350 7	−0.229 528 838	0.822 029 74
农村居民家庭人均纯收入(元)	0.773 281 004	0.127 788 234	6.051 269 217	4.090 6E−05
人均国内生产总值(元)	0.003 954 858	0.021 480 08	0.184 117 454	0.856 762 28
商品零售价格指数（上年=100）	1.515 784 556	2.839 564 343	0.533 808 843	0.602 482 4

表 9-13　SPSS 输出的多元回归结果

模型		非标准化系数		标准系数	t	Sig.
		B	标准误差	试用版		
1	（常量）	−82.350	358.710		−0.230	0.822
	农村居民家庭人均纯收入	0.773	0.128	0.970	6.051	0.000
	人均国内生产总值	0.004	0.021	0.030	0.184	0.857
	商品零售价格指数（上年=100）	1.516	2.840	0.005	0.534	0.602

根据统计软件输出的结果，得到线性回归方程为：

$$\hat{y} = -82.350 + 0.773x_1 + 0.004x_2 + 1.516x_3$$

各回归系数的实际意义为：

$b_1 = 0.773$ 表示，在人均国内生产总值和商品零售价格指数不变的条件下，农村居民家庭人均纯收入每增加 1 元，农村居民消费水平平均增加 0.773 元。

$b_2 = 0.004$ 表示，在农村居民家庭人均纯收入和商品零售价格指数不变的条件下，人均国内生产总值每增加 1 元，农村居民消费水平平均增加 0.004 元。

$b_3 = 1.516$ 表示，在农村居民家庭人均纯收入和人均国内生产总值不变的条件下，商品零售价格指数每增加一单位，农村居民消费水平平均增加 1.516 元。

四、多元线性回归模型的检验

建立了多元线性回归模型，利用样本数据估计了回归方程后，在模型进行实际应用前还应对模型进行检验。

（一）回归方程的拟合优度评价

1. 多重判定系数

同一元线性回归一样，在多元线性回归模型中，为了衡量模型与数据拟合效果是否良好，需要利用多重判定系数来评价其拟合程度。在一元线性回归中，我们曾介绍了因变量总离差和的分解，在多元线性回归分析中，总离差平方和的分解公式依然成立。在多元回归分析中，回归平方和占总平方和的比例，称为多重判定系数。其计算公式为

$$R^2 = \frac{SSR}{SST} = 1 - \frac{SSE}{SST} \tag{9.29}$$

式中 $SST = \sum(y_i - \bar{y})^2$ 为总平方和；$SSR = \sum(\hat{y}_i - \bar{y})^2$ 为回归平方和；$SSE = \sum(y_i - \hat{y}_i)^2$ 为残差平方和。

利用 R^2 来评价多元线性回归方程的拟合程度时，有一点值得注意：由于自变量个数的增加，将影响到因变量中被估计回归方程的变差数量。当增加自变量时，会使预测误差变得比较小，从而减少残差平方和 SSE，由于回归平方和 $SSR = SST - SSE$，当 SSE 变小时，SSR 就会变大，从而使 R^2 变大。如果模型中增加一个自变量，即使这个自变量在统计上并不显著，R^2 也会变大。因此，为避免增加自变量而高估 R^2，统计学家提出用样本量 n 和自变量的个数 k 去修正 R^2，计算出修正多重判定系数。

修正的多重判定系数的计算公式为：

$$R^2 \text{修正值} = 1 - \frac{n-1}{n-(k+1)} \frac{SSE}{SST} = 1 - \frac{n-1}{n-(k+1)}(1-R^2) \qquad (9.30)$$

式中，n 为样本容量；k 是模型中自变量个数。$n-1$ 和 $n-k-1$ 实际上分别是总离差平方和与残差平方和的自由度。

修正的多重判定系数具有的性质如下：

(1) R^2 修正值的解释与 R^2 类似，R^2 修正值越大，说明回归直线的拟合效果越好；R^2 修正值越小，回归直线的拟合效果就越差。

(2) R^2 修正值 $\leqslant R^2$。因为 $k \geqslant 1$，所以根据 R^2 修正值和 R^2 各自的定义式可以得出这一结论。对于给定的 R^2 值和 n 值，k 值越大 R^2 修正值越小。与 R^2 不同，R^2 修正值不会由于模型中自变量个数 k 的增加而越来越接近 1。因此，在多元回归分析中，通常用修正的 R^2 值，对回归模型进行评价。

(3) R^2 修正值小于 1，但未必都大于 0。在拟合效果极差的情况下，R^2 修正值有可能取负值。

【例 9.11】 继续沿用本章例 9.10。评价多元线性回归方程 $\hat{y} = -82.350 + 0.773x_1 + 0.004x_2 + 1.516x_3$ 的拟合效果。

解：运行 Excel 和 SPSS，得出如表 9-14 和表 9-15 所示的结果：

表 9-14　Excel 输出结果

回归统计	
Multiple R	0.999 512 37
R Square	0.999 024 977
Adjusted R Square	0.998 799 972
标准误差	43.011 356 66
观测值	17

表 9-15　SPSS 输出结果

模型汇总				
模型	R	R 方	调整 R 方	标准估计的误差
1	1.000[a]	0.999	0.999	43.011 18

根据统计软件的输出结果可知，多重判定系数 $R^2 = 0.999 = 99.9\%$（Excel 输出结果中 "R Square" 或 SPSS 输出结果中的 "R 方"）。其实际意义是：在农村居民消费水平的变差中，能被农村居民家庭人均纯收入、人均国内生产总值和商品零售价格指数的多元回归方程所解释的比例为 99.9%。

本例中，修正后的多重判定系数 R^2 修正值 = 0.998 8 = 99.88%，与多重判定系数几乎相等，其意义与 R^2 类似。它表示：在用样本量和模型中自变量个数进行调整后，在农村居民消费水平的变差中，能被农村居民家庭人均纯收入、人均国内生产总值和商品零售价格指数的多元回归方程所解释的比例为 99.88%。

2. 估计的标准误差

同一元线性回归的情况一样，多元回归中随机误差项的方差在确定模型的有效性方面起着关键性的作用。类似于式(9.15)我们有：

$$s_y = \sqrt{\frac{\sum(y_i - \hat{y})^2}{n - (\text{被估计的参数个数})}} = \sqrt{\frac{SSE}{n-(k+1)}} = \sqrt{MSE} \qquad (9.31)$$

式中 n 为样本容量;k 是模型中自变量个数,使用这一公式计算较为繁琐,实际问题中可通过统计软件求解。

根据例 9.11 中 Excel 和 SPSS 输出结果(即表 9-14 和表 9-15)可直接得出,标准误差 $=43.011$,其含义是用农村家庭人均纯收入、人均国内生产总值以及零售价格指数预测农村居民消费水平时,平均的预测误差为 43.011 元。

若各实际观测值越靠近直线,则 s_y 越小,回归直线对各观测值的代表性就越好;若实际观测值全部落在直线上,则 $s_y=0$。

(二)显著性检验

多元线性回归中的显著性检验同样包括对回归方程线性关系的检验和对回归系数的检验。在一元线性回归中,这两种检验是等价的,但在多元回归分析中,它们不再等价。线性关系检验主要是检验因变量同多个自变量的线性关系是否显著,在 k 个自变量中,只要有一个自变量同因变量的线性关系显著,F 检验就能通过,但这不一定意味着每个自变量同因变量的关系都显著。回归系数检验则是对每个回归系数分别进行单独的检验,它主要用于检验每个自变量对因变量的影响是否都显著。如果某个自变量没有通过检验,就意味着这个自变量对因变量的影响不显著,也许就没有必要将这个自变量放进回归模型中了。因此在多元回归分析中,既要进行 F 检验,也要进行 t 检验。

1. 回归方程线性关系检验

线性关系检验是检验因变量 y 与 k 个自变量之间的关系是否显著,也称为总体显著性检验。检验的具体步骤如下:

(1)建立原假设:

$H_0:\beta_1=\beta_2=\cdots=\beta_k=0$,即回归方程整体不显著;

$H_0:\beta_i$ 不全等于 $0(i=1,2,\cdots,k)$,即回归模型整体显著。

(2)计算检验的统计量:

$$F=\frac{SSR/k}{SSE/n-1-k}\sim F(k,n-1-k) \tag{9.32}$$

(3)作出统计决策。给定显著性水平 α,根据分子的自由度为 k,分母的自由度为 $n-1-k$ 查 F 分布表得临界值 $F_\alpha(k,n-1-k)$。若 $F>F_\alpha$,则拒绝原假设;若 $F<F_\alpha$,则不拒绝原假设。根据统计软件输出的结果,可直接利用 p 值作出决策:若 p 值小于显著性水平 α,拒绝原假设;若 p 值大于 α,则不拒绝原假设。

【例 9.12】 对本章例 9.10 中多元线性回归方程 $\hat{y}=-82.350+0.773x_1+0.004x_2+1.516x_3$ 进行 F 检验($\alpha=0.05$)。

解:检验步骤如下:

(1)提出假设

$H_0:\beta_1=\beta_2=\cdots=\beta_k=0$;

$H_1:\beta_i$ 不全等于 $0(i=1,2,\cdots,k)$

(2)计算检验的统计量 $F=\dfrac{SSR/k}{SSE/n-1-k}=4\,440.05$

(3)作出统计决策。

给出的显著性水平 $\alpha=0.05$,根据分子的自由度为 3,分母的自由度为 $17-1-3=13$,

查 F 分布表得 $F_{0.05}(3,13)=3.41$，由于 $F>F_{0.05}$，因此拒绝原假设。这意味着农村居民消费水平与商品零售价格指数、农村居民家庭人均纯收入以及人均国内生产总值之间的线性关系是显著的。

也可以运用 Excel 和 SPSS 软件，可直接得出 F 检验数据及检验结果，如表 9-16、表 9-17 所示。

表 9-16 Excel 方差分析表

	df	SS	MS	F	Significance F
回归分析	3	24 641 738.37	8 213 912.79	4 440.008 54	8.15E-20
残差	13	24 049.698 42	1 849.976 802		
总计	16	24 665 788.07			

表 9-17 SPSS 方差分析表

模型		平方和	df	均方	F	Sig.
1	回归	2.464 E7	3	8 213 928.184	4 440.054	0.000[a]
	残差	24 049.498	13	1 849.961		
	总计	2.467 E7	16			

从表中可以看出 F 值为 4 440.05，相应的 p 值为 0.000，所以，拒绝模型整体不显著的原假设，即该模型是整体显著的。

F 检验表明：农村居民消费水平与商品零售价格指数、农村居民家庭人均纯收入以及人均国内生产总值之间的线性关系是显著的，但这并不意味着农村居民消费水平与每个变量之间的关系都显著，因为 F 检验说明的是总体的显著性。要判断每个自变量对农村居民消费水平的影响是否显著，则需要对各回归系数分别进行检验。

2. 回归系数的显著性检验

多元回归中进行这一检验的目的主要是为了检验各自变量对因变量的影响是否显著，以便对自变量的取舍做出正确的判断。一般来说，当发现某个自变量的影响不显著时，应将其从模型中删除。这样才能够做到以尽可能少的自变量去达到尽可能高的拟合优度。

多元回归中回归系数的检验同样采取 t 检验，其原理和基本步骤与一元回归模型中的 t 检验基本相同，检验的具体步骤如下：

(1) 建立原假设。

假设样本从一个没有线性关系的总体中选出，即：

$H_0: \beta_i = 0; H_1: \beta_i \neq 0$

(2) 计算检验统计量 t 值。

$$t = \frac{b_i - E(b_i)}{s_{b_i}} = \frac{b_i - \beta_i}{s_{b_i}} = \frac{b_i}{s_{b_i}} \qquad (9.33)$$

其中，

$$s_{b_i} = \frac{s_{yx}}{\sqrt{\sum (x_i - \bar{x})^2}} = \frac{s_{yx}}{\sqrt{\sum x_i^2 - n\bar{x}^2}} \qquad (9.34)$$

t 统计量服从自由度为 $n-k-1$ 的 t 分布,即 $t \sim t(n-k-1)$。

(3) 确定显著性水平 α(一般取 $\alpha=0.05$),并根据自由度 $n-k-1$ 查 t 分布表,找出相应的临界值 $t_{\alpha/2}$。

(4) 得出检验结果。若 $|t|>t_{\alpha/2}$,拒绝 H_0,若 $|t|<t_{\alpha/2}$,则不能拒绝 H_0。拒绝 H_0 表示回归系数通过了显著性检验;若接受 H_0,则表示回归系数未通过显著性检验。

【例 9.13】 继续沿用本章例 9.10。对多元线性回归方程 $\hat{y}=-82.350+0.773x_1+0.004x_2+1.516x_3$ 的回归系数进行检验($\alpha=0.05$)。

解:可按下面的步骤进行:

(1) 提出假设。对于任意参数 $\beta_i(i=1,2,3)$:

$H_0:\beta_i=0; H_1:\beta_i \neq 0$

(2) 计算检验的统计量 t 值:$t=\dfrac{b_i}{s_{b_i}}$

根据表 9-13 或表 9-14 的结果可知,自变量"农村居民家庭纯收入"对应的回归系数统计量 $t_1=6.051$;"人均国内生产总值"对应的回归系数统计量 $t_2=0.184$;"商品零售价格指数"对应的回归系数统计量 $t_3=0.534$。

(3) 根据显著性水平 $\alpha=0.05$,并根据自由度 $17-3-1=13$ 查 t 分布表,找出相应的临界值 $t_{\alpha/2}(13)=t_{0.025}(13)=2.16$。

(4) 作出统计决策。只有 $t_1>t_{\alpha/2}=2.16$,因此只有"农村居民家庭纯收入"对应的系数通过了检验,其他两个自变量均未通过显著性检验。说明农村居民家庭人均纯收入与农村居民家庭人均收入之间的关系显著,而人均国内生产总值和商品零售价格指数与农村居民消费水平的关系不显著。直接用 p 值进行比较也是一样:只有"农村居民家庭纯收入"对应的回归系数 p 值小于 0.05,通过了显著性检验,其余两个系数所对应的 p 值均大于 0.05,未通过检验。

一般情况下,在建立回归模型中,应把未通过检验的自变量剔除掉,当存在多个回归系数未通过显著性检验时,并不是一次性把这些变量都剔除掉,最简单的办法是一次只剔除一个,剔除 t 值最小的那个变量,直到所有的变量的系数都通过了统计检验为止。

五、利用多元回归方程进行预测

在一元回归分析中,我们曾介绍了利用自变量估计因变量的方法。对于多元线性回归,我们同样可以给出 k 个自变量的值,然后对应变量 y 的平均值和个值进行预测。预测的方法同样是点预测和区间预测。

由于多元线性回归方程的置信区间和预测区间的计算相当繁琐,我们通常运用统计软件求解多元回归的问题。已有的统计软件,如 SPSS,就有现成的回归分析程序,可以直接给出因变量的置信区间和预测区间,其操作方法可参考一元线性回归方程的预测。

本章小结

相关与回归分析是统计中研究变量间关系的最常用也是最实用的方法。通过相关分析，我们可以从众多看似不相关的变量中找到相关的变量，通过回归分析我们可以得到自变量和因变量间的相互的变动关系，这些分析在研究中是很有用的，因此不论是在自然科学还是在社会科学中，相关和回归分析都有着广泛的应用。相关与回归分析的一般过程包括变量的筛选、理论模型的建立、模型参数估计、模型的检验与模型的应用。为了建立一元线性回归模型，我们需要从诸多自变量中挑选出最合适的一个变量作为自变量，通常选取相关系数最大的变量为自变量，与因变量建立一元线性回归模型，其理论模型形式为 $y=\beta_0+\beta_1 x+\varepsilon$。接下来采用最小二乘法对理论模型中的参数进行估计，得到回归方程 $\hat{y}=b_0+b_1 x$。此时，我们还不能直接用此回归方程进行应用，而需要对回归方程进行检验，比如进行拟合优度检验和回归系数的检验，一是检验回归方程是否解释了因变量的大部分信息，二是检验自变量的系数是否显著不为 0。

多元回归的建模过程与一元线性回归的建模过程是相同的，只是多个自变量共同对因变量建立回归模型会出现一些一元线性回归模型所没有的问题，比如自变量间的多重共线性问题，其处理方法为筛选合适的变量进入模型。

附 录 利用 Excel 和 SPSS 进行相关与回归分析

一、根据表 9-1 的数据，运用 Excel 和 SPSS 软件计算航班正点率和投诉次数进行相关分析和回归分析，并运用 SPSS 软件对回归进行回归方程预测。

1. 相关分析

在 Excel 中进行相关分析，其操作步骤如下：

(1) 将表 9-1 中的样本数据输入 Excel 工作表中，如图 9-6 所示。

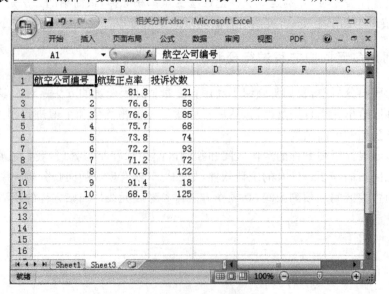

图 9-6 样本数据

(2) 在工具栏中选择"数据"菜单中的"数据分析"命令,弹出"数据分析"对话框,选择"相关系数"选项,单击"确定"按钮,如图 9-7 所示。

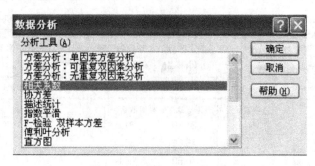

图 9-7 "数据分析"对话框

(3) 弹出"相关系数"对话框,在如图 9-8 所示。在"输入区域"框内输入样本数据所在单元格地址,选中"标志位于第一行"选项,输出结果的第一行中会显示标志项。

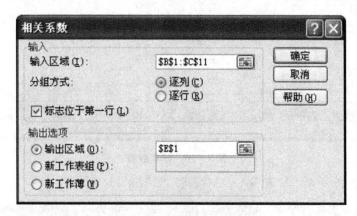

图 9-8 "相关系数"对话框

(4) 单击"确定"按钮,即可给出计算结果,如图 9-9 所示。

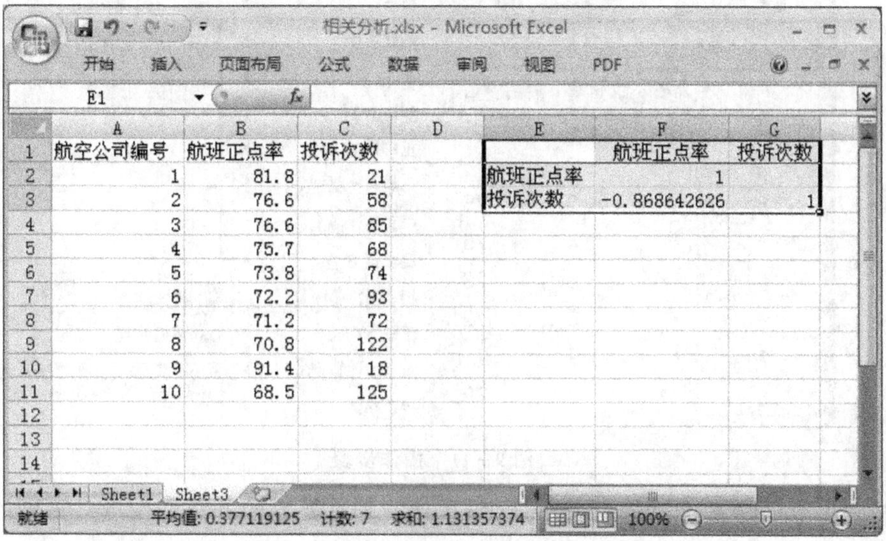

图 9-9 相关分析结果

在 SPSS 进行相关分析的操作步骤如下：

(1) 将样本数据输入到 SPSS 中，如图 9-10 所示。

图 9-10 样本数据

(2) 选择菜单"分析"—"相关"—"双变量"，如图 9-11 所示。

图 9-11 操作步骤

(3) 弹出如图 9-12 的所示的对话框，选择参加计算相关系数的变量到右侧的"变量"框中。

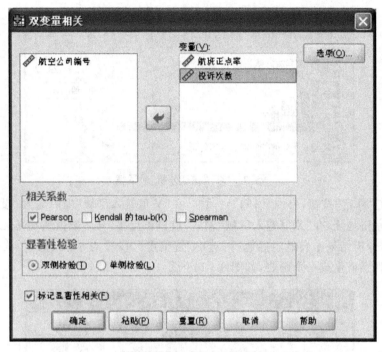

图 9-12 相关分析对话框

（4）在"相关系数"框中选择计算哪种相关系数。

• Pearson 复选项：简单相关系数，是系统默认的方式，用于连续变量或等间距测度的数值型变量。

• Spearman 复选框：等级相关系数，用于度量顺序变量。

• Kendall's tau-b 复选框：等级相关系数，用来度量顺序变量。

（5）在"显著性检验"框中选择输出相关系数检验的双侧概率 p 值，还是单侧概率 p 值。

• "双侧检验"单选项：是系统默认的方式，用于事先不知道相关方向的情况。

• "单侧检验"单选项：用于事先知道相关方向的情况。

（6）选中"标记显著性相关"选项表示分析结果中除显示统计检验的概率 p 值以外，还输出星号标记，以表明变量间的相关性是否显著，若不选中则不输出星号标记。

在输出结果中相关系数旁边的两个星号（＊＊）表示显著性水平 α 为 0.01 时可拒绝原假设，即通过显著性检验；一个星号（＊）表示显著性水平 α 为 0.05 时可拒绝原假设，即通过显著性检验；因此，两个星号比一个星号拒绝原假设犯错误的可能性更小。若没有星号则表示，在显著性水平 α 为 0.05 时，仍不能拒绝原假设，因此未通过显著性检验。

（7）单击"确定"按钮，SPSS 将自动计算相关系数和进行统计检验，并将结果输出到输出窗口。

2. 回归分析

在 Excel 中对投诉次数与航班正点率进行回归分析，并绘制线性拟合图。

操作步骤如下：

（1）在工具栏中选择"数据"菜单中的"数据分析"命令，在数据分析工具列表栏中选择"回归"，如图 9-13 所示。

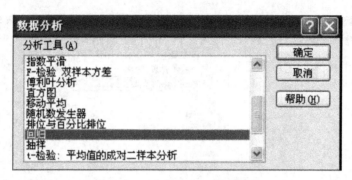

图 9-13 "数据分析"对话框

（2）单击"确定"按钮，出现"回归"对话框，在"Y 值输入区域"框内输入"投诉次数"样本数据所在单元格地址，在"X 值输入区域"输入"航班正点率"样本数据所在单元格地址，选中"标志"选项，分析结果中会显示标题行，选中"置信度"，设置为 95%，选中"线性拟合图"可为预测值和观察值生成一个图表，如图 9-14 所示。

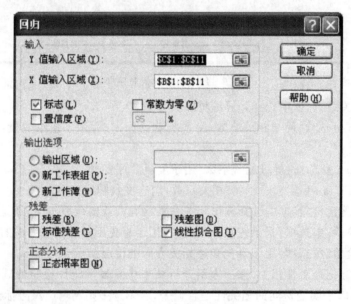

图 9-14 "回归"对话框

（3）单击"确定"按钮，即可得出分析结果，根据回归结果和线性拟合图可对回归方程的拟合效果进行评价。

3. 回归方程预测

当航班正点率为 80% 时，对平均投诉次数和投诉次数进行点估计和区间估计。

操作步骤如下：

（1）首先，我们要把数据录入到 SPSS 中。本例中有 3 个变量，将"航空公司编号"定义为字符型变量，其他两个变量设置为数值型变量，然后录入相关数据，因要对回归方程进行预测，变量"航班正点率"最后一个数据格中输入 80。录入完成后的数据如图 9-15 所示。

图 9-15 输入样本数据

（2）在菜单栏中选择"分析"—"回归"—"线性"命令，打开"线性回归"对话框，从源变量列表中选择需要进行线性回归分析的被解释变量，然后单击 ![] 按钮将选中的变量选入"因变量"列表中；同样的方法将需要进行线性回归分析的解释变量选入"自变量"列表中，如图 9-16 所示。

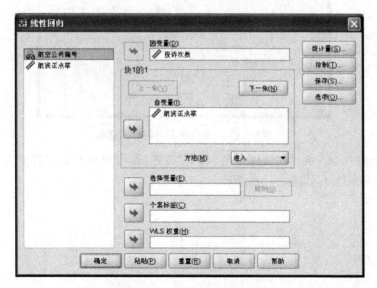

图 9-16 "线性回归"对话框

(3) 单击图 9-16 中的"保存"按钮,进入"线性回归:保存"对话框,在"预测值"栏选中"未标准化"复选框,在预测区间栏中,选中"均值"和"单值"复选框,置信区间设置为 95%。单击"继续"按钮,保存设置,如图 9-17 所示。

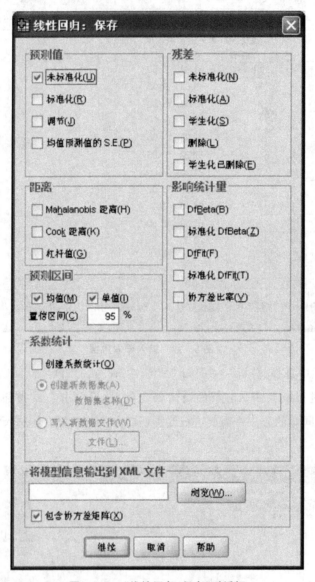

图 9-17 "线性回归:保存"对话框

(4) 单击图 9-16 所示对话框中的"确定"按钮,即可得到投诉次数的点估计和预测区间(置信水平为 95%),如图 9-18 所示。

	航空公司编号	航班正点率	投诉次数	PRE_1	LMCI_1	UMCI_1	LICI_1	UICI_1
1	1	81.80	21.00	45.67830	26.75008	64.60652	-1.81095	93.16755
2	2	76.60	58.00	70.12154	56.25390	83.98918	24.41309	115.82999
3	3	76.60	85.00	70.12154	56.25390	83.98918	24.41309	115.82999
4	4	75.70	68.00	74.35210	60.57467	88.12952	28.67094	120.03326
5	5	73.80	74.00	83.28328	68.79292	97.77365	37.38206	129.18450
6	6	72.20	93.00	90.80428	74.87637	106.73219	44.42918	137.17937
7	7	71.20	72.00	95.50490	78.37450	112.63530	48.70317	142.30663
8	8	70.80	122.00	97.38515	79.72086	115.04944	50.38538	144.38492
9	9	91.40	18.00	0.55232	-36.10179	37.20644	-56.37285	57.47750
10	10	68.50	125.00	108.19658	87.01845	129.37472	59.76659	156.62658
11		80.00	.	54.13942	37.65953	70.61931	7.57186	100.70699

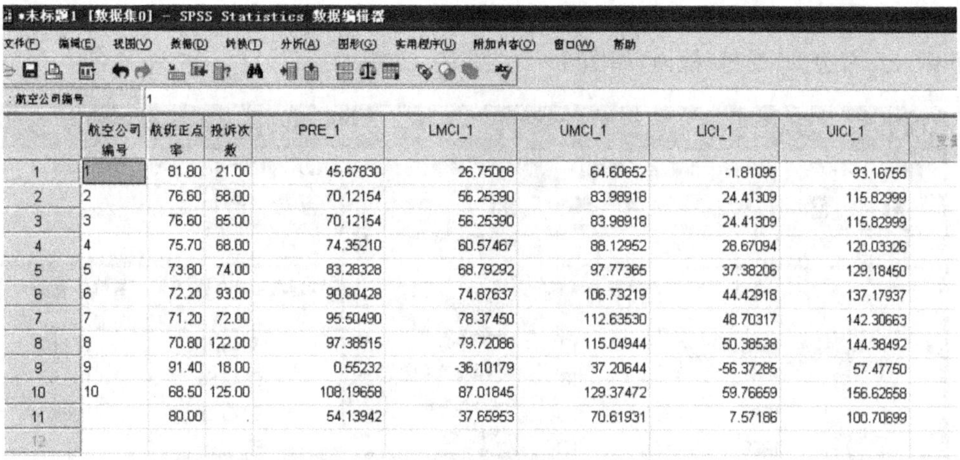

图 9-18　投诉次数的点估计和区间估计

二、根据表 9-11 的数据，运用 SPSS 软件，计算农村家庭人均纯收入、人均国内生产总值与零售价格指数的相关系数，建立农村居民消费水平关于这三个指标的回归方程，并对回归方程进行总检验和回归系数检验以及对方程的拟合效果进行评价。

1. 相关分析

操作步骤：

(1) 首先，我们要把数据录入到 SPSS 中，将年份定义为字符型变量，其他变量设置为数值型变量，然后录入相关数据。录入完成后的数据如图 9-19 所示。

	年份	农村居民消费水平	农村居民家庭人均纯收入	人均国内生产总值	商品零售价格指数
1	1995	1313.00	1577.74	5045.73	114.80
2	1996	1626.00	1926.07	5845.89	106.10
3	1997	1722.00	2090.13	6420.18	100.80
4	1998	1730.00	2161.98	6796.03	97.40
5	1999	1766.00	2210.34	7158.50	97.00
6	2000	1860.00	2253.40	7857.68	98.50
7	2001	1968.95	2366.40	8621.71	99.20
8	2002	2062.27	2475.60	9398.05	98.70
9	2003	2102.72	2622.20	10541.97	99.90
10	2004	2319.13	2936.40	12335.58	102.80
11	2005	2656.71	3254.90	14185.36	100.80
12	2006	2949.95	3587.00	16499.70	101.00
13	2007	3346.64	4140.36	20169.46	103.80
14	2008	3901.09	4760.60	23707.71	105.90
15	2009	4163.33	5153.20	25607.53	98.80
16	2010	4700.38	5919.00	30015.05	103.10
17	2011	5633.03	6977.30	35181.24	104.90

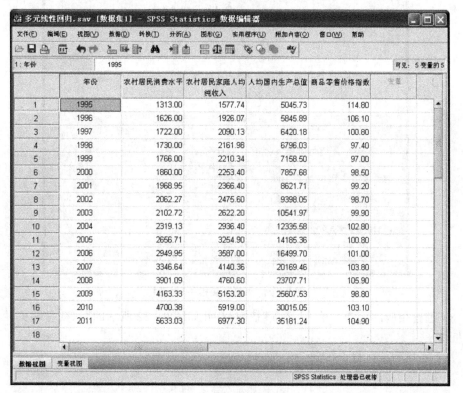

图 9-19　输入样本数据

（2）选择菜单"分析"—"相关"—"双变量"，打开"双变量相关"对话框，将待分析的三个变量移入到右边的"变量"框内，如图9-20、图9-21所示。

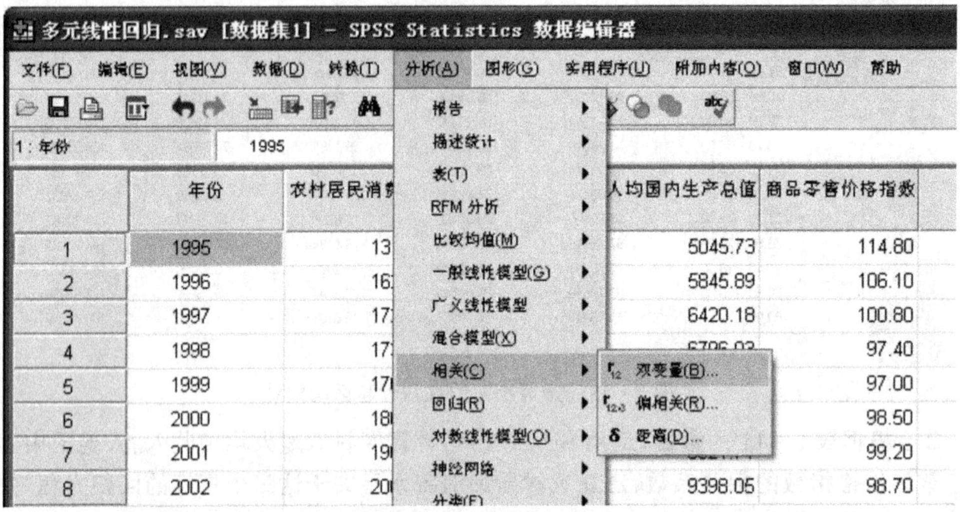

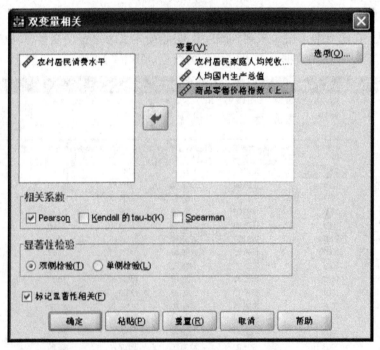

图9-20 操作步骤

图9-21 "双变量相关"对话框

（3）进行相应的设置。单击"选项"按钮，打开如图9-22所示的"双变量相关性：选项"对话框。

图9-22 "双变量相关性:选项"对话框

在"统计量"下选中"均值和标准差"、"叉积偏差和协方差"复选框,表示计算均值和标准差以及变量叉积偏差和协方差。

在"缺失值"下设置缺失值的处理方法,本例中选中的"按对排除个案"表示在计算两个变量的协方差或相关系数时,只把这两个变量中带缺失值的观测删除,即如果一个观测在正在进行相关系数计算的变量中没有缺失值,则即使其他变量中有缺失值,也不影响它参与计算;而"按列表排除个案"表示如果某个观测的所有分析变量中只要有一个带有缺失值,则这个观测就不参与运算。

设置完成后,单击"继续"按钮,保存设置。

在"相关系数"选项组中,提供了三种相关系数复选框,可以分别计算三种相关系数,本例中只选择了 Pearson 简单相关系数。

在"显著性检验"选项组中有"双侧检验"、"单侧检验"两个复选框,如果事先不了解变量间是正相关或者负相关,应选择"双侧检验"按钮,否则,应选择"单侧检验"按钮,本例中选中了"双侧检验"。

选中"标记显著性相关"则在相关系数中用星号标注通过显著性检验的相关系数。

(4)设置完成后,单击"确定"按钮,输出分析结果。

2. 回归分析

操作步骤如下:

(1)在菜单栏中选择"分析"—"回归"—"线性"命令,打开"线性回归"对话框,从源变量列表中选择需要进行线性回归分析的被解释变量,然后单击 ➡ 按钮将选中的变量选入"因变量"列表中;同样的方法将需要进行线性回归分析的解释变量选入"自变量"列表中,如图 9-23 所示。

(2)进行相应的设置。

①单击"统计量"按钮,弹出"线性回归:统计量"对话框。这一对话框用于指定线性回归模型输出的一些统计量,本例中选中"估计","模型拟合度","Durbin-Watson"复选框,以对随机项是否满足正态性,独立性,同方差性进行检验,如图 9-24 所示。单击"继续"保存设置。

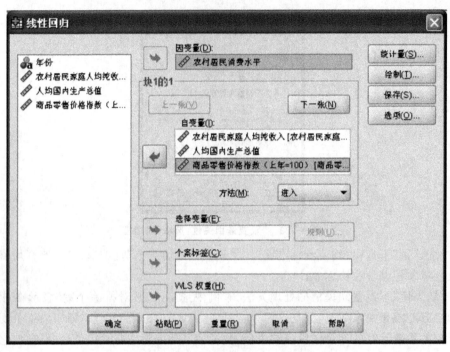

图 9-23 "线性回归"对话框

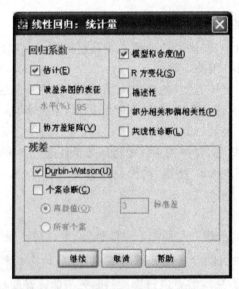

图 9-24 "线性回归:统计量"对话框

②单击"绘制"按钮,打开"线性回归:图"对话框,在"标准化残差图"选项栏下选中"正态概率图"复选框,以便对残差的正态性进行分析,如图 9-25 所示。单击"继续"保存设置。

③单击"保存"按钮,弹出"线性回归:保存"对话框,在"残差"选项栏中选中"为标准化",这样可以在数据文件中生成变量名为 RES_1 的残差变量,以便残差进行进一步分析,如图 9-26 所示。单击"继续"保存设置。

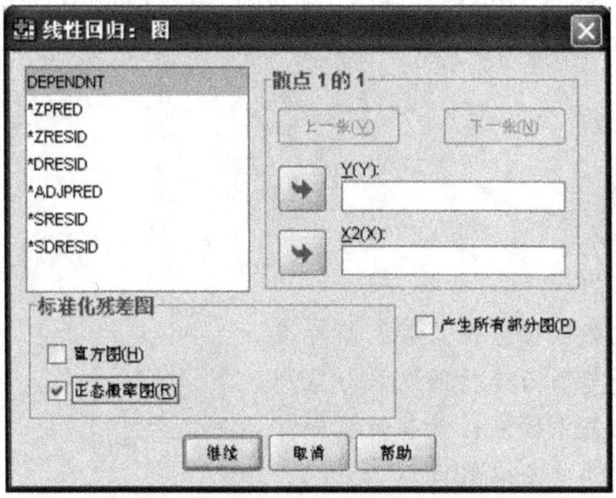

图 9－25 “线性回归:图”对话框

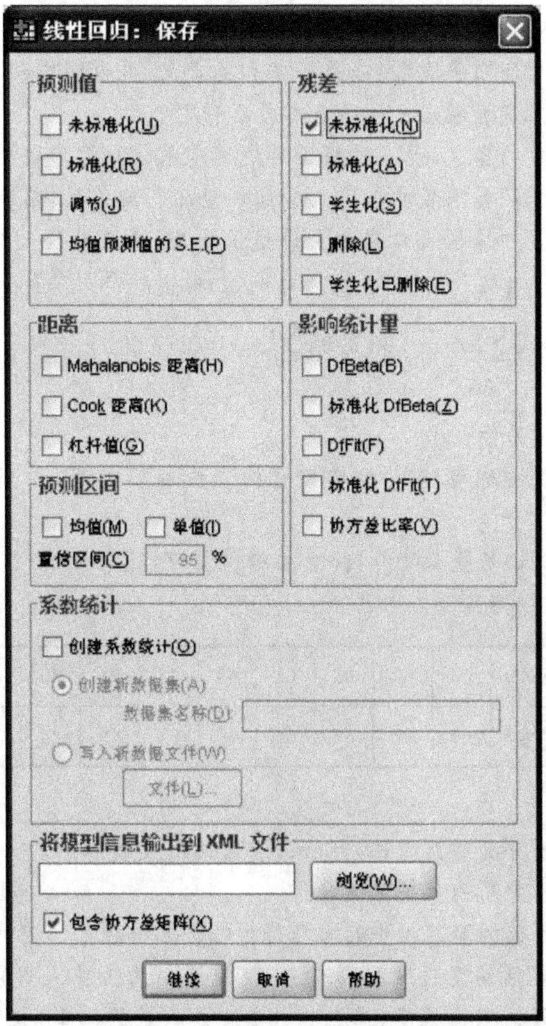

图 9－26 “线性回归:保存”对话框

④其余都保存 SPSS 默认选项。在"线性回归"主对话框中单击"确定"按钮,执行线性回归命令,即输出分析结果。

 思考与习题

1. 解释相关关系的含义。
2. 说明相关系数的取值范围及其判断标准。
3. 简述相关分析与回归分析的联系与区别。
4. 为什么要对相关系数进行显著性检验?
5. 回归分析中有哪些基本假设?
6. 简述回归分析的基本思路。
7. 多元线性回归与一元线性回归有哪些区别?
8. 简述参数最小二乘估计的基本原理。
9. 解释总平方和、回归平方和、残差平方和的含义,并说明它们之间的关系。
10. 在回归分析中,F 检验和 t 检验各有什么作用?
11. 解释判定系数的含义,什么是修正后的判定系数?为什么要对判定系数加以修正?
12. 为研究某种食品需求量和地区人口增加量之间的关系,某调查公司对 15 个地区某种食品需求量和地区人口增加量进行了调查,设该地区人口增长量为 x(千人)、某种食品年需求量为 y(十吨),调查资料整理如下:$\sum x = 3\,626$,$\sum x^2 = 1\,067\,614$,$\sum y = 2\,261$,$\sum y^2 = 395\,039$,$\sum xy = 647\,851$。

    要求:
    (1) 计算相关系数;
    (2) 拟合食品需求量与人口增长量的直线回归方程,并解释方程中回归系数的意义;
    (3) 预测人口增长量为 100 时,食品需求量可能达到多少?

13. 已知 12 对父子身高资料如下表:

父身高(寸)	65	64	68	65	69	63	71	65	69	67	68	71
子身高(寸)	69	67	69	66	70	67	69	64	70	67	69	70

    要求:
    (1) 绘制父子身高的散点图,判断二者之间的关系形态;
    (2) 计算父子身高的相关系数;
    (3) 对相关系数的显著性进行检验($\alpha = 0.05$),并说明二者之间的关系强度。

14. 一项关于对生活满意程度的调查中,某市历年的工业人口占其总人口的比例与该市居民对生活的满意程度(满意的人数占总人数的比重)的变化趋势如下表所示:

年份	工业化程度(%)	生活满意程度(%)
2002	1.0	44.2
2003	1.2	44.5
2004	1.4	52.4
2005	1.5	52.8
2006	1.7	57.3
2007	1.9	59.6
2008	2.0	59.9
2009	2.2	60.5
2010	2.3	61.2
2011	2.5	62.0
2012	3.0	63.9

(1) 计算工业化程度与生活满意程度的相关关系。

(2) 拟合生活满意程度对工业化程度的线性回归方程,说明回归系数的实际意义。

(3) 计算判定系数,评价回归方程的拟合优度。

(4) 若 2013 年工业化程度为 3.2 时,计算生活满意程度平均值的点估计和区间估计($\alpha=0.05$)。

15. 根据两个自变量得到的多元回归方程为 $\hat{y}=-19.5+3.05x_1+5.78x_2$,并且已知 $n=12, SST=7\,534.135, SSR=6\,289.357, s_{b_1}=0.198, s_{b_2}=0.076\,5$。

(1) 在 $\alpha=0.05$ 的显著性水平下,x_1, x_2 与 y 线性关系是否显著?

(2) 在 $\alpha=0.05$ 的显著性水平下,系数 b_1 是否显著?

(3) 在 $\alpha=0.05$ 的显著性水平下,系数 b_2 是否显著?

16. 根据下面 Excel 或 SPSS 输出的回归结果,说明模型中涉及几个自变量?多少个观测值?写出回归方程,并对回归方程进行评价。

运用 Excel 输出的结果:

回归统计

Multiple R	0.785 281 957
R Square	0.616 667 752
Adjusted R Square	0.544 792 956
标准误差	0.335 060 528
观测值	20

方差分析

	df	SS	MS	F	Significance F
回归分析	3	2.889 631 086	0.963 210 36	8.579 749 541	0.001 263 293
残差	16	1.796 248 914	0.112 265 56		
总计	19	4.685 88			

	Coefficients	标准误差	t Stat	P-value
Intercept	−6.142 159 086	2.411 503 065	−2.547 025 204	0.021 532 354
X Variable 1	0.088 641 472	0.021 629 274	4.098 217 633	0.000 839 688
X Variable 2	0.040 598 021	0.017 088 541	2.375 745 278	0.030 347 43
X Variable 3	0.039 385 86	0.031 167 378	1.263 688 588	0.224 444 283

运用 SPSS 输出的结果：

模型汇总

模型	R	R 方	调整 R 方	标准估计的误差
1	0.785[a]	0.617	0.545	0.335 06

a. 预测变量：(常量)，VAR00003，VAR00002，VAR00001。

Anova[b]

模型		平方和	df	均方	F	Sig.
1	回归	2.890	3	0.963	8.580	0.001[a]
	残差	1.796	16	0.112		
	总计	4.686	19			

a. 预测变量：(常量)，VAR00003，VAR00002，VAR00001。
b. 因变量：VAR00004

系数[a]

模型		非标准化系数		标准系数	t	Sig.
		B	标准误差	试用版		
1	(常量)	−6.142	2.412		−2.547	0.022
	VAR00001	0.089	0.022	0.704	4.098	0.001
	VAR00002	0.041	0.017	0.403	2.376	0.030
	VAR00003	0.039	0.031	0.232	1.264	0.224

a. 因变量：VAR00004

第十章 统计指数

第一节 统计指数概述

一、指数的意义及概念

指数是从反映物价变动产生的。18世纪中期,由于金银大量流入欧洲,欧洲的物价飞涨,引起社会不安,于是产生了反映物价变动程度的要求,这就是物价指数产生的根源。最初是反映单一商品价格变动,即用某一商品的现行价格和原来的价格进行对比,来反映价格的变动程度,称为个体价格指数。后来又发展为反映多种商品价格的综合变动,称为价格总指数。统计指数的理论就是在编制价格总指数的实践中逐步形成和发展起来的。

统计指数被用来分析社会经济现象已有二百多年的历史,在这个过程中,统计指数也经历了从幼稚到日趋完善的过程。最初的指数研究的是单一商品物价变动的程度,后逐渐发展为可以用来测定多种现象在不同场合下的综合变动,并由动态比较发展为静态比较,统计指数在统计分析中占据重要地位。

统计指数简称指数(Index Number),有广义和狭义之分。广义地讲,任何两个数值对比形成的相对数都可以称为指数。狭义地讲,指数是指在数量上不能直接加总和对比的复杂社会经济现象总体数量总和变动的相对数,如反映多种商品的销售量变动的总指数及其价格总指数等。无论是广义指数还是狭义指数,在实际工作中都被广泛地应用,但从指数理论和方法上看,主要研究的还是狭义的指数,因此阐述狭义指数的基本编制原理、原则和方法在分析中的应用,是本章的主要内容。

我们知道,一种社会经济现象的变动情况,如某种食品零售价格的变动情况,某种商品销售量的变动情况等等,可能运用动态相对指标来反映。但是,在很多情况下,仅说明一种社会经济现象的变动情况是不够的,还需综合分析多种社会经济现象的总变动情况,如多种食品零售价格的总变动情况,所有商品销售量的总变动情况等等。这时仅用动态相对指标难以反映多种社会经济的总变动,就需要运用指数来进行观察和研究。

统计指数在统计工作和社会经济活动中被广泛应用。通过统计指数能够综合不同度量的多种现象,以反映它们总的动态变动的方向和程度;能够测定某一种现象的总变动中受各种因素变动影响的方向和程度;通过连续编制的动态指数所形成的指数数列,还可以测定复杂现象总体在长时间内的发展变化趋势。

为更好地理解指数的含义,我们以例10.1的资料为例加以说明。

【例10.1】 假设某企业销售的三种商品价格和销售量资料如表10-1所示:

表 10-1 商品价格和销售量资料

商品	计量单位	销售量		价格(元)	
		基期	报告期	基期	报告期
A	件	600	645	20	24
B	斤	720	900	10	9
C	米	950	1045	8	10
合计		—	—	—	—

根据表 10-1 资料,试指出报告期与基期相比:

(1) 每种商品的销售量增长了百分之几?
(2) 每种商品的价格上升或下降了百分之几?
(3) 上述三种商品的销售量综合起来增长了百分之几?
(4) 上述三种商品的价格综合起来上升了百分之几?
(5) 上述三种商品销售额的变动中,受销售量因素和价格因素变动的影响各有多大?

回答(1)、(2)两个问题比较简单,我们可以直接用报告期各种商品的销售量和价格与基期相比,计算每种商品的销售量指数和价格指数,即 A 商品的销售量指数为 107.5%(645/600),也可以说 A 商品报告期的销售量比基期增长了 7.5%;B 商品的价格指数为 90%(9/10),也可以说 B 商品报告期的价格比基期下跌了 10%。这里的相对数 107.5% 和 90% 即为狭义的指数。

要回答(3)、(4)两个问题,就要考察该企业销售的三种商品销售量或价格的综合变动程度,由于各种商品的计量单位不同、使用价值各异,不能通过直接将他们的销售量和价格加总再对比的方法来求其指数。因此,这种用于反映不能直接相加的总体的销售量或价格等指标综合变动程度的相对数即为狭义的统计指数。本章的第二节将主要阐述狭义指数的编制方法及其应用。

概括地讲,狭义指数具有如下特点:

第一,相对性。指数是比较的数字,即指数是总体在不同场合下的综合数量相比较的结果,用以表示总体的数量在不同场合下的变化。其表现形式常为百分数或比率。这里所说的不同场合是指不同时间、不同地域、不同种类等。总体变量在不同时间上对比形成的指数称为时间性指数,在不同空间上对比形成的指数称为区域性指数。在实际工作中,时间性指数应用得比较广泛,本章内容也均以时间性指数为例。

第二,综合性。指数是反映一组变量在不同场合下的综合变动水平,它是由一组变量或项目综合对比形成的。如股价综合指数中,各种股票的价格可能有涨有跌,其涨跌程度也会各有不同,通过综合后计算价格指数,可以反映股票价格的综合变动水平。

第三,平均性。指数是一组变量相对变动的代表性水平。这种平均性是综合性的具体数量表现,一方面指数是作为个别量的一个代表,另一方面指数反映了个别量的平均变动水平,如股价综合指数反映了多种股票价格的平均变动水平。

二、指数的分类

从不同角度出发,指数可以分为以下几种主要类型:

（一）按照计入指数的项目多少不同，可分为个体指数和总指数

个体指数是反映单项事物数量变动的相对数，例如说明一种商品的价格或销售量变动的相对水平的个体价格指数或个体销售量指数等。物量指标通常用符号 q 表示，q_1 表示报告期水平，q_0 表示基期水平。质量指标通常用符号 p 表示，p_1 表示报告期水平，p_0 表示基期水平。

个体价格指数的计算公式为 $I_p = \dfrac{p_1}{p_0}$，个体物量指数的计算公式为 $I_q = \dfrac{q_1}{q_0}$，根据表 10-1 的资料计算出三种商品的个体价格指数分别为：110%、90% 和 125%，表明 A 商品价格上升了 10%，B 商品价格下跌了 10%，C 商品价格上升了 25%。

总指数是反映不能直接加总的多项事物数量综合变动的相对数，例如，反映多种商品价格综合变动的批发价格指数、零售价格指数，反映多种产品生产量综合变动的工业产品生产量总指数，以及商品销售量总指数、成本总指数等。总指数即使狭义的统计指数。

在计算总指数时，由于多种事物计量单位不相同，不能直接相加，因而不能通过简单求和及再对比的方法求总指数。为了解决这一问题，于是产生了多种计算总指数的方法。

计算统计指数时，可以与分组方法结合起来进行，即对所研究的总体进行分类或分组，按每个类或组计算统计指数。这样在个体指数与总指数之间又产生了一个类（或组）指数。类指数实质上也是总指数，因为它包含了不能直接相加的多种事物，只不过它比总指数所包含的范围小而已。

（二）按照计算总指数的方法不同，可分为简单指数和加权指数

通过对个体指数进行简单平均的办法来求得的总指数，称为简单指数；通过加权形式编制的总指数，称为加权指数。这种加权形式可分为两种，即综合形式和平均形式。由综合形式编制的加权指数可称为加权综合指数；由平均形式编制的加权指数可称为加权平均指数。

（三）按照所表明的现象的数量特征不同，可分为物量指数和质量指数

物量指数是反映现象总体规模、总水平等物量变动的相对数，如产品产量指数、商品销售量指数等；质量指数是反映现象相对水平或平均水平等事物内含数量变动的相对数，如价格指数、产品成本指数等。在计算总指数时，物量指数与质量指数的计算方法不同，因此，要把这两个概念分辨清楚。

（四）按照对比场合不同，可分为时间性指数和区域性指数

时间性指数是同类现象在不同时间上对比的相对数，用于反映现象在不同时间的变动程度；区域性指数是反映同类现象在不同地区或单位之间对比的相对数，用于说明同一现象在不同地区或单位之间的比较关系。

（五）时间性指数按照采用的基期不同又分为定基指数和环比指数

在指数数列中，若所有各期指数均是用同一基期计算的，称为定基指数；若所有各期指数均是以上一个时期为基期计算的，称为环比指数。依定义可见，定基指数可用来反映现象在一个较长时期的变动情况；而环比指数可用来反映现象在观察期内的逐期变动情况。

第二节 总指数的计算

一、简单指数

通过对个体指数进行简单平均的办法来求得的总指数,称为简单指数。简单算术平均指数就是对每个个体指数计算的简单算术平均数,其一般公式为:

简单算术平均指数 = N 项个体指数之和 / N

如前所述,指数按其表明的现象数量特征不同,可分为物量指数和质量指数。物量指标通常用符号 q 表示,q_1 表示报告期水平,q_0 表示基期水平。质量指标通常用符号 p 表示,p_1 表示报告期水平,p_0 表示基期水平。根据这些符号,我们可以把简单算术平均指数公式具体化。

质量指数:

$$I_p = \frac{1}{N} \sum \frac{p_1}{p_0}$$

物量指数:

$$I_q = \frac{1}{N} \sum \frac{q_1}{q_0}$$

式中:N 表示某种个体指数的个数。

【例 10.2】 根据表 10-1 的资料,按照简单算术平均指数法计算三种商品的价格总指数和销售量总指数。

解: 设销售量为 q,价格为 p,计算过程如表 10-2 所示:

表 10-2 总指数计算表

商品	计量单位	销售量		价格(元)		销售量个体指数	价格个体指数
		基期	报告期	基期	报告期		
		q_0	q_1	p_0	p_1	q_1/q_0	p_1/p_0
A	件	600	645	20	22	1.075	1.10
B	斤	720	900	10	9	1.25	0.9
C	米	950	1 045	8	10	1.1	1.25
合计		—	—	—	—	3.425	3.25

将表 10-2 中的个体指数资料分别带入式(10.2)和式(10.3),可得:

价格总指数:

$$I_p = \frac{1.10 + 0.9 + 1.25}{3} = 1.083\,3 = 108.33\%$$

销售量总指数:

$$I_q = \frac{1.075 + 1.25 + 1.1}{3} = 1.141\,7 = 114.17\%$$

简单指数在指数发展的初期,有过一些应用。然而,按简单平均法求总指数,由于没有考虑到权数的影响,计算结果就难以准确反映实际情况。另外,将使用价值不同的产品个体指数相加,既缺少实际意义,又没有理论依据,所以目前在实际编制指数时,已很少采用这种形式。

二、加权指数

在计算指数时,对记入指数的各个项目,依据其重要程度,赋予不同的权数,这种通过加权方法计算的总指数称为加权指数。通过加权可以提高指数的准确性和代表性。加权指数因所采用的权数不同,又可以分为加权综合指数和加权平均指数。加权综合指数(Weighted Aggregative Index Number)是通过加权来测定一组项目综合变动状况,加权平均指数(Weighted Average Index Number)是以总量指标为权数,对个体指数加权平均计算的指数。加权综合指数是编制总指数的基本形式。编制加权指数首先要确定合理的权数,然后根据实际需要确定适当的计算公式。我们首先讨论如何确定合理的权数。

(一)权数的确定

总指数是反映不能直接加总的多项实物数量综合变动的相对数。根据表 10-1,若编制三种商品的销售量总指数,需要把各种商品报告期和基期的销售量分别加总,再将两个时期的销售总量进行对比。但是,由于各种商品的使用价值不同,计量单位不一样,因而销售量不能直接加总,也就无法将两个时期的销售总量进行对比。这就需要找到一种共同的尺度将各种不同商品综合到一起。我们知道,虽然不同使用价值的商品其销售量不能简单加总,可是用不同商品的价格去乘以相应的销售量后得到的销售额却完全可以相加,从而可以解决加总问题。在这里,价格成了不同产品共同的计量尺度,它一方面使不能直接加总的产品的量转化为可以加总的量,即起到了同度量的作用,因此,在统计指数理论中把这个被乘上去的价格称为同度量因素,借助价格可以把不能直接相加的销售量过渡到能够相加的销售额。同时,价格也对所计算的产品项目起到一种加权的作用,即价格就是计算物量指数的权数。同理,在测定全部商品价格总的变动程度时,由于各种商品的使用价值不同,不能直接加总,则必须用销售量去乘价格,得到销售额后再加总,此时销售量则成为同度量因素,并且也是计算价格指数的权数。

在销售额这个价值指标中,包含了两个因素:一个是同度量因素,另一个是我们要研究其变动的因素,称之为指数化因素。在编制销售量总指数时,销售量是指数化因素,价格则是起媒介作用的因素——同度量因素;而编制价格总指数时,商品价格是指数化因素,销售量是同度量因素。在这里,同度量因素不仅起媒介作用,还有权数的作用,因此,用这种方法引入同度量因素编制的总指数又被称为加权综合指数。在计算加权综合指数时,同度量因素(即权数)的确定应当根据现象之间的内在联系。通常情况下,在计算物量指数时,应以相应的质量指标(反映事物内含的数量)为权数,如商品零售量指数应以零售价格为权数,产品产量指数应以生产价格或生产成本为权数,等等;而计算质量指标指数时,应以相应的物量指标为权数,如零售价格指数应以销售量为权数,生产价格或生产成本指数应以生产量分为权数,等等。

加权指数的平均形式是以个体指数为基础,通过对个体指数计算加权平均数来编制的总指数。即先计算所研究现象各个项目的个体指数,然后根据所给的价值量指标——物值(产值或销售额)资料作为权数,对个体指数进行加权平均求得总指数。它与加权指数的综合形式的区别在于两个方面:其一,综合形式是对现象本身进行加权,目的是将不能直接加总的现象过渡到可以相加的指标,并将两个时期的价值量指标进行对比;平均形式则是对现象各个项目的个体指数进行加权,目的是求出个体指数的平均数。其二,综合形式的权数是不同时期的物量(产量或销售量)或物价,平均形式的权数则是不同时期的物值(产值或销售额)。

在编制总指数时,对于加权综合指数而言,必须将同度量因素固定在同一时期的水平上,只研究指数化因素的变动程度。这里的同一时期,既可以都是基期,也可以都是报告期或某一个固定时期。但使用不同时期的权数,会产生不同的计算结果,而且指数的实际意义也会不同。对于加权平均指数而言,作为权数的物值也可有三种选择:一是基期的物值;二是报告期的物值;三是固定权数,即用固定权数来编制平均数指数。

下面,我们将讨论依据表 10-1 的资料提出的(3)、(4)两个问题,即如何编制销售量总指数和价格总指数。

(二)加权综合指数的编制

加权综合指数是对不能直接相加的复杂总体,通过引入同度量因素(即加权)并将其固定在同一时期来编制总指数的方法。其主要特点是先综合后对比。由于同度量因素可以固定在不同时期,因而加权综合指数有不同的计算公式,较为常用的是拉氏指数和帕氏指数两种形式。

1. 基期加权综合法

基期加权综合法是将同度量因素(权数)固定在基期水平上,来编制指数的方法。早在 1864 年德国经济学家埃蒂斯·拉斯贝尔(Etienne Laspeyres)就曾提出用基期消费量加权来计算价格指数,因此,这一指数被称为拉氏指数或 L 氏指数。这一加权的方法也被推广到其他指数的计算。拉氏物量指数和质量指数的一般计算公式为:

$$I_q = \frac{\sum q_1 p_0}{\sum q_0 p_0} \tag{10.4}$$

$$I_p = \frac{\sum p_1 q_0}{\sum p_0 q_0} \tag{10.5}$$

式中:I_q 表示物量指数;I_p 表示质量指数;p_0 和 p_1 分别表示一组项目基期和报告期的质量指标指数值;q_0 和 q_1 分别表示一组项目基期和报告期的物量指标指数值。

【例 10.3】 试根据表 10-1 的资料,采用拉氏综合指数法计算商品化的销售量总指数和价格总指数。

解:设销售量为 q,零售价格为 p,计算过程如表 10-3 所示:

表 10-3 综合指数计算表

商品	计量单位	销售量		价格(元)		销售额(元)			
		基期	报告期	基期	报告期	基期	报告期		
		q_0	q_1	p_0	p_1	$p_0 q_0$	$p_1 q_1$	$q_1 p_0$	$p_1 q_0$
A	件	600	645	20	22	12 000	14 190	12 900	13 200
B	斤	720	900	10	9	7 200	8 100	9 000	6 480
C	米	950	1 045	8	10	7 600	10 450	8 360	9 500
合计						26 800	32 740	30 260	29 180

将计算数据代入式(10.4)中,得到销售量总指数为:

$$I_q = \frac{\sum q_1 p_0}{\sum q_0 p_0} = \frac{30\ 260}{26\ 800} = 1.129\ 1 = 121.91\%$$

即销售量总指数为112.91%,表明报告期与基期相比,该企业三种商品的销售量平均上涨了12.91%。公式中的分子与分母之差为:

$$\sum p_0 q_1 - \sum p_0 q_0 = 30\ 260 - 26\ 800 = 3\ 460(元)$$

说明由于销售量平均增长而使销售额增加了3 460元。

将计算数据代入式(10.5)中,得到价格总指数为:

$$I_p = \frac{\sum p_1 q_0}{\sum p_0 q_0} = \frac{29\ 180}{26\ 800} = 1.088\ 8 = 108.88\%$$

即价格总指数为108.88%,表明该企业三种商品的额价格平均上涨了8.88%。其分子与分母之差为:

$$\sum p_1 q_0 - \sum p_0 q_0 = 29\ 180 - 26\ 800 = 2\ 380(元)$$

说明由于三种商品价格平均增长了8.88%,而使销售额增加了2 380元。

2. 报告期加权综合法

报告期加权综合法是指计算一组项目的综合指数时,把作为同度量因素的变量值固定在报告期来计算总指数。1874年德国学者帕熙(Paasche)曾提出用报告期物量加权来计算物价指数,这一指数被称为帕氏指数,或简称为P氏指数。这一加权的方法也被推广到其他指数的计算。由此可得帕氏物量指数和质量指数的一般计算公式:

$$I_q = \frac{\sum q_1 p_1}{\sum q_0 p_1} \tag{10.6}$$

$$I_p = \frac{\sum p_1 q_1}{\sum p_0 q_1} \tag{10.7}$$

【例10.4】 根据表10-1的资料,采用帕氏综合指数法计算三种商品的销售量总指数和价格总指数。

解:将表10-3中的有关计算结果带入式(10.6)和(10.7)中,得到:

销售量总指数:

$$I_q = \frac{\sum q_1 p_1}{\sum q_0 p_1} = \frac{32\,740}{29\,180} = 1.122\,0 = 112.20\%$$

$$\sum q_1 p_1 - \sum q_0 p_1 = 32\,740 - 29\,180 = 3\,560(元)$$

计算结果表明,报告期与基期相比,该企业三种商品销售量平均上涨了12.20%。由于销售量平均增长而使销售额增加了3560元。

价格总指数:

$$I_p = \frac{\sum p_1 q_1}{\sum p_0 q_1} = \frac{32\,740}{30\,260} = 1.082\,0 = 108.20\%$$

$$\sum p_1 q_1 - \sum p_0 q_1 = 32\,740 - 30\,260 = 2\,480(元)$$

计算结果表明,该企业三种商品销售价格平均上涨了8.20%。由于价格平均上涨而使销售额增加了2480元。

从上面的计算和分析中可以看到,编制总指数时采用拉氏指数法和帕氏指数所得计算结果是有一定差别的,所表明的分析意义也不相同。以价格指数为例,拉氏价格指数是以基期商品销售量作为同度量因素,反映在基期销售数量与销售结构的条件下各种商品价格的综合变动的程度,其分子与分母的绝对差额表明按照基期的销售数量,因价格变动使得消费者在报告期与基期增加(或减少)支付的金额。而帕氏价格指数是以报告期商品销售量作为同度量因素,反映在报告期销售数量与销售结构的条件下各种商品价格的综合变动的程度,其分子与分母的绝对差额表明按报告期的销售数量,因价格变动使得消费者在报告期比基期增加(或减少)支付的金额。由此可见,拉氏指数与帕氏指数都可以反映价格水平的综合变动,但反映的基础及说明的意义是不同的,应用时应当注意两者的差异。

3. 交叉加权综合法

交叉加权综合法是指在指数的计算中,用拉氏权数和帕氏权数的平均值作为同度量因素。它是由英国统计学家马歇尔(Marshall)和埃奇沃斯(Edgeworth)共同设计的,故常将此种指数公式称为马埃公式。

如果采用交叉加权综合法,则物价指数公式和物量指数公式分别为:

$$I_p = \frac{\sum p_1 \frac{q_0+q_1}{2}}{\sum p_0 \frac{q_0+q_1}{2}} = \frac{\sum p_1 q_0 + \sum p_1 q_1}{\sum p_0 q_0 + \sum p_0 q_1} \tag{10.8}$$

$$I_q = \frac{\sum q_1 \frac{p_0+p_1}{2}}{\sum q_0 \frac{p_0+p_1}{2}} = \frac{\sum q_1 p_0 + \sum q_1 p_1}{\sum q_0 p_0 + \sum q_0 p_1} \tag{10.9}$$

【例10.5】 根据表10-1的资料,采用交叉加权综合法计算三种商品的销售量总指数和价格总指数。

解:将表10-3中的有关计算结果带入公式(10.8)和公式(10.9)中,得到:

价格总指数:

$$I_\mathrm{p} = \frac{\sum p_1 \frac{q_0+q_1}{2}}{\sum p_0 \frac{q_0+q_1}{2}} = \frac{30\ 960}{28\ 530} = 1.085\ 2 = 108.52\%$$

销售量总指数：

$$I_\mathrm{q} = \frac{\sum q_1 \frac{p_0+p_1}{2}}{\sum q_0 \frac{p_0+p_1}{2}} = \frac{31\ 500}{27\ 990} = 1.125\ 4 = 112.54\%$$

马埃公式着眼点放在同度量因素的改良上因为从经济学的观点来看，对于一般的商品而言，依据最小牺牲和最大报酬的原则，人们总是对于涨价的物品买得比以前少，对于跌价的物品买得比以前多。但是，拉氏物价指数的分子 $\sum p_0 q_0$ 违背了精打细算的原则，因此用拉氏公式计算的指数比实际情况偏高。与之相反，帕氏物价指数的分母 $\sum p_0 q_1$ 对于跌价多买的数量仍按较高的价格计算，分母数值偏大，因此，用帕氏公式计算的指数比实际情况偏低。所以，为了纠正上述偏误，折中办法之一是用基期与报告期数量的平均数作为同度量因素。用马埃公式计算的指数数值介于拉氏指数和帕氏指数之间。由于该方法所用权数纯属主观假定，所以，这个指数不论分子或分母都脱离了现实的经济意义。但当作为权数的报告期水平与基期水平差别较大时，从权数的平均代表性考虑，可以使用该方法求总指数。

4. 固定加权综合法

所谓固定加权综合法，即将同度量因素固定在某一特定时期的水平上，来编制总指数的一种方法。此观点是由英国政治算数学家扬格（Young）首先提出的，故常称此种指数为扬格公式。

如果采用固定加权综合法，则物价指数公式和物量指数公式分别为：

$$I_\mathrm{p} = \frac{\sum p_1 q_n}{\sum p_0 q_n} \tag{10.10}$$

$$I_\mathrm{q} = \frac{\sum q_1 p_n}{\sum q_0 p_n} \tag{10.11}$$

利用扬格公式计算指数的着眼点在于，以正常年份的物量结构或一定时期的价格水平作为编制物价指数或物量指数的权数，权数不因对比基期的改变而改变，权数一经选定多年不变，这便于观察现象长期发展变化趋势。在指数数列中可以利用环比指数连乘积等于定基指数这一关系方便地进行不同年份的指数的相互换算，不过，利用扬格公式计算指数，所使用的权数每隔一定时期必须加以调整，否则，将会导致指数产生偏差。通常以 5 年，最长不超过 10 年更换一次权数为宜。

在我国，不变指数被广泛应用于编制工农业产品产量指数、商品销售量总指数中，不变价的使用期为 5～10 年。新中国成立以来我国曾经使用的 1950 年、1952 年、1970 年、1980 年、1990 年的不变价，现在正在执行 2000 年的不变价。

5. 几何平均综合法

这种方法是将拉氏指数和帕氏指数求几何平均数，以此作为计算指数的公式。美国统计学家费希尔（I. Fisher）认为，拉氏指数和帕氏指数存在的偏差属于方向相反而数值相等，在这种情况下,消除偏差最适用的方法是对两种指数求几何平均。他根据自己提出的测验标准认为,两种指数几何平均堪称理想公式。这个公式也称为费希尔公式。其物价指数和物量指数公式分别为:

$$I_\mathrm{p} = \sqrt{\frac{\sum p_1 q_0}{\sum p_0 q_0} \times \frac{\sum p_1 q_1}{\sum p_0 q_1}} \tag{10.12}$$

$$I_\mathrm{q} = \sqrt{\frac{\sum p_0 q_1}{\sum p_0 q_0} \times \frac{\sum p_1 q_1}{\sum p_1 q_0}} \tag{10.13}$$

【例 10.6】 根据表 10-1 的资料,采用几何平均综合法计算三种商品的销售量总指数和价格总指数。

$$I_\mathrm{p} = \sqrt{\frac{\sum p_1 q_0}{\sum p_0 q_0} \times \frac{\sum p_1 q_1}{\sum p_0 q_1}} = \sqrt{\frac{29\,180}{26\,800} \times \frac{32\,740}{30\,260}} = 1.085\,4 = 108.54\%$$

$$I_\mathrm{q} = \sqrt{\frac{\sum p_0 q_1}{\sum p_0 q_0} \times \frac{\sum p_1 q_1}{\sum p_1 q_0}} = \sqrt{\frac{30\,260}{26\,800} \times \frac{32\,740}{29\,180}} = 1.125\,5 = 112.55\%$$

上述公式之所以被费希尔称为了"理想公式",是因为它能够满足他提出的对指数公式检测的一些重要要求,这个方法在国际对比中得到应用,例如,不同国家人均国民生产总值就是借用"理想公式"并运用货币购买力平价指数计算的,又如联合国编制的地域差别生活费指数,也采用了"理想公式"。

6. 计划指标加权综合法

在编制成本完成计划指标时,为避免实际产品构成与计划产品构成不同的影响,防止采用靠改变产品品种计划来达到完成成本计划任务的不良做法。通常选择计划产量作为同度量因素,其公式为:

$$I_z = \frac{\sum Z_1 q_n}{\sum Z_n q_n}$$

式中:Z_1 和 Z_n 分别表示实际单位成本和计划单位成本;q_n 为计划产品产量。

【例 10.7】 已知某制造业企业共制造了甲、乙、丙、丁四种产品,其单位成本计划完成情况如表 10-4 所示,试计算该企业全部产品的成本计划完成指数。

表 10-4 成本计划完成指数计算表

品名	单位成本		产量	
	计划(Z_n)	实际(Z_1)	计划(q_n)	实际 q_1
甲	8	10	100	90
乙	15	20	150	120
丙	20	15	60	80
丁	25	20	90	110

解:该企业全部制造业企业产品的成本计划完成指数为:

$$I_z = \frac{\sum Z_1 q_n}{\sum Z_n q_n} = \frac{10 \times 100 + 20 \times 150 + 15 \times 60 + 20 \times 90}{8 \times 100 + 15 \times 150 + 20 \times 60 + 25 \times 90} = \frac{6\ 700}{6\ 500} = 103.08\%$$

计算结果表明,该企业没能按照计划要求完成成本降低任务,较原定计划要求尚差 3.08%。如果该例中不用计划产量作为同度量因素,而是简单地套用综合指数的一般编制原则,按照编制质量指数时选择报告期的数量指标(本例为实际产量)作为同度量因素的原则,则成本计划完成指数为:

$$I_z = \frac{\sum Z_1 q_1}{\sum Z_n q_1} = \frac{10 \times 90 + 20 \times 120 + 15 \times 80 + 20 \times 110}{8 \times 90 + 15 \times 120 + 20 \times 80 + 25 \times 110} = \frac{6\ 700}{6\ 870} = 97.53\%$$

似乎比计划多降低了 2.47%,超额完成了成本计划完成任务,但这是在实际品种构成背离计划要求的情况下实现的,因此,为了计划的严肃性,严格保持计划生产的要求,在检查成本降低任务完成程度时,必须用计划产量作为同度量因素来编制成本计划完成指数。

(三) 加权平均指数的编制

运用加权综合指数公式求总指数,大都需要计算虚拟的价值量指标,即 $\sum p_0 q_1$ 或 $\sum p_1 q_0$。当所研究的总体范围很大,包括的商品项目很多时,要取得这样的虚拟的价值量指标是十分困难的,即使能够取得这些全面资料,其工作量也相当大。因此在实际应用中,编制总指数往往采用另一种形式——加权平均指数。

加权平均指数是以某一时期的价值量为权数,对个体指数加权平均计算出来的总指数。其中,作为权数的总量,通常是两个变量的乘积,它可以是价值总量,如商品销售额(销售价格与销售量的乘积)、工业总产值(出厂价格与生产量的乘积),而其中的个体指数可以是个体质量指标指数,也可以是物量指数。加权平均指数因权数所属时期的不同,基本上分为基期总量加权指数、报告期总量加权指数以及固定权数三种形式。

1. 以基期总量加权的平均指数

以基期总量加权的平均指数,是以基期总量为权数,对个体指数加权平均计算出来的指数。由于这一指数在计算形式上采用了算术平均形式,故亦可称为加权算术平均指数。加权算术平均指数通常用于计算物量指数,也可用于计算价格指数。物量指数和价格指数的计算公式分别为:

$$I_q = \frac{\sum \frac{q_1}{q_0} p_0 q_0}{\sum p_0 q_0} \tag{10.14}$$

$$I_p = \frac{\sum \frac{p_1}{p_0} p_0 q_0}{\sum p_0 q_0} \tag{10.15}$$

式中:$p_0 q_0$ 表示基期总量权数;$\frac{q_1}{q_0}$ 表示个体物量指数;$\frac{p_1}{p_0}$ 表示个体价格指数。

【例 10.8】 根据表 10-1 的资料,按照基期销售额为权数,计算三种商品的销售量总指数与价格总指数。

表 10-5 某企业三种商品的销售资料

商品	计量单位	销售量个体指数 q_1/q_0	价格个体指数 p_1/p_0	销售额(元) 基期(p_0q_0)	销售额(元) 报告期(p_1q_1)
A	件	1.075	1.1	12 000	14 190
B	斤	1.25	0.9	7 200	8 100
C	米	1.1	1.25	7 600	10 450
合计		—	—	26 800	32 740

解：根据公式(10.14)和公式(10.15)得三种商品的销售量总指数和价格总指数为：

$$I_q = \frac{\sum \frac{q_1}{q_0} p_0 q_0}{\sum p_0 q_0} = \frac{1.075 \times 12\,000 + 1.25 \times 7\,200 + 1.1 \times 7\,600}{12\,000 + 7\,200 + 7\,600}$$

$$= \frac{30\,260}{26\,800} = 112.91\%$$

$$I_p = \frac{\sum \frac{p_1}{p_0} p_0 q_0}{\sum p_0 q_0} = \frac{1.1 \times 12\,000 + 0.9 \times 7\,200 + 1.25 \times 7\,600}{12\,000 + 7\,200 + 7\,600}$$

$$= \frac{29\,180}{26\,800} = 108.88\%$$

计算结果表明，报告期与基期相比，该企业三种商品的销售量平均提高了 12.91%，三种商品的价格提高了 8.88%，与前面(例 10.3)按拉氏综合指数方法计算的结果相同。

2. 以报告期总量加权的平均指数

以报告期总量加权的平均指数，是以报告期总量为权数对个体指数加权平均计算出来的指数。由于这一指数在计算形式上采用了调和平均形式，故亦可称为加权调和平均指数。加权调和平均指数通常用于计算价格指数等质量指数，也可用于计算物量指数。价格指数和物量指数的计算公式分别为：

$$I_p = \frac{\sum p_1 q_1}{\sum \frac{1}{p_1/p_0} p_1 q_1} \tag{10.16}$$

$$I_q = \frac{\sum p_1 q_1}{\sum \frac{1}{q_1/q_0} p_1 q_1} \tag{10.17}$$

式中：报告期总量权数为 $p_1 q_1$，个体质量指数为 p_1/p_0，个体物量指数为 q_1/q_0。

【例 10.9】 根据表 10-5 中的有关数据，用报告期销售额为权数，计算三种商品的销售量总指数与价格总指数。

解：根据公式(10.16)和公式(10.17)得三种商品的价格总指数和销售量总指数为：

$$I_p = \frac{\sum p_1 q_1}{\sum \frac{1}{p_1/p_0} p_1 q_1} = \frac{14\,190 + 8\,100 + 10\,450}{\frac{14\,190}{1.1} + \frac{8\,100}{0.9} + \frac{10\,450}{1.25}} = \frac{32\,740}{30\,260} = 108.20\%$$

$$I_q = \frac{\sum p_1 q_1}{\sum \frac{1}{q_1/q_0} p_1 q_1} = \frac{14\,190 + 8\,100 + 10\,450}{\frac{14\,190}{1.075} + \frac{8\,100}{1.25} + \frac{10\,450}{1.1}} = \frac{32\,740}{29\,180} = 112.20\%$$

计算结果表明，报告期与基期相比，三种商品的销售价格平均上涨了 8.20%，三种商品的销售量平均提高了 12.20%，与前述（例 10.4）按帕氏综合指数计算的结果相同。从上述计算公式及计算结果不难看出，加权平均指数公式可以演化成加权综合指数形式。在资料相同的情况下，以基期总量为权数的加权算术平均指数与拉氏综合指数是一致的；而以报告期总量为权数的加权调和平均指数同帕氏综合指数也是一致的。

$$I_q = \frac{\sum \frac{q_1}{q_0} p_0 q_0}{\sum p_0 q_0} = \frac{\sum q_1 p_0}{\sum q_0 p_0}; \quad I_p = \frac{\sum \frac{p_1}{p_0} p_0 q_0}{\sum p_0 q_0} = \frac{\sum p_1 q_0}{\sum p_0 q_0}$$

$$I_q = \frac{\sum p_1 q_1}{\sum \frac{1}{q_1/q_0} p_1 q_1} = \frac{\sum q_1 p_1}{\sum q_0 p_1}; \quad I_p = \frac{\sum p_1 q_1}{\sum \frac{1}{p_1/p_0} p_1 q_1} = \frac{\sum p_1 q_1}{\sum p_0 q_1}$$

因此，在一定权数条件下，加权平均指数实际上是加权综合指数的一种变形应用。加权平均指数和加权综合指数都属于总指数，但二者所依据的计算资料是不同的。加权综合指数的计算通常需要掌握全面的资料，实际编制中往往具有一定的困难，而加权平均指数则既可以依据全面的资料来编制，也可以依据非全面的资料来编制，因此，加权平均指数在实际中应用更为广泛。尽管平均指数有许多优点，但也不能完全取代综合指数的应用，因为综合指数的分子与分母的差额具有一定的经济内容，即说明由于价格或数量变动而带来的价值总量的增减量，而当采用非全面的统计资料计算平均指数时，分子与分母之差却不具有价值总量增减的经济内容。

3. 固定加权的平均指数

所谓固定权数，就是用某一时期经过调整后的数字作为不变权数，连续使用几年，这种权数多采用比重形式，其计算公式为：

$$I = \frac{\sum iW}{\sum W} \qquad I = \frac{\sum W}{\sum \frac{1}{i} W}$$

式中：i 表示个体指数或类指数；W 表示权数。

用固定权数计算的加权平均指数，是总指数的一种独立的计算方式，这种指数与综合指数不存在变形的关系。固定权数加权算术平均指数应用比较多，例如，我国的商品零售价格指数就是采用固定权数加权的算术平均形式计算的，其权数每年根据住户调查资料做相应的调整。固定权数加权调和平均指数在实践中应用较少。

下面，我们将讨论根据表 10-1 的资料提出的第五个问题，即如何分析在销售额的变动中，分别受销售量和价格变动的影响程度与影响方向。

第三节 指标体系与因素分析

一、指标体系概念及其作用

（一）指标体系概念

经济分析中，一个指数通常只能说明某一方面的问题，而实践中往往需要将多个指数结合起来加以运用，这就要求建立相应的指数体系。

指数体系可以有两种不同的含义。广义的指数体系类似于指标体系的概念，是指由若干个内容上相互关联的统计指数所结成的体系。根据考察问题的需要，构成这种体系的指数可多可少。例如：工业品批发价格（或出厂价格）指数、农产品收购价格指数、消费品零售价格指数等构成了市场物价指数体系。国民经济运行的生产、流通和使用各环节以及国民经济各部门的多种经济指数构成了国民经济核算指数体系，其中除了上面列举的有关价格指数之外，还包括诸如国内总产出价格指数和物量指数、国内生产总值（GDP）价格指数和物量指数、投资价格和物量指数以及资产负债存量价格指数等等。

狭义的指数体系仅指，由三个或三个以上在性质上相互联系、数量上存在一定依存关系的指数所构成的指数体系。社会经济现象所存在的客观联系在统计中可通过相应的指标体系表现出来。例如：

总产值＝产品产量×价格

总成本＝产品产量×单位成本

销售额＝销售量×价格

从上面的三个关系式我们可以看到，现象的总体可以分解为一个数量因素和一个质量因素。而现象总体的变化可以归结为数量因素和质量因素共同作用的结果。上述指标体系按指数形式表现时，乘积关系仍然成立。即

总产值指数＝产品产量指数×价格指数

总成本指数＝产品产量指数×单位成本指数

销售额指数＝销售量指数×价格指数

（二）指数体系的作用

利用指数体系可以从数量方面研究分析社会经济现象总体变动中的各个因素变动的影响程度和绝对额，即进行因素分析；也可以利用指数之间的联系进行必要的推算。

（三）指数体系与因素分析

利用指数体系进行因素分析，主要分析如下两方面的问题：

（1）分析现象总体总量指标的变动受各种因素变动的影响程度。这是利用综合指数体系，从数量指标指数和质量指标指数的相互联系中，分析各个因素的变动影响关系。例如，编制多种产量的销售量指数和价格指数，分析销售量和价格的变动对销售总额变动的影响。

（2）分析社会经济现象总体平均指标变动受各种因素变动的影响程度。这种分析是通

过平均指标指数体系来进行的。

二、总量指标变动的因素分析

(一)两因素分析

如果现象总体的某种总量指标的变动只受两个相关因素变动的影响,或只需要分解为两个影响因素,则可进行两因素分析。以销售额为例。商品销售额是总量指标,它包含价格和销售量两个因素。对销售额的变动进行因素分析就是要测定价格、销售量这两个因素各自对销售额变动的影响程度和影响的绝对量。因此,在测定其中一个因素的影响时,要将另一个因素固定住,即另一个因素应保持不变,并且还要保证指数体系数学关系的成立。

由于作为权数的因素所固定的时期可以有不同的选择,因此就产生了两套指数体系:

(1) 销售量指数的权数固定在基期,价格指数的权数固定在报告期,其指数体系(相对量)为

$$\frac{\sum p_1 q_1}{\sum p_0 q_0} = \frac{\sum p_0 q_1}{\sum p_0 q_0} \times \frac{\sum p_1 q_1}{\sum p_0 q_1}$$

销售额变动的绝对量则具有如下关系:

$$\sum p_1 q_1 - \sum p_0 q_0 = \left(\sum p_0 q_1 - \sum p_0 q_0\right) + \left(\sum p_1 q_1 - \sum p_0 q_1\right)$$

(2) 销售量指数的权数固定在报告期,价格指数的权数固定在基期,其指数体系(相对量)为

$$\frac{\sum p_1 q_1}{\sum p_0 q_0} = \frac{\sum p_1 q_1}{\sum p_1 q_0} \times \frac{\sum p_1 q_0}{\sum p_0 q_0}$$

销售额变动的绝对量则具有如下关系:

$$\sum p_1 q_1 - \sum p_0 q_0 = \left(\sum p_1 q_1 - \sum p_1 q_0\right) + \left(\sum p_1 q_0 - \sum p_0 q_0\right)$$

【例 10.10】 某百货公司三种商品的销售价格和销售量资料如 10-6 所示:

表 10-6 三种商品销售资料

商品名称	计量单位	价格(元)		销售量	
		基期	报告期	基期	报告期
甲	套	1 800	1 200	40	80
乙	盒	2 000	3 000	50	30
丙	件	1 500	1 600	80	100

解:(1) 销售额变动

$$\frac{\sum p_1 q_1}{\sum p_0 q_0} = \frac{346\,000}{292\,000} \approx 118.49\%$$

$$\sum p_1 q_1 - \sum p_0 q_0 = 346\,000 - 292\,000 = 54\,000(元)$$

表明三种商品的销售额报告期比基期增长了 18.49%,销售额在绝对量上增加了

54 000元。

(2) 价格变动

$$\frac{\sum p_1 q_1}{\sum p_0 q_1} = \frac{346\ 000}{354\ 000} = 97.74\%$$

$$\sum p_1 q_1 - \sum p_0 q_1 = 346\ 000 - 354\ 000 = -8\ 000(元)$$

表明三种商品在销售量不变(同度量因素,固定在报告期)的前提下,其价格报告期比基期下降了 2.26%,从而导致了销售额降低了 8 000 元。

(3) 销售量变动

$$\frac{\sum p_0 q_1}{\sum p_0 q_0} = \frac{354\ 000}{292\ 000} = 121.23\%$$

$$\sum p_0 q_1 - \sum p_0 q_0 = 354\ 000 - 292\ 000 = 62\ 000(元)$$

表明三种商品在价格不变(同度量因素,固定在基期)的前提下,其销售量报告期比基期上升了 21.23%,从而导致销售额增加了 62 000 元。

(4) 从指数体系上反映

在相对量上:

$$97.74\% \times 121.23\% = 118.49\%$$

在绝对量上:

$$62\ 000 - 8\ 000 = 54\ 000(元)$$

由此可见,由于商品价格下降了 2.26%,使销售额降低了 8 000 元;又由于销售数量上升了 21.23%,使销售额增加了 62 000 元。两者共同影响,三种商品的销售额增长了 18.49%,销售额增加了 54 000 元。

(二) 多因素分析

当一个总量指标指数可以表示为三个或三个以上因素指数的连乘积时,同样可以利用指数体系分析各因素变动对总量指标变动的影响,这种分析就是总量中指标的多因素分析。总量指标多因素分析与总量指标两因素分析的基本原理是一样的,当对其中一个因素进行影响变动分析时,则要将其他因素固定不变,分析的顺序要和经济关系式中的顺序一样。进行多因素的分析,对于同度量因素的时间固定,遵循的原则是:分析第一个因素的影响时,没有分析过的因素作为同度量因素固定在基期;分析第二个因素的影响时,已经分析过的因素固定在报告期,没有分析过的因素固定在基期,以此类推。

以原材料消耗总额的指数体系为例做多因素分析。

相对数分析:

$$\frac{\sum q_1 m_1 p_1}{\sum q_0 m_0 p_0} = \frac{\sum q_1 m_0 p_0}{\sum q_0 m_0 p_0} \times \frac{\sum q_1 m_1 p_0}{\sum q_1 m_0 p_0} \times \frac{\sum q_1 m_1 p_1}{\sum q_1 m_1 p_0}$$

表示产品产量、原材料消耗和原材料单价对原材料消耗总额的影响方向。

绝对数分析

$$\sum q_1 m_1 p_1 - \sum q_0 m_0 p_0 = \left(\sum q_1 m_0 p_0 - \sum q_0 m_0 p_0\right) + \left(\sum q_1 m_1 p_0 - \sum q_1 m_0 p_0\right) \\ + \left(\sum q_1 m_1 p_1 - \sum q_1 m_1 p_0\right)$$

表示产品产量、原材料消耗和原材料单价对原材料消耗总额的影响程度。

【例 10.11】 某工厂三种产品的产量、原材料单耗和原材料单价资料如表 10-7 所示：

表 10-7 三种产品消耗资料

产品名称	计量单位	产量		原材料单耗		原材料单价（元）	
		基期	报告期	基期	报告期	基期	报告期
A	台	100	120	80	60	200	250
B	件	150	140	100	70	300	500
C	个	200	250	120	150	500	400

解：(1) 原材料消耗总额的变动

$$\frac{\sum q_1 m_1 p_1}{\sum q_0 m_0 p_0} = \frac{21\,700\,000}{18\,100\,000} \approx 119.89\%$$

$$\sum q_1 m_1 p_1 - \sum q_0 m_0 p_0 = 21\,700\,000 - 18\,100\,000 = 36\,000\,000(元)$$

表明三种产品的原材料消耗总额报告期比基期增长了 19.89%，消耗总额在绝对数上增加了 3 600 000 元。

(2) 产量变动

$$\frac{\sum q_1 m_0 p_0}{\sum q_0 m_0 p_0} = \frac{21\,120\,000}{18\,100\,000} \approx 116.69\%$$

$$\sum q_1 m_0 p_0 - \sum q_0 m_0 p_0 = 21\,120\,000 - 18\,100\,000 = 3\,020\,000(元)$$

表明三种产品在原材料单耗和原材料单价不变（同度量因素，固定在基期）的前提下，其产量报告期比基期上升了 16.69%，从而导致原材料销售总额增加了 3 020 000 元。

(3) 原材料单耗变动

$$\frac{\sum q_1 m_1 p_0}{\sum q_1 m_0 p_0} = \frac{23\,130\,000}{21\,120\,000} = 109.52\%$$

$$\sum q_1 m_1 p_0 - \sum q_1 m_0 p_0 = 23\,130\,000 - 21\,120\,000 = 2\,010\,000(元)$$

表明三种产品在产量不变（同度量因素，固定在报告期）和原材料单价不变（同度量因素，固定在基期）的前提下，其原材料单耗报告期比基期上升了 9.52%，从而导致原材料消耗总额增加了 2 010 000 元。

(4) 原材料单价变动

$$\frac{\sum q_1 m_1 p_1}{\sum q_1 m_1 p_0} = \frac{21\,700\,000}{23\,130\,000} = 93.82\%$$

$$\sum q_1 m_1 p_1 - \sum q_1 m_1 p_0 = 21\,700\,000 - 23\,130\,000 = -1\,430\,000(元)$$

表明三种产品在产量不变(同度量因素,固定在报告期)和原材料单耗不变(同度量因素,固定在报告期)的前提下,其原材料单价报告期比基期下降了 6.18%,从而导致原材料消耗总额减少了 1 430 000 元。

(5) 从指数体系上反映

在相对数上:

$$116.69\% \times 109.52\% \times 93.82\% = 119.90\%$$

在绝对数上:

$$3\,020\,000 + 2\,010\,000 - 1\,430\,000 = 3\,600\,000(元)$$

由此可见,产品产量上升 16.69%,使原材料消耗总额增加了 3 020 000;原材料单耗上升了 9.52%,使原材料消耗总额增加了 2 010 000 元;又由于原材料单价下降了 6.18%,使原材料消耗总额减少了 1 430 000 元。三者共同影响,三种产品的原材料消耗总额增长了 19.90%,原材料消耗总额增加了 3 600 000 元。

三、平均指标变动的因素分析

如果一个总量可以分解为两个因素相乘,那么我们可以使用指数体系的方法进行因素分析。同样地,对于平均指标,我们也可以来分析其变动情况,这是因为平均指标本身也能够分解为两个影响因素。因为在资料分组的条件下,平均指标的变动受两个因素的影响:一是受各组平均水平变动的影响,二是受各组单位数在总体中所占比重变动的影响。它们是可变构成指数、固定构成指数和结构影响指数。这样,我们可以运用指数因素分析方法来分析这两个因素变动对平均指标变动的影响方向和影响程度,即进行平均指标的两因素分析。

根据指数因素分析方法的要求,对于平均指标变动进行两因素分析,首先必须建立一个平均指标指数体系。其通用公式为:

可变构成指数 = 结构影响指数 × 固定构成指数

$$\frac{\sum\left(\frac{f_1}{\sum f_1}\right)x_1}{\sum\left(\frac{f_0}{\sum f_0}\right)x_0} = \frac{\sum\left(\frac{f_1}{\sum f_1}\right)x_0}{\sum\left(\frac{f_0}{\sum f_0}\right)x_0} \times \frac{\sum\left(\frac{f_1}{\sum f_1}\right)x_1}{\sum\left(\frac{f_1}{\sum f_1}\right)x_0}$$

$$\sum\left(\frac{f_1}{\sum f_1}\right)x_1 - \sum\left(\frac{f_0}{\sum f_0}\right)x_0 = \left\{\sum\left(\frac{f_1}{\sum f_1}\right)x_0 - \sum\left(\frac{f_0}{\sum f_0}\right)x_0\right\} + \left\{\sum\left(\frac{f_1}{\sum f_1}\right)x_1 - \sum\left(\frac{f_1}{\sum f_1}\right)x_0\right\}$$

其中 f 为计算权数;x 为平均指标。

【例 10.12】 某企业工人工资和人数资料如表 10-8 所示:

表 10-8 平均指标因素分析计算表

工人组别	平均工资(元)		工人人数		各组人数所占比重(%)		工资总额(元)		
	基期	报告期	基期	报告期	基期	报告期	基期	报告期	虚拟
	x_0	x_1	f_0	f_1	$\dfrac{f_0}{\sum f_0}$	$\dfrac{f_1}{\sum f_1}$	$x_0 f_0$	$x_1 f_1$	$x_0 f_1$
技术工人	400	450	330	350	44	45	132 000	157 500	140 000
普通工人	280	310	420	430	56	55	117 600	133 300	120 400
合计	680	760	750	780	100	100	249 600	290 800	260 400

可变构成指数：

$$\frac{\sum\left(\dfrac{f_1}{\sum f_1}\right)x_1}{\sum\left(\dfrac{f_0}{\sum f_0}\right)x_0} = \frac{373}{332.8} = 112.08\%$$

$$\sum\left(\dfrac{f_1}{\sum f_1}\right)x_1 - \sum\left(\dfrac{f_0}{\sum f_0}\right)x_0 = 373 - 332.8 = 40.2(元)$$

结构影响指数：

$$\frac{\sum\left(\dfrac{f_1}{\sum f_1}\right)x_0}{\sum\left(\dfrac{f_0}{\sum f_0}\right)x_0} = \frac{334}{332.8} = 100.36\%$$

$$\sum\left(\dfrac{f_1}{\sum f_1}\right)x_0 - \sum\left(\dfrac{f_0}{\sum f_0}\right)x_0 = 334 - 332.8 = 1.2(元)$$

固定构成指数：

$$\frac{\sum\left(\dfrac{f_1}{\sum f_1}\right)x_1}{\sum\left(\dfrac{f_1}{\sum f_1}\right)x_0} = \frac{373}{334} = 111.68\%$$

$$\sum\left(\dfrac{f_1}{\sum f_1}\right)x_1 - \sum\left(\dfrac{f_1}{\sum f_1}\right)x_0 = 373 - 334 = 39(元)$$

112.08% = 100.36% × 111.68%

40.2 元 = 1.2 元 + 39 元

上述计算结果表明，该企业工人的总平均工资水平上升了 12.08%，绝对额增加了 40.2 元，其中由于各组工人所占比重的变化而使总平均工资水平提高了 0.36%，共增加了 1.2 元，由于该企业各组工人工资水平提高而使总平均工资水平上升了 11.68%，使绝对额增加了 39 元。

第四节 指数的应用

目前常用的几种经济指数包括工业生产指数、产品成本指数、消费者价格指数和零售物价指数、农副产品收购价格指数、股票价格指数等。指数作为一种重要的经济分析指标和方法,在实践中获得了广泛的应用。但在不同场合,往往需要运用不同的指数形式。一般而言,选择指数形式的主要标准应该是指数的经济分析意义。除此而外,有时还要求考虑实际编制工作的可行性以及对指数分析性质的某些特殊要求。现以国内外常见的主要经济指数为例,对指数方法的具体应用加以介绍。

一、工业生产指数

工业生产指数是典型的数量指标指数,概括地反映一国或一地区各种工业产品产量的综合变动程度,是衡量经济增长水平的重要指标。生产指数的编制方法有多种,我国采用的是固定加权综合指数法,即通过计算各种工业产品的不变价格产值来编制的。计算公式为:

$$\overline{K}_q = \frac{\sum q_1 p_n}{\sum q_0 p_n}$$

式中:p_n 代表不变价格。我国先后采用过1952年、1957年、1970年、1980年和1990年的不变价格标准。

采用不变价格法编制工业生产指数,需要先对各种工业产品分别制定相应的不变价格标准 p_n,再逐项计算各种产品的不变价格产值,加总起来得到不变价格总产值,最后将不同时期的不变价格总值加以对比,得到相应时期的工业生产指数,整个编制过程特别是不变价格的制定和不变价格产值的计算非常繁杂,因此要连续不断地全面开展这项工作,面临着许多实际问题。而在国外,较为普遍地采用算术平均指数的形式来编制工业生产指数,公式为:

$$\overline{K}_q = \frac{\sum k_q p_0 q_0}{\sum p_0 q_0} = \frac{\sum \frac{q_1}{q_0} p_0 q_0}{\sum p_0 q_0}$$

式中:k_q 为各种工业品的个体产量指数,$p_0 q_0$ 为相应产品的基期增加值。在实践中,为了简化指数的编制工作,常常以各种工业品的增加值比重为权数,并且将这些比重权数相对固定起来,运用固定加权算术平均指数法连续地编制各个时期的工业生产指数。计算公式如下:

$$\overline{K}_q = \sum k_q w$$

式中:w 往往采用经济发展比较稳定的某一时期各种工业品增加值的比重。

二、消费价格指数

消费价格指数(Customer Price Index)是世界各国普遍编制的一种指数,但不同国家对这一指数赋予的名称又有不同,我国称之为居民消费价格指数。

居民消费价格指数是反映一定时期内城乡居民所购买的生活消费价格和服务项目价格的变动趋势和程度的一种相对数。通过这一指数，可以观察消费价格的变动水平及对消费者货币支出的影响，研究实际收入和实际消费水平的变动状况。通过城镇居民的消费价格指数，可以分析生活消费品和服务项目价格变动对职工货币工资的影响，为研究职工生活和制定工资政策提供依据。

居民消费价格指数可就城乡差异分别编制城市居民消费价格指数和农民居民消费价格指数，也可就全社会编制全国居民消费价格总指数。城市居民消费价格指数是反映城市职工及其家庭所购买的生活消费品和服务项目价格变动趋势及程度的相对数，其编制过程与零售价格指数类似，但内容有所不同。消费价格指数包括消费品价格和服务项目价格两部分。编制此指数时，首先要对消费品和服务项目进行分类，并选择消费品和服务项目的代表。目前的居民消费价格指数分为食品类、衣着类、家庭设备及用品类、医疗保健用品类、交通和通讯工具类、娱乐教育文化用品类、居住类和服务项目类等。其中服务项目分为房租、水电费、交通费、邮电费、医疗保健费、学杂保育费、文娱费、修理费及其他服务费等九大类。指数中的权数原则上采用居民消费支出的构成资料，但由于数据来源的限制，目前仍根据社会商品零售额和服务行业的营业额来确定。最后，分别求出消费品价格指数和服务价格指数，并将两者进行加权平均汇总。其计算公式为：

$$I_p = \frac{\sum iw}{\sum w}$$

式中：i 为类指数，w 为权数，分别为消费品零售额和服务项目营业额占二者总和的比重。

居民消费价格指数除了能反映城乡居民所购买的生活消费品和服务项目价格的变动趋势及程度外，还有以下几个方面的作用。

(1) 反映通货膨胀状况：通货膨胀的严重程度是用通货膨胀率来反映的，它说明了一定时期内商品价格持续上升的幅度。通货膨胀率一般以消费者物价指数来表示。其计算公式为：

通货膨胀率＝(报告期消费者物价水平－基期消费者物价水平)/
基期消费者物价水平×100％

(2) 反映货币购买力变动：货币购买力是指单位货币能够购买到的消费品和服务的数量。消费者物价指数上涨，货币购买力则下降；反之则上升。消费者物价指数的倒数就是货币购买力指数。

货币购买力指数＝(1/消费者物价指数)×100％

(3) 反映对职工实际工资的影响：消费者物价指数的提高意味着实际工资的减少，消费者物价指数的下降意味着实际工资的提高。因此，可利用消费者物价指数将名义工资转化为实际工资，其计算公式为

实际工资＝名义工资/消费者物价指数

三、零售价格指数

商品零售价格指数是反映城乡商品零售价格变动趋势的一种经济指数。零售物价的调

整变动直接影响到城乡居民的生活支出和国家的财政收入,影响居民购买力和市场供需平衡,影响消费与积累的比例。因此,计算零售价格指数,可以从一个侧面对上述经济活动进行观察和分析。商品零售价格指数和居民消费价格指数的编制程序基本相同,但二者又有区别:

首先,计算的范围不同。商品零售价格指数以零售市场商品零售价格变动为对象,因而包括了外地流入购买力,但不包括本地购买力在外地实现的购买力;而居民消费价格指数正好相反,它包括了本地购买力在外地实现的购买力,而不含外地流入购买力对本地消费价格动态的影响。

其次,二者的资料来源不同。商品零售价格指数的资料主要依据批发零售贸易统计和价格专门调查;居民消费价格指数的资料主要依据城乡住户调查资料及商品流转统计资料。

最后,最重要的不同在于,二者的观察角度和研究目的不同。商品零售价格指数是从卖方的角度反映一个国家(或地区)零售商业网点出售商品的价格变动,通过这个指数可以观察零售物价变动及其商品购买者的货币支出和国家财政支出的影响,为国家制定和检查物价政策、加强市场物价管理提供依据;而居民消费价格指数是从买方的角度反映全社会购买消费品和服务项目的价格动态,通过这个指数,可以观察消费价格水平的变动及其对消费者货币支出产生的影响,研究实际消费水平的变动情况,为制定消费政策、安排好积累与消费的比例提供依据。

四、农副产品收购价格指数

农副产品收购价格指数是反映市场上农副产品收购价格变动的趋势和程度的经济指标。目前农副产品的收购价格,包括农、林、牧、副、渔五业中实行国家定价,国家指导价和市场调节价三种价格形式的农副产品。农副产品收购价格指数中,包括粮食、经济作物、竹木材、工业用油及漆胶、禽畜产品、蚕茧蚕丝、干鲜果、干鲜菜及调味品、药材、土副产品、水产品等若干大类,每个大类又分若干小类,小类之下再分若干商品集团与代表规格品,指数中商品分类在全国是统一的。

我国的农副产品收购价格指数的编制方法是,从11类农副产品中选择276种主要产品,以它们各自的报告期收购额作为权数,加权调和平均得到各类别的农副产品收购价格指数和农副产品收购价格总指数。其计算公式为:

$$I_p = \frac{\sum p_1 q_1}{\sum \frac{1}{k_p} p_1 q_1}$$

式中:k_p 为入编指数的各种农副产品的个体价格指数。

采用加权平均法的原因在于,农副产品的收购季节性强,时间比较集中,产品品种相对较少,在期末能够较迅速地取得各种农副产品收购额和代表规格品的价格资料。

五、产品成本指数

产品成本指数概括反映了生产各种产品的单位成本水平的综合变动程度,它是企业或部门内部进行成本管理的一个有用工具。记各种产品的产量为 q,单位成本为 p,则全部可比产品(即基期实际生产过且报告期仍在生产的产品)的综合成本指数通常采用帕氏指数来编制：

$$I_p = \frac{\sum p_1 q_1}{\sum p_0 q_1}$$

该指数的分子与分母之差可以表示，由于单位成本水平的降低（或提高），使得计算期所生产的那些产品的成本总额节约（或超支）了多少。

类似地，在对成本水平实施计划管理的场合，还可以编制相应的成本计划完成情况指数，用以检查有关成本计划的执行情况。其编制方法可采用帕氏公式：

$$I_p = \frac{\sum p_1 q_1}{\sum p_n q_1}$$

式中：p_n 为计划规定的单位成本水平。该分子与分母之差，可以说明计划执行过程中所节约或超支的成本总额。不过，在同时制订了产量计划的条件下，则应该采用拉氏公式编制成本计划完成情况指数：

$$I_p = \frac{\sum p_1 q_n}{\sum p_n q_n}$$

式中：q_n 为计划规定的产量水平。该指数可以在兼顾产量计划的前提下来检查成本计划执行情况，避免由于片面追求完成计划而破坏了产量计划。但在企业按照市场需求组织生产，没有制订产量计划，或不要求恪守产量指标的情况下，上面的拉氏公式就失效了。

六、股票价格指数

股票价格指数就是用以反映整个股票市场上各种股票市场价格的总体水平及其变动情况的指标，简称为股票指数。它是由证券交易所或金融服务机构编制的表明股票行情变动的一种供参考的指示数字。由于股票价格起伏无常，投资者必然面临市场价格风险。

对于具体某一种股票的价格变化，投资者容易了解，而对于多种股票的价格变化，要逐一了解，既不容易，也不胜其烦。为了适应这种情况和需要，一些金融服务机构就利用自己的业务知识和熟悉市场的优势，编制出股票价格指数，公开发布，作为市场价格变动的指标。投资者据此就可以检验自己投资的效果，并用以预测股票市场的动向。同时，新闻界、公司领导等也以此为参考指标，来观察、预测经济发展形势。

这种股票指数，也就是表明股票行市变动情况的价格平均数。编制股票指数，通常以某年某月为基础，以这个基期的股票价格作为100，用以后各时期的股票价格和基期价格比较，计算出升降的百分比，就是该时期的股票指数。投资者根据指数的升降，可以判断出股票价格的变动趋势。并且为了能实时的向投资者反映股市的动向，所有的股市几乎都是在股价变化的同时即时公布股票价格指数。

计算股票指数，要考虑三个因素：一是抽样，即在众多股票中抽取少数具有代表性的成份股；二是加权，按单价或总值加权平均，或不加权平均；三是计算程序，计算算术平均数、几何平均数。

1. 上证股票指数

系由上海证券交易所编制的股票指数，1990年12月19日正式开始发布。该股票指数的样本为所有在上海证券交易所挂牌上市的股票,其中新上市的股票在挂牌的第二天纳入股票指数的计算范围。

该股票指数的权数为上市公司的总股本。由于我国上市公司的股票有流通股和非流通股之分,其流通量与总股本并不一致,所以总股本较大的股票对股票指数的影响就较大,上证指数常常就成为机构大户造市的工具,使股票指数的走势与大部分股票的涨跌相背离。

上海证券交易所股票指数的发布几乎是和股票行情的变化相同步的,它是我国股民和证券从业人员研判股票价格变化趋势必不可少的参考依据。

2. 深圳综合股票指数

系由深圳证券交易所编制的股票指数,1991年4月3日为基期。该股票指数的计算方法基本与上证指数相同,其样本为所有在深圳证券交易所挂牌上市的股票,权数为股票的总股本。由于以所有挂牌的上市公司为样本,其代表性非常广泛,且它与深圳股市的行情同步发布,它是股民和证券从业人员研判深圳股市股票价格变化趋势必不可少的参考依据。由于深圳证券所的股票交投不如上海证交所那么活跃,深圳证券交易所现已改变了股票指数的编制方法,采用成份股指数,其中只有40只股票入选并于1995年5月开始发布。

现深圳证券交易所并存着两个股票指数,一个是深圳综合指数,一个是成份股指数,但从当前几年来的运行势态来看,两个指数间的区别并不是特别明显。

3. 恒生股票价格指数

香港恒生股票价格指数是香港股票市场上历史最久、影响最大的股票价格指数,由香港恒生银行于1969年11月24日开始发表。恒生股票价格指数的编制是以1964年7月31日为基期,因为这一天香港股市运行正常、成交值均匀,可反映整个香港股市的基本情况,基点确定为100点。其计算方法是将33种股票按每天的收盘价乘以各自的发行股数为计算日的市值,再与基期的市值相比较,乘以100就得出当天的股票价格指数。

4. 标准·普尔股票价格指数

除了道·琼斯股票价格指数外,标准·普尔股票价格指数在美国也很有影响,它是美国最大的证券研究机构即标准·普尔公司编制的股票价格指数。该公司于1923年开始编制发表股票价格指数。最初采选了230种股票,编制两种股票价格指数。到1957年,这一股票价格指数的范围扩大到500种股票,分成95种组合。其中最重要的四种组合是工业股票组、铁路股票组、公用事业股票组和股票混合组。从1976年7月1日开始,改为400种工业股票,20种运输业股票,40种公用事业股票和40种金融业股票。几十年来,虽然有股票更迭,但始终保持500种。标准·普尔公司股票价格指数以1941年至1943年抽样股票的平均市价为基期,以上市股票数为权数,按基期进行加权计算,其基点数为10。以当前的股票市场价格乘以股票市场上发行的股票数量为分子,用基期的股票市场价格乘以基期股票数为分母,相除之数再乘以10就是股票价格指数。

本章小结

统计指数分为广义的指数和狭义的指数,广义的指数是指表示各种数量对比关系的相对数;狭义的指数是指反映现象动态变化的相对数。一般情况下的指数是指狭义的指数,即反映现象不同时间上的数量对比关系的相对数。

统计指数的作用主要有：可以综合反映现象总体数量的变动方向和程度；可以分析各个因素变动对总体变动的影响方向和程度；可以对现象进行综合评价和测定；可以研究现象数量在长期内的变动趋势。

质量指标指数是反映现象质量的动态变化，如价格指数、单位产品成本指数、劳动生产率指数等都是质量指标指数。在我国统计实践中，计算质量指标指数时，其同度量因素固定在报告期。数量指标指数是反映现象数量的动态变化；如销售量指数、产量指数等都是数量指标指数。在我国统计实践中，计算数量指标指数时，其同度量因素固定在基期。平均数指数则是在综合指数的基础上通过代数变形得到的。

指数体系是指相互联系且在数值上具有一定数量对应关系的，3个或3个以上的指数所形成的体系。通过指数体系可以对复杂现象总体的数量变化从相对数和绝对数两个方面进行因素分析，从而说明各因素对总体数量变动的影响方向和程度。同时还可以通过指数体系进行指数推算。

因素分析是指利用指数体系中各个指数之间的数量联系关系，对现象的总变动的各个影响因素进行分解，分析各因素变动对现象总体总变动的影响程度和绝对效果。

附 录 利用 Excel 计算统计指数

一、综合指数

1. 实验数据

某县几种水果的价格调整前后如下：

	调整前（基期）		调整后（报告期）	
	零售价（元/500克）	销售量（万担）	零售价（元/500克）	销售量（万担）
苹果	0.80	5.10	1.00	5.20
香蕉	1.00	4.60	1.35	4.61
桃	0.60	3.78	0.76	3.80
西瓜	1.50	2.90	1.80	3.10

（1）求各水果零售价和销售量的个体指数。
（2）求四种水果零售价和销售量的总指数。
（3）求由于每种水果和全部水果价格变动使该县居民增加的支出金额。

2. 实验的操作步骤

（1）计算各个 p0 * q0 并求和：在 F3 中输入公式"=B3 * C3"，并用鼠标填充柄将公式复制到 F4:F6 中。选定 F3:F6 区域，单击工具栏上的"∑"按钮，在 F7 出现该列的求和值。

（2）计算各个 p1 * q1 并求和：在 G3 中输入公式"=D3 * E3"，并用鼠标填充柄将公式复制到 G4:G6 中。选定 G3:G6 区域，单击工具栏上的"∑"按钮，在 G7 出现该列的求和值。

(3) 计算各个 p0*q1 并求和:在 H3 中输入公式"=B3*E3",并用鼠标填充柄将公式复制到 H4:H6 中。选定 H3:H6 区域,单击工具栏上的"∑"按钮,在 H7 出现该列的求和值。

(4) 计算各个 p1*q0 并求和:在 I3 中输入公式"=D3*C3",并用鼠标填充柄将公式复制到 I4:I6 中。选定 I3:I6 区域,单击工具栏上的"∑"按钮,在 I7 出现该列的求和值。

(5) 计算各种商品零售价个体指标 kp:在 J3 中输入公式"=D3/B3*100",并用鼠标填充柄将公式复制到 J4:J6 中。

(6) 计算各种商品销售量的个体指数 kq:在 K3 中输入公式"=E3/C3*100",并用鼠标填充柄将公式复制到 K4:K6 中。

(7) 计算物价总指数 Kp:
以基期销售量为同度量因素:在 D8 中输入公式"=I7/F7*100"即可得到。
以报告期销售量为同度量因素:在 D9 中输入公式"=G7/H7*100"即可得到。

(8) 计算销售量总指数 Kq:
以基期价格为同度量因素:在 D10 中输入公式"=H7/F7*100"即可得到。
以报告期价格为同度量因素:在 D11 中输入公式"=G7/I7*100"即可得到。

(9) 计算由于价格变动使居民增加支出的金额:
以基期销售量为同度量因素:在 J9 中输入公式"=I7-F7"即可得到。
以报告期销售量为同度量因素:在 J11 中输入公式"=G7-H7"即可得到。

3. 实验结果

	A	B	C	D	E	F	G	H	I	J	K
1	商品名称	调整前(基期)		调整后(报告期)		p0*q0	p1*q1	p0*q1	p1*q0	零售价个体指标kp(%)	零售量个体指标kq(%)
2		零售价P0(元/500克)	销售量q0(万担)	零售价P1(元/500克)	销售量q1(万担)						
3	苹果	0.80	5.10	1.00	5.20	4.08	5.20	4.16	5.10	125.00	101.96
4	香蕉	1.00	4.60	1.35	4.61	4.60	6.22	4.61	6.21	135.00	100.22
5	桃	0.60	3.78	0.76	3.80	2.27	2.89	2.28	2.87	126.67	100.53
6	西瓜	1.50	2.90	1.80	3.10	4.35	5.58	4.65	5.22	120.00	106.90
7	求和					15.30	19.89	15.70	19.40		
8	物价总指数Kp(%)(以基期销售量为同度量因素)			126.83		由于价格变动使居民增加支出的金额					
9	物价总指数Kp(%)(报告期销售量为同度量因素)			126.70		(以基期销售量为同度量因素)				4.10	
10	销售量总指数Kq%(以基期价格为同度量因素)			102.63		由于价格变动使居民增加支出的金额					
11	销售量总指数Kq%(以报告期价格为同度量因素)			102.52		(以报告期销售量为同度量因素)				4.19	

二、平均数指数

1. 实验数据

某地区 2011 年—2012 年三种产品收购资料如下:

	2011 年(基期)		2012 年(报告期)	
	年平均价格(元/担)	收购额(万元)	年平均价格(元/担)	收购额(万元)
蔬菜	90	250	96	300
水果	110	360	120	420
粮食	80	100	96	150

试计算三种产品收购价格指数,说明该地区 2011 年较之 2012 年产品收购价格的提高程度以及由于收购价格提高使农民增加的收入。

2. 实验的操作步骤

(1) 计算 $\sum p_1q_1$：选定 E3:E5 区域，单击工具栏上的"$\sum$"按钮，在 E6 中出现该列的求和值。

(2) 计算价格个体指数 kp：在 F3 中输入公式"=D3/B3"，并用鼠标填充柄将公式复制到 F4:F5 中。

(3) 计算 p1*q1/kp 并求和：在 G3 中输入公式"=E3/F3"，并用鼠标填充柄将公式复制到 G4:G5 中，选定 G3:G5 区域，单击工具栏上的"$\sum$"按钮，在 G6 中出现该列的求和值。

(4) 计算收购价格指数 Kp：在 C7 中输入公式"=E6/G6*100"即可得到。

(5) 计算由于价格提高使农民增加的收入（万元）：在 G7 中输入公式"=E6－G6"即可得到。

3. 实验结果

	A	B	C	D	E	F	G
1	商品名称	2011年(基期)		2012年(报告期)		kp=p1/p0	p1*q1/kp
2		年平均价格p0（元/担）	收购额p0*q0（万元）	年平均价格p1（元/担）	收购额p1*q1（万元）		
3	蔬菜	90	250	96	300	1.07	281.25
4	水果	110	360	120	420	1.09	385.00
5	粮食	80	100	96	150	1.20	125.00
6	合计				870		791.25
7		收购价格指数(%)	109.95	由于价格提高使农民增加的收入（万元）			78.75

三、因素分析

1. 实验数据

某企业三种产品的销售量和价格如下：

商品名称	计量单位	销售量		价格	
		q0	q1	p0	p1
A	吨	320	400	20	25
B	件	510	600	45	40
C	米	220	210	60	65

计算销售量、销售额指数以及销售量变动、销售价格变动对销售额影响的绝对差额。

2. 实验的操作步骤

(1) 计算各个 q0*p0 并求和：在 G3 中输入公式"=C3*E3"，并用鼠标填充柄将公式复制到 G4:G5 中，选定 G3:G5 中，单击工具栏上的"$\sum$"按钮，在 G6 中出现该列的求和值。

(2) 计算各个 q1*p1 并求和：在 H3 中输入公式"=D3*F3"，并用鼠标填充柄将公式复制到 H4:H5 中，选定 H3:H5 中，单击工具栏上的"$\sum$"按钮，在 H6 中出现该列的求和值。

(3) 计算各个 q1*p0 并求和：在 I3 中输入公式"=D3*E3"，并用鼠标填充柄将公式复制到 I4:I5 中，选定 I3:I5 中，单击工具栏上的"$\sum$"按钮，在 I6 中出现该列的求和值。

(4) 计算各个 q0*p1 并求和：在 J3 中输入公式"=C3*F3"，并用鼠标填充柄将公式复制到 J4:J5 中，选定 J3:J5 中，单击工具栏上的"$\sum$"按钮，在 J6 中出现该列的求和值。

(5) 计算销售额总动态指数,在 D7 中输入公式"=H6/G6*100"即可得到。

(6) 计算销售量指数,在 D8 中输入公式"=I6/G6*100"即可得到。

(7) 计算销售价格指数,在 D9 中输入公式"=H6/G6*100"即可得到。

(8) 计算销售额总变动额,在 J7 中输入公式"=H6-G6"即可得到。

(9) 计算销售量变动对销售额影响的绝对差额,在 J8 中输入公式"=I6-G6"即可得到。

(10) 计算销售价格变动对销售额影响的绝对差额,在 J9 中输入公式"=H6-I6"即可得到。

3. 实验结果

	A	B	C	D	E	F	G	H	I	J
1	商品名称	计量单位	销售量		价格		q0*p0	q1*p1	q1*p0	q0*p1
2			q0	q1	p0	p1				
3	A	吨	320	400	20	25	6400	10000	8000	8000
4	B	件	510	600	45	40	22950	24000	27000	20400
5	C	米	220	210	60	65	13200	13650	12600	14300
6	合计						42550	47650	47600	42700
7	销售额总动态指数			111.9859			销售额总变动额			5100
8	销售量指数			111.8684			销售量变动对销售额影响的绝对差额			5050
9	销售价格指数			100.105			销售价格变动对销售额影响的绝对差额			50

思考与习题

一、简答题

1. 什么是统计指数?
2. 统计指数的作用有哪些?
3. 从不同角度出发,指数可以分为以下几种主要类型?
4. 什么是指标体系?如何应用指标体系进行因素分析?
5. 计算股票指数要考虑的因素?

二、单选题

1. 甲产品报告期产量与基期产量的比值是 110%,这是 (　　)
   A. 综合指数　　B. 总指数　　C. 个体指数　　D. 平均数指数

2. 下列指数中属于数量指标指数的是 (　　)
   A. 物价指数　　B. 平均工资指数　　C. 销售量指数　　D. 销售额指数

3. 某企业总成本报告期比基期增长 30%,产量增长 20%,则单位成本增长 (　　)
   A. 10%　　B. 8.33%　　C. 50%　　D. 80%

4. 某企业产品物价上涨,销售额持平,则销售量指数 (　　)
   A. 增长　　B. 下降　　C. 不变　　D. 不能确定

5. 我国股票价格指数采用的计算方法是 (　　)
   A. 平均指数　　　　　　　　　B. 综合指数
   C. 固定权数平均指数　　　　　D. 实际权数平均指数

三、多选题

1. 综合指数是 （　　）
   A. 总指数的一种形式　　　　B. 由两个总量指标对比形成的指数
   C. 可变形为平均指数　　　　D. 由两个平均指标对比形成的指数
   E. 一切现象的动态相对数

2. 某市商品物价指数为108%,其分子与分母之差为100万元,这表明 （　　）
   A. 该市所有商品的价格平均上涨8%
   B. 该市由于物价上涨使销售额增加100万元
   C. 该市商品物价上涨108%
   D. 该市由于物价上涨使商业多收入100万元
   E. 该市由于物价水平的上涨使居民多支出100万元

3. 零售物价总指数是 （　　）
   A. 综合指数　　　　　　　　B. 平均指数
   C. 固定权数物价指数　　　　D. 实际权数物价指数
   E. 质量指标指数

4. 指数体系的作用有 （　　）
   A. 对现象进行综合评价　　　　B. 进行指数之间的相互推算
   C. 对现象的总变动进行因素分析　　D. 可以测定复杂现象的综合变动
   E. 分析总体数量特征的长期变动趋势

5. 我国证券交易所股价指数包括 （　　）
   A. 上证综合指数　B. 深圳综合指数　C. 上证30指数　D. 深圳成份指数
   E. 股价平均指数

四、判断题

1. 总指数使反映复杂现象综合变动的相对数,具有平均的意义。（　　）
2. 综合指数使计算总指数的基本形式。（　　）
3. 若某企业的产量指数和单位成本指数都没有变,则该企业的总成本指数也没有发生变化。（　　）
4. 已知销售量指数是100%,销售额指数108%,则价格指数是8%。（　　）
5. 指数体系包括相对数形式和绝对数形式两种。（　　）

五、计算题

1. 某工业企业有关销售资料如下:

某企业商品销售统计表

商品名称	计量单位	销售量		销售价格(元)	
		基期	报告期	基期	报告期
A	千克	1 200	1 000	20	40
B	件	8 000	9 000	4	6
C	米	10 000	12 000	15	15

要求：
(1) 计算销售量总指数以及销售量变动对销售额绝对数的影响；
(2) 计算价格总指数，以及价格变动对销售额绝对数的影响。

2. 某基层供销社向农民收购农产品的有关资料如下：

某企业收购农产品统计表

农产品名称	报告期收购价格是基期的%	实际收购额（千元）	
		基期	报告期
A	110	1 200	1 368
B	115	800	920
C	125	320	416
D	140	80	140

要求：
(1) 计算农产品收购价格总指数以及由于收购价格提高使农民增加的货币收入是多少？
(2) 计算农产品收购量总指数以及由于收购量的变化给农民货币收入带来的影响；
(3) 计算报告期收购额与基期收购额的发展速度（即收购额指数）及其变动差额。

3. 某企业有关产量及产值资料如下：

某企业产品产量及产值统计表

产品名称	实际产值（万元）		2010年比2009年产量增长%
	基期	报告期	
A	200	240	25
B	450	485	10
C	350	480	40

要求：
(1) 计算产量总指数及其对总产值绝对额的影响；
(2) 计算总产值发展速度（即总产值指数）及总产值增长量；
(3) 计算价格总指数以及价格变化对总产值绝对额的影响。

4. 据调查，某地四类代表性商品的各类价格指数分别为110%、95%、100%、101%，各类代表商品的固定权数分别为10、30、40、20，试求这四类商品的价格总指数。

5. 某企业2003年职工平均工资水平提高了10%，职工人数增加了2%，问：该企业工资总额增长了多少？

6. 某企业2003年产品产量比上一年增长了12%，总成本增长了13%，该企业产品单位成本增长了百分之多少？

第十一章 时间序列分析

第一节 时间序列概述

一、时间序列的概念

时间序列是指将某种现象某一个统计指标在不同时间上的各个数值,按时间先后顺序排列而形成的序列。时间序列法是一种定量预测方法,亦称简单外延方法。在统计学中作为一种常用的预测手段被广泛应用。时间序列分析在第二次世界大战前应用于经济预测。二次大战中和战后,在军事科学、空间科学、气象预报和工业自动化等部门的应用更加广泛。时间序列分析(Time Series Analysis)是一种动态数据处理的统计方法。该方法基于随机过程理论和数理统计学方法,研究随机数据序列所遵从的统计规律,以用于解决实际问题。

二、时间序列的构成因素

社会经济变量的时间序列所反映的现象的发展变化都是由众多复杂因素共同作用的结果,不同因素的作用会产生不同的结果,从而得到的时间序列也不相同。传统时间序列分析将一个时间序列分解成以下四种变动因素:

趋势变动(T):现象在较长时期内受某种根本性因素作用而形成的总的变动趋势。

季节变动(S):现象在一年内随着季节的变化而发生的有规律的周期性变动。

循环变动(C):现象以若干年为周期所呈现出的波浪起伏形态的有规律的变动。

不规则变动(I):是一种无规律可循的变动,包括严格的随机变动和不规则的突发性影响很大的变动两种类型。

对于时间序列这些构成因素的分析将在本章第四节进行详细的介绍。

三、时间序列的分类

按时间序列中指标的性质不同,时间序列可以分为绝对数时间序列、相对数时间序列和平均数时间序列三种。

(一)绝对数时间序列

1. 时期序列

时间序列中的各项总量指标反映的是某一社会经济现象总体在一段时间内发展变化过程的总量,称为时期序列,如国内生产总值就是时期序列。

时期序列的主要特点有:

(1) 序列中的指标数值具有可加性。由于时期序列中的每一项指标数值表示的是现象在一段时期内发展变化过程的总量,将序列中彼此连接的指标数值相加会得到更长时期内发展变化过程的总量,并且不会有重复计算。

(2) 序列中的各项数值具有连续统计的特点。时间序列中的时期指标重在考察现象发展变化的过程,将一段时期内发生的数量进行连续登记并加以累计。

(3) 时期序列中的各项指标数值的大小与所包含的时期长短有直接联系。时期序列中每一项指标数值所包括的时间长短称为"时期"。根据研究目的,时期可以是日、旬、月、季、年或更长的时期。作进度分析时,时期一般较短;而对历史资料进行分析时,时期一般较长。

2. 时点序列

时间序列中的各项总量指标反映的是某一社会经济现象总体在某一时点(瞬间)状况上的总量,称为时点序列。如年末银行存款余额就是时点序列。

时点序列有如下三个特点。

(1) 序列中的各项指标数值一般不可以直接相加。时点序列中的每一项指标数值表示的是现象在某一时间(瞬间)上的状态,将不同时点上的指标值相加不具有直接意义。

(2) 序列中的各项数值不具有连续统计的特点。时点序列中的各项指标数值重在考察现象经过长时间发展变化的结果,只在某一时点进行登记,不能获知相邻两个登记点中间的状态信息。

(3) 序列中的各个指标数值大小与其时间间隔长短没有直接联系。因为时点序列中的每一个数值表示现象在某一瞬间的总量,所以时间间隔的长短对指标数值大小不发生直接的影响,如年末银行存款余额并不一定比年某个月末的银行存款余额的数值大。

(二) 相对数时间序列

把同一相对指标在不同时间上的数值按时间先后顺序加以排列后形成的序列,称为相对数时间序列。它反映社会经济现象之间相互联系的发展过程,如将各个时期的人口总数与土地面积相比计算人口密度指标排列形成的时间序列等。

它包括:①由两个时期序列对比所形成的相对数时间序列;②由两个时点序列对比所形成的相对数时间序列;③由一个时期序列和一个时点序列对比所形成的相对数时间序列。

相对数时间序列反映事物数量关系的发展变化动态,由于各期相对数的对比基数不同,故其各项水平数值不能直接相加。

(三) 平均数时间序列

把同一平均指标在不同时间上的数值按时间先后顺序加以排列后形成的序列,称为平均数时间序列。它反映社会经济现象总体各单位某一数量标志一般水平的发展变化趋势。如职工平均工资就是平均数时间序列。这类动态序列可以揭示研究对象一般水平的发展趋势和发展规律。平均数时间序列中各项水平数值也不能直接加总。

四、时间序列的编制原则

编制时间序列最重要的是遵循可比性原则。所谓可比性,指的是序列中对应于不同时间的指标值可以相互比较;符合这一性质的时间序列才能够正确反映社会经济现象的变动

过程和规律。具体地说,可比性包含以下几方面:

(1) 时间长短应一致。同一时间序列的指标值所属时间应当统一。对于时期序列,各指标值涵盖的时间长度要相同,因为此时时期的长短直接决定指标值的大小,时期长短不同,指标值便不可比。对于时点序列,各指标值对应的时点间隔要相同,虽然时点序列指标值的大小与时点间隔长短没有直接关系,但保持相同的时点间隔才能准确反映现象的变化状况。

(2) 经济内容应一致。指标的经济内容是由其理论内涵决定的,随着社会经济条件的变化,同一名称指标的经济内容也会发生改变。如编制时间序列时不注意这一问题,对经济内容已发生变化的指标值不加区别和调整,就可能导致错误的分析结论。

(3) 总体范围应一致。无论是时期序列还是时点序列,指标值的大小都与现象总体范围有关。如果随着时间的推移,现象总体范围发生了变化,例如地区的行政区划或部门隶属关系变更,那么在变化发生前后,指标的计算范围不同,指标值就不能直接对比,只有进行适当调整并保持总体范围的一致性,进行动态比较才有意义。

(4) 计算方法与计量单位要一致。对于指标名称、总体范围和经济内容都相同的指标,计算方法不同也会导致极大的数值差异。如GDP指标可以用生产法、分配法和支出法来计算,从理论上讲,三种方法的计算结果应一致,但由于资料来源的渠道不同,这三种方法计算的结果往往存在差异。因此,为了确保指标的可比性,同一时间序列中各个指标值的计算方法要统一。另外,编制价值指标的时间序列时,指标的计算价格必须保持一致;对于实物指标的时间序列,则要求计量单位保持一致,否则也要进行调整。

以上四点是编制时间数列应特别注意的问题。当然,在实际统计工作中,对时间序列的可比性原则也不能过分绝对化,有时由于资料来源有限,只要大体可比,也能用于统计分析。

五、时间序列分析的内容

编制时间序列的目的在于研究事物的动态,研究其发展规律。为此,必须对时间序列进行系统分析,时间序列的分析包括两方面的内容:一是通过计算动态分析指标来研究现象的发展速度和发展规律;二是用统计方法对一个长时间的时间序列加以分解,并用一定的数学模型测定序列的长期趋势及季节变动等,并以此作为研究规律、外推预测的重要依据。

第二节 时间序列水平指标分析

为了进一步研究社会经济现象的动态及其发展规律,我们需要对时间序列进行动态分析,计算一系列分析指标。本节讲的是时间序列水平指标,这是指标分析的最基本指标,主要有:发展水平、平均发展水平、增长量、平均增长量。

一、发展水平

发展水平是时间序列中的每个指标数值,它具体反映社会经济现象在不同时期或时点所达到的总量。它可以表现为总量指标,如工资总额、年末人口数等;也可以表现为相对指标或平均指标,如人口出生率、男性人口数所占比重、职工平均工资等。

按发展水平在时间序列中的位置不同,分为最初水平、最末水平和中间发展水平。最初水平就是时间序列的第一项指标数值;最末水平就是时间序列的最后一项指标数值;除去最初水平和最末水平,时间序列的其余各项发展水平就是中间发展水平。如用符号y_0、y_1、y_2、…、y_{n-1}、y_n代表时间序列的各个时期发展水平,则y_0就是最初水平,y_n就是最末水平,其余就是中间发展水平。

根据发展水平在动态分析中的作用不同,通常将研究的那个时期水平叫做报告期水平(或计算期水平),用来比较的基础时期水平叫做基期水平。

二、平均发展水平

平均发展水平是根据时间序列中各个指标数值求得的平均,也叫做"序时平均数"或"动态平均数",它从动态上说明社会经济现象在某一段时间内发展的一般水平。

序时平均数和一般平均数(静态平均数)的共同点是两者都是将现象的各个数值之间的差异抽象化,概括地反映现象的一般水平。两者的不同之处在于:序时平均数所平均的是现象在不同时间上的数量差异,从动态上说明在某一段时间内发展的一般水平,它是根据时间序列计算的。而一般平均数平均的是同一时间总体各单位某一数量标志值的差异,从静态说明现象总体各单位的一般水平,它是根据变量数列来计算的。

在动态分析中,序时平均数可以把时间长短不等的总量指标由不可比变为可比,还可以计算序时平均数消除现象在短时间波动的影响,便于在各段时间进行比较,来观察现象的发展趋势。

序时平均数可根据绝对数时间序列计算,也可以根据相对数时间序列或平均数时间序列来计算。其中,根据绝对数时间序列计算序时平均数是最基本的。绝对数时间序列有时期序列和时点序列之分,序时平均数的计算方法也有所区别。

1. 根据绝对数时间序列计算序时平均数

(1) 由时期序列计算。只需采用简单算术平均法,以时期项数去除时期序列中各个指标数值之和即得。计算公式如下:

$$\bar{y} = \frac{y_1 + y_2 + \cdots + y_n}{n} = \frac{\sum_{i=1}^{n} y_i}{n} \tag{11.1}$$

式中:$\bar{y}$表示序时平均数;y_i表示i时间的发展水平;n表示时间序列的项数。

【例11.1】 某矿各年能源产量资料如下表所示:

表11-1 某矿各年能源产量　　　　单位:万吨标准煤

年份	2007	2008	2009	2010	2011	2012
能源产量	10 926	10 698	12 090	13 869	15 263	18 462

根据表11-1,利用公式(11.1)计算某矿2007—2012年期间平均能源产量:

$$\bar{y} = \frac{\sum_{i=1}^{n} y_i}{n} = \frac{10\,926 + 10\,698 + \cdots + 18\,462}{6} = 13\,551.3(万吨标准煤)$$

(2) 由时点序列计算。时点序列都是瞬间资料,序列中两个相邻时点间始终都有间隔。因此,时点数列一般都是不连续数列。但如果时点数列的资料是逐日记录,而又逐日排列的。这时的时点数列就可以看成是连续的时点数列。连续时点数列求序时平均数,一般分间隔相等和间隔不相等两种情况。

① 间隔相等连续时点序列。即时点数列是以日为间隔编制的。计算方法可用简单算术平均法计算。公式如(11.1)

② 掌握间隔不等的连续时点资料,即被研究现象不是逐日变动,则可依据每次变动资料,用每次变动持续的间隔长度(f)为权数对各时点水平(y)加权,应用加权算术平均法计算序时平均数,公式如下:

$$\bar{y} = \frac{y_1 f_1 + y_2 f_2 + \cdots + y_n f_n}{f_1 + f_2 + \cdots f_n} = \frac{\sum_{i=1}^{n} y_i f_i}{\sum f} \tag{11.2}$$

式中:f 表示每个水平指标持续的长度,其他符号与式(11.1)中的相同。

【例 11.2】 某企业 9 月份工人人数变动资料表

表 11-2 某企业 9 月份工人人数　　　　　　　　单位:人

日期	9月1日	9月7日	9月16日	9月24日
实际工人数	300	305	312	310

则:利用公式(11.2)计算九月份平均每日工人人数:

$$\bar{y} = \frac{\sum_{i=1}^{n} y_i f_i}{\sum f} = \frac{300 \times 6 + 305 \times 9 + 312 \times 8 + 310 \times 7}{30} = 307(人)$$

(3) 间断时点数列求序时平均数,也分间隔相等和间隔不等两种情况。

① 间隔相等间断时点数列。即间隔相等的各个期末或期初时点数。在实际工作中,对时点性质资料,为了简化登记手续,一般每隔一段时间登记一次,取得某些时点资料,如职工人数和商品库存额等只统计月末数字。在这种情况下,求序时平均数需要假定我们所研究的现象在两个相邻时点之间的变动是均匀的,因而可以将相邻两个时点指标数值相加后除以 2,求得两个时点之间的序时平均数,然后把这些序时平均数相加除以序时平均个数,求得整个时间内的序时平均数。计算公式如下:

$$\bar{y} = \frac{\frac{y_1 + y_2}{2} + \frac{y_2 + y_3}{2} + \cdots + \frac{y_{n-1} + y_n}{2}}{n-1} = \frac{\frac{y_1}{2} + y_2 + \cdots + y_{n-1} + \frac{y_n}{2}}{n-1} \tag{11.3}$$

这种方法称为"首末折半法"。

【例 11.3】 某企业 2012 年 9~12 月份各月末的应收账款余额如表 11-3:

表 11-3 某企业 2012 年 9~12 月各月末应收账款余额　　　　单位:万元

日期	9月30日	10月31日	11月30日	12月31日
应收账款余额	200	220	240	180

根据上表资料,计算各月和第四季度的平均应收账款余额如下:

$$10 月份平均应收账款余额 = \frac{200+220}{2} = 210(万元)$$

$$11 月份平均应收账款余额 = \frac{220+240}{2} = 230(万元)$$

$$12 月份平均应收账款余额 = \frac{240+180}{2} = 210(万元)$$

$$第四季度平均应收账款余额 = \frac{210+230+210}{3} = 216.7(万元)$$

将以上计算第四季度平均应收账款余额的两步合为一步,其计算过程就可简化为:

$$第四季度平均应收账款余额 = \frac{\frac{200+220}{2}+\frac{220+240}{2}+\frac{240+180}{2}}{3}$$

$$= \frac{\frac{200}{2}+220+240+\frac{180}{2}}{3} = 216.7(万元)$$

②间断不等的间断时点数列。即所掌握的是间隔不等的各期期末或期初时点资料。这时采用加权序时平均法计算序时平均数。即用各间隔长度(f)作权数,对各相应的时点的平均水平加权计算序时平均数。其计算公式为:

$$\bar{y} = \frac{\frac{y_1+y_2}{2}f_1 + \frac{y_2+y_3}{2}f_2 + \cdots + \frac{y_{n-1}+y_n}{2}f_{n-1}}{f_1+f_2+\cdots+f_{n-1}} = \frac{\sum_{i=1}^{n-1}\frac{y_i+y_{i+1}}{2}f_i}{\sum_{i=1}^{n-1}f_i} \quad (11.4)$$

【例 11.4】 某地区 2010 年的人口数资料如表 11-4 所示:

表 11-4 某地区 2010 年的人口数

时间	1月1日	4月1日	7月1日	9月1日	12月31日
人口数(万人)	60	62	61	63	64

计算该地区 2010 年平均人口数。

解:由公式(11.4)得:

$$\bar{y} = \frac{\frac{60+62}{2}\times 3 + \frac{62+61}{2}\times 3 + \frac{61+63}{2}\times 2 + \frac{63+64}{2}\times 4}{3+3+2+4} = 62.125(万人)$$

2. 根据相对数时间序列计算序时平均数

相对数时间序列一般是由两个有联系的绝对数时间序列对比而形成的。由于相对数时间序列中的各项指标数值不能直接相加,所以不能直接计算序时平均数。因此,用相对数时间序列来计算序时平均数,其基本方法就是先要计算构成相对数时间序列的分子与分母数列的序时平均数,然后再将这两个序时平均数对比。其基本计算公式为:

$$\bar{y}_c = \frac{\bar{y}_a}{\bar{y}_b} \quad (11.5)$$

式中:$\bar{y}_c$ 表示相对数或平均数时间序列的序时平均数;$\bar{y}_a$ 表示分子序列的序时平均数;$\bar{y}_b$ 表示分母序列的序时平均数。

根据这个公式计算相对指标时间序列序时平均数时,应当分清分子、分母的时间序列是时期序列还是时点序列,间断相等还是不等,然后分别根据不同情况,运用前面介绍的不同方法进行计算。一般可分为三种不同情况。

(1) 由两个时期序列相对比所形成的相对数时间序列计算序时平均数,则

$$\bar{y}_c = \frac{\bar{y}_a}{\bar{y}_b} = \frac{\frac{\sum y_a}{n}}{\frac{\sum y_b}{n}} = \frac{\sum y_a}{\sum y_b} \tag{11.6}$$

若掌握的资料分别是分子指标和分母指标的时间序列,则直接用(11.6)式计算即可;若掌握的是相对指标时间序列和分母指标的时间序列,则先用各期的相对指标乘各期的分母指标求各期的分子指标,再代入(11.6)式,即

$$\bar{y}_c = \frac{\bar{y}_a}{\bar{y}_b} = \frac{\frac{\sum y_b y_c}{n}}{\frac{\sum y_b}{n}} = \frac{\sum y_b y_c}{\sum y_b} \tag{11.7}$$

若掌握的是相对指标时间序列和分子指标的时间序列,则先用各期的分子指标除以各期的相对指标求各期的分母指标,再代入(11.6)式,即

$$\bar{y}_c = \frac{\bar{y}_a}{\bar{y}_b} = \frac{\frac{\sum y_a}{n}}{\frac{\sum \frac{y_a}{y_c}}{n}} = \frac{\sum y_a}{\sum \frac{y_a}{y_c}} \tag{11.8}$$

【例 11.5】 根据表 11-5 的资料,分别计算甲、乙、丙三个公司第二季度月平均计划完成程度。

表 11-5　甲、乙、丙三公司 2010 年第二季度生产情况表　　　单位:吨

		四月	五月	六月
甲公司	计划产量(y_b)	620	610	615
	实际产量(y_a)	624	605	622
乙公司	计划产量(y_b)	600	550	625
	计划完成(%)(y_c)	104	96	102
丙公司	实际产量(y_a)	580	610	624
	计划完成(%)(y_c)	98	105	100

甲公司第二季度月平均计划完成程度:

$$\bar{y}_c = \frac{\bar{y}_a}{\bar{y}_b} = \frac{\sum y_a}{\sum y_b} = \frac{624+605+622}{620+610+615} = 100.33\%$$

乙公司第二季度月平均计划完成程度:

$$\bar{y}_c = \frac{\bar{y}_a}{\bar{y}_b} = \frac{\sum y_b y_c}{\sum y_b} = \frac{600\times1.04+550\times0.96+625\times1.02}{600+550+625} = 108.82\%$$

丙公司第二季度月平均计划完成程度：

$$\bar{y}_c = \frac{\bar{y}_a}{\bar{y}_b} = \frac{\sum y_a}{\sum \frac{y_a}{y_c}} = \frac{580+610+624}{\frac{580}{0.98}+\frac{610}{1.05}+\frac{624}{1.00}} = 100.96\%$$

(2) 由两个时点序列对应项对比得到的相对指标时间序列,其序时平均数同样是由作为分子的时点序列的序时平均数和作为分母的时点序列的序时平均数对比得到的,只要根据时点序列的特点不同采用不同的计算方法即可。

(3) 由时期序列和时点序列相应项对比形成的相对指标时间序列,则分别按时期序列和时点序列序时平均数的计算方法求得分子或分母的序时平均数,再对比得到相应指标时间序列的序时平均数。

3. 由平均数时间序列计算序时平均数

(1) 由一般平均数构成的时间序列求序时平均数。平均数时间序列也是由两个绝对数时间序列对比形成的。一般平均数时间序列的分子数列是标志总量,属时期数列,其分母数列是总体问题,属时点数列。因此要计算这种平均数时间序列的序时平均数,其方法和相对数时间序列计算序时平均数的方法一样,也是先计算分子、分母两数列的序时平均数后再对比求得。

(2) 由序时平均数时间序列计算序时平均数。在时期相等的情况下,可直接根据各序时平均数采用简单算术平均方法来计算平均数。例如表 11-1 计算某矿 2007—2012 年期间平均能源产量。在时期不等情况下,则要以时期为权数,采用加权算术平均数方法来计算。

【例 11.6】 某企业 2010 年各段时期平均销售额资料如下表所示：

表 11-6 某企业 2010 年各段时期平均销售额　　　　单位(万元)

时期	1~3月	4~5月	6~9月	10~12月
平均每月销售额	20	24	21	26

则全年平均每月销售额 $= \dfrac{20\times3+24\times2+21\times4+26\times3}{12} = 22.5$ (万元)

三、增长量

增长量是报告期水平与相比较的基期水平之差,反映社会经济现象报告期比基期增加或减少的数量,即增长量=报告期水平－基期水平。

一般而言,分析的目的不同选择的基期就不同。因此,根据基期的不同可将增长量分为逐期增长量和累计增长量。

这两个指标可用公式表示为：

逐期增长量：$y_1-y_0, y_2-y_1, y_3-y_2, y_4-y_3 \cdots y_n-y_{n-1}$

累计增长量：$y_1-y_0, y_2-y_0, y_3-y_0, y_4-y_0 \cdots y_n-y_0$

逐期增长量与累计增长量的关系是：逐期增长量之和等于累计增长量,用公式表示为：

$$(y_1-y_0)+(y_2-y_1)+(y_3-y_2)+\cdots+(y_n-y_{n-1}) = \sum_{i=1}^{n}(y_i-y_{i-1}) = y_n-y_0$$

为了剔除季节变动的影响，在实际工作中，还经常计算年距增长量指标，它是报告期水平与上年同期水平之差。其公式表示为：

年距增长量＝报告期发展水平－上年同期发展水平

四、平均增长量

平均增长量是指时间序列中各逐期增长量的序时平均数，说明某社会经济现象在一段时期内平均每期增加或减少的数量，一般用简单算术平均法计算。平均增长量的计算公式为：

$$\text{平均增长量} = \text{逐期增长量之和} \div \text{逐期增长量个数} = \frac{\sum_{i=1}^{n} y_i - y_{i-1}}{n} = \frac{y_n - y_0}{n}$$
(11.9)

第三节 时间序列速度指标分析

时间序列速度指标也是对时间序列进行分析的另一类分析指标，它反映社会经济现象速度的变化，有发展速度、增长速度、平均发展速度和平均增长速度四种，它们之间有着密切的联系，其中发展速度是最基本的速度指标。

一、发展速度

发展速度是报告期水平与基期水平相比的相对数，计算结果通常用百分数或倍数表示，说明报告期发展水平为（相当于）基期水平的百分之多少或多少倍。其计算公式为：

发展速度＝报告期水平/基期水平

由于基期的选择不同，发展速度分为环比发展速度和定基发展速度。定基发展速度是指报告期水平与某一固定时期水平之比，用来说明报告期水平已经发展到固定时期水平的百分之几（或多少倍），表明这种现象在较长时期内总的发展速度，因此，有时也叫做"总速度"。环比发展速度是报告期水平与前一期水平之比，用来说明报告期水平已经发展到了前一期水平的百分之几（或多少倍），表明这种现象逐期的发展程度。如果计算的单位时期为一年，这个指标也可叫做"年速度"。这两种发展速度可用公式表示为：

定基发展速度：

$$\frac{y_1}{y_0}, \frac{y_2}{y_0}, \ldots, \frac{y_{n-1}}{y_0}, \frac{y_n}{y_0}$$
(11.10)

环比发展速度：

$$\frac{y_1}{y_0}, \frac{y_2}{y_1}, \ldots, \frac{y_{n-1}}{y_{n-2}}, \frac{y_n}{y_{n-1}}$$
(11.11)

定基发展速度和环比发展速度具有下列关系：

（1）定基发展速度等于环比发展速度的连乘积，即：

$$\frac{y_n}{y_0} = \frac{y_1}{y_0} \times \frac{y_2}{y_1} \times \cdots \times \frac{y_{n-1}}{y_{n-2}} \times \frac{y_n}{y_{n-1}}$$

(2) 两个相邻时期的定基发展速度之比,即后期定基发展速度除以前期定基发展速度等于后一期的环比发展速度。即：

$$\frac{y_i}{y_0} \div \frac{y_{i-1}}{y_0} = \frac{y_i}{y_{i-1}}$$

利用以上的关系,我们可以进行相关推算。

二、增长速度

增长速度是报告期增长量与基期水平对比的相对数,也称为增长率,计算结果也通常用百分数或倍数表示,说明报告水平比基期水平增长了百分之多少或多少倍。当增长速度大于0时,表明报告期水平比基期增加或提高的程度;当增长速度小于0时,表明报告期水平比基期减少或降低的程度。增长速度的计算公式为：

增长速度＝报告期增长量/基期水平＝发展速度－1

根据基期的选择不同,增长速度也分为环比增长速度和定基增长速度。它们的计算公式分别为：

环比增长速度＝逐期增长量/前一期水平＝环比发展速度－1

定基增长速度＝累计增长量/固定基期水平＝定基发展速度－1

须注意,环比增长速度和定基增长速度之间不能直接推算。若要两者相互推算,必须借助于环比发展速度和定基发展速度,同样,为了消除季节变动的影响,也可以计算同比增长速度或称年距增长速度。计算公式为：

年距增长速度＝同比增长量/上年同期水平＝年距发展速度－1

发展水平和增长量是绝对数,说明现象发展所达到和所增长的绝对数量;发展速度和增长速度是相对数,说明现象发展和增长的程度,把现象之间的差异抽象化了,在一定程度上掩盖了发展水平的差异。因此,低水平基础上的增长速度与高水平基础上的增长速度是不可比的。由于环比增长速度时间序列中各期的对比基期不同,因此,在动态分析时,不仅要看各期增长的百分数,还要看每增长1%所包含的绝对值,这是一个相对数和绝对数结合运用的指标,即

增长1%的绝对值＝逐期增长量/环比增长速度×100＝前一期水平/100

三、平均发展速度和平均增长速度

各期的发展变化总是有快有慢,因此经常还要计算某一发展阶段的平均速度来比较和分析。平均速度包括平均发展速度和平均增长速度。平均发展速度是环比发展速度的平均数,说明现象在某个发展阶段上逐期发展变化程度的一般水平。

平均发展速度所要平均的环比发展速度是一种动态相对数,因此它不能采用前面讲的静态相对数序列计算平均发展水平的方法。平均发展速度的计算通常采用几何平均法。

由于现象发展的总速度不等于各期环比发展速度的总和,而是等于各期环比发展速度的连乘积,因此,对这些环比发展速度求平均数不能采用算术平均法而应采用几何平均法。按几何平均法计算的平均发展速度发展,可以保证在最后一年达到规定的最末水平,即从最

初水平出发,以平均发展速度 $\bar{x}$ 代替各环比发展速度 $x_1,x_2,x_3,x_4,\cdots,x_n$,经过 n 期发展,正好达到最末水平 y_n,用公式表示如下:

$$\bar{x} = \sqrt[n]{x_1 \times x_2 \times \cdots \times x_n} = \sqrt[n]{\prod_{t=0}^{n}\frac{y_{t+1}}{y_t}} \tag{11.12}$$

$$= \sqrt[n]{\frac{y_n}{y_0}} \tag{11.13}$$

因为 $\frac{y_n}{y_0}$ 为第 n 期的定基发展速度,也是整个时期的总速度,所以也可以根据总速度计算,公式为:

$$\bar{y}_G = \sqrt[n]{R} \tag{11.14}$$

上述平均发展速度的计算式(11.12)、式(11.13)和式(11.14)中:$\bar{x}$ 表示平均发展速度;$\frac{y_{t+1}}{y_t}$ 表示各期环比发展速度;$\prod$ 表示连乘符号;R 表示总速度;n 表示环比发展速度的项数。

计算平均发展速度时,根据所掌握的资料可选用式(11.12)、式(11.13)、式(11.14)中任何一个计算公式来计算,如果掌握了最初水平和最末水平,可用式(11.13)计算,如果掌握了各期环比发展速度,可用式(11.12)计算,如果掌握了总速度,则可直接用式(11.14)计算。

四、平均增长速度

平均增长速度表示环比增长速度的一般水平,说明现象在某个发展阶段上平均逐期增长速度,但不能直接将各个环比增长速度加以平均,应根据它与平均发展速度之间的内在联系来计算,即计算公式为:

平均增长速度=平均发展速度-1

可见,平均增长速度与平均发展速度之间相差一个基数。平均发展速度大于1,则平均增长速度为正值,表明平均说来现象在考察期内是逐期递增的,此时的平均增长速度也称为平均递增率。反之,平均发展速度小于1,则平均增长速度为负值,表明平均说来现象考察期内是逐期递减的,此时的平均增长速度也称为平均递减率。

五、计算和运用平均发展速度指标时应注意的问题

(1) 要注意社会经济现象的特点。当现象随着时间的发展比较稳定地逐年上升或逐年下降时,可以采用几何平均法计算平均发展速度。但要注意,如果资料中间有几年环比速度增长得特别快,而有几年又降低得较多,即出现显著的悬殊和不同的发展方向时,则不宜计算平均发展速度,因为用这样的资料计算的平均发展速度会降低这一指标的意义,从而不能明确切说明实际情况。

(2) 应采取分段平均速度来补充说明总平均速度。这在分析较长历史时期资料时尤为重要。因为仅根据一个总的平均速度指标只能笼统、概括地反映其在很长时期内逐年平均发展或增长的程度,对深入了解这种现象的发展过程和变化情况往往是不够的。例如,要分析新中国成立以来能源产量的平均发展速度和平均增长速度时,就有必要分别以国民经济

恢复时期、各个五年计划时期等分段计算各期平均速度加以补充说明。

(3) 平均速度指标要与其他指标结合运用。平均速度指标要与发展水平、增长量、环比速度、定基速度等各项基本指标结合运用,起到分析研究和补充说明的作用,以便对现象有比较确切和完整的认识。在经济分析中,要与其他有关经济现象的平均速度指标结合运用,为研究国民经济各种具有密切联系的现象的发展动态提供依据。

第四节 时间序列因素构成分析

一、时间序列的构成要素

现象的发展变化受许多因素的影响,各因素共同作用的结果形成了该现象时间序列各期的指标值。在诸多影响因素中,有的对现象的发展变化起着长期的、决定性的作用,使得相应的时间序列呈现某种趋势和一定的规律性;有的则起着短期的或偶然性的非决定的作用,使得时间序列的规律性不明显,甚至呈现出某种不规则性。由于社会经济现象是错综复杂的,通常难以确定影响时间序列变动的具体因素,因此,在统计分析中,一般按作用特点和影响效果,将影响时间序列变动的因素归为四大类,相应的时间序列的变动可以看做是四类因素所导致的变动叠加在一起的结果,即趋势变动(T)、季节变动(S)、循环变动(C)和随机变动(I)。

(1) 趋势变动。指现象在发展变化过程中由于受到某种固定的、起根本性作用的因素的影响而在较长时间内展现出来的总态势。它具体表现为不断增加或减少的基本趋势,也可以表现为只围绕某一常数值波动而无明显增减变化的水平趋势。如受改革开放政策的影响,中国的经济持续增长,国内生产总值逐年递增。

(2) 季节变动。指现象在一年内由于受社会、政治、经济、自然等因素的影响,形成的以一定时期为周期的有规律的重复变动。季节变动是一种极为普遍的现象,在农业生产、交通运输、建筑业、旅游业、商品销售以及工业生产中都有明显的季节变动规律。如啤酒的销售量夏季大、冬季小;春运期间客流量剧增等。尽管在商业或经济理论中,季节变动一般以年为周期,但其思想却可根据数据类型的不同推广到任何时间间隔为周期的时间序列中(例如以小时、天、星期、月为周期),但周期长度一般小于一年。

(3) 循环变动。指现象围绕长期趋势出现的、以若干年为周期的有涨有落的周期性运动。循环波动与季节变动有着本质的区别:季节变动的周期小于一年并且有固定的周期,而循环波动的周期大于一年并且规律性较低,通常较难识别。循环波动的一个重要例子就是经济增长中出现的繁荣—衰退—萧条—复苏—繁荣的周而复始的运动。

(4) 随机变动。指现象由于各种偶然因素的影响而呈现的不规则运用,它们是时间序列分析中无法由以上三种变动解释的部分。

二、时间序列的模型

传统时间序列分析主要取决于对构成各个时间序列的各种变动因素组成部分的结合及相互作用是如何假设的,这种假设通常有两种方式:

一种假设是：构成时间序列的各种变动因素组成部分所具有的变动数值是相互独立的、可加的。在这种假设下，则对于含有四种变动因素（即四种变动因素叠加而成）的时间序列$\{Y_t\}$，就可以用式(11.15)的加法数学模型来描述：

$$Y_t = T_t + S_t + C_t + I_t \tag{11.15}$$

式中：Y_t 是时间序列$\{Y_t\}$在 t 时刻的数值；T_t、S_t、C_t、I_t 分别为同一时刻的趋势值、季节变差、循环变差、不规则变差。

式(11.15)是假设季节变动、循环变动、不规则变动都是围绕一个正常的长期趋势的变动而上下波动的，因此，S_t、C_t、I_t 的取值是或正或负的，它们分别代表着季节变动、循环变动、不规则变动在 t 时刻的趋势值上增加或减少若干个数量单位。

显然，若某一时间序列不是四种变动因素共同作用的结果，而只是其中某几个因素共同作用的结果，则在式(11.15)中，只出现相关的变动因素，该时间序列所缺少的变动因素就不会出现。另外，要从式(11.15)中求出某种变动因素，则只要从该时间序列中减去所含的其余的变动因素即可。

另一种假设是：构成时间序列的各种变动因素组成部分所具有的变动数值是相互依存的、可乘的。在这种假设下，则对于含有四种变动因素（即四种变动因素相乘而成）的时间序列$\{Y_t\}$就可以用式(11.16)的乘法数学模型来描述：

$$Y_t = T_t \times S_t \times C_t \times I_t \tag{11.16}$$

式中：Y_t 是时间序列$\{Y_t\}$在 t 时刻的数值；T_t、S_t、C_t、I_t 分别为同一时刻的趋势值、季节比率、循环比率、不规则比率。

式(11.16)是假设季节变动、循环变动、不规则变动都是围绕一个正常的长期趋势的变动而上下波动的。因此，这时 S_t、C_t、I_t 的取值是上下波动的相对数，不是一般的正负值，它们分别代表着季节变动、循环变动、不规则变动在 t 时刻的趋势值上增加或减少的百分比。

显然，若某一时间序列不是四种变动因素共同作用的结果，而只是其中某几个因素共同作用的结果，则同样在式(11.16)中，该时间序列所缺少的变动因素就不会出现。另外，要从式(11.16)中求出某种变动因素，则只要从该时间序列中除以所含的其余的变动因素即可。

对于乘法模型式(11.16)，如果在两边作对数变换后就成为：

$$\ln Y_t = \ln T_t + \ln S_t + \ln C_t + \ln I_t$$

这个公式实际上也是加法模型式(11.15)，因此上述两种假设在实质上没有区别，都是假设影响时间序列的诸因素是可加的。至于在实际应用中应采用哪种形式的假设为好，还可以视方便而定。不过一般认为乘法模型是时间序列变动分析的基本模型，所以以下的分析也是采用乘法模型进行的。

根据乘法模型，如果想求某种因素变动的影响，可以用时间序列除以所含的其余因素即可。当求出长期趋势 T_t 后，以 Y_t 除以 T_t，可得 $\dfrac{Y_t}{T_t} = S_t \times C_t \times I_t$，即为不含长期趋势的时间序列。

如果又求得季节变动 S_t，可将 $\dfrac{Y_t}{T_t}$ 除以 S_t，可得 $\dfrac{Y_t}{T_t \times S_t} = C_t \times I_t$，即为不含长期趋势和季节变动的时间序列。

如果时间序列仅含长期趋势和季节变动两种因素，即 $Y_t = T_t \times S_t$，则 $\dfrac{Y_t}{T_t \times S_t} = 1$。由此

可见，当时间序列消除长期趋势和季节变动影响之后，如果 $\frac{Y_t}{T_t \times S_t}$ 的数值接近1，循环变动和不规则变动的影响则可忽略不计，如果数值与1有较大离差，那么就要进一步分析循环变动和不规则变动的影响。

三、长期趋势的测定

长期趋势是现象发展过程中由其本质因素决定的。通过对时间序列趋势变动的分析，可以掌握现象发展最基本的规律性，从而对其未来发展趋势做出预测。此外，研究长期趋势的目的之一也是为了将其从时间序列中予以剔除，以便更好地分析其他影响因素的变动规律性。进行长期趋势分析的主要任务就是测定时间序列的趋势值 T_t，常用的方法有移动平均法和最小二乘法。

（一）移动平均法

移动平均法是根据研究现象的时间序列逐项移动平均，以此计算包含一定项数的序时平均数，形成一个序时平均数时间序列，在这个新的修匀序列里，短期内随机波动的影响或被剔除或被削弱，同时，对含有一个周期的序时项数进行移动平均，还可以消除季节变动和其他周期变动的影响，因此利用移动平均法能测定某一现象在短期内发展的基本趋势，它是一种适于短期分析和预测的趋势分析方法。

设时间序列的各期水平依次为 $y_1, y_2 \cdots y_n$，若取三项移动序时平均，则三项移动序时平均数的计算公式为：$\bar{y}_{j-1} = \frac{y_{j-2} + y_{j-1} + y_j}{3}(j=3,4,5 \cdots n)$，则移动平均序时所形成的新的修匀序列的前两项为：$\bar{y}_2 = \frac{y_1 + y_2 + y_3}{3}$，$\bar{y}_3 = \frac{y_2 + y_3 + y_4}{3}$。以此类推，则 $\bar{y}_{n-1} = \frac{y_{n-2} + y_{n-1} + y_n}{3}$。

若采用五项移动平均，则五项移动序时平均数的计算公式为：

$$\bar{y}_{j-2} = \frac{y_{j-4} + y_{j-3} + y_{j-2} + y_{j-1} + y_j}{5} \quad (j=5,6,7 \cdots n)$$

所形成的新的修匀序时的前两项为：

$$\bar{y}_3 = \frac{y_1 + y_2 + y_3 + y_4 + y_5}{5}, \quad \bar{y}_4 = \frac{y_2 + y_3 + y_4 + y_5 + y_6}{5}。$$

以此类推，则

$$\bar{y}_{n-2} = \frac{y_{n-4} + y_{n-3} + y_{n-2} + y_{n-1} + y_n}{5}$$

需要指出的是，在采用偶数项移动序时平均时，需要两次移动序时平均才能求出长期趋势。以四项移动序时平均为例，第一次移动序时平均数是第一、二、三、四期的发展水平的序时平均数，其对应的中点是第二期、第三期之间，因此要进行第二次二项序时移动平均，此时计算的第一个序时平均数对应第三期，其后各期以此类推。

采用序时移动平均法，移动时距间隔的长短直接影响对原序列的修匀程度。一般来说，移动时距越长，个别偶然因素的影响就越小，新的修匀序列就会越平滑，但修匀序列的项数就越少，即修匀序列首尾缺项会越多。由移动平均数组成的趋势值序列，较原来序列的项数少，如果移动的项数为奇数，二者的关系为：趋势值项数＝原序列项数－移动项数＋1，如果移动的项数为偶数,二者的关系为:趋势值项数=原序列项数-移动项数。

【例 11.7】 根据表 11-7 的资料,分别计算三年移动平均和五年移动平均。

表 11-7 某企业 2001—2012 年销售量资料

年份	2001	2002	2003	2004	2005	2006
销售量(万件)	54	50	52	67	82	70
年份	2007	2008	2009	2010	2011	2012
销售量(万件)	89	88	84	98	91	106

解:采用三期简单移动平均法,第 1~3 年销售量的平均值为 52,第 2~4 年销售量的平均值为 56.3,以此类推。采用五期简单移动平均法,则第 1~5 年销售量的平均值为 61.0,第 2~6 年销售量的平均值为 64.2,以此类推。3 年移动平均和 5 年移动平均的计算结果如下表所示:

年份	1	2	3	4	5	6	7	8	9	10	11	12
销售量	54	50	52	67	82	70	89	88	84	98	91	106
3 年移动平均		52.00	56.30	67.00	73.00	80.30	82.30	87.00	90.00	91.00	98.30	
5 年移动平均				61.00	64.20	72.00	79.20	82.60	85.80	90.00	93.40	

上表中的两个移动平均序列清楚地显示出该企业产品销售量呈不断增长的趋势。

移动平均法测定长期趋势,简便、灵活,有着较为广泛的应用。例如,在证券及期货的价格走势分析中,移动平均法一直是最常用的基本分析方法之一。应用移动平均法,须注意以下几点。

(1) 移动平均法对原时间序列具有修匀或平滑的作用,使得原序列的起伏波动被削弱了,而且平均的时距项数越大,移动平均的修匀作用越强。

(2) 移动平均值代表的是所平均数据的中间位置上的趋势值。因此当平均项数为奇数时,只需一次移动平均即可得到各期的趋势值;当平均项数为偶数时,则需对移动平均的结果进行中心化处理,即再作一次两项移动平均,这样才能使移动平均值正对某一时期,使各趋势值与实际值相对应,这种方法也称为中心化移动平均法。

(3) 当序列包含周期性变动时,移动平均的项数应与周期长度一致。这样才能在消除不规则变动的同时,也消除周期性波动,使移动平均值序列只反映长期趋势。因此,季度数据通常采用四期移动平均,月度数据通常采用十二期移动平均。由于季节变动的周期比较固定,移动平均对季节变动的消除一般都有很好的效果。而循环变动的周期不太固定,所以固定项数的移动平均也就难以有效消除时间序列中的循环波动。

(4) 移动平均值序列的项数比原序列减少,当平均项数 k 为奇数时,新序列首尾各减少 $(k-1)/2$ 项;k 为偶数时,首尾各减少 $k/2$ 项。所以移动平均会使原序列首尾的数据减少对应的趋势值,k 越大,缺失的信息就越多。所以移动平均的项数不宜过大。

(5) 当现象呈现非线性趋势时,简单移动平均法得到的趋势值很容易出现较大的误差。加权移动平均在一定程度上可弥补这一不足。确定权数的方法是灵活多样的,可视具体情况来选择,但通常遵循"近大远小"的原则,即认为近期数据比远期数据对趋势值的影响更大,应给近期数据赋予较大权数,而给远期数据赋予较小权数。在测定各期的趋势值时,采用中心化移动平均法,其权数一般呈"中间大、两端小"的对称结构。

(6)移动平均预测只具有推测未来一期趋势值的预测功能,而且只适用于呈水平趋势的时间序列。如果现象的发展变化具有明显的上升(或下降)趋势,则移动平均预测的结果就会产生偏高(或偏低)的滞后偏差,即预测值的变化滞后于实际趋势值的变化。为了弥补移动平均法的局限,在加权移动平均法的基础上产生了改进的方法——指数平滑法。指数平滑法通过计算一系列指数平滑值来消除不规则变动,以反映时间序列的长期趋势。指数平滑法是对时间序列进行修匀的一种方法,也可以直接用于预测,还可以用于估计预测模型的参数。用 E_t 表示第 t 期的指数平滑值,其计算公式为

$$E_t = \alpha y_t + (1-\alpha) E_{t-1}$$

式中:E_t 和 E_{t-1} 分别表示第 t 期和第 $t-1$ 期的指数平滑值;y_t 为第 t 期的观测值;α 称为平滑指数,$0<\alpha<1$。显然,指数平滑具有递推性质,各期平滑值是在上期平滑值的基础上递推而得的。

(二) 最小二乘法

最小二乘法是测定长期趋势最常用的方法。其中心思想是在对原有时间序列进行分析的基础上,根据原序列发展趋势的类型,通过数学方法,拟合一条理想的趋势线,使得这条趋势线与原时间序列达到最优拟合。作为理想的趋势线必须满足最基本的要求,即原有序列的实际数值与趋势线的估计数值的离差平方之和为最小。用公式表示如下:

$$\sum (y_t - \hat{y}_t) \rightarrow 最小$$

式中:$\hat{y}_t$ 表示趋势线的估计数值;y_t 表示原有序列的实际数值;t 表示时间的序号。

最小二乘法既可用于拟合直线,也可用于拟合曲线,所以,它是分析长期趋势的十分普遍和理想的方法。一般的,常见的趋势线模型有三种,即:直线趋势线、指数趋势线和二次抛物线趋势线。

对原序列拟合趋势线,其目的亦是为了修匀原序列,更明显地表现出现象变动的趋势,并利用所拟合的趋势线进行预测。至于所拟合的趋势线是直线型还是曲线型,要根据现象发展变化的特点而定。具体判别原序列趋势类型的方法有散点图法和指标法。

第一,散点图法。若以原序列中各个时期(年序)为横坐标 t,各期指标值为纵坐标 y,根据(t,y)在直角坐标系中描出各个散点形成散点图,然后根据散点图的形状,分析选择适当的趋势线方程。若这些数点形状大体上呈直线变动,就可对原时间序列拟合直线趋势线。若观察到各个散点的分布是先平缓后陡直地上升或先陡直后平缓地下降,则可对原序列拟合一条指数趋势线。若观察到坐标中的各个散点,先陡直后平缓地上升或先平缓后陡直地下降甚至由降转升,就可对原时间序列拟合一条二次抛物线趋势线。

第二,指标法。根据计算出的一系列指标值的特点作为判别原时间序列的趋势形状的参考标准。如果根据原时间序列计算出的各个逐期增长量大致相同,则可拟合一条直线趋势线;如果根据原时间序列计算出的各期二次增长量大致相同,则可对原序列拟合一条二次抛物线趋势线;如果根据原时间序列计算出的各期环比发展速度大致相等,则可对原时间序列拟合一条指数趋势线。

1. 直线趋势线的拟合

直线趋势线模型的函数表达式为：

$$\hat{y}_t = a + bt$$

式中：a、b 表示待估计参数。

a 表示趋势直线的截距，其实际意义为：当 $t=0$ 时该期的趋势值。

b 表示趋势直线的斜率，其实际意义为：当 t 每变动一个单位时，趋势值 $\hat{y}_t$ 平均变动的数量。

根据最小二乘法的要求，$\sum (y_t - \hat{y}_t) \to$ 最小，即 $\sum (y_t - a - bt)^2 = \min$。

令 $Q = \sum (y_t - \hat{y}_t) = \sum (y_t - a - bt)^2$，则 Q 是 a 和 b 的函数，根据高等数学的知识可知，为使 Q 达到最小值，a、b 应满足下列方程：

$$\begin{cases} \dfrac{\partial Q}{\partial a} = 0 \\ \dfrac{\partial Q}{\partial b} = 0 \end{cases}$$

即：

$$\begin{cases} 2\sum (y_t - a - bt)(-1) = 0 \\ 2\sum (y_t - a - bt)(-t) = 0 \end{cases}$$

即，a、b 应满足如下正规方程组：

$$\begin{cases} \sum y_t = na + b\sum t \\ \sum ty_t = a\sum t + b\sum t^2 \end{cases}$$

解此方程组，就可得到 a、b 估计值的计算公式为：

$$b = \dfrac{n\sum ty_t - \sum t \sum y_t}{n\sum t^2 - (\sum t)^2} \qquad a = \dfrac{\sum y_t}{n} - b\dfrac{\sum t}{n} = \bar{y}_t - b\bar{t}$$

【例 11.8】某主题公园 2005—2010 年每月的收入如下表所示：

表 11-8　2005—2010 年每月收入资料　　　　　单位：元

2005	收入	时间	收入	时间	收入	时间	收入	时间	收入	时间	收入
2005.1	280	2006.1	346	2007.1	310	2008.1	356	2009.1	482	2010.1	465
2005.2	256	2006.2	254	2007.2	298	2008.2	369	2009.2	436	2010.2	420
2005.3	269	2006.3	463	2007.3	276	2008.3	405	2009.3	367	2010.3	410
2005.4	274	2006.4	482	2007.4	205	2008.4	420	2009.4	362	2010.4	400
2005.5	268	2006.5	461	2007.5	240	2008.5	463	2009.5	402	2010.5	392
2005.6	310	2006.6	420	2007.6	265	2008.6	486	2009.6	395	2010.6	386
2005.7	308	2006.7	413	2007.7	302	2008.7	500	2009.7	416	2010.7	362
2005.8	325	2006.8	380	2007.8	318	2008.8	520	2009.8	452	2010.8	312
2005.9	326	2006.9	372	2007.9	306	2008.9	510	2009.9	468	2010.9	290
2005.10	402	2006.10	306	2007.10	346	2008.10	503	2009.10	492	2010.10	300
2005.11	405	2006.11	352	2007.11	290	2008.11	462	2009.11	503	2010.11	310
2005.12	396	2006.12	342	2007.12	301	2008.12	462	2009.12	510	2010.12	325

试利用最小二乘法确定直线趋势方程,并将原序列和各期趋势值时间序列绘制成图进行比较。

解:设时间序号为t,每月的收入为y,利用 SPSS 软件得到直线趋势方程为：

$$\hat{y}_t = 323.161 + 1.413t$$

将$t=1$、2、3…72 代入趋势方程,可以得到各年的趋势值,将各年的趋势值与原序列绘制成图 11-1,可以看出收入的变化趋势。

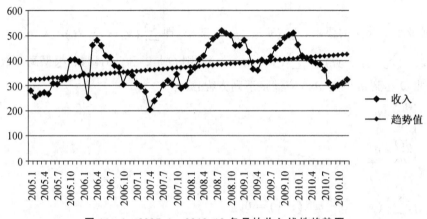

图 11-1 2005.1—2010.12 各月的收入线性趋势图

2. 抛物线趋势方程

抛物线趋势方程的函数表达式为：

$$\hat{y}_t = a + bt + ct^2$$

式中：a、b、c 为待估计参数。

用最小二乘法估计二次抛物线趋势方程的参数,与直线趋势方程的推导方法相同,可得a、b、c 应满足的正规方程组为：

$$\begin{cases} \sum y_t = na + b\sum t + c\sum t^2 \\ \sum ty_t = a\sum t + b\sum t^2 + c\sum t^3 \\ \sum t^2 y_t = a\sum t^2 + b\sum t^3 + c\sum t^4 \end{cases}$$

解此方程组,就可得到a、b、c 的估计值。利用简便算法,上述正规方程组变为：

$$\begin{cases} \sum y_t = na + c\sum t^2 \\ \sum ty_t = b\sum t^2 \\ \sum t^2 y_t = a\sum t^2 + c\sum t^4 \end{cases}$$

解此方程组,就可得到a、b、c 的估计值。

【**例 11.9**】 试根据表 11-9 中 2002—2012 年某企业的销售额的数据,利用最小二乘法确定抛物线趋势方程。

解:设时间序号为t,销售额为y,利用简便算法,计算数据如表 11-9 所示。

利用最小二乘法确定抛物线的趋势方程为：

$$\hat{y}_t = 13\,803\,171 + 4.909\,1t - 0.540\,8t^2$$

将 $t=-5、-4、-3…4、5$ 代入趋势方程,可以得到各年的趋势值,将各年的趋势值与原序列绘制成图 11-2,可以看出销售额的变化趋势。

表 11-9 抛物线趋势方程拟合过程与结果

年份	时间序号 t	销售额 y	计算数据				趋势值 $\hat{y}_t$
			ty	t^2y	t^2	t^4	
2002	-5	100	-500	2 500	25	625	100.251 6
2003	-4	110	-440	1 760	16	256	110.027 9
2004	-3	125	-375	1 125	9	81	118.722 6
2005	-2	130	-260	520	4	16	126.335 7
2006	-1	120	-120	120	1	1	132.867 2
2007	0	124	0	0	0	0	138.317 1
2008	1	152	152	152	1	1	142.685 4
2009	2	160	320	640	4	16	145.972 1
2010	3	146	438	1 314	9	81	148.177 2
2011	4	150	600	2 400	16	256	149.300 7
2012	5	145	725	3 625	25	625	149.342 6

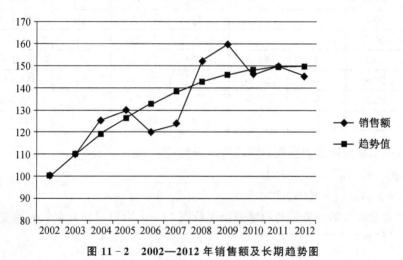

图 11-2 2002—2012 年销售额及长期趋势图

3. 指数曲线趋势方程

指数曲线用于描述以几何级数递增或递减的现象。

指数曲线趋势线模型的函数表达式为:

$$\hat{y}_t = ab^t$$

式中:a、b 表示待估计参数。

$\hat{y}_t = ab^t$ 公式表明:t 年的变化量 y 等于基期水平乘上一般发展速度的 t 次方。

一般的自然增长及大多数经济序列都有指数变化趋势。若 $b>1$,趋势值随着时间的推移而增加;若 $b<1$,趋势值随着时间的推移而减少,逐渐趋于零。

进行指数曲线拟合时,一般是将指数方程通过取对数转化成直线方程,然后按直线方程的方法确定出参数,再对直线方程求得的结果取反对数还原。

具体做法是：

先对上述方程式两边各取对数，得：$\log \hat{y}_t = \log a + t \log b$；

然后根据最小二乘法原理，求得关于 $\log a$、$\log b$ 的正规方程组为：

$$\begin{cases} \sum \log y_t = n \log a + \log b \sum t \\ \sum t \log y_t = \log a \sum t + \log b \sum t^2 \end{cases}$$

解此方程组，求出 $\log a$、$\log b$，然后再对其取反对数，即得到参数 a、b。

【例 11.10】 某企业 2001—2010 年营业收入额的数据如表 11-10，试利用最小二乘法确定指数曲线趋势方程，并将营业收入的趋势值与原序列绘制成图进行比较。

解：设时间序号为 t，营业收入为 y，计算过程如表 11-10 所示：

表 11-10 指数曲线趋势方程拟合过程及结果

年份	时间序号 t	营业收入 y	计算数据		趋势值	
			$\log y$	$t \log y$	t^2	$\hat{y}_t$
2001	1	2 000	3.301	3.301	1	1 911.605
2002	2	2 010	3.303	6.606	4	2 011.391
2003	3	2 006	3.302	9.907	9	2 116.386
2004	4	2 045	3.311	13.243	16	2 226.861
2005	5	2 086	3.319	16.597	25	2 343.103
2006	6	2 010	3.303	19.819	36	2 465.413
2007	7	2 500	3.398	23.786	49	2 594.108
2008	8	2 430	3.386	27.085	64	2 729.52
2009	9	2 620	3.418	30.765	81	2 872.001
2010	10	2 700	3.431	34.314	100	3 021.92

利用最小二乘法确定的指数曲线趋势方程为：

$\log \hat{y}_t = 3.259\,3 + 0.022\,1 t$

$\hat{y}_t = 1\,816.77 \times 1.052\,2^t$

将各年营业收入的趋势值与原序列绘制成图 11-3，可以看出营业收入的变化趋势。

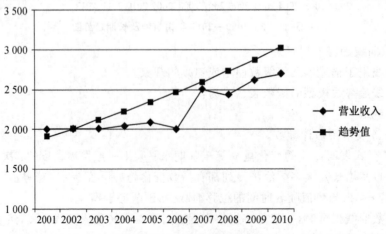

图 11-3 营业收入及趋势值

四、季节变动的测定

(一) 季节变动的概念

季节变动是指社会经济现象在一定时间长度内由于受自然与社会因素的影响而发生的具有周期性、规律性的重复变动。季节变动的周期通常为一年,也可以是一个月、一周、一日。例如,由于季节对农作物生产的影响而导致的一年内农产品运输、仓储、加工等方面的周期性变化;由于季节变动而引起的服装、燃料、冷饮等商品的季节性消费周期变动;一天内城市公共交通客流量在上下班时间出现高峰涉及很多方面。为了克服由于季节变动引起的不良影响,就需要以所研究对象以往的季节变动规律为依据,预测其未来变化的方向和程度,并采取适当措施,进行合理的调度,以便更好地组织生产,安排经济活动。

(二) 季节变动的测定方法

测定季节变动的方法很多,本节主要介绍两种常用的方法,一种是按月(季)平均法,另一种是移动平均趋势剔除法。进行测定时,无论采用哪种方法,都需要连续若干年(至少五年)的各月(季)发展水平的资料,才能比较正确地观察现象受季节变动影响的情况。

1. 按月(季)平均法

按月(季)平均法是测定季节变动最简单的方法,它不考虑长期趋势的影响,对原时间序列资料不作处理,直接根据历年的周期数据加以平均(给出的资料是月度资料就按月平均,是季度资料就按季平均),并与总平均数对比,求出有关的季节比率,借以反映现象在各期的变动程度。按月(季)平均法求季节比率的步骤如下:

(1) 分别就每年各月(季)的数字加总,求该年的月(季)平均数,即

　　某年月(季)平均数=该年内月(季)指标数值之和/12(4)

(2) 各年同月(季)数字加总,求若干年内同月(季)的平均数,即

　　若干年内同月(季)平均数=若干年内同月(季)指标数值之和/年度数

(3) 若干年内每月(季)的数字加总,求总的月(季)平均数,即

　　平均数=若干年内各月(季)指标数值之和/若干年内月(季)总数

(4) 将若干年内同月(季)平均数与总月(季)平均数对比,求各月(季)的季节比率,即

　　季节比率=若干年内同月(季)平均数/总平均数×100%

(5) 调整季节比率。计算季节比率时,若是月度资料,各月季节比率之和应等于1 200%;若是季度资料,各季节比率之和应等于400%。若根据时间序列资料计算的结果不等,就应进行调整,调整的方法如下:

首先,计算调整系数,公式为:

　　月份季节比率调整系数=1 200%/调整前各月季节比率之和

　　季度季节比率调整系数=400%/调整前各季度季节比率之和

其次,计算调整后的季节比率,公式为:

　　调整后的季节比率=调整前的月(季)季节比率×调整系数

【例 11.11】 某公司销售饮料的数据为例,说明季节比率计算的一般方法。

表 11-11 某公司销售饮料的资料

季度	第一年 ①	第二年 ②	第三年 ③	第四年 ④	第五年 ⑤	五年合计 ⑥	季平均数 ⑦	季节比率 ⑧
一季度	51	62	52	60	58	283	56.6	79.77%
二季度	75	82	78	81	80	396	79.2	111.63%
三季度	89	90	86	92	92	449	89.8	126.57%
四季度	56	61	50	63	61	291	58.2	82.03%
四季合计	271	295	266	296	291	1419	283.8	400.00%
年平均数	67.75	73.75	66.5	74	72.75		70.95	

根据季节比率计算的步骤,表 11-11 中各数值的计算方法为:首先分别计算出第一年、第二年、第三年、第四年、第五年的合计数和平均数;其次根据各年内的季度资料计算出⑥栏、⑦栏数值;再次根据五年中二十个季度资料计算出总平均数(70.95);最后将⑦栏中各个季度的数值与 70.95 对比,计算出⑧栏数值。由于⑧栏中四个季度数值之和恰好等于 400%,因此本例不对季节比率进行调整。

通过计算出的表 11-11 中的季节比率可以看出,该饮料销售额的变化规律为:二、三季度为高峰季节,一、四季度销售额明显减少。

从举例可以看出,按月(季)平均法的优点是计算简便,容易理解。缺点是所得的季节比率有时不够准确。因为这种方法没有考虑存在于现象中的长期趋势的影响,在发展趋势上升或下降较剧烈时,会使某些月(季)的平均数偏高或偏低,从而能影响季节比率的准确性。

2. 移动平均趋势剔除法

移动平均趋势剔除法是先对时间序列计算移动平均剔除长期趋势的影响,再测定季节变动。其计算步骤如下:

(1)根据各年的月(季)资料,计算 12 个月的移动平均数(若是季资料,则计算四个季度的移动平均数),再做二项移动平均,使移动平均数对应于相应的各月。由于移动平均基本消除了季节变动和不规则变动的影响,因此,这 12 个月(或 4 个季度)的移动平均数可以看成是长期趋势和周期波动的综合值。

(2)将各月(或季)的实际值 Y_t 除以相应的移动平均数 T_t,便得到趋势值 $\dfrac{Y_t}{T_t} = S_t \times I_t$。

(3)把 $\dfrac{Y_t}{T_t}$ 值按月(或季)排列,计算同月(或季)的平均相对数,以消除不规则变动,即可得到各月(或季)的季节变动值 S_t。

(4)将各月(或季)的平均数加总计算出总的月(或季)平均数,然后用各月(或季)的平均数除以总的月(或季)平均数,即可得到各月(或季)的季节指数。

【例 11.12】 根据表 11-12 的数据,使用移动平均趋势剔除法计算季节指数。

表 11-12 移动平均趋势剔除法季节指数计算表

年份	季度	销售额 y	四个季度移动总数	四季的移动平均数	趋势值 t	$y/t \times 100$
	①	②	③	④	⑤	⑥
第一年	一季度	51				
	二季度	75	271	67.75		
	三季度	89	282	70.5	69.125	128.75
	四季度	56	289	72.25	71.375	78.46
第二年	一季度	62	290	72.5	72.375	85.66
	二季度	82	295	73.75	73.125	112.14
	三季度	90	285	71.25	72.5	124.14
	四季度	61	281	70.25	70.75	86.22
第三年	一季度	52	277	69.25	69.75	74.55
	二季度	78	266	66.5	67.875	114.92
	三季度	86	274	68.5	67.5	127.41
	四季度	50	277	69.25	68.875	72.60
第四年	一季度	60	283	70.75	70	85.71
	二季度	81	296	74	72.375	111.92
	三季度	92	294	73.5	73.75	124.75
	四季度	63	293	73.25	73.375	85.86
第五年	一季度	58	293	73.25	73.25	79.18
	二季度	80	291	72.75	73	109.59
	三季度	92				
	四季度	61				

表 11-12 中第三栏为"四个季度移动总数",该栏的第一个数 271 位于第一年第二季度和第三季度之间的位置上,等于第一年四个季度销售额之和,以下各个数字以此类推;第四栏是平均数,该栏各个数字也位于两个季度之间的位置上;由于四项移动平均后得到趋势值,还需要进行移正平均,第五栏为趋势值,它是对第四栏数值再进行两项移动平均后得到的结果;第六栏为原数列数值与对应的趋势值对比得到的相对数,这个相对数叫"季节变动和不规则变动相对数",形成的是消除了长期趋势后得到的新数列,因为通常时间序列的变动(Y)分解为长期趋势变动(T)、季节变动(S)和不规则变动(I),它们之间的关系可综合为 $Y = T \cdot S \cdot I$,则 $\frac{Y}{T} = S \cdot I$。因此,形成的相对数剔除了长期趋势变动,反映了季节变动和不规则变动,所以称为"季节变动和不规则变动相对数"。

到现在为止，我们可以根据"季节变动和不规则变动相对数"计算季节比率，列计算表如表 11-13 所示。

表 11-13　季节比率计算表

年份	一季度	二季度	三季度	四季度	合计
第一年			128.75	78.46	
第二年	85.66	112.14	124.14	86.22	
第三年	74.55	114.92	127.41	72.6	
第四年	85.71	111.92	124.75	85.86	
第五年	79.18	109.59			
合计	325.1	448.57	505.05	323.14	
平均	81.28	112.14	126.26	80.79	400.46
季节比率	81.18	112.01	126.11	80.69	400

调整系数 = 400%/调整前各季节比率之和 = 400%/400.46% = 0.9986

用调整系数分别乘以各季平均数就可得到调整后的季节比率，即表 11-13 最后一行季节比率的各个数值。

五、循环变动的测定

循环变动是指变动周期大于一年的有一定规律性的重复变动。循环变动不同于长期趋势，它所表现的不是朝着某一个方向持续上升或下降，而是从低到高，又从高到低的周而复始的近乎规律性的变动。循环变动也不同于季节变动，季节变动一般以一年、一季或一月为一周期，可以预见。而循环变动没有固定的周期，一般都在数年以上，难以事先预知。因此，循环变动分析不仅要借助于统计方法，还要借助于定性的经济分析。

从统计分析的角度来看，循环变动的测定方法有多种，如剩余法、直接法和循环平均法等。不同的方法得出的分析结论有一定的差异，这就需要对不同测定方法的基本原理、前提条件有所了解。

（一）直接法

直接法适用于季度和月度时间序列。如果研究时间序列的目的只在于测定数据的循环波动特征，可用直接法进行分析。直接法是将每年各季或各月的数值与上年同期进行对比，即求出年距发展速度：

$$C \cdot I = \frac{y_t}{y_{t-4/12}}$$

直接法简便易行，可以大致消除趋势变动（T）和季节变动（S）的影响。它的主要局限性是在消除时间序列长期趋势的同时，相对放大了年度发展水平的影响，当某期发展水平偏低或偏高时，必然会影响 $C \cdot I$ 的数值，使之偏高或偏低，导致循环变动的振幅被拉大。

（二）剩余法

通常用剩余法测定循环变动的程度。基本思想是：对各期时间序列用长期趋势和季节比率消除趋势变动和季节变动，从而得出反映循环变动与不规则变动的数列，然后再采用移动平均法消除不规则变动，便可得出反映循环变动程度的各期循环变动系数。

$$Y_t = T_t \cdot S_t \cdot C_t \cdot I_t$$
$$\frac{Y_t}{T_t \cdot S_t} = \frac{T_t \cdot S_t \cdot C_t \cdot I_t}{T_t \cdot S_t} = C_t \cdot I_t$$

将 $C_t \cdot I_t$ 数列进行移动平均修匀，则修匀后的数列即为各期循环变动的系数。

测定循环变动的程度，认识经济波动的某些规律，预测下一个循环变动可能产生的各种影响，以便充分利用有利因素，避免不利因素，对于保持国民经济持续稳定的发展有重要的意义。但是循环变动预测和长期趋势预测不同，循环变动主要属于景气预测，在很大程度上要依靠经济分析，仅仅对历史资料的统计处理是不够的。

六、不规则变动的测定

根据统计学家的认识，在一个时间序列的变动中，消除长期趋势变动和季节变动，即为不规则变动。用公式表示为：

$$\frac{Y_t}{T_t \cdot S_t} = I_t$$

因此，用前例中所得到的季节比率去除"季节变动和不规则变动相对数"，即可得到一个反映不规则变动的数列。现将第一年第三季度至第二年第二季度的不规则变动相对数计算列出如表 11-14 所示：

表 11-14　不规则变动测定

年度	季度	不规则变动相对数
第一年	三季度	$\frac{89}{69.125 \times 126.11\%} = 1.021$
	四季度	$\frac{56}{71.375 \times 80.69\%} = 0.972$
第二年	一季度	$\frac{62}{72.375 \times 81.18\%} = 1.055$
	二季度	$\frac{82}{73.125 \times 112.01\%} = 1.001$

上述所列各季不规则变动相对数反映出各季度意外变动的不同程度，不规则变动相对数在 1 上下波动。大于 1，表示对数列的影响为正；小于 1，表示对数列的影响为负；离 1 越远，影响越大；等于 1，则表示无不规则变动。应该指出，不规则变动相对数必须和影响原数列的各种具体情况联系起来分析才有意义。

第五节　时间序列分析与预测

一、趋势外推

当所研究的对象依时间变化呈现出某种上升或下降的趋势，并且无明显的季节变动，又能够找到一条合适的函数曲线反映这种变化趋势,这时可以建立趋势模型:$Y=f(t)$。当有理由相信这种趋势能够延伸到未来时,赋予变量 t 所需要的值,便可以得到相应时刻的时间序列未来值。这就是趋势外推法。在实际工作中,常常把趋势分析与统计预测结合在一起。利用趋势模型进行预测时,预测值与实际值会存在误差,这种误差可用线性回归中的估计标准误差来衡量。其计算公式为:

$$s_y = \sqrt{\frac{\sum_{i=1}^{n}(y_i - \hat{y}_i)}{n-m}}$$

式中:n 表示时间序列的项数;m 表示趋势方程中未知参数的个数。

对于线性趋势方程 $m=2$,对于抛物线趋势方程 $m=3$,对于指数曲线趋势方程 $m=2$。

二、线性趋势分析及预测

根据前面介绍的线性趋势模型参数的最小二乘估计法,我们可以对具有线性变化规律的现象,用趋势方程来拟合其发展变化,通过趋势方程,我们可以计算出各期的趋势值,而且,还可以利用趋势方程进行外推预测。

【例 11.13】 某服装厂 2005—2012 年每年的销售收入的数据,使用最小二乘法确定直线趋势方程,并计算出各期的预测值和预测误差,预测 2013 年的销售收入,将原序列和各期的序列绘制成图进行比较。

表 11-15 线性趋势方程拟合过程与结果

年份	时间序号	销售收入	趋势值	残差	残差平方
2005	1	200	201.33	−1.33	1.78
2006	2	202	202.06	−0.06	0.00
2007	3	203	202.79	0.21	0.05
2008	4	205	203.51	1.49	2.21
2009	5	206	204.24	1.76	3.10
2010	6	204	204.96	−0.96	0.93
2011	7	205	205.69	−0.69	0.48
2012	8	206	206.42	−0.42	0.17
合计					8.73

经过计算得趋势方程为:

$$\hat{y}_t = 200.607\,1 + 0.726\,2t$$

$$s_y = \sqrt{\frac{\sum_{i=1}^{n}(y_i - \hat{y}_i)}{n-m}} = \sqrt{\frac{8.73}{8-1}} = 1.116\,8$$

将 $t=9$ 代入趋势方程,即可得到 2013 年销售收入的预测值,即

$$\hat{y}_{2013} = 200.607\,1 + 0.726\,2 \times 9 = 207.14$$

将原序列和各期的趋势值序列绘制成图11-4,可以清楚地看出销售收入的变化趋势。

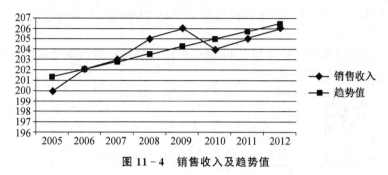

图11-4 销售收入及趋势值

三、非线性趋势分析及预测

在社会经济生活中,有些社会经济现象随着时间的推移呈现出非线性趋势,这需要配合适当的趋势曲线,关于指数曲线、二次曲线的趋势方程的拟合方法与模型参数的估计已经在前面做了详细的介绍。

社会经济现象呈现出的非线性趋势,除了已介绍的指数曲线、二次曲线外,还有很多经济现象的发展需要经历产生、发展、成熟、衰退的过程,对于存在这种发展变化规律的经济现象,我们可以用成长曲线来加以描述。成长曲线存在很多类型,较重要的有三种曲线模型。

(一)修正指数曲线

许多新产品投入市场后,需求量常常呈现为初期迅速增长,经过一段时间后增长速度降低,而各期增长量的环比速度又大体上相等,最后,发展水平趋向于一个正的常数极限。对于这类现象的发展趋势,可以用修正指数曲线模型来描述。

修正指数曲线的预测模型为:

$$\hat{y}_t = k + ab^t$$

式中:k、a、b 为未知常数,$k>0, a\neq 0, 0<b\neq 1$。

不难看出,修正指数曲线预测模型与指数曲线预测模型仅相差一个常数 k,修正指数曲线以 $y=k$ 为渐近线。

(二)龚珀兹曲线

龚珀兹曲线是以英国统计学家和数学家本杰明·龚珀兹的名字命名的曲线。它也是一种常见的趋势曲线。当经济变量的发展变化表现为初期增长速度缓慢,随后增长速度逐渐加快,达到一定程度后又逐渐减慢,最后达到饱和状态这种趋势时,可以用龚珀兹曲线来描述。龚珀兹曲线多用于新产品的研制、发展、成熟和衰退分析。工业产品寿命一般可分为四个时期:一是萌芽期;二是畅销期;三是饱和期;四是衰退期。龚珀兹曲线特别适用于对处在成熟期的商品进行预测,以掌握市场需求和销售的饱和量。龚珀兹曲线模型为:

$$\hat{y}_t = ka^{b^t}$$

式中:$\hat{y}_t$ 表示第 t 期的预测值,k、a、b 为待定参数,$k>0, 0<a\neq 1, 0<b\neq 1$。

龚珀兹曲线的形式,取决于参数 k、a、b 的值,用以描述产品生命周期的具体规律。对函数模型 $\hat{y}_t = ka^{b^t}$ 做线性变换得:

$$\lg \hat{y}_t = \lg k + (\lg a) b^t$$

若令 $\hat{Y}_t = \lg \hat{y}_t, K = \lg k, A = \lg a$，则式 $\lg \hat{y}_t = \lg k + (\lg a) b^t$ 变为：

$$\hat{Y}_t = K + A b^t$$

这恰好是修正指数期限的预测模型，我们可以仿照修正指数曲线模型估计参数的三段法，求得 $b, \lg a, \lg k$ 的计算公式：

$$b = \sqrt[n]{\frac{\sum_3 \lg y_t - \sum_2 \lg y_t}{\sum_2 \lg y_t - \sum_1 \lg y_t}}$$

$$\lg a = \left(\sum_2 \lg y_t - \sum_1 \lg y_t\right) \frac{b-1}{(b^n-1)^2}$$

$$\lg k = \frac{1}{n}\left(\sum_1 \lg y_t - \lg a \frac{b^n-1}{b-1}\right)$$

（三）罗吉斯谛曲线

罗吉斯谛曲线（Logistic Curve），是比利时数学家 P·F·Verhulst 首先发现的一种特殊曲线。后来由生物学家 R. Pearl 和 L. J. Reed 将之应用于人口的研究，因此又称为"Pearl-Reed 曲线"。罗吉斯谛曲线常用来分析研究存在厂长极限的生命周期问题，如公司产品的生命周期。

罗吉斯谛曲线的预测模型为：

$$\hat{y}_t = \frac{1}{k + a b^t}$$

也可以表达成：

$$\frac{1}{\hat{y}_t} = k + a b^t$$

式中：k, a, b 为未知常数，$k > 0, a \neq 0, 0 < b \neq 1$。

由于罗吉斯谛曲线的倒数是修正指数曲线，因此，仿照修正指数曲线估计参数的方法，可得 k, a, b 的计算公式如下：

$$b = \sqrt[n]{\frac{\sum_3 \frac{1}{y} - \sum_2 \frac{1}{y}}{\sum_2 \frac{1}{y} - \sum_1 \frac{1}{y}}}$$

$$a = \left(\sum_2 \frac{1}{y} - \sum_1 \frac{1}{y}\right) \frac{b-1}{(b^n-1)^2}$$

$$k = \frac{1}{n}\left(\sum_1 \frac{1}{y} - a \frac{b^n-1}{b-1}\right)$$

本章小结

绝对数时间序列是基本的时间序列，有时期序列和时点序列两种。相对数时间序列和平均数时间序列是由绝对数时间序列派生的。

水平指标包括发展水平与增长水平、平均发展水平与平均增长水平。总量指标序时平均数的计算是最基本的。相对指标或平均指标时间序列的序时平均数由分子、分母的序时平均数对比而得。增长水平是两个不同时期的发展水平之差,各逐期增长量之和等于累积增长量。平均增长水平是逐期增长量的序时平均数。

速度指标包括发展速度和增长速度、平均发展速度和平均增长速度。定基发展速度与环比发展速度的数量关系是:环比发展速度的连乘积等于定基发展速度,相邻两期定基发展速度之商等于相应时期的环比发展速度。增长速度等于发展速度减1,平均增长速度等于平均发展速度减1。

长期趋势测定的方法有移动平均法和最小二乘法等。当各期的一级增长量大体为常数时,可配合直线趋势方程来测定现象变动的趋势。

测定季节变动的主要方法是计算季节指数。季节指数越大,说明"季节越旺";季节指数越小,则说明"季节越淡";季节指数等于1说明没有季节变动。测定季节变动的方法很多,从其是否考虑受长期趋势的影响来看,有两种方法:一是不考虑长期趋势的影响,直接根据原始的动态数列来计算,常用的方法是按月平均法;二是根据剔除长期趋势的影响后的序列资料来计算,常用的方法是移动平均趋势剔除法。

循环变动是指变动周期大于一年的有一定规律性的重复变动。直接法是将每年各季或各月的数值与上年同期进行对比。剩余法的基本思路是:利用分解分析的原理,在时间序列中剔除长期趋势和季节变动,然后再消除不规则变动,从而揭示循环变动的特征。

在实际工作中,常常把趋势分析与统计预测结合在一起,可以利用趋势方程进行外推预测。如果根据原时间序列计算出的各个逐期增长量大致相同,则可拟合一条直线趋势线;如果根据原时间序列计算出的各期二级增长量大致相同,则可对原序列拟合一条二次抛物线趋势线;如果根据原时间序列计算出的各期环比发展速度大致相等,则对原时间序列拟合一条指数趋势线。还有很多经济现象的发展需要经历产生、发展、成熟、衰退的过程,对于存在这种发展变化规律的经济现象,可以用成长曲线来加以描述。成长曲线存在多种类型,较重要的有三种曲线类型:修正指数曲线、龚珀兹曲线、罗吉斯谛曲线。

附 录

一、运用 Excel 进行时间序列分析

1. 移动平均法

下面我们利用一个具体的例子说明移动平均法的计算和使用。表 11-16 的资料是某家庭 2012 年 12 个月的平均工资。将表 11-16 的数据绘制成图 11-5 的折线图。从图 11-5 中可以看出,12 个月的平均工资有所波动整体呈现平稳趋势,可以考虑用移动平均法得到趋势项。

在进行预测时,可使用 Excel 对时间数列进行移动平均预测。

用 Excel 移动平均分析工具进行预测。

用 Excel 对表 11-16 的数据进行移动平均,下面说明使用方法和步骤。

表 11-16　某家庭 2012 年月平均工资

月	平均工资	月	平均工资
1	4 351	7	4 051
2	3 726	8	3 575
3	3 704	9	4 391
4	3 785	10	3 440
5	3 510	11	3 700
6	3 880	12	3 575

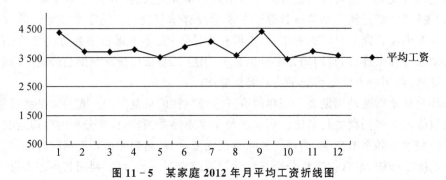

图 11-5　某家庭 2012 年月平均工资折线图

第一步：打开 Excel 输入原始数据。

第二步：选择数据分析中的移动平均。

第三步：单击"确定"按钮，弹出"移动平均"对话框，如下图：

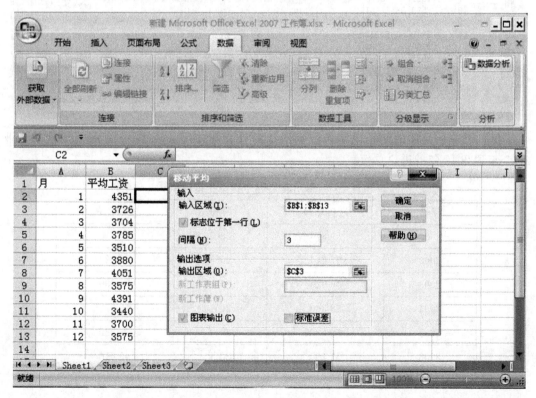

输入区域:输入待分析数据所在的单元格区域$B$1:$B$13。

标志位于第一行:输入区域的第一行中包含数据项,选中此对话框。

间隔:输入进行移动平均的间隔数为3。

输出区域:选中$C$3。此分析数据的输入区域和输出区域必须在同一工作表中,因此"新工作组表"和"新工作簿"选项均不可用。

图表输出:选中此对话框,表中生成一个嵌入折线图。

标准误差:选中此对话框,可在输出表中包含标准误差值。

第四步:单击"确定"按钮,输出结果,如下图:

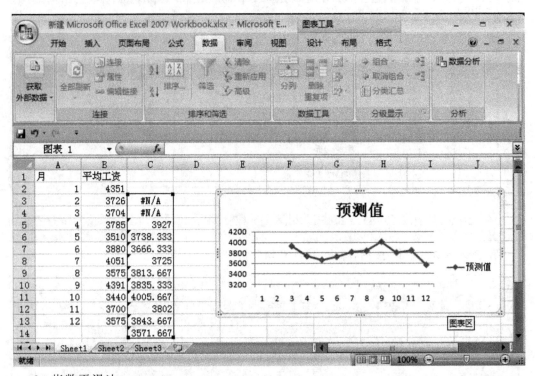

2. 指数平滑法

我们用一个具体的例子说明指数平滑法的计算和使用。表 11-17 的例子是某企业 2001 年到 2012 年的进口总额。

表 11-17 某企业 2001—2012 年进口总额

年份	进口总额	月份	进口总额
2001	39 850	2007	55 130
2002	37 640	2008	45 920
2003	46 920	2009	50 230
2004	48 360	2010	40 610
2005	50 630	2011	56 880
2006	51 200	2012	49 610

下面运用 Excel 对数据进行指数平滑预测分析。

操作步骤：

第一步：将原始数据输入工作表单元格区域。

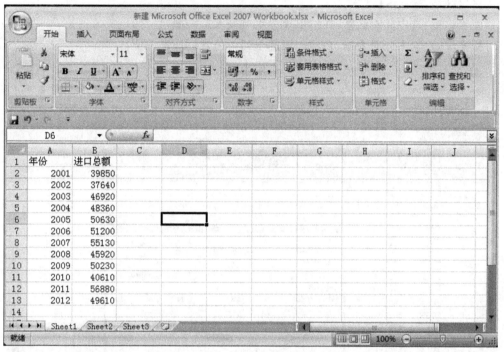

第二步：选择工具栏中的"数据"按钮，单击数据分析，输出数据分析对话框，选择指数平滑，单击"确定"按钮。

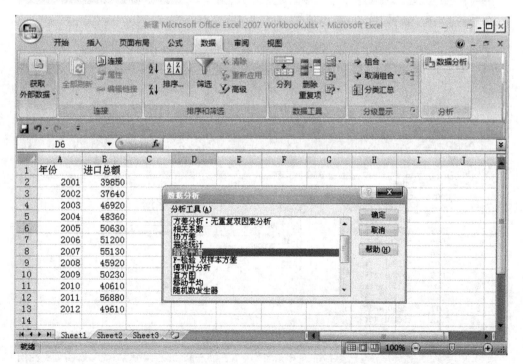

第三步:输入区域:选择$B$1:$B$13。

阻尼系数:输入阻尼系数0.8。

标志:选中此对话框,输入区域的第一行中包含标志项。

输出区域:输入$C$2。

图表输出:选中此对话框,在输出表中生成嵌入折线图。

标准误差:选中此对话框,在输出表的一列中包含标准误差值。

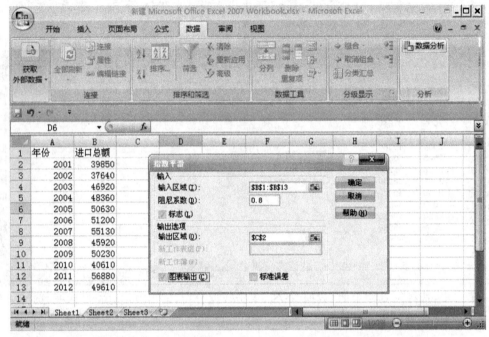

第四步:单击"确定"按钮,输出结果。

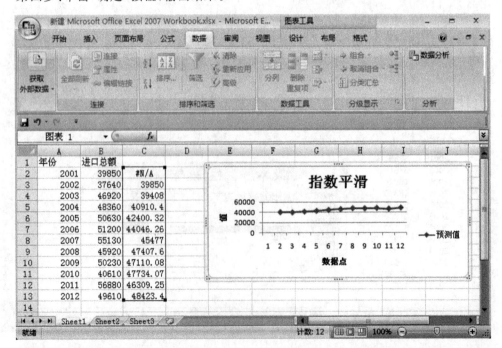

3. 趋势预测法

(1) 线性预测

直线趋势的一般方程:$\hat{Y}_t = a + bt$

式中:$\hat{Y}_t$ 表示 t 期时间数列的趋势值;a 表示线性趋势的截距;b 表示线性趋势的斜率;t 表示时间。

表 11-18　某公司 2000—2012 年的利润总额　　单位:百万

年份	t	利润总额(y)
2000	1	210
2001	2	226
2002	3	247
2003	4	286
2004	5	330
2005	6	316
2006	7	367
2007	8	356
2008	9	402
2009	10	460
2010	11	428
2011	12	513
2012	13	560

为了预测长期趋势,首先将表 11-18 的数据绘制成散点图,如图 11-6 所示,公司 13 年的数据虽有一定程度的波动,但整体呈现上升的趋势,可以拟合一条直线来预测此公司利润总额的长期变动趋势。

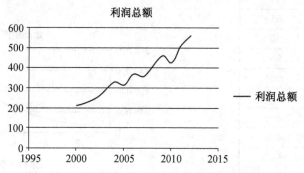

图 11-6　某公司 2001—2012 年利润总额趋势图

根据上述进行的分析,下面运用 Excel 对长期趋势进行预测。

可以利用 Excel 中的统计函数 FORECAST 对直线趋势方程的未来趋势值进行预测。根据给定的自变量 t 的数值情况,计算出因变量 y 的预测值。

操作步骤：

第一步：将原始数据如表 11-18 所示输入 Excel 表中。

第二步：在工具栏中的"公式"选项下选择其他函数中的统计，选择"FORECAST"，出现"函数参数"对话框。

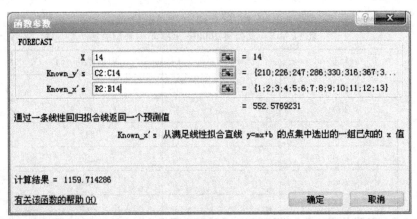

在"函数参数"对话框的 X 中输入"14"即预测 2013 年的利润总额，在 Known_y's 中输入 C2:C14，在 Known_x's 中输入 B2:B14，单击"确定"按钮，即得出 2013 年利润总额的预测值为 552.576 9。

(2) 非线性预测

在实践中，更多的事物的发展呈现非线性趋势，如表 11-19 所示的某企业煤炭生产量资料。

为了确定其内在的发展趋势，同样先将表 11-19 中的数据绘制成散点图，图形显示某企业的煤炭生产量呈曲线上升趋势，因而可以拟合一条曲线来预测煤炭生产量的长期变动趋势。

表 11-19 某企业煤炭生产量

年份	煤炭生产量(吨)
2000	15 340
2001	19 365
2002	25 400
2003	34 890
2004	46 900.5
2005	60 742.6
2006	76 085.5
2007	90 990.8
2008	105 488.3
2009	119 567.8
2010	136 510
2011	159 602.7
2012	185 600

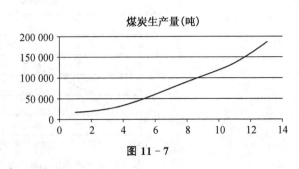

图 11-7

用 Excel 图表进行曲线预测。

可以在 Excel 图表中建立曲线趋势方程。

第一步：单击选定图中的曲线，然后单击鼠标右键调出如下图的快捷菜单。

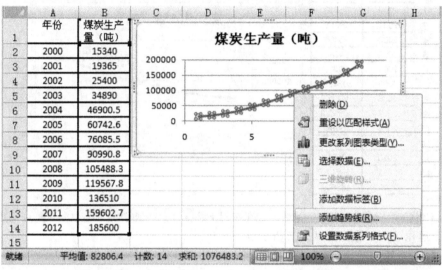

第二步：选择"添加趋势线"命令，在打开的"添加趋势线"对话框中选定适当的趋势预测类型，如下图，选择"指数"选项。在设置框中，选中"显示公式"和"显示 R 平方值"复选框。

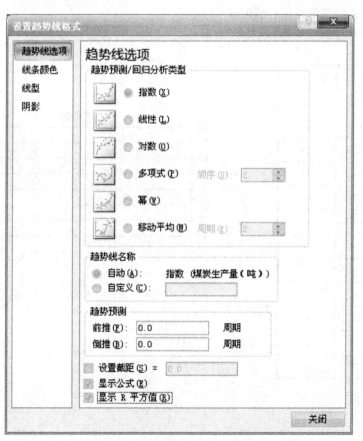

第三步：单击"确定"按钮，得到下图所示的结果。

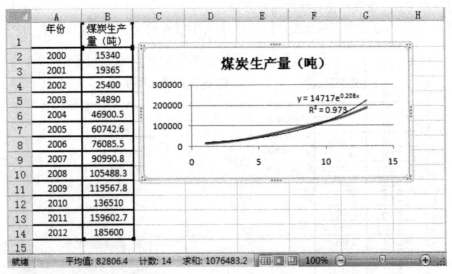

二、运用 SPSS 的时间序列分析

1. 移动平均法

下面利用 SPSS17.0 软件对数据进行移动平均法的长期趋势的预测。

例如：某服装厂 2012 年 12 个月每月生产服装的件数，见表 11-20。

对上述数据绘制散点图（见图 11-8）。

表 11-20　某服装厂 2012 年各月服装生产件数

单位：万

年月	生产件数
2012.01	21
2012.02	26
2012.03	30
2012.04	35
2012.05	38
2012.06	42
2012.07	40
2012.08	53
2012.09	58
2012.10	51
2012.11	60
2012.12	69

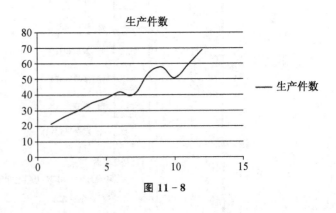

图 11-8

从上图中可看出,数据虽然具有一定程度的波动,但整体呈现上升的趋势,故可以利用移动平均法进行长期趋势的预测。下面利用 SPSS 软件对此数据进行移动平均法的预测。

第一步:打开 SPSS17.0 软件,将原始数据录入或者引入,如下图:

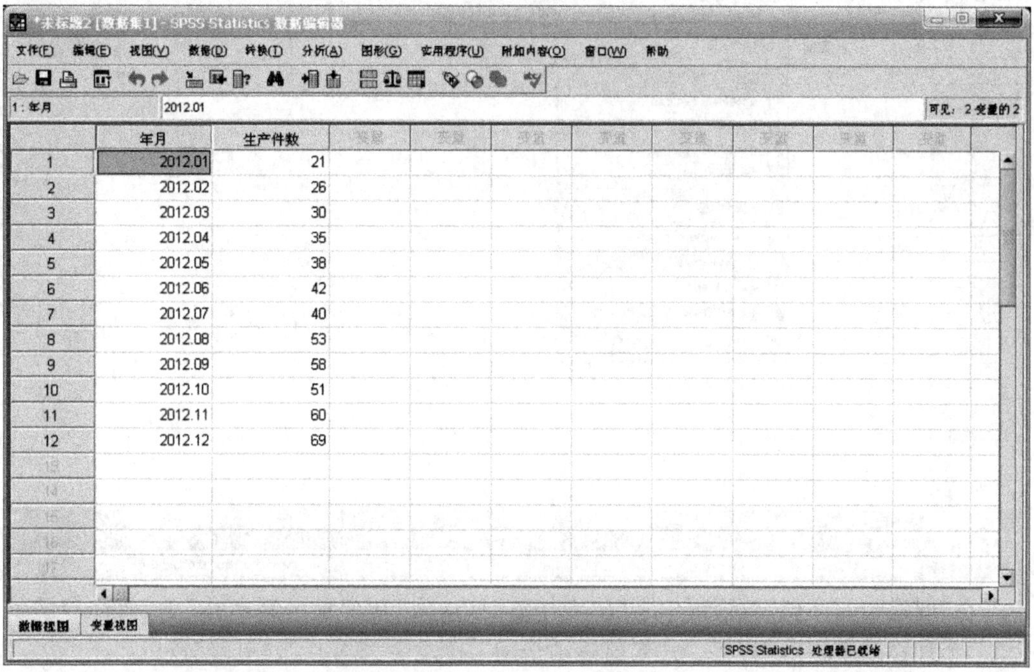

年月	生产件数
2012.01	21
2012.02	26
2012.03	30
2012.04	35
2012.05	38
2012.06	42
2012.07	40
2012.08	53
2012.09	58
2012.10	51
2012.11	60
2012.12	69

第二步:在变量视图中将度量标准改为"定义",生产件数的小数改为"0"。

在工具栏中的"转换"下选择"创建时间序列"如下图：

在"创建时间序列"对话框中将"生产件数"移动到"新变量⇒新名称"中，名称和函数改为"三个月移动平均"，函数改为"先前移动平均"，跨度为"3"，点击"更改"按钮。

最后点击"确定"按钮,得到如下结果:

年月	生产件数	三个月移动平均
2012.01	21	
2012.02	26	
2012.03	30	
2012.04	35	26
2012.05	38	30
2012.06	42	34
2012.07	40	38
2012.08	53	40
2012.09	58	45
2012.10	51	50
2012.11	60	54
2012.12	69	56

现在得到三个月移动平均。下面照上面的方法进行五个月移动平均。

第一步:如上一样,将原始数据录入。

第二步:在工具栏中的"转换"下选择"创建时间序列",在"创建时间序列"对话框中将"生产件数"移动到"新变量⇒新名称"中,名称和函数改为"五个月移动平均",函数改为"先前移动平均",跨度为"5",点击"更改"按钮。

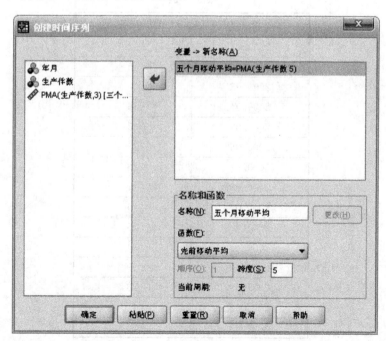

最后点击"确定"按钮,得到如下结果:

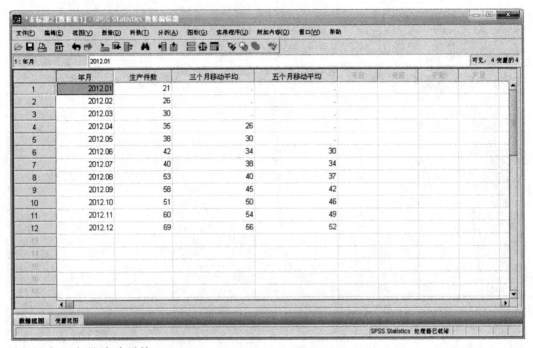

得出五个月移动平均。

2. 指数平滑模型

下面利用具体的例子对指数平滑模型进行介绍:

某企业 2000 年 1 月到 2012 年 12 月的月销售额,部分数据如表 11-21:

表 11-21

年月	销售额(万元)
2000.01	12
2000.02	15
2000.03	9
2000.04	16
2000.05	25
2000.06	23
2000.07	26
2000.08	21
2000.09	19
2000.10	35
2000.11	34
2000.12	29
2001.01	33
2001.02	45
2001.03	56

利用 SPSS 对销售额进行指数平滑法的预测。实验的操作步骤：

第一步：打开 SPSS 软件，将原始数据录入或者引入，在变量视图中将"度量标准"改为"名义"，如下图：

第二步：打开工具栏中的"数据"选择"定义日期"。在"定义日期"对话框中选择"年份、月份"，第一个个案为年改为"2000"，月改为"1"，点击"确定"按钮。

第三步：在工具栏中的"分析"选择"预测"下面的"创建模型"命令，打开"时间序列建模器"对话框，将"销售额"变量选入"因变量"，在方法下选择"指数平滑模型"。

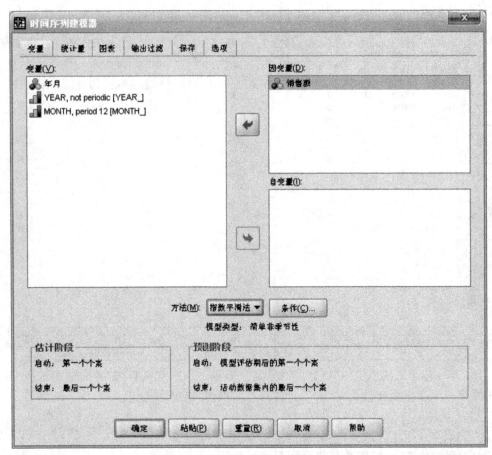

第四步：点击"条件"，在"指数平滑条件"对话框选择"简单季节性"点击"继续"按钮。选项卡解释：

（1）非季节性中含有四项内容。"简单"表示使用简单指数平滑模型，该模型适用于没有趋势或季节性的序列；"Holt 线性趋势"表示使用霍特线性趋势模型，该模型适用于具有线性趋势并没有季节性的序列；"Brown 线性趋势"表示使用布朗线性趋势模型，该模型适用于局域线性趋势并没有季节性的序列；"阻尼趋势"表示使用阻尼指数平滑方法，该模型仅适用于具有线性趋势的序列，且该线性趋势正逐渐消失并且没有季节性。

（2）季节性中含有三项内容。"简单季节性"表示使用简单季节性指数平滑模型，该模型适用于没有趋势且季节性影响随时间变动保持恒定的序列；"冬季加法"表示使用冬季指数平滑模型，该模型适用于具有线性趋势且不了依赖于序列水平的季节性效应的序列；"冬季乘法"表示使用冬季乘法指数平滑模型，该模型适用于具有线性趋势和依赖于序列水平的季节性效应的序列。

（3）因变量转换包含三项内容。"无"表示在指数平滑模型中使用因变量的原始数据；"平方根"表示在指数平滑模型中使用因变量的平方根；"自然对数"表示在指数平滑模型中使用因变量的自然对数。其中，"平方根"和"自然对数"要求原始数据必须为正数。

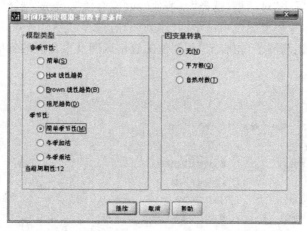

第五步：单击"统计量"对话框，选择"参数估计"和"显示预测值"选项，单击"继续"按钮。
选项卡解释：

（1）"按模型显示拟合度量、Ljung-Box 统计量和离群值的数量"表示输出模型的拟合度量、Ljung-Box 统计量和离群值的数量，且只有选中该复选框，"拟合度量"选项组才能激活。

（2）"平稳的 R 方"表示输出平稳的 R 方统计量，该统计量用于比较模型中的固定成分和简单均值模型的差别，取正值时表示模型要优于简单均值模型。

（3）"R 方"表示输出模型的 R 方统计量，该统计量表示模型所能解释的数据变异占总变异的比例。其中，当时间序列含有趋势或季节成分时，平稳的 R 方统计量要优于 R 方统计量。

（4）"拟合优度"表示将每个模型拟合优度的统计量显示到一张表格中进行比较。

（5）"参数估计"表示模型的参数估计值表。

（6）"显示预测值"表示显示模型的预测值及其置信区间。

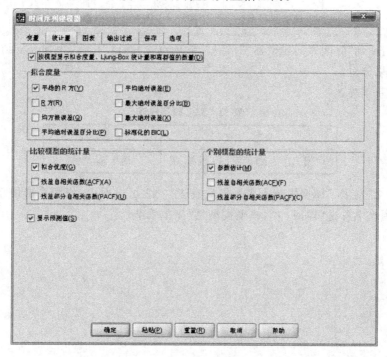

第六步:单击"图表"对话框,选择"预测值"和"拟合值",点击"继续"按钮。

选项卡解释:单个模型图选项组中的"序列"只有选择"序列"才可选择每个模型的预测值的图,包括观测值、预测值、拟合值、预测值的置信区间及拟合值的置信区间。此图在最后的结果中显示。

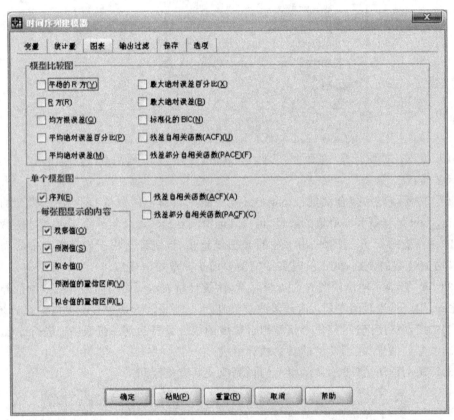

第七步:回到"时间序列建模器"对话框,然后点击"确定"按钮,得到分析结果。

实验结果分析:

模型的基本描述:

表 11-22 模型描述

		模型类型
模型 ID	销售额 模型_1	简单季节性

表 11-22 给出了模型的基本描述。从表 11-22 可以看出:指数平滑模型的因变量是"销售额",模型名称是"模型_1",模型类型是"简单季节性"。

表 11-23 模型拟合

拟合统计量	均值	SE	最小值	最大值	百分位						
					5	10	25	50	75	90	95
平稳的 R 方	0.500	.	0.500	0.500	0.500	0.500	0.500	0.500	0.500	0.500	.500
R 方	0.957	.	0.957	0.957	0.957	0.957	0.957	0.957	0.957	0.957	0.957
RMSE	22.887	.	22.887	22.887	22.887	22.887	22.887	22.887	22.887	22.887	22.887
MAPE	11.941	.	11.941	11.941	11.941	11.941	11.941	11.941	11.941	11.941	11.941
MaxAPE	163.148	.	163.148	163.148	163.148	163.148	163.148	163.148	163.148	163.148	163.148
MAE	17.976	.	17.976	17.976	17.976	17.976	17.976	17.976	17.976	17.976	17.976
MaxAE	72.220	.	72.220	72.220	72.220	72.220	72.220	72.220	72.220	72.220	72.220
正态化的 BIC	6.326	.	6.326	6.326	6.326	6.326	6.326	6.326	6.326	6.326	6.326

上表给出了模型的 8 个拟合优度指标,包括这些指标的均值、最小值、最大值以及百分位数。其中,平稳的 R 方为 0.5,而 R 方值为 0.957。从两个 R 方值来看,此模型的拟合优度较好。

表 11-24 模型统计量

模型	预测变量数	模型拟合统计量	Ljung-Box Q(18)			离群值数
		平稳的 R 方	统计量	DF	Sig.	
销售额-模型_1	0	0.500	34.254	16	0.005	0

上表给出模型的拟合统计量和 Ljung-Box Q 统计量。平稳的 R 方值为 0.5 和模型拟合图中的 R 方值一致。Ljung-Box Q 的统计量为 34.254,显著水平是 0.005。

表 11-25 指数平滑法模型参数

模型			估计	SE	t	Sig.
销售额-模型_1	无转换	Alpha(水平)	0.999	0.081	12.322	0.000
		Delta(季节)	1.000	80.513	0.012	0.990

从表 11-25 可以看出:Alpha 值为 0.999,p 值为 0.000,不仅作用大而且非常显著;而季节 Delta 的值为 1.000,显示具有很强的季节性。

从图可以看出:销售额前五年的变化相对平缓,而 2006 年到 2009 年的变化较为剧烈。拟合值和预测值的模型相对重叠,说明指数平滑模型的拟合度较好。

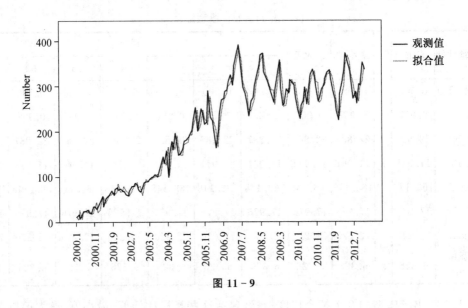

图 11-9

一、简答题

1. 什么是时间序列？时间序列分为几种及有何特点？
2. 编制时间序列的原则是什么？
3. 时间序列水平指标分析的最基本指标有哪些？
4. 时间序列的构成要素有哪些？

二、单选题

1. 时间序列和变两数列 （　　）
   A. 都是根据时间序列排列的
   B. 都是根据变量值大小排列的
   C. 前者是根据时间序列排列的，后者是根据变量值大小排列的
   D. 前者是根据变量值大小排列的，后者是根据时间序列排列的

2. 时间数列中，数值大小与时间长短有直接关系的是 （　　）
   A. 平均数时间数列　　　　　　　　B. 时期数列
   C. 时点数列　　　　　　　　　　　D. 相对数时间数列

3. 发展速度属于 （　　）
   A. 比例相对数　　　　　　　　　　B. 比较相对数
   C. 动态相对数　　　　　　　　　　D. 强度相对数

4. 计算发展速度的分母是 （　　）
   A. 报告期水平　　B. 基期水平　　C. 实际水平　　D. 计划水平

5. 某车间月初工人人数资料如下：

月份	1	2	3	4	5	6	7
月初人数（人）	180	208	200	245	230	266	250

则该车间上半年的平均人数为（   ）
A. 226　　　　　B. 227　　　　　C. 230　　　　　D. 250

6. 该地区某年10月末的人数为240万人，11月末的人数为240.4万人，该地区11月份的人口平均数为　　　　　　　　　　　　　　　　　　　　　　　　　　（   ）
A. 240　　　　　B. 242　　　　　C. 240.2　　　　D. 无法确定

7. 由一个9项的时间数列可以计算的环比发展速度　　　　　　　　　　　（   ）
A. 有8个　　　　B. 有9个　　　　C. 有10个　　　　D. 有7个

8. 采用几何平均法计算平均发展速度的依据是　　　　　　　　　　　　（   ）
A. 各年环比发展速度之积等于总速度　　B. 各年环比发展速度之和等于总速度
C. 各年环比增长速度之积等于总速度　　D. 各年环比增长速度之和等于总速度

9. 时间序列在一年内重复出现的周期性波动称为　　　　　　　　　　　（   ）
A. 长期趋势　　　B. 季节变动　　　C. 循环变动　　　D. 随机波动

三、多项选择题

1. 对于时间数列，下列说法正确的是　　　　　　　　　　　　　　　　（   ）
A. 数列是按数值大小排列的　　　　　B. 数列是按时间顺序排列的
C. 数列中的数值都有可加性　　　　　D. 数列是进行动态分析的基础
E. 编制时应注意数值间的可比性

2. 时点数列的特点有　　　　　　　　　　　　　　　　　　　　　　　（   ）
A. 数值大小与间隔长短有关　　　　　B. 数值大小与间隔长短无关
C. 数值相加有实际意义　　　　　　　D. 数值相加没有实际意义
E. 数值是连续登记得到的

3. 下列说法正确的有　　　　　　　　　　　　　　　　　　　　　　　（   ）
A. 平均增长速度大于平均发展速度　　B. 平均增长速度小于平均发展速度
C. 平均增长速度＝平均发展速度－1　　D. 平均发展速度＝平均增长速度－1
E. 平均发展速度×平均增长速度＝1

4. 某公司连续五年的销售额资料如下：

时间	第一年	第二年	第三年	第四年	第五年
销售额（万元）	1 000	1 100	1 300	1 350	1 400

根据上述资料计算的下列数据正确的有　　　　　　　　　　　　　　（   ）
A. 第二年的环比增长速度＝定基增长速度＝10%
B. 第三年的累计增长量＝逐期增长量＝200万元
C. 第四年的定基发展速度为135%
D. 第五年增长1%绝对值为14万元

E. 第五年增长1%绝对值为13.5万元

5. 下列关系正确的有 (   )
   A. 环比发展速度的连乘积等于相应的定基发展速度
   B. 定基发展速度的连乘积等于相应的环比发展速度
   C. 环比增长速度的连乘积等于相应的定基增长速度
   D. 环比发展速度的连乘积等于相应的定基增长速度
   E. 平均增长速度＝平均发展速度－1

6. 关于季节变动的测定,下列说法正确的有 (   )
   A. 目的在于掌握事物变动的季节周期性
   B. 常用的方法是按月(季)平均法
   C. 需要计算季节比率
   D. 按月计算的季节比率之和应等于400%
   E. 季节比率越大,说明事物的变动越处于淡季

7. 时间数列的可比性原则主要指 (   )
   A. 时间长度要一致   B. 经济内容要一致
   C. 计算方法要一致   D. 总体范围要一致
   E. 计算价格和单位要一致

四、判断题

1. 时间数列中的发展水平都是统计绝对数。 (   )
2. 相对数时间数列中的数值相加没有实际意义。 (   )
3. 由两个时期数列的对应项相对比而产生的新数列仍然是时期数列。 (   )
4. 由于时点数列和时期数列都是绝对数时间数列,所以,它们的特点是相同的。
   (   )
5. 时期数列有连续时期数列和间断时期数列两种。 (   )
6. 发展速度可以为负值。 (   )
7. 只有增长速度大于100%才说明事物的变动是增长的。 (   )
8. 年距发展速度等于年距增长速度＋1。 (   )
9. 平均增长速度可以直接根据环比增长速度来计算。 (   )

五、计算题

1. 某企业2010年部分月份的销售额如下:

日期	1月1日	2月1日	3月1日	4月1日	5月1日	6月1日	7月1日
销售额(万元)	500	520	510	480	450	530	550

要求:
(1) 具体说明这个时间序列属于哪一种时间序列;
(2) 分别计算该企业2010年第一季度、第二季度和上半年的平均销售额。

2. 某单位上半年营销人员人数资料如下：

时间	1月1日	2月1日	4月1日	6月30日
人数（人）	1 000	1 020	1 080	1 050

试求：

（1）第一季度平均人数；

（2）上半年平均人数。

3. 某企业2010年上半年的产量和单位成本资料如下：

月份	1	2	3	4	5	6
产量	1 000	2 000	3 000	2 500	3 000	2 800
单位成本（元）	50	48	46	47	45	50

计算企业2010年上半年的产品单位成本。

参考答案

第一章 总论

一、1. D 2. D 3. D 4. C 5. A 6. B 7. C 8. D 9. A

二、1. ABC 2. BCDE 3. ABCDE 4. BCE 5. ACD 6. CD 7. ACD 8. BCE 9. ACE 10. ABDE 11. ABCDE

三、1. × 2. × 3. √ 4. √ 5. × 6. √ 7. × 8. √ 9. × 10. √

四、1. 共同特征 总体 2. 有限 无限 3. 国有企业全体职工 国有企业每一职工 4. 同质性 5. 总体单位 总体 6. 不变 可变 7. 总体 总体单位 8. 连续 离散 9. 统计设计 收集数据 整理分析 开发应用 10. 信息职能 咨询职能 监督职能 提供信息

第二章 统计调查

一、1. C 2. C 3. C 4. A 5. D 6. C 7. C

二、1. ABC 2. BCD 3. BCE 4. ABCDE 5. ACD 6. ABE

三、1. 原始资料 基础 2. 统计报表 专门调查 3. 调查资料所属时间 调查工作期限 4. 一览表 单一表 5. 重点单位 非全面

四、1. (1) 因为统计调查是一项系统工程,是一项繁重复杂、高度统一和严格的科学工作。应该有计划、有组织地进行。因此,在着手调查之前应该制订一个周密的调查方案,才使得调查过程有统一认识、统一方法、统一步骤,顺利完成任务。所以搞好统计调查工作需要事先制订调查方案。 (2) 统计调查应包括六方面的内容:调查目的、调查对象、调查项目、调查表、调查时间和调查的组织工作。

2. (1) 统计调查是根据统计任务的要求,运用科学的调查方法,有计划、有组织地向社会搜集统计资料的过程。统计调查是统计工作的基础环节,是认识事物的起点。 (2) ①按调查对象包括的范围不同,可分为全面调查和非全面调查。②按登记时间是否连续,可分为经常性调查与一次性调查。③按调查的组织方式不同,可分为统计报表制度和专门调查。

3. (1) 直接观察法:由调查人员亲自到达现场,对调查对象直接进行观察、检验、测量、点数,以取得所需要的统计资料的一种调查方法。直接观察法,可以获得大量真实的第一手资料,是获得感性认识和发现问题的重要途径,能够保证所搜集的资料的准确性。 (2) 报告法:由被调查单位利用各种记录和核算资料,按照统一的要求和表格形式,向有关部门提供统计资料的方法。 (3) 采访法:由调查人员向被调查者提出所要了解的问题,然后根据被调查者的答复来取得统计资料的一种调查方法。 (4) 问卷法:调查者运用统一设计的问卷向被调查者了解情况、搜集资料的一种调查方法。 (5) 通讯法:通讯法是采用信件往来的办法,一般是统计工作机构将调查表格寄给被调查者,然后被调查者将填好的调查表寄回,也称为邮寄调查。邮寄调查是一种标准化调查,其特点是,调查人员和被调查者没有直接的语言交流,信息的传递完全依赖于调查表。通讯法常用于一些社会经济问题的定性分析或定量预测。

4. (1) 为宏观决策与管理服务:国家统计报表属于反映国情国力和宏观运行情况的基本统计,为国民经济按提供基本资料。专门为商品生产经营者提供又长信息咨询服务所需的资料,要从基本统计报表中分离出来,另行组织信息采集。 (2) 统一统计标准:实行新的统计报表制度必须统一统计调查单

位标准,使之适用于不同行业、不同经济类型和经营方式的企业和单位。各套报表中的各种分类标准、各种统计目录以及编码都要做到统一,以利于统计数据自动化处理和实现信息共享。 (3)实行基层单位一套表:新的统计报表制度按照统一规定的基层调查单位设计不同行业的一套表,统一向基层采集信息,调查的内容要打破原有的专业分工界限,兼顾各有关行业统计的需要,改变专业分割、相互重复交叉的状况。 (4)贯彻精简的原则:列入新报表质素的统计指标和各类统计目录要大力精简,切实减轻基层负担。 (5)改革统一调查方法:实施新的国家统计报表制度,要逐步过渡到灵活运用多种调查方法收集资料,特别是要进行抽样调查和重点调查,改变过分依赖全面调查的倾向。
(6)体现市场经济要求:新的统计报表制度要围绕市场经济运行,采集与市场机制有关的统计信息,促进经营机制的全面转换。

第三章 统计数据的整理

一、1. A 2. B 3. D 4. C 5. A 6. B 7. A 8. A 9. D 10. A 11. C 12. C
二、1. CDE 2. BCDE 3. BE 4. ADE 5. ABCD 6. ABCE 7. BDE 8. CE
三、1. 中间环节 承上启下 2. 主词 宾词 3. 选择分组标志 划分各组界限 4. 各组名称或变量值 各组的次数 5. 等距数列 异距数列
四、1. 统计整理的步骤主要有:第一,设计统计整理方案;第二,对数据进行审核、筛选、排序;第三,对数据进行处理(分组和汇总);第四,要用适当的形式(统计图、表)显示数据;第五,进行数据积累和保管。
2. 分组标志是在统计分组时所采用的标志,是统计分组的标准和依据。选择分组标志的要求有:第一,必须根据统计研究目的选择分组标志;第二,必须选择能够反映现象本质特征的标志;第三,要结合现象所处的具体历史条件选择分组标志。

五、1.
某班统计学考试成绩分组表

考试成绩(分)	人 数(人)
50~60	2
60~70	9
70~80	19
80~90	17
90~100	5
合 计	52

2. (1)

按工人数分组	企业数(频数)	各组企业数所占比重%(频率)
200~300	3	10
300~400	5	16.7
400~500	9	30
500~600	7	23.3
600~700	3	10
700~800	3	10
合计	30	100

(2)

工人数	频数	频率(%)	向上累计		向下累计	
			累计频数	累计频率(%)	累计频数	累计频率(%)
200～300	3	10	3	10	30	100
300～400	5	16.7	8	26.7	27	90
400～500	9	30	17	56.7	22	73.3
500～600	7	23.3	24	80	13	43.3
600～700	3	10	27	90	6	20
700～800	3	10	30	100	3	10
合计	30	100	—	—	—	—

3. (1)"学生考试成绩"为连续变量,需采组距式分组,同时学生考试成绩变动均匀,故可用等距式分组来编制变量分配数列。

考试成绩	学生人数(人)	比率(%)
60分以下	3	7.5
60～70	6	15.0
70～80	15	37.5
80～90	12	30.0
90～100	4	10.0
合计	40	100.0

(2)分组标志为考试成绩,属于数量标志,简单分组;从分配数列中可看出,该班同学不及格人数和优秀生的人数都较少,分别为7.5%和10%。大部分同学成绩集中在70～90分之间,说明该班同学成绩总体良好。

第四章 总量指标和相对指标的计算

一、1. 总量指标 相对指标 平均指标 2. 两个有联系的指标对比求得的比值或商数 计划完成相对指标 结构相对指标 比例相对指标 比较相对指标 动态相对指标 强度相对指标 3. 正指标 逆指标 4. 总规模 总水平 5. 实物指标 价值指标 劳动指标 6. 分组 7. 1 8. 使用价值 价值 9. 相对指标 平均指标 总体单位总量 总体标志总量 时期指标 时点指标 10. 实物单位 价值单位 劳动单位 11. 总体单位 总体标志 12. 比例 结构 13. 有名数 无名数 无名数 系数 倍数 成数 百分数 千分数 14. 总体范围 有限总体 15. 正指标 逆指标 16. 正指标 逆指标 17. 水平法 累计法 水平法 累计法

二、1. A 2. C 3. B 4. B 5. B 6. C 7. B 8. B 9. D 10. C 11. C 12. B 13. A 14. B

三、1. ABC 2. BE 3. ABCDE 4. BCE 5. BCE 6. CE 7. BCDE 8. ABDE 9. ABC 10. ABC 11. BCE 12. BCDE 13. BCE 14. BC 15. ABCE

四、1. √ 2. × 3. √ 4. √ 5. × 6. × 7. × 8. × 9. × 10. ×

五、1. 总量指标是反映现象总体规模或水平的统计指标。计算总量指标的意义是:(1)总量指标是认识客观现象总体数量特征的起点;(2)总量指标是实行社会管理的依据之一;(3)总量指标是计算相对指标

和平均指标的基础。

2. 时期指标和时点指标都是反映现象发展总量的综合指标。二者的区别是：(1) 时期指标的数值是连续登记的；而时点指标的数值是在某个时间点上间断计数取得的。(2) 时期指标的数值具有累加性，说明较长时期内现象发展总量；时点指标的数值累加一般无意义；(3) 一般同一总体时期指标值的大小与时间长短成正比；时点指标数值的大小与时点的间隔长短无直接联系。

3. 相对指标把两个具体数值抽象化，使人们对现象之间所存在的固有联系有较为深刻的认识，这种对比分析方法是统计分析的基本方法。相对指标的主要作用是：(1) 反映总体深层次的数量特征；(2) 可以使一些不能直接对比的现象总量找到对比的基础；(3) 是进行计划管理和考核经济活动成果的重要指标之一。

4. 在检查长期计划（通常为五年）的完成情况时，由于计划指标的规定有两种情况，所以考核其计划执行情况也有两种不同的方法：水平法和累计法。(1) 含义不同。水平法是以计划期末实际达到的水平与计划期末规定达到的水平之比来计算计划完成程度；而累计法是以计划期实际累计完成数与计划规定的累计数之比来确定计划的完成情况。(2) 应用场合不同。水平法适用于检查计划指标是按计划期末应达到的水平制订的长期计划；累计法适用于检查计划指标是按整个计划期累计应达到的水平制订的长期计划。(3) 计算提前完成计划的时间有不同的方法。采用水平法检查长期计划完成情况时，只要计划期内有连续一期（如一年）的时间实际完成的水平达到了计划末期（如末年）水平，此时就算完成计划，所余时间为提前完成计划的时间；采用累计法时，只要从计划期开始至某一时期止，累计完成的实际数达到了计划规定的累计数就算完成计划，所余时间即是提前完成计划的时间。

六、**1.** 今年产值比去年增长 13.4%。

2.

学　　校	招生人数动态相对数（%）	占在校生总数的比重（%）
普通高校	121.82	61.19
成人高等学校	125.64	38.81

普通高校招生人数/成人高等学校招生人数：1.37：1。

3. 2009 年进出口贸易差额=2 492－2 251，即顺差 241 亿元；2010 年进出口贸易差额=2 662－2 436，即顺差 226 亿元；2010 年出口比例=2 436/2 662=91.51：100；2010 年出口总额增长率=6.82%。

4. 2000 年每万人拥有医院数=40/84.4=0.473 9；2000 年每个医院服务人数=84.4/40=2.11（万人）；2010 年每万人拥有医院数=56/126.5=0.442 7；2010 年每个医院服务人数=126.5/56=2.26（万人）。

5. (1) 计划完成程度相对指标：全部 110%，第一产业 120%，第二产业 112.3%，第三产业 104.3%；(2) 结构相对指标：第一产业 9.1%，第二产业 55.3%，第三产业 35.6%；(3) 比例相对指标：第一产业：第二产业：第三产业为 1：6.08：3.92；(4) 比较相对指标：甲地区国民生产总值为乙地区的 88%；(5) 动态相对指标：甲地区发展速度（GNP）=108.2%；(6) 强度相对指标：甲地区人均国民生产总值=2 200 元/人。

6. 用水平法计算第五年计划完成程度为 103.7%，从第四年第四季度累计到第五年第三季度共一年时间，产量达到五年计划末期 54 万吨水平（13+13+14+14=54），故该产品提前一个季度完成计划。

7. 列表计算如下：

	生铁	钢材	水泥
一季度进货计划完成（%）	100	120	80
二季度进货计划完成（%）	103	85.7	90
上半年进货计划完成（%）	101.6	100	86.7
上半年累计计划执行速度	55.9	60	52

第五章 统计数据的描述

1. 数据分布的特征可以从3个方面进行测度和描述:一是分布的集中趋势,反映各数据向其中心值靠拢或聚集的程度;二是分布的离散程度,反映各数据远离其中心值的趋势;三是分布的形状,反映数据分布的偏态和峰度。这3个方面分别反映了数据分布特征的不同侧面,要全面把握数据分布的特征,需要同时对这3个特征进行描述和分析。

2. 测度和描述集中趋势的统计量有:众数、中位数、平均数。测度和描述离散程度的统计量有:极差、四分位差、方差和标准差、离散系数。测度和描述分布形状的统计量有:偏态系数和峰度系数。

3. 众数是一组数据中出现次数最多的变量值,常用于测度品质型数据的集中趋势,也可以用于描述数量型数据的集中趋势,其特点是不受极端值的影响。中位数是一组数据经过顺序排列后处于中间位置上的变量值,与之类似的还有四分位数,它是指处于25%和75%位置上的变量值,它们都具有不受极端值影响的特点。中位数和四分位数主要用于描述带有顺序性数据的集中趋势。算术平均数又称均值,是全部数据的算术平均,主要用于测度数量型数据的集中趋势,但不能用于测度品质型数据。算术平均数是集中趋势的最常用测度值,它综合了所有的数据信息,缺点是易受极端值的影响。

4. 比率数据往往表现出连乘积为总比率的特征,不同于一般数据的和为总量的性质,因此需采用几何平均。

5. 离散系数是一组数据的标准差与其相应的平均值之比,实测的数据离散程度的相对指标。在比较二组数据的差异程度时,由于方差和标准差受变量值水平和计量单位的影响不能直接比较,由此需要计算离散系数作为比较的指标。

6. 解:将上网时间按从小到大排序:1 2 2 2 3 3 3 4 5 7 8

    (1) 众数 $M_0 = 3$;中位数 $M_e = \dfrac{3+3}{2} = 3$

    平均数 $\bar{x} = \dfrac{x_1 + x_2 + \cdots + x_N}{n} = \dfrac{\sum\limits_{i=1}^{N} x_i}{n} = \dfrac{1+2+\cdots+8}{10} = 3.8$

    (2) 极差 $R = $ 最大值 $-$ 最小值 $= 8 - 1 = 7$;

    标准差 $s = \sqrt{\dfrac{\sum\limits_{i=1}^{n}(x_i - \bar{x})^2}{n-1}} = \sqrt{\dfrac{(1-3.8)^2 + (2-3.8)^2 + \cdots + (8-3.8)^2}{10-1}} = 2.25$;

    方差 $s^2 = 5.07$

    (3) 确定四分位数所在的位置

    Q_1 的位置 $= \dfrac{n+1}{4} = \dfrac{10+1}{4} = 2.75$,即 Q_1 在第2个数值和第3个数值之间0.75的位置上,因此 $Q_1 = 2 + (2-2) \times 0.75 = 2$;

    Q_3 的位置 $= \dfrac{3(n+1)}{4} = \dfrac{3(10+1)}{4} = 8.25$,即 Q_3 在第8个和第9个数值之间0.25的位置上,因此 $Q_3 = 5 + (7-5) \times 0.25 = 5.5$;

    (4) 由上面计算可知,$M_0 = M_e < \bar{x}$,大学生上网时间的分布特征为右偏分布。

7. 解:首先应先对数据按从小到大的顺序排序

    (1) 众数 $M_0 = 60$;中位数 $M_e = \dfrac{3+3}{2} = 59$

    Q_1 的位置 $= \dfrac{n+1}{4} = \dfrac{25+1}{4} = 6.5$,即 Q_1 在第6个数值和第7个数值中间的位置上,因此 $Q_1 = 48 + (49 - 48) \times 0.5 = 48.5$

Q_3 的位置 $= \frac{3(n+1)}{4} = \frac{3(25+1)}{4} = 19.5$,即 Q_3 在第 19 个和第 20 个数值中间的位置上,因此 Q_3 = $63 + (66 - 63) \times 0.5 = 64.5$

(2) 平均数 $\bar{x} = \frac{x_1 + x_2 + \cdots + x_N}{n} = \frac{\sum\limits_{i=1}^{N} x_i}{n} = 57.2$

标准差 $s = \sqrt{\frac{\sum\limits_{i=1}^{n}(x_i - \bar{x})^2}{n-1}} = 12.51$;方差 $s^2 = 156.5$

(3) $\alpha = \frac{\sum\limits_{i=1}^{n}(x_i - \bar{x})^3}{ns^3} = 0.07$;$\beta = \frac{\sum\limits_{i=1}^{n}(x_i - \bar{x})^4}{ns^4} = 3.42$

(4) 样本数据的均值为 57.2,标准差较大,说明护士对工资的满意程度相差较大;从偏态和峰度系数来看,护士对工资满意程度的评分呈弱右偏,尖峰分布。

8. 解:(1) 甲企业的平均成本 $= \frac{10\,000 + 27\,000 + 48\,000}{\frac{10\,000}{1\,000} + \frac{27\,000}{900} + \frac{48\,000}{1\,200}} = 1\,062.5$

乙企业的平均成本 $= \frac{15\,000 + 99\,000 + 12\,000}{\frac{15\,000}{1\,000} + \frac{99\,000}{900} + \frac{12\,000}{1\,200}} = 933.33$

(2) 由上面的计算可知,甲企业的平均成本高于乙企业。因为乙企业单位成本低的 B 型号手机生产的数量多,占总成本的 78.57%(99 000/126 000),达一半以上,即成本低的产品权数大,而甲企业生产成本低的 B 型号手机数量少,仅占总成本的 31.76%(27 000/85 000)。由于权数的作用,乙企业的品级成本低于甲企业。

9. 解:通过以上资料可知,各年收益与上一年相比的收益率为 102.3%,105.4%,107.8%,105.7%,计算结果如下:

$G = \sqrt[n]{x_1 \cdot x_2 \cdots x_n} = \sqrt[4]{102.3\% \times 105.4\% \times 107.8\% \times 105.7\%} = 105.28\%$

则这 4 年的平均收益率 $= 105.28\% - 100\% = 5.28\%$

10. 解:(1)

农民纯收入(元)	组中值(x)	户数(f)	各组收入额(xf)
500 以下	250	10	2 500
500～1 000	750	60	45 000
1 000～1 500	1 250	90	112 500
1 500～2 000	1 750	30	52 500
2 000 以上	2 250	10	22 500
合计	—	200	235 000

平均值 $\bar{x} = \frac{\sum xf}{\sum f} = \frac{235\,000}{200} = 1\,175$

标准差 $s = \sqrt{\frac{\sum(x - \bar{x})^2 f}{\sum f - 1}} = \sqrt{207\,914.57} = 455.98$

(2) 偏态系数 $\alpha = \frac{\sum\limits_{i=1}^{k}(x_i - \bar{x})^3 f_i}{\left(\sum\limits_{i=1}^{k} f_i\right) s^3} = 0.583\,7$;峰度系数 $\beta = \frac{\sum\limits_{i=1}^{k}(x_i - \bar{x})^4 f_i}{\left(\sum\limits_{i=1}^{k} f_i\right) s^4} = 2.997\,5$;$\alpha > 0$,$\beta < 3$

表明样本呈现正偏分布,且分布曲线较为扁平。

11. 解:(1) 采用离散系数进行比较,因为它消除了不同组数据水平高低的影响。

(2) 男生组的离散系数 $v_1 = \frac{s}{\bar{x}} = \frac{4.97}{174.4} = 0.029$;女生组的离散系数 $v_2 = \frac{s}{\bar{x}} = \frac{5.06}{163.6} = 0.031$;由于女生组身高的离散系数大于男生组身高的离散系数,说明女生组身高的离散程度相对较大。

12. 解:(1) 可从均值、方差和标准差以及离散系数等角度对 3 种机器进行评价。

机器甲		机器乙		机器丙	
平均	165.3	平均	132.6	平均	123.9
中位数	166	中位数	133.5	中位数	124.5
众数	167	众数	129	众数	125
标准差	2.945 807	标准差	4.880 801	标准差	3.414 023
方差	8.677 778	方差	23.822 22	方差	11.655 56
最小值	159	最小值	123	最小值	119
最大值	169	最大值	139	最大值	129
极差	10	极差	16	极差	10

(2) 机器甲离散系数 $v_1 = \frac{s}{\bar{x}} = 0.018$;机器乙离散系数 $v_2 = \frac{s}{\bar{x}} = 0.037$;机器丙离散系数 $v_2 = \frac{s}{\bar{x}} = 0.027$;选择机器甲,因为其平均产量最高而且离散系数最低,说明机器甲的产量高且稳定,有推广意义。

第六章 参数估计

一、1. B 2. A 3. B 4. A 5. B 6. A 7. D 8. D 9. C 10. A 11. C 12. D 13. C 14. C

二、1. 62   2. (61.65%,66.35%)   3. 正态分布   4. 总体方差   允许误差范围   置信度

三、1. 由于总体标准差已知,所以总体均值 95% 的置信区间为

$$\bar{x} \pm z_{\alpha/2} \frac{\sigma}{\sqrt{n}} = 120 \pm 1.96 \times \frac{15}{\sqrt{49}} = 120 \pm 4.2,即置信区间为(115.8,124.2)$$

2. 根据样本数据计算得 $\bar{x} = 3.32, s = 1.61$

平均上网时间 95% 的置信区间为

$$\bar{x} \pm z_{\alpha/2} \frac{s}{\sqrt{n}} = 3.32 + 1.96 \times \frac{1.61}{\sqrt{36}} = 3.32 \pm 0.53,即置信区间为(2.79,3.85)。$$

3. (1) 总体中赞成改革的户数比例 95% 的置信区间为

$$p \pm z_{\alpha/2} \sqrt{\frac{p(1-p)}{n}} = \frac{32}{50} \pm 1.96 \sqrt{\frac{0.64(1-0.64)}{50}} = 0.64 \pm 0.13,即置信区间为(0.51,0.77)$$

(2) 应抽取的样本数量为:$n = \frac{(z_{\alpha/2})^2 \pi(1-\pi)}{E^2} = \frac{1.96^2 \times 0.8(1-0.8)}{0.1^2} = 62$

4. 根据样本数据计算得:$\bar{x} = 1\,490, s = 24.77$;总体均值在 95% 置信水平下的置信区间为:

$$\bar{x} \pm t_{\alpha/2} \frac{s}{\sqrt{n}} = 1\,490 \pm 2.131 \times \frac{24.77}{\sqrt{16}} = 1\,490 \pm 13.20,即置信区间为(1\,476.8,1\,503.2)$$

5. 两个总体均值之差在 95% 置信水平下的置信区间为:

$$(\bar{x}_1 - \bar{x}_2) \pm z_{\alpha/2} \sqrt{\frac{s_1^2}{n_1} + \frac{s_2^2}{n_2}} = (86-78) \pm 1.96 \times \sqrt{\frac{5.8^2}{46} + \frac{7.2^2}{33}} = 8 \pm 2.97$$

即置信区间为(5.03,10.97)

6. 收视率差异95％置信水平的置信区间为：

$$(45\% - 32\%) \pm 1.96 \times \sqrt{\frac{45\%(1-45\%)}{500} + \frac{32\%(1-32\%)}{400}} = 13\% \pm 6.32\%$$

即置信区间为(6.68％,19.32％)

第七章 假设检验

一、**1.** $\bar{x}$ $\frac{s}{\sqrt{n}}$ **2.** z $z = \frac{\bar{x} - u_0}{\sigma/\sqrt{n}}$ $N(0,1)$ **3.** 增加样本容量   **4.** (1) $z = \frac{\bar{x}_1 - \bar{x}_2}{\sqrt{\frac{\sigma_x^2}{n} + \frac{\sigma_y^2}{m}}}$ $N(0,1)$

(2) $t = \frac{\bar{x}_1 - \bar{x}_2}{\sqrt{\frac{(n-1)s_x^2 + (m-1)s_y^2}{n+m-2}}\sqrt{\frac{1}{n} + \frac{1}{m}}}$ $t(n_1 + n_2 - 2)$ **5.** χ^2 $\chi^2 = \frac{(n-1)s^2}{\sigma^2}$ $\chi^2(n-1)$

6. F $F = \frac{s_x^2}{s_y^2}$ **7.** $|t| \geq t_{\alpha/2}(n-1)$ $\chi^2 \leq \chi^2_{\alpha/2}(n-1)$ 或 $\chi^2 \leq \chi^2_{1-\alpha/2}(n-1)$ **8.** $z = \frac{\bar{x} - \mu_0}{\sigma/\sqrt{n}}$

$z < -z_\alpha$ $t = \frac{\bar{x} - \mu_0}{s/\sqrt{n}}$ $t > t_\alpha(n-1)$ **9.** $z = -1.443$ 接受

二、**1.** C   **2.** C   **3.** D   **4.** B   **5.** B   **6.** D   **7.** B   **8.** C

三、**1.** 解：设 X 为这批电子元件的使用寿命，则待检验的原假设和备择假设为：$H_0: \mu = 2350, H_1: \mu \neq 2350$，采用 z 检验法，在显著性水平 α 下，检验的拒绝区域 $|z| \geq z_{\frac{\alpha}{2}}$，则当 $\alpha = 0.05$ 时候，则 $z_{0.025} = 1.96$，经计算 $\bar{x} = 2333.89$，则检验统计量 $z = \frac{2333.89 - 2350}{11.25/\sqrt{9}} = -4.296$，$z$ 值落入了拒绝区域内，故拒绝原假设，则这批电子元件的平均使用寿命不可认为是 2350 时。

2. 解：设 X 为某厂生产的维尼伦在正常生产条件下纤维度，则待检验的原假设和备择假设为：$H_0: \mu = 1.405, H_1: \mu \neq 1.405$，采用 z 检验法，在显著性水平 α 下，检验的拒绝区域为 $|z| \geq z_{\frac{\alpha}{2}}$，则当 $\alpha = 0.05$ 时候，$Z_{0.025} = 1.96$，经计算 $\bar{x} = 1.414$，则检验统计量 $z = \frac{1.414 - 1.405}{0.048/\sqrt{5}} = 0.419$，$z$ 值没有落入了拒绝区域内，故接受原假设。则这天生产的维尼伦纤维度的均值无显著变化。

3. 解：则待检验的原假设和备择假设为：$H_0: \sigma^2 = 10^2, H_1: \sigma^2 \neq 10^2$，采用 χ^2 检验法，在显著性水平 α 下，检验的拒绝区域为 $\chi^2 \leq \chi^2_{1-\frac{\alpha}{2}}(n-1)$ 或 $\chi^2 \geq \chi^2_{\frac{\alpha}{2}}(n-1)$，则当 $\alpha = 0.1, n = 12$ 时，则 $\chi^2_{0.95}(11) = 4.5748, \chi^2_{0.05}(11) = 19.6751$，经计算 $s = 10.77877, \chi^2 = \frac{11 \times (10.77877)^2}{10^2} = 12.78$，则 χ^2 值没有落入拒绝区域内，故接受原假设，可认为该日生产的纯精肉每包重量的标准差是正常的。

4. 解：则待检验的原假设和备择假设为：$H_0: \sigma^2 = 0.02^2, H_1: \sigma^2 \neq 0.02^2$，采用 χ^2 检验法，在显著性水平 α 下，检验的拒绝区域为 $\chi^2 \leq \chi^2_{1-\frac{\alpha}{2}}(n-1)$ 或 $\chi^2 \geq \chi^2_{\frac{\alpha}{2}}(n-1)$，则当 $\alpha = 0.05, n = 15$ 时，则 $\chi^2_{0.975}(14) = 5.6287, \chi^2_{0.025}(14) = 26.1189$，由已知 $s = 0.035, \chi^2 = \frac{14 \times 0.035^2}{(0.02)^2} = 42.875$，则 χ^2 值落入了拒绝区域内，故拒绝原假设，因而这批轴料椭圆度的总体方差与规定方差 $\sigma_0^2 = 0.0004$ 有显著差异。

5. 解：设 X, Y 分别表示某种食品在处理前和处理后的含脂率，则待检验的原假设和备择假设为：$H_0: \sigma_1^2 = \sigma_2^2, H_1: \sigma_1^2 \neq \sigma_2^2$，采用 F 检验法，在显著性水平 α 下，检验的拒绝区域为 $F \leq F_{1-\frac{\alpha}{2}}(m-1, n-1)$ 或 $F \geq F_{\frac{\alpha}{2}}(m-1, n-1)$，则当 $\alpha = 0.02, m = 7, n = 8$ 时，$F_{0.99}(6,7) = \frac{1}{F_{0.01}(7,6)} = \frac{1}{8.26} = 0.1211$，$F_{0.01}(6,7) = 7.19$，经计算 $s_x = 0.095568, s_y = 0.062335$，则 $F = \frac{s_x^2}{s_y^2} = \frac{(0.095568)^2}{(0.062335)^2} = 2.351$，则 F 值没有落入拒绝区域内，故接受原假设，因而处理前后含脂率的标准差无显著差异。

6. 解:设 X,Y 分别表示 A,B 两种配方生产的产品抗压强度,则待检验的原假设和备择假设为:$H_0:\sigma_1^2 = \sigma_2^2, H_1:\sigma_1^2 \neq \sigma_2^2$,采用 F 检验法,在显著性水平 α 下,检验的拒绝区域为 $F \leqslant F_{1-\frac{\alpha}{2}}(m-1,n-1)$ 或 $F \geqslant F_{\frac{\alpha}{2}}(m-1,n-1)$,则当 $\alpha = 0.1, m = 9, n = 12$ 时,$F_{0.95}(8,11) = \dfrac{1}{F_{0.05}(11,8)} = \dfrac{1}{3.3130} = 0.3018$, $F_{0.05}(8,11) = 2.96$,由已知 $s_1 = 6.5, s_2 = 12.5$,则 $F = \dfrac{s_1^2}{s_2^2} = \dfrac{(6.5)^2}{(12.5)^2} = 0.2704$,则 F 值落入了拒绝区域内,故拒绝原假设,因而两种配方生产的产品抗压强度的标准差有显著差异。

7. 解:运用 t 检验,则待检验的原假设和备择假设为:$H_0:\mu = 3.25, H_1:\mu \neq 3.25$,在显著性水平 α 下,检验的拒绝区域为 $|t| \geqslant t_{\frac{\alpha}{2}}(n-1)$,则当 $\alpha = 0.01$ 时,$t_{0.005}(4) = 4.604$,经计算,$\bar{x} = 3.252, s = 0.013038$,则 $t = \dfrac{3.252 - 3.25}{0.013038/\sqrt{5}} = 0.343$,则 t 值没有落入拒绝区域内,故接受原假设,因而可以认为这批矿砂的含镍量是 3.25%。

8. 解:设 X 为金属长度,运用 t 检验,待检验的原假设和备择假设为:$H_0:\mu = 50, H_1:\mu \neq 50$,在显著性水平 α 下,检验的拒绝区域为 $|t| \geqslant t_{\frac{\alpha}{2}}(n-1)$,则当 $\alpha = 0.05$ 时,$t_{0.025}(8) = 2.3060$,经计算,$\bar{x} = 50.0222, s = 0.542627$,则 $t = \dfrac{50.0222 - 50}{0.542627/\sqrt{9}} = 0.1227$,则 t 值没有落入拒绝区域内,故接受原假设,因而可以认为这台切割机加工的金属棒是合格品。

9. 解:设 X,Y 分别表示处理前后杂质含量,则 $X \sim N(\mu_1,\sigma^2), Y \sim N(\mu_2,\sigma^2)$,则待检验的原假设和备择假设为:$H_0:\mu_1 = \mu_2, H_1:\mu_1 \neq \mu_2$,则在显著性水平 α 下,检验的拒绝区域为 $|t| \geqslant t_{\frac{\alpha}{2}}(m+n-2)$,则当 $\alpha = 0.01, m = 13, n = 9$ 时,$t_{0.005}(20) = 2.8453$,经计算,$\bar{x} = 2.5685, \bar{y} = 2.2511, s_1 = 0.242103, s_2 = 0.128106, s_\omega = \sqrt{\dfrac{(m-1)s_1^2 + (n-1)s_2^2}{m+n-2}} = 0.204286$,则 $t = \dfrac{2.5685 - 2.2511}{0.204286 \times \sqrt{\dfrac{1}{13} + \dfrac{1}{9}}} = 3.583$,则 t 值落入了拒绝区域内,故拒绝原假设,因而可以认为处理前后杂质含量是有显著差异的。

10. 解:设 X 为这批保险丝熔断时间,则待检验的原假设和备择假设为:$H_0:\sigma^2 \geqslant 8^2, H_1:\sigma^2 < 8^2$,采用 χ^2 检验法,在显著性水平 α 下,检验的拒绝区域为 $\chi^2 \leqslant \chi_{1-\alpha}^2(n-1)$,则当 $\alpha = 0.05, n = 10$ 时,$\chi_{0.95}^2(9) = 3.3251$,经计算 $s = 11.03731, \chi^2 = \dfrac{9 \times 11.03731^2}{8^2} = 17.13125$,则 χ^2 值没有落入拒绝区域内,故接受原假设,因而可认为这批保险丝熔断时间的方差大于 64。

11. 解:设 X 为生产的云母片厚度,运用 t 检验,则待检验的原假设和备择假设为:$H_0:\mu = 0.13, H_1:\mu \neq 0.13$,在显著性水平 α 下,检验的拒绝区域为 $|t| \geqslant t_{\frac{\alpha}{2}}(n-1)$,则当 $\alpha = 0.05, n = 10$ 时,$t_{0.025}(9) = 2.2622$,则检验统计量 $t = \dfrac{0.146 - 0.13}{0.015/\sqrt{10}} = 3.373$,则 t 值落入了拒绝区域内,故拒绝原假设,因而可以认为该日生产的云母片厚度的数学期望与往日有显著差异。

12. 解:设 "看后" 和 "看前" 的平均得分分别为 μ_1, μ_2。运用 t 检验,原假设和备择假设为:$H_0:\mu = \mu_1 - \mu_2 \leqslant 0, H_1:\mu > 0$。$t$ 统计量为:$t = \dfrac{\bar{y}}{s_y/\sqrt{n-1}} \sim t(n-1)$,其中 $\bar{y}$ 为 "看后" 和 "看前" 评分差的平均值, s_y 为 "看后" 和 "看前" 评分差的标准差。经计算可得 $\bar{y} = -0.625, s_y = 1.3025, t = \dfrac{-0.625}{1.3025/\sqrt{8-1}} = -1.27 < t_{0.05}(7) = 1.895$,故接受原假设,认为广告没有提高潜在购买力得分。

13. 解:(1) 设湿路和干路上的方差分别为 σ_1^2 和 σ_2^2,原假设和备择假设为:$H_0:\sigma_1^2 \leqslant \sigma_2^2, H_1:\sigma_1^2 \geqslant \sigma_2^2$,在显著性水平 α 下,检验的拒绝区域为 $F \geqslant F_\alpha(m-1,n-1)$。此处 $m = n = 16, \alpha = 0.05, F_\alpha(m-1,n-1) = 2.4$,所以,$F = \dfrac{32^2}{16^2} = 4 > F_{0.05}(15,15) = 2.4$,因此拒绝原假设,认为湿路上刹车的方差比干路上刹车的方差大。

(2) 由于湿路上刹车的方差较大,因此在湿路上驾驶要小心。

第八章　方差分析

1. 答:方差分析是对多个总体均值是否相等这一假设进行检验的一种统计分析方法。它所研究的是分类型自变量对数值型因变量的影响,例如它们之间有没有关系、关系强度如何等,通过检验各个总体的均值是否相等可以来判断分类型自变量对数值型因变量是否有显著影响。

2. 答:方差分析可分为单因素方差分析和双因素方差分析。它们的区别是:单因素方差分析研究是一个分类型自变量对一个数值型因变量的影响,而双因素涉及两个分类型自变量。

3. 答:方差分析有三个基本假定:(1) 每个总体都服从正态分布。也就是说,对于因素的每个水平,其观测值是来自正态分布总体的简单随机样本;(2) 各个总体的方差 σ^2 必须相同。也就是说,对于各组观察数据,是从具有相同方差的正态总体中抽取的;(3) 观测值是独立的。

4. 答:它是通过对数据误差的分析来判断不同总体的均值是否相等,进而分析自变量对因变量是否有显著影响。

5. 答:组内方差是指每个水平或组的个样本数据与其组平均值误差的平方和,反映了每个样本各观测值的离散情况;组间方差是指各组平均值与总平均值的误差平方和,反映各样本均值之间的差异程度。

6. 答:当方差分析中只涉及一个分类型自变量时,称为单因素方差分析,也称单因子方差分析(One-Way Analysis of Variance)。当方差分析中涉及两个分类型自变量时,称为双因素方差分析(Two-Way Analysis of Variance)。

7. 答:在方差分析中,如果两个因素对试验结果的影响是相互独立的,分别判断行因素和列因素对试验数据的影响,这时的双因素方差分析称为无交互作用的双因素方差分析或无重复双因素方差分析;如果除了行因素和列因素对试验数据的单独影响外,两个因素的搭配还会对结果产生一种新的影响,这时的双因素方差分析称为有交互作用的双因素方差分析或有重复双因素方差分析。

8. 解:(1) 提出假设

$H_0:\mu_1 = \mu_2$,男女生通话费用没有显著差异

$H_1:\mu_1 \neq \mu_2$,男女生通话费用有显著差异

(2) 构造检验统计量

根据样本数据,男生通话费用样本均值 $\bar{x}_1 = 44.6$,女生通话费用样本均值 $\bar{x}_2 = 44.6$,总均值 $\bar{x} = 41.7$

$SSA = \sum_{i=1}^{3} n_i (\bar{x}_i - \bar{x})^2 = 168.2$　　$SSE = \sum_{i=1}^{k} \sum_{j=1}^{n_i} (x_{ij} - \bar{x}_i)^2 = 2068$

$MSA = \dfrac{SSA}{k-1} = \dfrac{168.2}{2-1} = 168.2$　　$MSE = \dfrac{SSE}{n-k} = \dfrac{2068}{20-2} = 114.89$

$F = \dfrac{MSA}{MSE} = 1.46$

显著性水平 $\alpha = 0.05$,查表的临界值 $F_\alpha = 4.41, F < F_\alpha$,所以不能拒绝原假设,即男女生通话费用没有显著差异。

9. 解:(1) 提出假设

$H_0:\mu_1 = \mu_2 = \mu_3$,三个地区高考成绩没有显著差异

$H_1:\mu_1,\mu_2,\mu_3$ 不全相等,三个地区高考成绩有显著差异

(2) 构造检验统计量

根据样本数据,地区一样本均值 $\bar{x}_1 = 474.29$,地区二样本均值 $\bar{x}_2 = 477.6$,地区三样本均值 $\bar{x}_2 = 542.33$,总均值 $\bar{x} = 497.89$

$$SSA = \sum_{i=1}^{3} n_i (\bar{x}_i - \bar{x})^2 = 17\,809.82 \qquad SSE = \sum_{i=1}^{k}\sum_{j=1}^{n_i}(x_{ij}-\bar{x}_i)^2 = 29\,489.96$$

$$MSA = \frac{SSA}{k-1} = \frac{17\,809.82}{3-1} = 8\,904.91 \qquad MSE = \frac{SSE}{n-k} = \frac{29\,489.96}{18-3} = 1\,966$$

$$F = \frac{MSA}{MSE} = 4.53$$

显著性水平 $\alpha = 0.05$，查表的临界值 $F_\alpha = 3.68$，$F > F_\alpha$，所以应拒绝原假设，即 3 个地区的考生成绩的总体均值不相等。

10. 解：(1) $\bar{x}_1 = 8.84, \bar{x}_2 = 8.27, \bar{x}_3 = 7.52, \bar{x} = 8.23$

(2)～(4)

差异源	平方和 SS	自由度 df	均方 MS	F 值	F 临界值
组间	8.24	2	4.12	17.40	3.39
组内	5.92	25	0.23	—	—
总计	14.16	27	—	—	—

(5) $F > F_\alpha$，所以应拒绝原假设，即三种英语培训方法对学生听读写及口语能力有显著性的影响。

11. 解：(1) 提出假设：

对行因素提出假设：

$H_0: \mu_1 = \mu_2 = \mu_3$ 即不同饲料对小鸡体重没有显著影响

$H_1: \mu_1, \mu_2, \mu_3$ 不完全相等，即不同饲料对小鸡体重有显著影响

对列因素提出假设：

$H_0: \mu_1 = \mu_2 = \mu_3$ 即不同品种对小鸡体重没有显著影响

$H_1: \mu_1, \mu_2, \mu_3$ 不完全相等，即不同品种对小鸡体重有显著影响

对其交互作用提出假设：

$H_0: \mu_1 = \mu_2 = \cdots = \mu_6$ 即交互效应对小鸡体重没有显著影响

$H_1: \mu_1, \mu_2, \cdots, \mu_6$ 不全相等 即交互效应对小鸡体重有显著影响

用 Excel 进行有交互作用的双因素方差分析的操作步骤如下：

第 1 步：选择【工具】下拉菜单，并选择【数据分析】选项。

第 2 步：在分析工具中选择【方差分析：可重复双因素分析】，然后单击【确定】。

第 3 步：当对话框出现时：在【输入区域】方框内输入需要输入的数据；

在【$\alpha(A)$】方框内输入 0.05；

在【每一样本的行数】方框内输入 2；

在【输出选项】中选择输出区域；

单击【确定】后得到下面的输出结果，如下：

方差分析

差异源	SS	df	MS	F	P-value	F crit
样本	1 300	2	650	2.017 241	0.188 873	4.256 495
列	6 033.333	2	3 016.667	9.362 069	0.006 327	4.256 495
交互	1 766.667	4	441.666 7	1.370 69	0.317 833	3.633 089
内部	2 900	9	322.222 2			
总计	12 000	17				

由以上输出的结果可知：

(1) 用于检验"饲料因素"的 p 值 $= 0.19 > 0.05$，所以不能拒绝原假设，表明不同饲料对小鸡体重没有显著差异；

(2) 用于检验"品种因素"的 p 值 $= 0.006 < 0.05$，所以要拒绝原假设，表明不同品种对小鸡体重有显著影响；

(3) 交互作用反映的是不同饲料和不同品种联合产生的对小鸡体重的附加效应，用于检验的 p 值 $= 0.32 > 0.05$，因此不能拒绝原假设，表明不同饲料和不同品种的交互作用对小鸡体重没有显著影响。

12. 解：(1) 提出假设

饮食是否会对减肥产生影响的假设：

$H_0: \mu_1 = \mu_2 = \mu_3$ 即饮食对减肥没有显著影响

$H_1: \mu_1, \mu_2, \mu_3$ 不全相等　即饮食对减肥有显著影响

健美操是否会对减肥产生影响的假设：

$H_0: \mu_1 = \mu_2 = \cdots = \mu_5$ 即健美操对减肥没有显著影响

$H_1: \mu_1, \mu_2, \mu_3$ 不全相等　即健美操对减肥有显著影响

饮食方案和健美操的交互效应是否会对减肥产生影响的假设：

$H_0: \mu_1 = \mu_2 = \cdots = \mu_{15}$ 即交互效应对减肥没有显著影响

$H_1: \mu_1, \mu_2, \cdots, \mu_{15}$ 不全相等　即交互效应对减肥有显著影响

(2)

差异源	自由度	平方和	均方和	F 值
饮食方案因素	2	817.875	408.937	14.650
健美操因素	4	61.179	15.295	0.548
交互作用	8	427.032	53.379	1.912
误差	75	2 093.510	27.913	—
总和	90	35 525.820	—	—

(3) 不能，理由：从 SPSS 输出的方差分析表可看出，第一行"校正模型"中 F 统计量为 3.342，对应的 p 值为 0.000，小于显著性水平 0.05，说明没有充分的证据认为不同饮食方案、不同健美操、两者的交互作用对减肥没有影响。

(4) 不能，"饮食方案"行中对应的 F 统计量为 14.650，对应的 p 值为 0.000，小于显著性水平 0.05，说明没有证据认为不同饮食方案对减肥没有影响。

(5) 能，"健美操"行中对应的 F 统计量为 0.548，对应的 p 值为 0.701，大于显著性水平 0.05，说明不同健美操对减肥没有影响。

(6) 能，"饮食方案 * 健美操"行对应的 F 统计量为 1.912，对应的 p 值为 0.070，大于显著性水平 0.05，说明不同饮食方案和不同健美操的交互作用对减肥没有影响。

第九章　相关与回归分析

1. 答：客观现象之间存在的互相依存关系叫相关关系，全称为统计相关关系。有如下两个特点：一是现象之间确实存在着数量上的依存关系，二是现象之间数量上的关系是不确定、不严格的依存关系。

2. 答：相关系数 r 的取值范围为 $[-1, 1]$，$r > 0$ 表示正相关，$r < 0$ 表示负相关，$|r|$ 表示了变量之间相关程度的高低。特殊地，$r = 1$ 称为完全正相关，$r = -1$ 称为完全负相关，$r = 0$ 称为不线性相关。通常 $|r| \geq 0.8$ 时，认为两个变量有高度的线性相关性；当 $0.5 \leq |r| < 0.8$ 时，认为中度线性相关；当 $0.3 \leq |r| < 0.5$ 时，认为低度线性相关；当 $|r| < 0.3$ 时，说明两个变量之间的线性相关关系极弱。

3. 答：回归分析与相关分析的联系：(1) 相关分析是回归分析的基础和前提；(2) 回归分析是相关分析的继

续和深入。

回归分析与相关分析的区别:(1) 相关分析中两个变量是对等关系,回归分析中则必须确定哪个是自变量,哪个是因变量;(2) 相关分析主要用来测试变量之间关系的密切程度,回归分析主要用来研究自变量与因变量之间的一般关系值;(3) 两个现象之间的相关系数是唯一的,而回归系数则可能有两个。

4. 答:因为两个变量之间存在相关关系是根据样本计算出来得出的结论,这一结论是否正确还需要进行检验,相关系数是一个随机变量,由于是随机的,所以具有一定的偶然性,两个不相关的变量,其相关系数也可能较高,要从样本相关系数判断总体中是否也有这样的关系,则需要对相关系数进行显著性检验后才能下结论。

5. 答:一元线性回归分析中的基本假设:(1) ε_i 是一个随机变量且服从正态分布,因为 y_i 是 ε_i 的线性函数,所以 y_i 也是一个随机变量,同样服从正态分布;(2) 误差项 ε_i 的期望值为 0,即 $E(\varepsilon_i)=0$;(3) ε_i 的方差相等,即 $VAR(\varepsilon_i)=\sigma^2\varepsilon_i=\sigma^2$,这意味着对于一个特定的 x_i 值,y_i 的方差也都等于 σ^2;(4) 取不同的 x_i 得出的 ε_i 相互独立,即 $COV(\varepsilon_i,\varepsilon_j)=0(i\neq i)$。多元线性回归的假设与一元线性回归的假设基本相同,只是增加了"自变量之间没有线性关系"的假设。

6. 答:在相关分析基础上,通过建立回归方程分析具有相关关系的变量之间一般的数量变动关系。即自变量发生变化时,因变量平均会发生多大的变化。

7. 答:多元线性回归模型与一元线性回归模型的区别表现在如下几个方面:一是解释变量的个数不同;二是模型的假设不同,多元线性回归模型比一元线性回归模型多了"解释变量之间不存在线性相关关系"的假定;三是多元线性回归模型的参数估计式的表达更复杂。

8. 答:回归分析的主要任务就是要建立能够近似地反映真实总体回归函数的样本回归函数。在根据样本资料确定样本回归方程时,一般总是希望 y 的估计值从整体来看尽可能界定其实际观测值。这就是说,残差 e_i 越小越好。可是,由于 e_i 有正有负,简单的代数和会相互抵消,因此为了便于处理,通常采用残差平方和 $\sum e_i^2$ 作为衡量总偏差的尺度。这正是最小二乘法的思路,通过是残差平方和达到最小来估计回归系数的一种方法,即当 $\sum e_i^2 = \sum(y_i - \hat{y}_i)^2 = \sum(y_i - b_0 - b_1 x_i)^2$ 最小时的 b_0、b_1 是 β_0、β_1 的最佳估计量。

9. 答:总平方和:对一个具体的观测值来说,变差的大小可以用实际观测值 y 与其均值 $\bar{y}$ 之差来表示,而 n 次观察值的总变差可由这些离差的平方和来表示;回归平方和:y 总变差中由于 x 与 y 之间的线性关系引起的 y 的变化部分,它是可以由回归直线来解释的 y_i 变差部分;残值平方和:除了 x 对 y 的线性影响之外的其他因素对 y 变差的作用,是不能由回归直线来解释的 y_i 变差部分的。它们之间的关系:$SST = SSR + SSE$。

10. 答:F 检验是指回归方程的显著性检验用于检验因变量与所有自变量之间的线性关系是否显著;t 检验是指回归系数的显著性检验是要检验自变量对因变量的影响是否显著。

11. 答:判定系数 R^2 测度了回归直线对观测数据的拟合程度。若所有观测值都落在直线上,回归平方和 SSR 为零,$R^2 = 1$,拟合是完全的。如果变量 x 与 y 无关,x 完全无助于解释 y 的离差,此时 $R^2 = 0$;修正的判定系数是指用模型中自变量的个数和样本量进行调整的判定系数。对于多元线性回归方程的拟合程度进行度量时,由于自变量个数的增加,将影响到因变量中被估计回归方程的变差数量。如果模型中增加一个自变量,即使这个自变量在统计上并不显著,R^2 也会变大。因此,为避免增加自变量而高估 R^2,统计学家提出用样本量 n 和自变量的个数 k 去修正 R^2,计算出修正多重判定系数。

12. 解:(1) 回归系数 $r = \dfrac{n\sum xy - (\sum x)(\sum y)}{\sqrt{[n\sum x^2 - (\sum x)^2]}\sqrt{n\sum y^2 - (\sum y)^2}} = 0.9950$

(2) $\begin{cases} b_1 = \dfrac{\sum xy - n\overline{xy}}{\sum x^2 - n\bar{x}^2} = 0.5301 \\ b_0 = \bar{y} - b_1\bar{x} = 22.5905 \end{cases}$

样本回归方程 $\hat{y} = 22.5905 + 0.5301x$

回归系数的意义:人口需求量每增加(或减少)1(千人),该种食品需求量平均增加(或减少)0.5301(十吨);

(3) 当人口增长量为 100 时,食品需求量可能达到 $y = 22.5905 + 0.5301 \times 100 = 75.6005$

13. 解:(1) 在 Excel 中可得到如下图所示的散点图,从图中可以看出,两变量之间有一定的相关关系,一般情况下,当父身高较高时,子身高也较高。

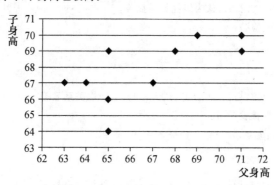

(2) 利用公式

$$r = \frac{\sum(x-\bar{x})(y-\bar{y})}{\sqrt{\sum(x-\bar{x})^2}\sqrt{\sum(y-\bar{y})^2}} \quad 或 \quad r = \frac{n\sum xy - (\sum x)(\sum y)}{\sqrt{[n\sum x^2 - (\sum x)^2]}\sqrt{n\sum y^2 - (\sum y)^2}}$$

可得相关系数 $r = 0.70$

(3) 第一步:提出假设 $H_0: \rho = 0; H_1: \rho \neq 0;$

第二步:计算检验统计量 $t = |r|\sqrt{\frac{12-2}{1-r^2}} = |0.70|\sqrt{\frac{10-2}{1-0.70^2}} = 2.77$

第三步:进行决策。根据显著性水平 $\alpha = 0.05$ 和自由度 $12-2 = 12-2 = 10$ 查 t 分布表得, $t_{0.025}(10) = 2.228$。由于 $t = 2.77 > t_{\alpha/2} = 2.228$,所以拒绝原假设 H_0,说明父身高与子身高之间存在着显著的正线性相关关系。

14. 解:(1) 利用公式

$$r = \frac{\sum(x-\bar{x})(y-\bar{y})}{\sqrt{\sum(x-\bar{x})^2}\sqrt{\sum(y-\bar{y})^2}} \quad 或 \quad r = \frac{n\sum xy - (\sum x)(\sum y)}{\sqrt{[n\sum x^2 - (\sum x)^2]}\sqrt{n\sum y^2 - (\sum y)^2}}$$

可得相关系数 $r = 0.92$

(2) 直线方程式为 $\hat{y} = b_0 + b_1 x$, $\begin{cases} b_1 = \dfrac{\sum xy - n\overline{xy}}{\sum x^2 - n\bar{x}^2} = 36.40 \\ b_0 = \bar{y} - b_1 \bar{x} = 10.53 \end{cases}$, $\hat{y} = 36.40 + 10.53x$

(3) 判定系数 $R^2 = \dfrac{SSR}{SST} = 1 - \dfrac{SSE}{SST} = 84.34\%$ 生活满意程度的变差中,有 84.34% 可以由生活满意程度与工业化程度之间的线性关系来解释,因此,二者具有较强的线性关系。

(4) 若 2013 年工业化程度为 3.2 时,生活满意程度平均值的点估计: $\hat{y}_0 = 36.40 + 10.53 \times 3.2 = 70.10$ 这一预测结果表明,当工业化程度为 3.2 时,该市平均有 70.10% 的居民满足于他们的生活。

区间估计: $s_y = \sqrt{\dfrac{\sum(y_i - \hat{y})^2}{n-2}} = \sqrt{\dfrac{SSE}{n-2}} = \sqrt{MSE} = 2.86; s_{\hat{y}} = s_y \sqrt{\dfrac{1}{n} + \dfrac{(x_0 - \bar{x})^2}{\sum x^2 - n\bar{x}^2}}$

y 置信区间为: $(\hat{y}_0 - t_{\alpha/2} s_{\hat{y}}, \hat{y}_0 + t_{\alpha/2} s_{\hat{y}})$

已知 $n = 11, s_{\hat{y}} = 2.86$,查表得 $t_{\alpha/2}(n-2) = t_{0.025}(11-2) = 2.262$。

得出置信区间为: [65.17, 75.00]

15. 解:(1) 回归方程的显著性检验:

假设:$H_0:\beta_1=\beta_2=0, H_1:\beta_1,\beta_2$ 不全等于 0

$SSE = SST - SSR = 7\,534.135 - 6\,289.357 = 1\,244.778$

$$F = \frac{SSR/k}{SSE/(n-1-k)} = \frac{6\,289.357/2}{1\,244.778/(12-2-1)} = 22.74$$

$F_a(2,9) = 4.26, F > F_a(2,9)$,认为线性关系显著。

(2) 回归系数的显著性检验:

假设:$H_0:\beta_1=0, H_1:\beta_1\neq 0$

$$t = \frac{b_1}{s_{b_1}} = \frac{3.05}{0.198} = 15.40$$

$t_{a/2}(12-2-1) = 2.262, |t| > t_{a/2}(9)$,认为 y 与 x_1 线性关系显著。

(3) 回归系数的显著性检验:

假设:$H_0:\beta_2=0, H_1:\beta_2\neq 0$

$$t = \frac{b_2}{s_{b_2}} = \frac{5.78}{0.076\,5} = 75.56$$

$t_{a/2}(12-2-1) = 2.262, |t| > t_{a/2}(9)$,认为 y 与 x_2 线性关系显著。

16. 解:3 个自变量;20 个观测值

回归方程 $y = -6.142 + 0.089x_1 + 0.041x_2 + 0.039x_3$

拟合优度:判定系数 $R^2 = 0.617$;修正后的判定系数为 0.545,也就是题中的三个自变量能够解释因变量的 54.5% 的信息。

估计的标准误差 $s_y = 0.335$,说明随机变动程度为 33.5%。

回归方程的检验:F 值为 8.580,相应的 P 值为 0.001,当显著性水平为 0.01 时,整个回归方程线性关系显著。

回归系数的检验:b_1 的 t 检验的 p 值为 0.001,显著性水平 0.01 的情况下,因变量为第一个自变量线性关系显著。

b_2 的 t 检验的 p 值为 0.03,显著性水平 0.01 的情况下,因变量与第二个自变量线性关系不显著。

b_3 的 t 检验的 p 值为 0.224,显著性水平 0.01 的情况下,因变量与第三个自变量线性关系不显著。

第十章 统计指数

一、**1.** 统计指数简称指数(Index Number),有广义和狭义之分。广义地讲,任何两个数值对比形成的相对数都可以称为指数。狭义地讲,指数是指在数量上不能直接加总和对比的复杂社会经济现象总体数量总和变动的相对数,如反映多种商品的销售量变动的总指数及其价格总指数等。

2. 统计指数在统计工作和社会经济活动中被广泛应用。通过统计指数能够综合不同度量的多种现象,以反映它们总的动态变动的方向和程度;能够测定某一种现象的总变动中受各种因素变动影响的方向和程度;通过连续编制的动态指数所形成的指数数列,还可以测定复杂现象总体在长时间内的发展变化趋势。

3. 从不同角度出发,指数可以分为以下几种主要类型:① 按照计入指数的项目多少不同,可分为个体指数和总指数;② 按照计算总指数的方法不同,可分为简单指数和加权指数;③ 按照所表明的现象的数量特征不同,可分为物量指数和质量指数;④ 按照对比场合不同,可分为时间性指数和区域性指数;⑤ 时间性指数按照采用的基期不同又分为定基指数和环比指数。

4. (1) 指数体系可以有两种不同的含义。广义的指数体系类似于指标体系的概念,是指由若干个内容上相互关联的统计指数所结成的体系。根据考察问题的需要,构成这种体系的指数可多可少。狭义的指数体系仅指由三个或三个以上在性质上相互联系、数量上存在一定依存关系的指数所构成的指数体系。社会经济现象所存在的客观联系,在统计中可通过相应的指标体系表现出来。(2) 利用指数体进行因素分析,主要分析如下两方面的问题:① 分析现象总体总量指标的变动受各种因素变动的影响程度。这是利用综合指数体系,从数量指标指数和质量指标指数的相互联系中,分析各个因素的变动影响关系。例如,编制多种产量的销售量指数和价格指数,分析销售量和价格的变动对销售总额变动的影响。② 分析社会经济现象总体平均指标变动受各种因素变动的影响程度。这种分析是通过平均指标指数体系来进行的。

5. 计算股票指数,要考虑三个因素:一是抽样,即在众多股票中抽取少数具有代表性的成份股;二是加权,按单价或总值加权平均,或不加权平均;三是计算程序,计算算术平均数、几何平均数,或兼顾价格与总值。

二、1. C 2. C 3. B 4. B 5. B

三、1. ABC 2. ABDE 3. BCE 4. ABC 5. ABCD

四、1. √ 2. √ 3. √ 4. × 5. √

五、1. (1) $I_q = \dfrac{\sum p_0 q_1}{\sum p_0 q_0} = \dfrac{1\,000 \times 20 + 9\,000 \times 4 + 12\,000 \times 15}{1\,200 \times 20 + 8\,000 \times 4 + 10\,000 \times 15} = \dfrac{236\,000}{206\,000} = 114.5\%$

$\sum p_0 q_1 - \sum p_0 q_0 = 236\,000 - 206\,000 = 30\,000$（元）

(2) $I_p = \dfrac{\sum p_1 q_1}{\sum p_0 q_1} = \dfrac{1\,000 \times 40 + 9\,000 \times 6 + 12\,000 \times 15}{1\,000 \times 20 + 9\,000 \times 4 + 12\,000 \times 15} = \dfrac{274\,000}{236\,000} = 116.1\%$

$\sum p_1 q_1 - \sum p_0 q_1 = 274\,000 - 236\,000 = 38\,000$（元）

2. (1) $I_p = \dfrac{\sum p_1 q_1}{\sum \dfrac{q_1 p_1}{p_1/p_0}} = \dfrac{1\,368 + 920 + 416 + 140}{\dfrac{1\,368}{1.1} + \dfrac{920}{1.15} + \dfrac{416}{1.25} + \dfrac{140}{1.4}} = \dfrac{2\,844}{2\,476.4} = 114.86\%$

$\sum p_1 q_1 - \sum \dfrac{q_1 p_1}{p_1/p_0} = 2\,844 - 2\,476.4 = 368$（千元）

(2) $I_q = \dfrac{\sum p_0 q_1}{\sum p_0 q_0} = \dfrac{2\,476.4}{1\,200 + 800 + 320 + 80} = \dfrac{2\,476.4}{2\,400} = 103.18\%$

$\sum p_0 q_1 - \sum p_0 q_0 = 2\,476.4 - 2\,400 = 76.4$（千元）

(3) $I_{pq} = \dfrac{\sum p_1 q_1}{\sum p_0 q_0} = \dfrac{2\,844}{2\,400} = 118.5\%$

$\sum p_1 q_1 - \sum p_0 q_0 = 2\,844 - 2\,400 = 444$（千元）

3. (1) $I_q = \dfrac{\sum \dfrac{q_1}{q_0} p_0 q_0}{\sum p_0 q_0} = \dfrac{1.25 \times 200 + 1.1 \times 450 + 1.4 \times 350}{200 + 450 + 350} = \dfrac{1\,235}{1\,000} = 123.5\%$

$\sum \dfrac{q_1}{q_0} p_0 q_0 - \sum p_0 q_0 = 1\,235 - 1\,000 = 235$（万元）

(2) $I_{pq} = \dfrac{\sum p_1 q_1}{\sum p_0 q_0} = \dfrac{240 + 485 + 480}{1\,000} = \dfrac{1\,205}{1\,000} = 120.5\%$

$\sum p_1 q_1 - \sum p_0 q_0 = 1\,205 - 1\,000 = 205$（万元）

(3) $I_p = \dfrac{\sum p_1 q_1}{\sum p_0 q_1} = \dfrac{1\,205}{1\,235} = 97.56\%$

$\sum p_1 q_1 - \sum p_0 q_1 = 1\,205 - 1\,235 = -30.2$（万元）

4. $\dfrac{\sum k_p w}{\sum w} = \dfrac{1.1 \times 10 + 0.95 \times 30 + 1 \times 40 + 1.01 \times 20}{100} = 99.7\%$

5. 工资总额增长 $\% = 110\% \times 113\% - 100\% = 12.2\%$

6. 单位成本增长 $\% = \dfrac{113\%}{112\%} - 100\% = 100.9\%$

第十一章 时间序列分析

一、**1.** (1) 时间序列是指将某种现象某一个统计指标在不同时间上的各个数值，按时间先后顺序排列而形成的序列。时间序列法是一种定量预测方法，亦称简单外延方法。在统计学中作为一种常用的预测手段被广泛应用。

(2) ① 绝对数时间序列

a. 时期序列：时间序列中的各项总量指标反映的是某一社会经济现象总体在一段时间内发展变化过程的总量，称为时期序列。如国内生产总值就是时期序列。

时期序列的主要特点有：

ⅰ. 序列中的指标数值具有可加性。由于时期序列中的每一项指标数值表示的是现象在一段时期内发展变化过程的总量，将序列中彼此连接的指标数值相加会得到更长时期内发展变化过程的总量，并且不会有重复计算。

ⅱ. 序列中的各项数值具有连续统计的特点。时间序列中的时期指标重在考察现象发展变化的过程，将一段时期内发生的数量进行连续等级并加以累计。

ⅲ. 时期序列中的各项指标数值的大小与所包含的时期长短有直接联系。时期序列中每一项指标数值所包括的时间长短称为"时期"。根据研究目的，时期可以是日、旬、月、季、年或更长的时期。作进度分析时，时期一般较短；而对历史资料进行分析时，时期一般较长。

b. 时点序列：时间序列中的各项总量指标反映的是某一社会经济现象总体在某一时点（瞬间）状况上的总量，称为时点序列。如年末银行存款余额就是时点序列。

时点序列有如下三个特点。

ⅰ. 序列中的各项指标数值一般不可以直接相加。时点序列中的每一项指标数值表示的是现象在某一时间（瞬间）上的状态，将不同时点上的指标值相加不具有直接意义。

ⅱ. 序列中的各项数值不具有连续统计的特点。时点序列中的各项指标数值重在考察现象经过长时间发展变化的结果，只在某一时点进行登记，不能获知相邻两个登记点中间的状态信息。

ⅲ. 序列中的各个指标数值大小与其时间间隔长短没有直接联系。因为时点序列中的每一个数值表示现象在某一瞬间的总量，所以时间间隔的长短对指标数值大小不发生直接的影响，如年末银行存款余额并不一定比年内某个月月末的银行存款余额的数值大。

② 相对指标时间序列：把同一相对指标在不同时间上的数值按时间先后顺序加以排列后形成的序列，称为相对指标时间序列。它反映社会经济现象之间相互联系的发展过程，如将各个时期的人口总数与土地面积相比计算人口密度指标排列形成的时间序列等。

它包括：a. 由两个时期序列对比所形成的相对数时间序列；b. 由两个时点序列对比所形成的相对数时间序列；c. 由一个时期序列和一个时点序列对比所形成的相对数时间序列。相对数时间序列反映事物数量关系的发展变化动态，由于各期相对数的对比基数相同，故其各项水平数值不能直接相加。

③ 平均指标时间序列：把同一平均指标在不同时间上的数值按时间先后顺序加以排列后形成的序列，称为平均指标时间序列。它反映社会经济现象总体各单位某一数量标志一般水平的发展变化趋势。如职工平均工资就是平均指标时间序列。这类动态序列可以揭示研究对象一般水平的发展趋势和发展规律。平均数时间序列中各项水平数值也不能直接加总。

2. (1) 时间长短应一致。(2) 经济内容应一致。(3) 总体范围应一致。(4) 计算方法与计量单位要一致。

3. (1)发展水平：发展水平是时间序列中的每个指标数值，它具体反映社会经济现象在不同时期或时点所达到的总量。(2)平均发展水平：平均发展水平是根据时间序列中各个指标数值求得的平均，也叫做"序时平均数"或"动态平均数"，它从动态上说明社会经济现象在某一段时间内发展的一般水平。(3)增长量：增长量是时间中报告期水平与相比较的基期水平之差，反映社会经济现象报告期比基期增加或减少的数量，即增长量＝报告期水平－基期水平。(4)平均增长量：平均增长量是指时间序列中各逐期增长量的序时平均数，说明某社会经济现象在一段时期内平均每期增加或减少的数量，一般用简单算术平均法计算。

4. (1)趋势变动。指现象在发展变化过程中由于受到某种固定的、起根本性作用的因素的影响而在较长时间内展现出来的总态势。(2)季节变动。指现象在一年内由于受社会、政治、经济、自然等因素的影响，形成的以一定时期为周期的有规律的重复变动。(3)循环波动。指现象围绕长期趋势出现的、以若干年为周期的有涨有落的周期性运动。(4)随机变动。指现象由于各种偶然因素的影响而呈现的不规则运用，它们是时间序列分析中无法由以上三种变动解释的部分。

二、1. C 2. B 3. C 4. B 5. B 6. C 7. A 8. A 9. B

三、1. BDE 2. BD 3. BC 4. ACE 5. AE 6. ABC 7. ABCDE

四、1. × 2. √ 3. × 4. × 5. × 6. × 7. × 8. √ 9. ×

五、1. 解：(1)这是等间隔的间断时点数列。

(2) $\bar{y} = \dfrac{\dfrac{y_1+y_2}{2}+\dfrac{y_2+y_3}{2}+\cdots+\dfrac{y_{n-1}+y_n}{2}}{n-1} = \dfrac{\dfrac{y_1}{2}+y_2+\cdots+y_{n-1}+\dfrac{y_n}{2}}{n-1}$

第一季度的平均销售额：$\bar{y} = \dfrac{\dfrac{500}{2}+520+510+\dfrac{480}{2}}{3} = 506.67$（万元）

第二季度的平均销售额：$\bar{y} = \dfrac{\dfrac{480}{2}+450+530+\dfrac{550}{2}}{3} = 498.33$（万元）

上半年的平均销售额：$\bar{y} = \dfrac{506.67+498.33}{2} = 502.5$（万元）

2. 解：(1)第一季度平均人数：$\bar{y} = \dfrac{\dfrac{1\,000+1\,020}{2}\times 1 + \dfrac{1\,020+1\,080}{2}\times 2}{1+2} = 1\,036$（人）

(2)上半年的平均人数：$\bar{y} = \dfrac{\dfrac{1\,000+1\,020}{2}\times 1 + \dfrac{1\,020+1\,080}{2}\times 2 + \dfrac{1\,080+1\,050}{2}\times 3}{1+2+3} = 1\,050$（人）

3. 解：产品总产量 $\sum a = 1\,000+2\,000+3\,000+2\,500+3\,000+2\,800 = 14\,300$（件）

产品总成本 $\sum b = 5+9.6+13.8+11.75+13.5+14 = 67.65$（万元）

单位成本 $\bar{c} = \dfrac{67.65 \text{万元}}{14\,300} = 47.31$ 元/件

附 表

附表1 标准正态分布表

$$\Phi(x) = \int_{-\infty}^{x} \frac{1}{\sqrt{2\pi}} e^{-\frac{t^2}{2}} dt = P(X \leqslant x)$$

x	0	0.01	0.02	0.03	0.04	0.05	0.06	0.07	0.08	0.09
0	0.500 0	0.504 0	0.508 0	0.512 0	0.516 0	0.519 9	0.523 9	0.527 9	0.531 9	0.535 9
0.1	0.539 8	0.543 8	0.547 8	0.551 7	0.555 7	0.559 6	0.563 6	0.567 5	0.571 4	0.575 3
0.2	0.579 3	0.583 2	0.587 1	0.591 0	0.594 8	0.598 7	0.602 6	0.606 4	0.610 3	0.614 1
0.3	0.617 9	0.621 7	0.625 5	0.629 3	0.633 1	0.636 8	0.640 4	0.644 3	0.648 0	0.651 7
0.4	0.655 4	0.659 1	0.662 8	0.666 4	0.670 0	0.673 6	0.677 2	0.680 8	0.684 4	0.687 9
0.5	0.691 5	0.695 0	0.698 5	0.701 9	0.705 4	0.708 8	0.712 3	0.715 7	0.719 0	0.722 4
0.6	0.725 7	0.729 1	0.732 4	0.735 7	0.738 9	0.742 2	0.745 4	0.748 6	0.751 7	0.754 9
0.7	0.758 0	0.761 1	0.764 2	0.767 3	0.770 3	0.773 4	0.776 4	0.779 4	0.782 3	0.785 2
0.8	0.788 1	0.791 0	0.793 9	0.796 7	0.799 5	0.802 3	0.805 1	0.807 8	0.810 6	0.813 3
0.9	0.815 9	0.818 6	0.821 2	0.823 8	0.826 4	0.828 9	0.835 5	0.834 0	0.836 5	0.838 9
1	0.841 3	0.843 8	0.846 1	0.848 5	0.850 8	0.853 1	0.855 4	0.857 7	0.859 9	0.862 1
1.1	0.864 3	0.866 5	0.868 6	0.870 8	0.872 9	0.874 9	0.877 0	0.879 0	0.881 0	0.883 0
1.2	0.884 9	0.886 9	0.888 8	0.890 7	0.892 5	0.894 4	0.896 2	0.898 0	0.899 7	0.901 5
1.3	0.903 2	0.904 9	0.906 6	0.908 2	0.909 9	0.911 5	0.913 1	0.914 7	0.916 2	0.917 7
1.4	0.919 2	0.920 7	0.922 2	0.923 6	0.925 1	0.926 5	0.927 9	0.929 2	0.930 6	0.931 9
1.5	0.933 2	0.934 5	0.935 7	0.937 0	0.938 2	0.939 4	0.940 6	0.941 8	0.943 0	0.944 1
1.6	0.945 2	0.946 3	0.947 4	0.948 4	0.949 5	0.950 5	0.951 5	0.952 5	0.953 5	0.953 5
1.7	0.955 4	0.956 4	0.957 3	0.958 2	0.959 1	0.959 9	0.960 8	0.961 6	0.962 5	0.963 3
1.8	0.964 1	0.964 8	0.965 6	0.966 4	0.967 2	0.967 8	0.968 6	0.969 3	0.970 0	0.970 6
1.9	0.971 3	0.971 9	0.972 6	0.973 2	0.973 8	0.974 4	0.975 0	0.975 6	0.976 2	0.976 7
2	0.977 2	0.977 8	0.978 3	0.978 8	0.979 3	0.979 8	0.980 3	0.980 8	0.981 2	0.981 7
2.1	0.982 1	0.982 6	0.983 0	0.983 4	0.983 8	0.984 2	0.984 6	0.985 0	0.985 4	0.985 7
2.2	0.986 1	0.986 4	0.986 8	0.987 1	0.987 4	0.987 8	0.988 1	0.988 4	0.988 7	0.989 0
2.3	0.989 3	0.989 6	0.989 8	0.990 1	0.990 4	0.990 6	0.990 9	0.991 1	0.991 3	0.991 6
2.4	0.991 8	0.992 0	0.992 2	0.992 5	0.992 7	0.992 9	0.993 1	0.993 2	0.993 4	0.993 6
2.5	0.993 8	0.994 0	0.994 1	0.994 3	0.994 5	0.994 6	0.994 8	0.994 9	0.995 1	0.995 2
2.6	0.995 3	0.995 5	0.995 6	0.995 7	0.995 9	0.996 0	0.996 1	0.996 2	0.996 3	0.996 4
2.7	0.996 5	0.996 6	0.996 7	0.996 8	0.996 9	0.997 0	0.997 1	0.997 2	0.997 3	0.997 4
2.8	0.997 4	0.997 5	0.997 6	0.997 7	0.997 7	0.997 8	0.997 9	0.997 9	0.998 0	0.998 1
2.9	0.998 1	0.998 2	0.998 2	0.998 3	0.998 4	0.998 4	0.998 5	0.998 5	0.998 6	0.998 6
3	0.998 7	0.999 0	0.999 3	0.999 5	0.999 7	0.999 8	0.999 8	0.999 9	0.999 9	1.000 0

附表 2 χ^2 分布表

$$P\{\chi^2(n) > \chi_\alpha^2(n)\} = \alpha$$

n \ α	0.995	0.990	0.975	0.950	0.900	0.750	0.250	0.100	0.050	0.025	0.010	0.005
1	0.000	0.000	0.001	0.004	0.016	0.102	1.323	2.706	3.841	5.024	6.635	7.879
2	0.010	0.020	0.051	0.103	0.211	0.575	2.773	4.605	5.991	7.378	9.210	10.597
3	0.072	0.115	0.216	0.352	0.584	1.213	4.108	6.251	7.815	9.348	11.345	12.838
4	0.207	0.297	0.484	0.711	1.064	1.923	5.385	7.779	9.488	11.143	13.277	14.860
5	0.412	0.554	0.831	1.145	1.610	2.675	6.626	9.236	11.070	12.833	15.086	16.750
6	0.676	0.872	1.237	1.635	2.204	3.455	7.841	10.645	12.592	14.449	16.812	18.548
7	0.989	1.239	1.690	2.167	2.833	4.255	9.037	12.017	14.067	16.013	18.475	20.278
8	1.344	1.646	2.180	2.733	3.490	5.071	10.219	13.362	15.507	17.535	20.090	21.955
9	1.735	2.088	2.700	3.325	4.168	5.899	11.389	14.684	16.919	19.023	21.666	23.589
10	2.156	2.558	3.247	3.940	4.865	6.737	12.549	15.987	18.307	20.483	23.209	25.188
11	2.603	3.053	3.816	4.575	5.578	7.584	13.701	17.275	19.675	21.920	24.725	26.757
12	3.074	3.571	4.404	5.226	6.304	8.438	14.845	18.549	21.026	23.337	26.217	28.300
13	3.565	4.107	5.009	5.892	7.042	9.299	15.984	19.812	22.362	24.736	27.688	29.819
14	4.075	4.660	5.629	6.571	7.790	10.165	17.117	21.064	23.685	26.119	29.141	31.319
15	4.601	5.229	6.262	7.261	8.547	11.037	18.245	22.307	24.996	27.488	30.578	32.801
16	5.142	5.812	6.908	7.962	9.312	11.912	19.369	23.542	26.296	28.845	32.000	34.267
17	5.697	6.408	7.564	8.672	10.085	12.792	20.489	24.769	27.587	30.191	33.409	35.718
18	6.265	7.015	8.231	9.390	10.865	13.675	21.605	25.989	28.869	31.526	34.805	37.156
19	6.844	7.633	8.907	10.117	11.651	14.562	22.718	27.204	30.144	32.852	36.191	38.582
20	7.434	8.260	9.591	10.851	12.443	15.452	23.828	28.412	31.410	34.170	37.566	39.997
21	8.034	8.897	10.283	11.591	13.240	16.344	24.935	29.615	32.671	35.479	38.932	41.401
22	8.643	9.542	10.982	12.338	14.041	17.240	26.039	30.813	33.924	36.781	40.289	42.796
23	9.260	10.196	11.689	13.091	14.848	18.137	27.141	32.007	35.172	38.076	41.638	44.181
24	9.886	10.856	12.401	13.848	15.659	19.037	28.241	33.196	36.415	39.364	42.980	45.559
25	10.520	11.524	13.120	14.611	16.473	19.939	29.339	34.382	37.652	40.646	44.314	46.928
26	11.160	12.198	13.844	15.379	17.292	20.843	30.435	35.563	38.885	41.923	45.642	48.290
27	11.808	12.879	14.573	16.151	18.114	21.749	31.528	36.741	40.113	43.195	46.963	49.645
28	12.461	13.565	15.308	16.928	18.939	22.657	32.620	37.916	41.337	44.461	48.278	50.993
29	13.121	14.256	16.047	17.708	19.768	23.567	33.711	39.087	42.557	45.722	49.588	52.336
30	13.787	14.953	16.791	18.493	20.599	24.478	34.800	40.256	43.773	46.979	50.892	53.672

附表3 t 分布表

$P\{t(n) > t_\alpha(n)\} = \alpha$

n \ α	0.10	0.05	0.025	0.01	0.005	0.001	0.0005
1	3.078	6.314	12.706	31.821	63.657	318.309	636.619
2	1.886	2.920	4.303	6.965	9.925	22.327	31.599
3	1.638	2.353	3.182	4.541	5.841	10.215	12.924
4	1.533	2.132	2.776	3.747	4.604	7.173	8.610
5	1.476	2.015	2.571	3.365	4.032	5.893	6.869
6	1.440	1.943	2.447	3.143	3.707	5.208	5.959
7	1.415	1.895	2.365	2.998	3.499	4.785	5.408
8	1.397	1.860	2.306	2.896	3.355	4.501	5.041
9	1.383	1.833	2.262	2.821	3.250	4.297	4.781
10	1.372	1.812	2.228	2.764	3.169	4.144	4.587
11	1.363	1.796	2.201	2.718	3.106	4.025	4.437
12	1.356	1.782	2.179	2.681	3.055	3.930	4.318
13	1.350	1.771	2.160	2.650	3.012	3.852	4.221
14	1.345	1.761	2.145	2.624	2.977	3.787	4.140
15	1.341	1.753	2.131	2.602	2.947	3.733	4.073
16	1.337	1.746	2.120	2.583	2.921	3.686	4.015
17	1.333	1.740	2.110	2.567	2.898	3.646	3.965
18	1.330	1.734	2.101	2.552	2.878	3.610	3.922
19	1.328	1.729	2.093	2.539	2.861	3.579	3.883
20	1.325	1.725	2.086	2.528	2.845	3.552	3.850
21	1.323	1.721	2.080	2.518	2.831	3.527	3.819
22	1.321	1.717	2.074	2.508	2.819	3.505	3.792
23	1.319	1.714	2.069	2.500	2.807	3.485	3.768
24	1.318	1.711	2.064	2.492	2.797	3.467	3.745
25	1.316	1.708	2.060	2.485	2.787	3.450	3.725
26	1.315	1.706	2.056	2.479	2.779	3.435	3.707
27	1.314	1.703	2.052	2.473	2.771	3.421	3.690
28	1.313	1.701	2.048	2.467	2.763	3.408	3.674
29	1.311	1.699	2.045	2.462	2.756	3.396	3.659
30	1.310	1.697	2.042	2.457	2.750	3.385	3.646
40	1.303	1.684	2.021	2.423	2.704	3.307	3.551
60	1.296	1.671	2.000	2.390	2.660	3.232	3.460
120	1.289	1.658	1.980	2.358	2.617	3.160	3.373
∞	1.282	1.645	1.960	2.326	2.576	3.090	3.291

附表 4 F 分布表

$$P\{F(n_1,n_2) > F_\alpha(n_1,n_2)\} = \alpha$$

$$\alpha = 0.05$$

n_2 \ n_1	1	2	3	4	5	6	7	8	9	10	12	15	20	24	30	40	60	120	∞
1	161.4	199.5	215.7	224.6	230.2	234	236.8	238.9	240.5	241.9	243.9	245.9	248	249.1	250.1	251.1	252.2	253.3	254.3
2	18.51	19	19.16	19.25	19.3	19.33	19.35	19.37	19.38	19.4	19.41	19.43	19.45	19.45	19.46	19.47	19.48	19.49	19.5
3	10.13	9.55	9.28	9.12	9.01	8.94	8.89	8.85	8.81	8.79	8.74	8.7	8.66	8.64	8.62	8.59	8.57	8.55	8.53
4	7.71	6.94	6.59	6.39	6.26	6.16	6.09	6.04	6	5.96	5.91	5.86	5.8	5.77	5.75	5.72	5.69	5.66	5.63
5	6.61	5.79	5.41	5.19	5.05	4.95	4.88	4.82	4.77	4.74	4.68	4.62	4.56	4.53	4.5	4.46	4.43	4.4	4.36
6	5.99	5.14	4.76	4.53	4.39	4.28	4.21	4.15	4.1	4.06	4	3.94	3.87	3.84	3.81	3.77	3.74	3.7	3.67
7	5.59	4.74	4.35	4.12	3.97	3.87	3.79	3.73	3.68	3.64	3.57	3.51	3.44	3.41	3.38	3.34	3.3	3.27	3.23
8	5.32	4.46	4.07	3.84	3.69	3.58	3.5	3.44	3.39	3.35	3.28	3.22	3.15	3.12	3.08	3.04	3.01	2.97	2.93
9	5.12	4.26	3.86	3.63	3.48	3.37	3.29	3.23	3.18	3.14	3.07	3.01	2.94	2.9	2.86	2.83	2.79	2.75	2.71
10	4.96	4.1	3.71	3.48	3.33	3.22	3.14	3.07	3.02	2.98	2.91	2.85	2.77	2.74	2.7	2.66	2.62	2.58	2.54
11	4.84	3.98	3.59	3.36	3.2	3.09	3.01	2.95	2.9	2.85	2.79	2.72	2.65	2.61	2.57	2.53	2.49	2.45	2.4
12	4.75	3.89	3.49	3.26	3.11	3	2.91	2.85	2.8	2.75	2.69	2.62	2.54	2.51	2.47	2.43	2.38	2.34	2.3
13	4.67	3.81	3.41	3.18	3.03	2.92	2.83	2.77	2.71	2.67	2.6	2.53	2.46	2.42	2.38	2.34	2.3	2.25	2.21
14	4.6	3.74	3.34	3.11	2.96	2.85	2.76	2.7	2.65	2.6	2.53	2.46	2.39	2.35	2.31	2.27	2.22	2.18	2.13
15	4.54	3.68	3.29	3.06	2.9	2.79	2.71	2.64	2.59	2.54	2.48	2.4	2.33	2.29	2.25	2.2	2.16	2.11	2.07
16	4.49	3.63	3.24	3.01	2.85	2.74	2.66	2.59	2.54	2.49	2.42	2.35	2.28	2.24	2.19	2.15	2.11	2.06	2.01
17	4.45	3.59	3.2	2.96	2.81	2.7	2.61	2.55	2.49	2.45	2.38	2.31	2.23	2.19	2.15	2.1	2.06	2.01	1.96
18	4.41	3.55	3.16	2.93	2.77	2.66	2.58	2.51	2.46	2.41	2.34	2.27	2.19	2.15	2.11	2.06	2.02	1.97	1.92
19	4.38	3.52	3.13	2.9	2.74	2.63	2.54	2.48	2.42	2.38	2.31	2.23	2.16	2.11	2.07	2.03	1.98	1.93	1.88
20	4.35	3.49	3.1	2.87	2.71	2.6	2.51	2.45	2.39	2.35	2.28	2.2	2.12	2.08	2.04	1.99	1.95	1.9	1.84
21	4.32	3.47	3.07	2.84	2.68	2.57	2.49	2.42	2.37	2.32	2.25	2.18	2.1	2.05	2.01	1.96	1.92	1.87	1.81
22	4.3	3.44	3.05	2.82	2.66	2.55	2.46	2.4	2.34	2.3	2.23	2.15	2.07	2.03	1.98	1.94	1.89	1.84	1.78
23	4.28	3.42	3.03	2.8	2.64	2.53	2.44	2.37	2.32	2.27	2.2	2.13	2.05	2.01	1.96	1.91	1.86	1.81	1.76
24	4.26	3.4	3.01	2.78	2.62	2.51	2.42	2.36	2.3	2.25	2.18	2.11	2.03	1.98	1.94	1.89	1.84	1.79	1.73
25	4.24	3.39	2.99	2.76	2.60	2.49	2.40	2.34	2.28	2.24	2.16	2.09	2.01	1.96	1.92	1.87	1.82	1.77	1.71
26	4.23	3.37	2.98	2.74	2.59	2.47	2.39	2.32	2.27	2.22	2.15	2.07	1.99	1.95	1.90	1.85	1.80	1.75	1.69
27	4.21	3.35	2.96	2.73	2.57	2.46	2.37	2.31	2.25	2.20	2.13	2.06	1.97	1.93	1.88	1.84	1.79	1.73	1.67
28	4.20	3.34	2.95	2.71	2.56	2.45	2.36	2.29	2.24	2.19	2.12	2.04	1.96	1.91	1.87	1.82	1.77	1.71	1.65
29	4.18	3.33	2.93	2.70	2.55	2.43	2.35	2.28	2.22	2.18	2.10	2.03	1.94	1.90	1.85	1.81	1.75	1.70	1.64
30	4.17	3.32	2.92	2.69	2.53	2.42	2.33	2.27	2.21	2.16	2.09	2.01	1.93	1.89	1.84	1.79	1.74	1.68	1.62
40	4.08	3.23	2.84	2.61	2.45	2.34	2.25	2.18	2.12	2.08	2.00	1.92	1.84	1.79	1.74	1.69	1.64	1.58	1.51
60	4.00	3.15	2.76	2.53	2.37	2.25	2.17	2.10	2.04	1.99	1.92	1.84	1.75	1.70	1.65	1.59	1.53	1.47	1.39
120	3.92	3.07	2.68	2.45	2.29	2.17	2.09	2.02	1.96	1.91	1.83	1.75	1.66	1.61	1.55	1.50	1.43	1.35	1.25
∞	3.84	3.00	2.60	2.37	2.21	2.10	2.01	1.94	1.88	1.83	1.75	1.67	1.57	1.52	1.46	1.39	1.32	1.22	1.00

$\alpha = 0.05$

n_1 \ n_2	1	2	3	4	5	6	7	8	9	10	12	15	20	24	30	40	60	120	∞
1	4052	4999.5	5403	5625	5764	5859	5928	5982	6022	6056	6106	6157	6209	6235	6261	6287	6313	6339	6366
2	98.5	99	99.17	99.25	99.3	99.33	99.36	99.37	99.39	99.4	99.42	99.43	99.45	99.46	99.47	99.47	99.48	99.49	99.5
3	34.12	30.82	29.46	28.71	28.24	27.91	27.67	27.49	27.35	27.23	27.05	26.87	26.69	26.6	26.5	26.41	26.32	26.22	26.13
4	21.2	18	16.69	15.98	15.52	15.21	14.98	14.8	14.66	14.55	14.37	24.2	14.02	13.93	13.84	13.75	13.65	13.56	13.46
5	16.26	13.27	12.06	11.39	10.97	10.67	10.46	10.29	10.16	10.05	9.89	9.72	9.55	9.47	9.38	9.29	9.2	9.11	9.02
6	13.75	10.93	9.78	9.15	8.75	8.47	8.26	8.1	7.98	7.87	7.72	7.56	7.4	7.31	7.23	7.14	7.06	6.97	6.88
7	12.25	9.55	8.45	7.85	7.46	7.19	6.99	6.84	6.72	6.62	6.47	6.31	6.16	6.07	5.99	5.91	5.82	5.74	5.65
8	11.26	8.65	7.59	7.01	6.63	6.37	6.18	6.03	5.91	5.81	5.67	5.52	5.36	5.28	5.2	5.12	5.03	4.95	4.86
9	10.56	8.02	6.99	6.42	6.06	5.8	5.61	5.47	5.35	5.26	5.11	4.96	4.81	4.73	4.65	4.57	4.48	4.4	4.31
10	10.04	7.56	6.55	5.99	5.64	5.39	5.20	5.06	4.94	4.85	4.71	4.56	4.41	4.33	4.25	4.17	4.08	4.00	3.91
11	9.65	7.21	6.22	5.67	5.32	5.07	4.89	4.74	4.63	4.54	4.40	4.25	4.10	4.02	3.94	3.86	3.78	3.69	3.60
12	9.33	6.93	5.95	5.41	5.06	4.82	4.64	4.50	4.39	4.30	4.16	4.01	3.86	3.78	3.70	3.62	3.54	3.45	3.36
13	9.07	6.70	5.74	5.21	4.86	4.62	4.44	4.30	4.19	4.10	3.96	3.82	3.66	3.59	3.51	3.43	3.34	3.25	3.17
14	8.86	6.51	5.56	5.04	4.69	4.46	4.28	4.14	4.03	3.94	3.80	3.66	3.51	3.43	3.35	3.27	3.18	3.09	3.00
15	8.68	6.36	5.42	4.89	4.56	4.32	4.14	4.00	3.89	3.80	3.67	3.52	3.37	3.29	3.21	3.13	3.05	2.96	2.87
16	8.53	6.23	5.29	4.77	4.44	4.20	4.03	3.89	3.78	3.69	3.55	3.41	3.26	3.18	3.10	3.02	2.93	2.84	2.75
17	8.40	6.11	5.18	4.67	4.34	4.10	3.93	3.79	3.68	3.59	3.46	3.31	3.16	3.08	3.00	2.92	2.83	2.75	2.65
18	8.29	6.01	5.09	4.58	4.25	4.01	3.94	3.71	3.60	3.51	3.37	3.23	3.08	3.00	2.92	2.84	2.75	2.66	2.57
19	8.18	5.93	5.01	4.50	4.17	3.94	3.77	3.63	3.52	3.43	3.30	3.15	3.00	2.92	2.84	2.76	2.67	2.58	2.49
20	8.10	5.85	4.94	4.43	4.10	3.87	3.70	3.56	3.46	3.37	3.23	3.09	2.94	2.86	2.78	2.69	2.61	2.52	2.42
21	8.02	5.78	4.87	4.37	4.04	3.81	3.64	3.51	3.40	3.31	3.17	3.03	2.88	2.80	2.72	2.64	2.55	2.46	2.36
22	7.95	5.72	4.82	4.31	3.99	3.76	3.59	3.45	3.35	3.26	3.12	2.98	2.83	2.75	2.67	2.58	2.50	2.40	2.31
23	7.88	5.66	4.76	4.26	3.94	3.71	3.54	3.41	3.30	3.21	3.07	2.93	2.78	2.70	2.62	2.54	2.45	2.35	2.26
24	7.82	5.61	4.72	4.22	3.90	3.67	3.50	3.36	3.26	3.17	3.03	2.89	2.74	2.66	2.58	2.49	2.40	2.31	2.21
25	7.77	5.57	4.68	4.18	3.85	3.63	3.46	3.32	3.22	3.13	2.99	2.85	2.70	2.62	2.54	2.45	2.36	2.27	2.17
26	7.72	5.53	4.64	4.14	3.82	3.59	3.42	3.29	3.18	3.09	2.96	2.81	2.66	2.58	2.50	2.42	2.33	2.23	2.13
27	7.68	5.49	4.60	4.11	3.78	3.56	3.39	3.26	3.15	3.06	2.93	2.78	2.63	2.55	2.47	2.38	2.29	2.20	2.10
28	7.64	5.45	4.57	4.07	3.75	3.53	3.36	3.23	3.12	3.03	2.90	2.75	2.60	2.52	2.44	2.35	2.26	2.17	2.06
29	7.60	5.42	4.54	4.04	3.73	3.50	3.33	3.20	3.09	3.00	2.87	2.73	2.57	2.49	2.41	2.33	2.23	2.14	2.03
30	7.56	5.39	4.51	4.02	3.70	3.47	3.30	3.17	3.07	2.98	2.84	2.70	2.55	2.47	2.39	2.30	2.21	2.11	2.01
40	7.31	5.18	4.31	3.83	3.51	3.29	3.12	2.99	2.89	2.80	2.66	2.52	2.37	2.29	2.20	2.11	2.02	1.92	1.80
60	7.08	4.98	4.13	3.65	3.34	3.12	2.95	2.82	2.72	2.63	2.50	2.35	2.20	2.12	2.03	1.94	1.84	1.73	1.60
120	6.85	4.79	3.95	3.48	3.17	2.96	2.79	2.66	2.56	2.47	2.34	2.19	2.03	1.95	1.86	1.76	1.66	1.53	1.38
∞	6.63	4.61	3.78	3.32	3.02	2.80	2.64	2.51	2.41	2.32	2.18	2.04	1.88	1.79	1.70	1.59	1.47	1.32	1.00

参考文献

1. 李莉.统计学.北京:中国电力出版社,2009.
2. 孙静娟.统计学.北京:清华大学出版社,2010.
3. 刘德智,等.统计学.北京:清华大学出版社,2007.
4. 邓力.统计学原理.北京:清华大学出版社,2012.
5. 曾五一,肖红叶.统计学导论.北京:科学出版社,2007.
6. 徐国祥,等.统计学.上海:上海人民出版社,2007.
7. 韩兆洲.统计学原理.广东:暨南大学出版社,2011.
8. 王淑英,丁大建.统计学原理.北京:中国电力出版社,2009.
9. 白鸿钧.统计学原理.厦门:厦门大学出版社,2008.
10. 江岭,贾会远.统计学.北京:人民邮电出版社,2007.
11. 陶靖轩,刘春雨.应用经济统计学.北京:中国计量出版社,2010.
12. 吴喜之.统计学:从概念到数据分析.北京:高等教育出版社,2008.
13. 孙静娟,邢莉.统计学学习指导书.北京:清华大学出版社,2013.
14. 凯勒.统计学:在经济和管理中的应用.北京:中国人民大学出版社,2012.
15. 张良,徐默苴.应用统计学——基于SPSS运用.上海:上海财经大学出版社,2013.
16. 刘春英.应用统计学.北京:中国金融出版社,2007.

后 记

统计学课程作为教育部确定的21世纪高等学校经济学、管理学各专业的核心课程,是经济管理学科最重要的基础理论课。当前,虽然各类统计学教材甚多,但是针对高等院校经济管理专业特殊需要、将统计学原理与实际应用紧密结合而编写的教材却相对较少。由于过于追求统计学体系的完整性或是过于注重理论的阐释,现有诸多教材与教学实际和学生的认知能力相脱节。

本书吸收了统计学理论界的最新研究成果,内容全面,结构完整,重点突出。在撰写本书的过程中,我们汲取了学生对统计学教学改革的宝贵建议,并得到了有关企业、统计部门和经济管理部门工作人员的帮助。他们的帮助使本书的理论能够紧密联系实际,有助于学生对书本知识点的理解。

本书不仅可以作为高等学校经济管理类专业统计学课程的教材,还可以作为学生考研的辅助用书;同时,经济管理干部、金融系统人员的培训也可使用本书。

本书由大连海洋大学经济管理学院张瑜、牟晓云领衔撰写,黑龙江大学经济与工商学院罗艳梅,东北农业大学经济管理学院李玉,大连海洋大学宋文庆、王长盈、魏青、刘健参与撰写。各章节撰写具体分工如下:第一章、第四章、第七章、第八章(张瑜和李玉),第二章、第三章(宋文庆和魏青),第五章、第六章(王长盈和刘健),第九章、第十章、第十一章(牟晓云和罗艳梅)。牟晓云、张瑜负责全书大纲的撰写、统稿以及审定和修改工作。

由于水平和经验有限,尽管我们勉力为之,依然会存有疏漏和不足,还有待进一步完善,敬请读者不吝赐教,批评指正。

张　瑜
2014年3月